Ernst Schulin
Die Französische Revolution

Ernst Schulin

Die Französische Revolution

VERLAG C.H.BECK MÜNCHEN

CIP-Titelaufnahme der Deutschen Bibliothek

Schulin, Ernst:
Die französische Revolution / Ernst Schulin. – München :
Beck, 1988
ISBN 3 406 33307 9

ISBN 3 406 33307 9

Umschlaggestaltung: Bruno Schachtner Dachau

Satz und Druck: C. H. Beck'sche Buchdruckerei Nördlingen
Printed in Germany

Inhalt

1. Teil

2. Teil

3. Teil

4. Teil

Anhang

Vorwort

Das vorliegende Buch ist als einführende Orientierung für Leser gedacht, denen andere Darstellungen der Französischen Revolution zu voraussetzungsvoll, zu einseitig, zu lang oder zu kurz sind. Es baut auf der großen, von politischer Parteinahme und wissenschaftlichen Kontroversen geprägten Geschichtsschreibung in Frankreich auf, aber auch auf der angloamerikanischen und deutschen mit ihrer stärkeren Einbeziehung der europäischen Aspekte. Die Kenntnis dieser viel eingehenderen Darstellungen setze ich nicht voraus, vielmehr werden sie direkt einbezogen, besonders bei umstrittenen Fragen. Darum beginne ich mit einem Überblick über die Revolutionsgeschichtsschreibung seit dem Ereignis selber und darum behandle ich die Entstehungsgeschichte erst nach Darstellung der ersten Phase 1789–1792, und zwar nur als Erörterung der Ursachenforschung; andernfalls würde leicht ein notwendig ablaufender Prozeß vorgespiegelt, so als sei das ganze französische 18. Jahrhundert nur Vorgeschichte der Revolution.

Jubiläumsfeiern und weniger erfreuliche Gedenktage nehmen zu und stellen regelmäßig Ansprüche an den Historiker. Immerhin kann er sich aussuchen, für welche er sich einsetzen will. Ich habe mich seit meiner Assistentenzeit bei dem Mathiez-Schüler Martin Göhring mit der Französischen Revolution beschäftigt; man kann das schon an den vielen Quellenzitaten erkennen, deren Übersetzung ich seiner leider unvollendet gebliebenen Darstellung entnommen habe. Seit zwanzig Jahren habe ich in Berlin und Freiburg Vorlesungen und Seminare über das Thema veranstaltet, habe es also in der Lehre behandelt, ohne daß es mein spezielles Forschungsgebiet geworden wäre. Deshalb hätte ich mich zur Ausarbeitung dieses Buches nicht entschlossen, wenn ich nicht den Eindruck hätte, daß in der Bundesrepublik neben den zahlreich vorhandenen Handbüchern, Sammelbänden, Einzeluntersuchungen und übersetzten Gesamtdarstellungen ein neuer deutscher zusammenfassender Versuch fehlt. Es wäre nicht gut, wenn ein solches Fehlen den Eindruck erweckte, wir reagierten auf den großen Rummel, der zur Zweihundertjahrfeier in Frankreich und auch in Amerika, in England und im anderen deutschen Staat stattfindet, mit spöttischer Distanzierung oder der alten deutschen, nach den schwungvolleren Sechziger- und Siebzigerjahren zurückgekehrten Revolutionsfeindschaft. Wir hören jetzt so viel von neuem Geschichtsbewußtsein reden: die Französische Revolution gehört sicherlich an vorderer Stelle dazu, selbst wenn man sich, wie es leider zunehmend geschieht, bei diesem Geschichtsbewußtsein auf Deutschland beschränken will. Die Handlungs-

und Ereignisverkettung 1789–1799 ist der problematische Ausgangspunkt für die westliche demokratische, für die östliche sozialistische und auch für die Dritte Welt, – für alle ein Thema der Begeisterung und der Kritik. Grund genug, um sich zwischen schädlichen Verallgemeinerungen und nützlichen Spezialforschungen wieder einmal den komplexen historischen Gegenstand insgesamt zu vergegenwärtigen.

Mein Dank für Hilfe und Ermunterung gilt meiner Sekretärin Ursula Watson, der Schreiberin und damit ersten Leserin des Manuskriptes, und meinen Mitarbeitern Eva Schrott und Dr. Erich Pelzer. Dem Verlag, besonders Herrn Dr. Wieckenberg und Herrn Schünemann, danke ich ebenfalls für die vertrauensvolle Unterstützung dieses Versuches. Immer begleitete mich der unbeirrte Zuspruch meiner lieben Frau. Keinem der Genannten will ich damit stehengebliebene Mängel und Irrtümer anlasten.

Freiburg, im Januar 1988 E. S.

Einleitung

Ein Buch über die Französische Revolution zu veröffentlichen oder eine Vorlesung über sie zu halten – also über die „Große Revolution" von 1789–1794 oder bis 1799 oder wie weit man sie eben reichen läßt, auch der Anfang ist fraglich – ist alles andere als etwas Revolutionäres. Man stellt sich damit in eine lange, bald zweihundertjährige Tradition. Seitdem dieses Ereignis geschah, sind unzählige Bücher darüber erschienen, unendlich viele Vorlesungen in allen Universitäten der Welt gehalten worden.

Nehmen wir nur einige deutsche Beispiele. Der Göttinger Historiker Ludwig Timotheus Spittler nannte die Französische Revolution „die wichtigste Begebenheit unseres Jahrhunderts" und nahm sofort nach 1789 einen neuen gesellschaftlichen Gesichtspunkt in seine Vorlesung über europäische Staatengeschichte auf, indem er nun die Geschichte des Dritten Standes hinzuzog.[1]

Hegel, der die Revolution als Neunzehnjähriger gefeiert hatte, – kein Historiker, aber es ist typisch, daß auch ein Philosoph darüber redete – sagte in den zwanziger Jahren des 19. Jahrhunderts auf seinem Berliner Katheder innerhalb seiner „Philosophie der Weltgeschichte": „Solange die Sonne am Firmamente steht und die Planeten um sie herumkreisen, war das nicht gesehen worden, daß der Mensch sich auf den Kopf, das ist, auf den Gedanken stellt und die Wirklichkeit nach diesem erbaut ... Es war dieses somit ein herrlicher Sonnenaufgang. Alle denkenden Wesen haben diese Epoche mitgefeiert. Eine erhabene Rührung hat in jener Zeit geherrscht, ein Enthusiasmus des Geistes hat die Welt durchschauert, als sei es zur wirklichen Versöhnung des Göttlichen mit der Welt nun erst gekommen."[2] Er sprach also zugleich begeistert und in der Vergangenheitsform; er suchte damit, wie es Jürgen Habermas ausgedrückt hat, die Revolution „hinwegzufeiern".

Leopold von Ranke, Deutschlands größter Historiker über die frühneuzeitliche Geschichte, sah mehr den Terror der Revolution und Napoleons. In den Vierzigerjahren, nach seiner Reformationsgeschichte, plante er eine große Darstellung der Französischen Revolution, fuhr dafür nach Paris und fand dort soviel Quellenmaterial zur Preußischen Geschichte, daß er lieber zu diesem ihm angenehmeren Thema umschwenkte. So hat er nie im Zusammenhang über die Französische Revolution geschrieben, aber die Vorlesungen und seine Materialsammlungen zeigen, daß sie sein eigentliches historisches Problem war – sein Problem und seine große Furcht, denn zwischen Monarchie und Volkssouveränität, zwischen Restauration und Revolution sah er seine ganze Gegenwart (das 19. Jahrhundert) kämpfen und war glücklich, wenn das Erhaltende, Konservative die Oberhand behielt.

Lorenz von Stein, nicht eigentlich ein Historiker, sondern ein Gesellschaftswissenschaftler, verstand die französische Geschichte seit 1789 als eine für ganz Europa vorbildliche soziale Bewegung, womit er unter anderem große Wirkung auf Marx ausübte.

Jacob Burckhardt behandelte die Revolution wie Ranke nur in Vorlesungen. Er begriff sie schaudernd und mit scharfen Verurteilungen als Beginn des Massenzeitalters, das er fortschreiten und die Kultur begraben sah. Die ganze seitherige Geschichte war für ihn das Revolutionszeitalter.

Adalbert Wahl, den man wohl den eigentlichen und typischen deutschen Revolutionshistoriker vom Wilhelminischen Kaiserreich bis zur Hitlerzeit nennen muß, konnte im Kolleg, staatsverherrlichend und treu monarchisch wie er war, über den Prozeß und die Hinrichtung Ludwigs XVI. und Marie Antoinettes nur unter Tränen erzählen.

Martin Göhring, nach dem Zweiten Weltkrieg in der Bundesrepublik der repräsentative Spezialist, beschrieb die Große Revolution als monumentalen, heldenhaften Beginn unserer modernen liberalen Welt, – einen Beginn, den Deutschland bisher viel zu eingeschränkt anerkannt hätte; würde es ihn voll anerkennen, so sei das ein großer Schritt zur westeuropäischen Gemeinsamkeit.

Walter Markov in Leipzig, wohl der bedeutendste lebende deutsche Revolutionsforscher, will mehr als die liberalen Ideen, er will die Ideen der Jakobiner und Sansculotten rechtfertigen und in ihrer Bedeutung für die sozialistische Welt deutlich machen. In diesem Sinne erklärte er: „Die Französische Revolution ist von keiner der nachgeborenen Generationen als eine ... in sich abgeschlossene und insofern museumsreife Episode empfunden worden.“[3]

Etwas anders als Markov, aber markanter, drückte schon Eugen Rosenstock-Huessy in seinem Buch über die europäischen Revolutionen (1931/51) diesen Sachverhalt aus: „Die Französische Revolution ist noch heut in aller Munde. Zwischen ihr und der russischen Revolution steht die europäische Welt. Der einzelne Europäer muß seinen Standpunkt wählen im bürgerlichen oder im nichtbürgerlichen Lager. Das bürgerliche Lager aber ist das Lager der Ideen von 1789. Es ist das Lager der liberalen Grundsätze von Freiheit, Gleichheit und Brüderlichkeit. Der bürgerliche Bewohner unseres Erdteils lebt also unter der Bürgschaft der bürgerlichen Revolution. – Aber auch der unbürgerliche Sozialist oder Kommunist oder Bolschewist sieht die Welt im Lichte der Gesellschaftsordnung von 1789. Er bekämpft die bürgerliche Gesellschaft. Er bekämpft sie als die letzte Klassengesellschaft, als den Inbegriff aller Klassengesellschaften. Sie begreift ihm die gesamte Vergangenheit in sich, aus der er die Zukunft herauszuschlagen hofft.“[4] –

Man kann also von einer durchgehenden Bedeutung der Französischen Revolution bis in unsere Gegenwart sprechen. Sie ist in dieser Stärke kaum mit einem anderen historischen Ereignis vergleichbar. Das, was man „historische Bedeutung" nennt, wurde sofort und durchweg betont, so verschieden man die Zugkraft und den Veränderungseffekt revolutionärer Taten und Geschehnisse einschätzte. Zwei extreme Ansichten findet man bei zwei Generationsgenossen: für Karl Marx waren Revolutionen Grundgesetze der Weiterentwicklung, er nannte sie die „Lokomotiven der Geschichte". Jacob Burckhardt (wie Marx 1818 geboren) erklärte in den ‚Weltgeschichtlichen Betrachtungen' sehr viel kühler: „Um relativ nur Weniges zu erreichen, wobei noch fraglich, wieweit es sich um Gewünschtes oder gar um Wünschenswertes gehandelt haben wird, braucht die Geschichte ganz enorme Veranstaltungen und einen ganz unverhältnismäßigen Lärm."[5] Enorme Veranstaltungen waren es aber eben für ihn auch, und seine Vorlesungen sind von der Furcht geprägt, daß damit in Gegenwart und Zukunft mehr erreicht werden könnte als bisher.

Die sofortige Anerkennung der „historischen Bedeutung" ist kein Wunder, wenn man bedenkt, daß die Folgezeit, das 19. Jahrhundert, das Jahrhundert des europäischen Bürgertums war, das 1789 als Anfang seiner – zumindest politischen – Entwicklung ansehen mußte. Die Vorherrschaft der Aristokratie war damit gebrochen; statt der Ahnenreihe galt nun Besitz und Bildung. Dieses europäische Bürgertum war obendrein, wie man an der gleichzeitigen Entwicklung der Geschichtswissenschaft sehen kann, geschichtsbewußt genug, um sich dieses Anfangs bewußt zu sein. Es war sich aber dieses Anfangs nicht einfach jubelnd und feiernd bewußt. Es war mehr der Anfang seiner Probleme als der Anfang seines Siegeszuges. Und die Beurteilung dieses Anfangs war dementsprechend alles andere als einhellig. Alle genannten Historiker sind zum Bürgertum zu rechnen, außer vielleicht Markov. Die ganze Geschichtswissenschaft, der Historismus, ist, zumindestens im 19. Jahrhundert, von bürgerlichen Prämissen geprägt, für ein bürgerliches Publikum entwickelt worden. Aber diese Historiker kennzeichnen die Revolution durchaus nicht einhellig als Anfangssieg ihrer selbst oder auch nur als entscheidende Durchsetzung der bürgerlichen Ideale. So eindeutig war die Revolution nicht, war ihre ganze Art und ihre Entwicklungslinie nicht, und vor allem nicht ihr Ergebnis. Der Anfang mochte noch einigermaßen eindeutig sein oder erscheinen: also der Sturz des Absolutismus, die Vernichtung der privilegierten Stände, die Bildung der Nationalversammlung und die von ihr geschaffene Verfassung der beschränkten, konstitutionellen Monarchie. Aber die Weiterentwicklung war es keineswegs: die Schreckensherrschaft, das Direktorium, die Machtergreifung Napoleons im Konsulat und im Kaisertum. Teilweise vermischten sich diese verschiedenen Beurteilungen, besonders in Deutschland, mit nationalen Problemen und den verschiedenen Einstellungen dazu. Eine bürgerliche Bewegung, die in militärischer, expansiver Form, später sogar unter so zweifelhafter „revolutionärer" Führung eines Soldatenkaisers Deutschland überschwemmte, konnte nicht unumschränkt bejaht werden, selbst wenn man im Druck unter dem eigenen absolutistischen Fürsten lebte. Hieraus erklärt sich zum Teil die „restaurative" Ausrichtung des geschichtlichen Denkens, die Rechtfertigung von Traditionen, die nach der Erfahrung ihrer Zerstörung in Frankreich nun bewahrenswert erschienen – besonders außerhalb Frankreichs, aber auch in diesem Land.

Der tatsächliche Gang der Französischen Revolution und ihre unmittelbare Auswirkung führten also dazu, daß man in dieser Revolution eine sehr wichtige, ja sensationelle, aber auch sehr komplexe historische Ereignisfolge sehen mußte: komplex, vielschichtig, ohne einen durchgehenden Täter – auch wenn man diesen Täter als Volksschicht sah – und ohne klaren Sieger. Das ist ein bedeutender Unterschied etwa zu dem etwas früheren amerikanischen Unabhängigkeitskrieg (der später sogenannten amerikanischen Revolution), einer Bewegung, die zwar nicht unbedingt als Emanzipation vom Mutterland begonnen hatte, sich aber konsequent, von einer einheitlichen Täterschicht getragen, auf dieses Ende hinbewegte und zu diesem eindeutigen, also feierbaren Ergebnis kam. Es ist auch ein deutlicher Unterschied zur russischen Revolution von 1917, trotz der dortigen Mehrschichtigkeit der Revolutionäre: denn die bolschewistische Partei hatte ein klares Ziel, eine entsprechende Taktik und erreichte einen klaren dauerhaften Sieg.

Die Französische Revolution ist demgegenüber keineswegs erfolg*los* gewesen, wie etwa die englische Revolution in der Mitte des 17. Jahrhunderts, aber es ist ein unklarer, unsicherer Erfolg, der interpretiert werden und eigentlich von Jahrzehnt zu Jahrzehnt nach der weiteren Entwicklung „richtiggestellt" werden mußte. Im ganzen 19. Jahrhundert hatte man das Gefühl, sie sei nicht zu Ende.

Die Französische Revolution ist also kein eindeutiger Entwicklungsablauf und bildet kein klares, „notwendiges" Glied in einer größeren („weltgeschichtlichen") Entwicklung, sondern sie ist ein zunächst unvergleichliches großes historisches Ereignis. Das muß man deutlich aussprechen, obwohl oder gerade weil heute viele Historiker gegen die Betonung von historischen Ereignissen, von Ereignisgeschichte überhaupt eingestellt sind und für Strukturgeschichte plädieren. Michael Erbe z.B. in seiner „Geschichte Frankreichs von der Großen Revolution bis zur Dritten Republik" entschuldigt sich geradezu dafür, daß er mit 1789 anfängt. Er findet es „ungewöhnlich", denn man sähe „das Jahr 1789 heute kaum noch als Zäsur an, sondern betont eher die Kontinuität der Entwicklung Frankreichs ‚vom Ancien Régime zur Moderne'."[6]

Das ist übertrieben. So klein kann man beim besten Willen nicht machen, was 1789 geschehen ist. Allerdings ist diese Gegenbewegung verständlich angesichts der enormen Bedeutungsbeladung und -überladung, also der ideologischen Befrachtung der „Wende" von 1789, die von damals bis heute unaufhörlich vorgenommen worden ist.

Die Französische Revolution hat insofern dank ihrer nationalen und internationalen Bedeutung für das französische Geschichtsbewußtsein einen vergleichbar höchsten Stellenwert wie die Reformation für das deutsche Geschichtsbewußtsein. Letzteres mag eher verblaßt sein, aus mancherlei Gründen, aber im Lutherjahr 1983 hat man doch wieder eine Menge davon gespürt. Über beide Themen gab und gibt es zum Teil noch ähnlich heftige Kontroversen, eine ähnliche Meinungsvielfalt und, noch gewichtiger, meinungsbildende Gruppen, Parteien und Institutionen, die nicht zulassen, daß über dieses Thema *beliebige* Theorien aufgestellt werden, daß es also gleichsam schutzlos der Meinungsvielfalt preisgegeben wird. Bei der Französischen Revolution gilt das für die Vertreter des republikanischen Staatsideals, des entsprechenden Nationalismus, für die Anhänger der bürgerlichen und der Menschenrechtsideale ebenso wie für Sozialisten und Marxisten.

„Geburt der bürgerlichen Gesellschaft: 1789" – dieser Titel einer guten deutschen Sammlung von neueren französischen Aufsätzen zeigt eine solche Bedeutungsüberladung eines ereignisreichen Jahres. Als eine Art Gegenschrift kann man die Abhandlung von François Furet ansehen: „1789 – Vom Ereignis zum Gegenstand der Geschichtswissenschaft". Da wird die Übertreibung der Zäsur beklagt – in Frankreich beginnt ja konventionellerweise immer noch mit 1789 die histoire contemporaine –, die „Verseuchung der Vergangenheit durch die Gegenwart" wird bedauert, und Furet sucht aus diesem „Teufelskreis der Vermächtnishistoriographie" auszubrechen.[7]

Deutsche lebende Historiker, jedenfalls in der Bundesrepublik, haben zwar nicht sehr viel zur Erforschung der Französischen Revolution beigetragen, sie versuchen aber auf Kongressen, die verschiedenen französischen (und anglo-amerikanischen) Richtungen aufeinanderzutreiben: in Göttingen 1975 und in Bamberg 1979. Der Bamberger Kongreß war betitelt: „Die Französische Revolution – zufälliges oder notwendiges Ereignis?". Ob das eine gute Gegenüberstellung ist, fragt sich, aber jedenfalls wird deutlich, daß es sich für alle Richtungen um ein *Ereignis* handelt, ein zunächst unvergleichliches großes historisches Ereignis, viel und sehr verschiedenartig erklärt, weil es so erklärungsbedürftig ist. Cobban nennt es „the greatest happening in modern history", und man kann von da aus auch behaupten, daß es sich in erster Linie um ein historisches, nicht um ein soziologisches oder philosophisches Problem handelt, also um einen genuinen Gegenstand für eine historische Behandlung. „Historisch" heißt ja (nicht zuletzt), daß die Ereignisfolge weder als „intendiert" noch als „gesetzmäßig" hinreichend zu erfassen ist. Nachdem in letzter Zeit wieder häufiger gefordert wurde, vor allem nach Gesetzmäßigkeiten in der geschichtlichen Entwicklung zu forschen, da andernfalls die Geschichte uninteressant und beliebig und übrigens auch viel zu kompliziert für die Speicherung im Gedächtnis sei, hat Hermann Lübbe neu darauf hingewiesen, „Historie" sei „Kultur der Kontingenzerfahrung". „Kontingent" heißt nichtnotwendig, unwesentlich, zufällig. Über die Kontingenz des erfahrbaren Seins wird seit Boëthius philosophiert. „Die Beschäftigung mit der Geschichte vergegenwärtigt uns fremdes und eigenes Dasein, soweit es nicht Resultat von Selbst- und Mitbestimmungsprozessen ist, vielmehr von der Macht des Zufalls und der Handlungsmacht Dritter abhängig." (Lübbe).[8] Die Französische Revolution kann man also als ein historisches Problem betrachten, weil sie eine nicht intendierte, nicht gesetzmäßige Entwicklung darstellt, die aber gerade deshalb prozeßhaft unwiderstehlich sein konnte.

Das Besondere dieses großen, weitwirkenden Ereignisses – oder besser: dieser Ereignisfolge – ist darin zu sehen, daß es eine ganz neue Art von Ereignis ist. Es hat zwar schon vorher Aufstände, Revolten und vielleicht auch Revolutionen gegeben, aber erst von ihm aus sind frühere „ähnliche" Ereignisse „Revolutionen" genannt worden. Genauer: der Revolutionsbegriff ist von hier aus ganz neu gefaßt worden, er ist etwas anderes vor und nach 1789.

Das zeigt uns die Begriffsgeschichte, und deshalb halte ich es für gut, zunächst und einleitend auf die Entwicklung des Wortes „Revolution" einzugehen.

Begriffsgeschichte ist eine Hilfswissenschaft der Geschichte, der Literaturgeschichte und der Philosophiegeschichte, die wegen ihrer Exaktheit und verständnisfördernden Aussagekraft sehr beachtenswert ist. Die Nachforschung, was ein Wort früher oder ursprünglich bedeutet hat, führt zwar des öfteren eher zu nebensächlichen Kuriositäten als zu profunden Erhellungen, aber in unserem Falle kann der erstaunliche Wandel der Wortbedeutung doch weiterhelfen. Er kann uns die Erkenntnis vermitteln, von wann ab man im vollen, modernen Sinne von „Revolution" sprechen kann; denn dazu genügt nicht das revolutionäre Ereignis, sondern dazu gehört in hohem Maße das revolutionäre Bewußtsein.

In der klassischen Antike finden wir weder das Wort noch überhaupt einen politischen Begriff für das, was wir Revolution nennen: also für die plötzliche Neuerung, für den Bruch mit dem Bestehenden. Aristoteles kennt die drei Verfassungsformen und ihre Entartungen: Monarchie, Aristokratie und das, was wir Demokratie nennen, was bei ihm *politeia* heißt, sowie Tyrannis, Oligarchie und Pöbelherrschaft. Polybios (200–120 v. Chr.) spricht von dem naturgesetzlichen, kreislaufartigen Wechsel dieser Verfassungsformen: in diesen Begriffen, also im Verfall oder Untergang und im natürlichen, kreislaufartigen Wechsel, erfaßten Griechen und Römer im allgemeinen die politischen und sozialen Veränderungen. (Wir lassen dabei außer Betracht, daß es in diesem Denken auch Idealstaats- und Weltreichsideen gab).

Augustinus, der große Kirchenvater des 4. Jahrhunderts, erklärte diese Geschichtsauffassung vom ewigen Kreislauf für falsch und unchristlich gegenüber der Einmaligkeit des Opfertodes Christi und dem Heilsweg der

Christen. Dabei nannte er die antike Auffassung „revolutio saeculorum", d. h. Wiederkehr der Zeiten (durch kreisförmige Umwälzung). Das spätantike Wort *revolutio* war bildhaft gemeint, man verwendete es vor allem in der Astronomie für den Umlauf des Mondes. Es war natürlich auch herabwürdigend gemeint und bedeutete gegenüber unserem Revolutionsbegriff geradezu das Gegenteil, nämlich das Ewiggleiche, dem nicht zu entrinnen ist.

Auch das Mittelalter hatte unseren Revolutionsbegriff nicht, obwohl es tatsächlich Veränderungen gab, die etwas Revolutionäres hatten: etwa die Verfassungskämpfe der Stadtkommunen, die Hussitenbewegung, die Bauernaufstände des 14. und 15. Jahrhunderts. All das wurde begriffen und proklamiert entweder als Aufruhr *(seditio, rebellio)*, also als Vergehen gegen die anerkannte Gesamtordnung und damit als Vergehen gegen Gottes Gebot – vorzugsweise, wenn die Sache mißlang –, oder als Widerstand gegen unrechtmäßig handelnde Herrschergewalt, also als Wiederherstellung des guten alten Rechts. Das finden wir z. B. bei der Schweizer Eidgenossenschaft 1291. Hierfür gab es das Widerstandsrecht und eine – sehr umstrittene – Tyrannenlehre. Auch die kirchlichen Neuerungen wurden als Wiederherstellungen aufgefaßt, Wiederherstellungen nach erkannten Abweichungen vom wahren heilsgeschichtlichen Weg. Man nannte es *re*formatio, – ein Begriff, der dann auch, neben *re*novatio, für weltlich-verfassungsmäßige Neuerungswünsche üblich wurde. „Reformatio Sigismundi" heißt die berühmteste deutsche politisch-soziale Reformschrift des 15. Jahrhunderts. Erst durch Luthers Tat wurde der Begriff Reformation wieder auf die kirchliche Reform reduziert, allerdings auf eine besonders revolutionäre, und das dürfte nicht untypisch sein für das Verhältnis der Reformationshoffnungen *vor* Luther zu dem, was Luther dann tatsächlich tat.

Luthers Zeit ist der Beginn der Neuzeit. Staat und Politik verselbständigen sich gegenüber der bisher beherrschenden Kirche. Nach dem Vorbild der klassischen Antike bildet sich in der italienischen Renaissance ein neues politisches Bewußtsein aus. Ist hier der Ursprung unseres Revolutionsbegriffes zu finden? Machiavelli, in der turbulenten Zeit der italienischen Stadtstaaten aufgewachsen, die ständig Umsturzbewegungen innerhalb ihrer Mauern hatten, einander bekriegten und obendrein von großen auswärtigen Mächten – Frankreich, Spanien, dem Kaiser – überwältigt wurden, – dieser Machiavelli erkannte und beschrieb staatliche Umwälzungen als Angelpunkte des politischen Geschehens. Hier setzte sein Interesse ein. Es bezog sich nicht oder kaum auf eine bestimmte Verfassungsform, nicht auf den jeweiligen politischen oder sozialen Fortschritt, sondern auf die Ursprünge solcher Veränderungen, auf die Manipulation und Unterdrückung von Aufständen, auf die geheime oder offene Usurpation der Staatsgewalt. Also auf die Kunst der Verschwörungen und auf das Geschick der Fürsten. Machiavelli nannte das einfach Veränderungen, *mutazioni, variazioni.* Das

Wort *revolutio, rivoluzione* war nach dem abfälligen Gebrauch durch die Kirchenväter abgesunken zu „Aufwiegelung, Wirren", und so braucht es Machiavelli, dabei übrigens typischerweise niemals für Umwälzungen, die Erfolg gehabt haben.

Auch das revolutionsähnlichste Ereignis des späteren 16. Jahrhunderts, nämlich die Erhebung der Niederlande gegen Spanien, nannte man nicht Revolution und sah es auch nicht als eine solche in unserem Sinne an, sondern vielmehr wie im Mittelalter als Bewahrung alter Rechte und als Ausübung des gesetzlichen Widerstandsrechts.

Kurz danach, zu Beginn des 17. Jahrhunderts, fand aber das Wort Revolution von neuem und in ganz anderer Bedeutung Eingang in den Wortschatz der Politiker. Es geschah wiederum als bildhafte Übernahme aus der Astronomie: einer Astronomie allerdings, die durch Kopernikus, Kepler und Galilei und ihre Neuentdeckungen an wissenschaftlichem und allgemeinem Ansehen enorm zugenommen hatte. Das allgemeine Ansehen – und das wird für unsere Begriffsgeschichte wichtig – war freilich weniger an der Erkenntnis der Erd- und Planetenbewegungen orientiert als an ihrer astrologischen Ausdeutung, die entsprechend zu gleicher Zeit zunahm. (Man weiß es etwa aus dem Aberglauben Wallensteins. Selbst Kepler und Tycho Brahe stellten Horoskope.) 1543 erschien das Hauptwerk von Kopernikus: „De revolutionibus orbium coelestium", d. h. über die regelmäßigen Rundbewegungen der Gestirne, und man spekulierte nun darüber, wie man die vielen politischen und religiösen Veränderungen der Welt mit den Bewegungen der Gestirne in Verbindung bringen könnte, man glaubte also (ganz anders als Machiavelli) an ihre übermenschliche kosmische Abhängigkeit. Kepler distanzierte sich zwar von den Tendenzen der „gewöhnlichen Astrologen", wie er sagte, von der astronomischen Revolution eines Jahres auf eine Revolutio Mundana, eine Gesetzmäßigkeit des gleichzeitigen Weltgeschehens, zu schließen. Aber seinem Zeitgenossen Galilei wird das Wort zugeschrieben: „Die Revolutionen des Globus, den wir bewohnen, bewirken die Unfälle und Zufälle des Menschenlebens."[9]

Nun, im 17. Jahrhundert, hieß „Revolution" im anspruchsvollen Sinne – es konnte auch noch einfach „Wirren" heißen –: Wendung zu einer neuen politischen „Konstellation". Das Wort eignete sich, weil für viele darin noch die politische Kreislauftheorie des Polybios mitschwang, für viele andere die (mittelalterliche) Vorstellung einer *rück*läufigen Bewegung zur Wiederherstellung eines geordneten Zustandes. Entscheidender ist aber der mit diesem Wort ausgedrückte übermenschliche, der kosmische Bezug des Geschehens. Man kann in dem astrologischen Aberglauben eine Art Ersatzreligion nach der Erschütterung des mittelalterlichen christlichen Weltbildes sehen.

Im Laufe des Jahrhunderts zog man das Wort Revolution dann immer mehr von den Gestirnen auf die Erde herab und trennte es immer mehr von ihnen. Aus der kosmischen Macht wird mehr und mehr etwas Weltliches:

die geschichtliche Notwendigkeit, die staatlich-gesellschaftliche Berechtigung des Umschwungs.

Ich nenne die Hauptbeispiele. Als Heinrich IV. von Frankreich 1593 katholisch wurde, um den stärksten Widerstand gegen seinen Thronanspruch zu brechen – Paris war ihm bekanntlich schon eine Messe wert – bezeichneten das die Zeitgenossen als eine Revolution, d.h. als eine politische Veränderung, die mit der Unbeeinflußbarkeit einer Sternumdrehung sich vollzogen hat (Griewank) und gegen die nun Widerstand sinnlos ist. Heinrich soll die Konversion auch „zur Stunde eines geeigneten Sonnen- und Mondstandes" vollzogen haben. Auch die Vorstellung der Restitution der Ordnung nach jahrelangen Wirren ist bei dieser Wortwahl inbegriffen.

Bei den englischen Unruhen des 17. Jahrhunderts ist die Verwendung und Nichtverwendung des Revolutionsbegriffes noch deutlicher. Die Empörung des Parlaments und der Bürgerkrieg 1640–60, also das, was wir heute die puritanische oder große englische Revolution nennen, hieß bei den Königstreuen „rebellion" oder „civil war", bei den Revolutionären „restoration", d.h. Restauration der alten parlamentarischen Privilegien. Das Wort „revolution" wurde von den Königstreuen auf die Wiederherstellung des Königtums von 1660 angewandt, also auf das, was *wir* Restauration nennen. Es war gemeint im Sinne von unabwendbarer guter Rückkehr zur Ordnung, zum richtigen Staatszustand. (Bei kühleren Geistern wie Hobbes mochte auch die Kreislauftheorie eine Rolle spielen: für ihn ist 1640 bis 1660 insgesamt „revolution", einschließlich der Restauration.)

1688 zwang das Parlament König Jakob II. aus Furcht vor einer Wiedereinführung des Katholizismus zur Abdankung und berief Wilhelm III. von Oranien auf den Thron. Diese unblutige Staatsveränderung wurde ‚Glorious Revolution' genannt. Dahinter stand der Anspruch der Umstürzler, daß dies, noch mehr als 1660, eine rühmliche, legitime Wiederherstellung des echten und richtigen Staatszustandes sei.

Erst durch diese Namengebung der ‚Glorious Revolution' wurde das Wort, das vorher nur selten, beinahe ausnahmsweise zu finden ist, ein allgemein üblicher politischer Begriff. So spät also wurde das Wort gebräuchlich, und, wie man sieht, keineswegs in unserem Sine. Die englische Revolution von 1688 galt im 18. Jahrhundert als *die* Revolution, so wie im 19. Jahrhundert die französische Revolution von 1789 als *die* oder die große Revolution galt. Man gebrauchte aber im 18. Jahrhundert das Wort darüberhinaus, besonders in Frankreich, für jede andere erfolgreiche Staatsveränderung in Geschichte und Gegenwart. Man teilte in historischen Darstellungen die Geschichte eines Staates nach seinen „Revolutionen" ein, d.h. nach den politischen Änderungen, die durchaus auch außenpolitisch, also etwa durch Kriege und Friedensschlüsse, geschehen sein konnten. Das Hauptaugenmerk liegt dabei auf Staatsverfassung und Politik. (Eine Revolutionsdarstellung vor 200 Jahren wäre also einfach eine Staatsgeschichte gewesen.)

Die Philosophen der französischen Aufklärung begannen aber, den Begriff auf geistige, sittliche und gesellschaftliche Veränderungen auszudehnen. Er wurde bei ihnen ein Modewort für Veränderung, beinahe wie heute, für eine etwas forcierte Veränderung, oder es war ein etwas forcierter Ausdruck dafür. Voltaire nannte die Reformation die erste große Revolution, die sich im menschlichen Geist und zugleich im politischen System von Europa vollzogen habe. Und für seine eigene Zeit sah er eine *révolution des esprits* voraus, für die der Same gelegt sei (nämlich durch die Philosophen der Aufklärung). Nicht mehr Bürgerkriege seien nötig, sondern wohltätige, unblutige Revolutionen. Rousseau glaubte mehr als der skeptische Voltaire an die gesellschaftlichen und technischen Fortschritte in der Zivilisation (die er freilich verderblich fand): ihre Mittel seien Revolutionen. Andere Revolutionen würden aber die üblen Folgen der Zivilisation, d. h. Ungleichheit und Korruption, hinwegfegen. 1762 erklärte er in diesem Sinne im ,,Emile“: ,,Wir nähern uns dem Jahrhundert der Revolutionen“.[10]

Das sind aber alleinstehende, freilich kennzeichnende und wirkungsvolle Vorwegnahmen des modernen Revolutionsbegriffs. Allgemein verstand man bis zum Beginn der Französischen Revolution von 1789 unter diesem Begriff staatliche Veränderungen, daneben zuweilen geistige, gesellschaftliche, aber nicht Rebellion und sozialen Aufruhr. Man ,,verfügte über kein Wort, das einen Umschwung bezeichnet hätte, in dem die Untertanen selbst zu Herrschern werden.“ (H. Arendt).[11]

Erst die Französische Revolution selbst ändert den Revolutionsbegriff und das Revolutionsbewußtsein. Man kann geradezu den Moment des Umschwungs zum modernen Revolutionsbegriff fixieren. Als dem König Ludwig XVI. am Abend des 14. Juli 1789 vom Sturm auf die Bastille durch den Pariser Pöbel berichtet wurde, rief er entsetzt: ,,C'est une révolte!“ Das war die herkömmliche Auffassung des Ereignisses. Der Berichterstatter, der Duc de la Rochefoucault-Liancourt, Großmeister der Garderobe, erwiderte: ,,Non, Sire, c'est une révolution.“

Hannah Arendt sagt zu diesen Worten: ,,Durch diese Worte hindurch meinen wir noch heute zu sehen und zu hören, wie eine große Volksmenge sich in Bewegung setzt, wie sie einbricht in die Straßen und Paris überflutet, und Paris war damals nicht nur die Hauptstadt Frankreichs, sondern die Kapitale der gesamten zivilisierten Welt. Wir meinen zu sehen, wie der Aufstand des Volkes für Freiheit sich sogleich mit dem Aufruhr des Großstadtmobs verbindet, wie sie beide zugleich auftreten, unwiderstehlich in ihrer Massenhaftigkeit. Und es ist, als erscheine diese Masse des Volkes zum erstenmal im hellen Licht der Öffentlichkeit und mit ihr das Elend, die Erniedrigung und Beleidigung der Armen und Unterdrückten, die durch Jahrhunderte hindurch in der Finsternis ihrer ‚Schande‘ gehalten worden waren. Das Unwiderrufliche, das damals geschah in der Hauptstadt der zivilisierten Welt und was Führern und Zuschauern der Ereignisse gleichermaßen schlagartig evident wurde, war, daß der öffentliche Raum – der, soweit unsere Erinnerung reicht, immer denen vorbehalten war, die bereits frei waren, nämlich befreit von der Sorge und Not um die Lebensnotwendigkeiten, um die unabweisbaren Bedürfnisse des menschlichen Körpers – nun plötzlich sich dieser ungeheuren Mehrheit der Menschen öffnen sollte, die nicht frei sind, weil sie getrieben werden von der Sorge um den täglichen Lebensunterhalt. Aber Liancourt sah mehr. Er sah mit leibhaftigen Augen, wie unter diesem Ansturm die alte Ordnung zusammenbrach. Die Soldaten hatten nicht geschossen, die Instrumente der Autorität funktionierten nicht mehr. Dies war das Ende, das sich lange angekündigt hatte."[12]

Wir können das von unserer Begriffsgeschichte her noch verdeutlichen: Liancourt tut geradezu etwas Revolutionäres, wenn er den Massenaufruhr mit dem hohen, für staatliche Veränderungen und geistige Fortschritte gebräuchlichen Ausdruck „Revolution" kennzeichnet. Es ist beinahe eine Ehrenbezeichnung. Und die Revolutionäre werden diese Anschauung verbreiten. Nicht nur das Unwiderstehliche, Übermenschliche, das geschichtlich Notwendige des Aufruhrs ist damit gekennzeichnet, wie Hannah Arendt ausführt: der Anspruch, die rechte Ordnung herzustellen, wird damit in der Nachfolge der englischen Glorreichen und übrigens auch der eben geschehenen amerikanischen Revolution für die politische, die geistige und die soziale Seite des Aufruhrs gemacht. Ich sage: herzustellen, nicht: wiederherzustellen. Anfangs glaubte man zwar, wie üblich, restaurieren zu können, aber entscheidend wird für die Französische Revolution und ihr modernes Revolutionsbewußtsein, daß sie etwas Neues will – gegen den Wortsinn Revolution –, daß sie einen gewaltigen und gewaltsamen Fortschritt in der menschheitlichen Entwicklung will. Begriffsgeschichtlich typisch ist dafür auch, daß das Wort Revolution 1789 ein Kollektivsingular wird. Man spricht von „der" Revolution, der „großen" oder der „permanenten" Revolution.

Die Französische Revolution von 1789 ist also faktisch und bewußtseinsmäßig die erste europäische Revolution im vollen Sinne. Erst von ihr aus können wir versuchen zu definieren, was wir noch heute unter einer Revolution verstehen. Ich tue es im Anschluß an die vorsichtige Definition von Karl Griewank: „Ganz eindeutig ist der Name der Revolution bisher nur geworden für bestimmte geschichtliche Gesamtphänomene, in denen sich dreierlei verbindet: Der stoßweise und gewaltsame Vorgang (Durchbruch, Umbruch) insbesondere in bezug auf die Umwälzung von Staats- und Rechtsverhältnissen; weiter ein sozialer Inhalt, der in Gruppen- und Massenbewegungen, meistens auch in offenen Widerstandshandlungen derselben in Erscheinung tritt, und schließlich die ideelle Form einer programmatischen Idee oder Ideologie, die positive Ziele im Sinne einer Erneuerung, einer Weiterentwicklung oder eines Menschheitsfortschrittes aufstellt. Mag das eine oder andere dieser Elemente für spezielle Begriffsbestimmungen der Revolution entbehrlich sein, so bilden sie zusammen doch erst die ‚Revolution' im Vollsinne, die sich deutlich von der Fülle ständiger und schwer voneinander zu trennender Wandlungserscheinungen in der Geschichte abheben läßt."[13]

Das Ganze läßt sich auch einfach in den berühmten drei Schlagworten der Französischen Revolution fassen: Liberté, Égalité, Fraternité.

Liberté –: das ist die politische Seite der Revolution; die Anschauung, daß das Volk oder ein großer Teil des Volkes tyrannisiert wird, d.h. daran gehindert wird, seine politischen Rechte wahrzunehmen und die Politik seines Landes mitzubestimmen. Gegen die als Tyrannis empfundene Herrschaft (meist von neuen fremden Herrschern, aber auch von eigenen, besonders im Absolutismus) berief man sich früher auf die alten Privilegien: in der Schweiz, in den Niederlanden, in der englischen Revolution. Später berief man sich auf das natürliche Recht des Menschen auf Freiheit: z.T. schon in der Glorreichen Revolution (Locke), dann in der amerikanischen und französischen Revolution. Ihre Erklärung der Menschenrechte war freilich nur eine allgemeine Grundlage. Die speziellen politischen Rechte (und Pflichten) waren bei Amerikanern und Franzosen nicht althergebracht, sondern mußten vermittels einer Verfassung festgelegt werden.

Égalité –: das ist die soziale Seite der Revolution; die Anschauung, daß die ungleiche rechtliche und damit ungleiche gesellschaftliche Stellung der Menschen in der ständischen Gliederung abgeschafft werden muß. Hierfür gab es in den Empörungen unterer städtischer Schichten und in den Bauernaufständen seit dem Spätmittelalter historische Vorbilder und Vorläufer, aber wir sahen, wie neu diese Seite für eine Revolution war.

Fraternité –: das ist, könnte man sagen, die geistige Seite der Revolution; die Anschauung, die erstmals in der Französischen Revolution auftaucht, daß die ganze Nation zusammengehört, und darüberhinaus die ebenso erstmalige Anschauung, daß die Ideen dieser Revolution – Freiheit und Gleichheit – Menschheitsideen sind und der ganzen Welt mitgeteilt werden müssen; denn alle Menschen sollen Brüder sein. Ein geistiger oder zum Teil auch ideologischer Fanatismus also, den es früher nur bei religiösen Bewegungen gab, zuletzt bei den reformatorischen. Deshalb war auch Tocqueville, einer der bedeutendsten Analytiker der Französischen Revolution, der Meinung, daß die Französische Revolution eine politische Revolution gewesen sei, die in der Art religiöser Revolutionen verlaufen sei.[14]

In der Tat wurde ja die Französische Revolution durch diesen ihren Sendungswillen zur Mutter aller späteren Revolutionen bis zur russischen von 1917, während die englische Revolution des 17. Jahrhunderts einen Sendungswillen so gut wie überhaupt nicht gekannt hat.

Tatsächlich und bewußtseinsmäßig ist also die Französische Revolution eine große Epoche, etwas außerordentlich Neues in der europäischen Geschichte. Man kann sie nur vergleichen mit dem Übergang vom Mittelalter zur Neuzeit durch die Reformation, aber viele Historiker halten den Einschnitt der Französischen Revolution für weit tiefer, weil es ein geistiger, politischer und sozialer Umbruch war. Über die Tatsache der beiden ersten Umbrüche sind sich heute alle Historiker einig, nicht so über den sozialen Umbruch, worauf noch später einzugehen sein wird.

Sie hat zu ganz neuen, viel reicheren Forschungen und Ergebnissen über die menschliche Geschichte und Gesellschaft geführt.

Die moderne Geschichtswissenschaft ist eigentlich durch die Französische Revolution entstanden. Soviel man auch vorher geforscht und dargestellt hat, so ausgebildet das weltgeschichtliche Denken auch schon im 18. Jahrhundert war – einen existentiellen Wert bekam die Frage nach der Vergangenheit erst durch diesen radikalen Versuch, mit aller Vergangenheit zu brechen. Der Engländer Edmund Burke war der erste, der, so freiheitsbewußt er selber war (was man daran sehen kann, daß er als Engländer sogar Verständnis für die amerikanische Revolution gezeigt hatte), gegen diesen Bruch mit aller Überlieferung, der nur in eine Schreckenszeit auslaufen konnte, den Wert der Tradition und Sinn der organischen, natürlichen Entwicklung (der Evolution) deutlich machte. Hatten doch diese positiven Werte in England zu der schönen Glorreichen Revolution geführt! Damit hat er auf die politische und historische Auffassung in England und besonders auch in Deutschland stark eingewirkt. Gegen das weltweite Sendungsbewußtsein der Französischen Revolution, das sich ja unter Napoleon in die Eroberung des Kontinents verkehrte, hob die deutsche historische Schule, besonders Ranke, die Eigentümlichkeit jeder europäischen Nation hervor. So bildete sich der Historismus aus, nicht einfach abgestoßen von der Revolution, sondern in höchstem Maße angeregt durch sie zu vertiefter geschichtlicher Erkenntnis.

Ebenso ist die Gesellschaftslehre, die Soziologie, durch die Französische Revolution entstanden, nämlich durch das Licht, das dieses historische Ereignis plötzlich in die ganze Tiefe der sozialen Schichtung eines Volkes warf. Die Gesellschaftslehre von Auguste Comte und viele andere gründeten sich darauf. Besonders hell wurde natürlich das Bürgertum beleuchtet. Von seinem Sieg her deutete man die Revolution als Übergang von der ständisch gegliederten zur industriellen Gesellschaft. Man erkannte dabei die umwälzende Bedeutung der neuen naturwissenschaftlichen Entdekkungen und technischen Erfindungen für die Machtsteigerung des Bürgertums. Die Frage, ob nicht überhaupt Naturwissenschaft und Technik die eigentliche Revolution dieser Zeit und der eigentliche große Bruch mit der ganzen bisherigen Geschichte bedeutet haben, hat seither nicht geruht, ebensowenig die andere, ähnliche Frage, ob nicht die „industrielle Revolution“ die eigentliche war.

Soviel zur Sonderstellung der Französischen Revolution, die ich hier vor allem von der Begriffsgeschichte aus klarzumachen versucht habe.

1. Teil

Geschichte der Geschichtsschreibung über die Französische Revolution

> La Révolution française n'a existé dans sa réalité, dans son langage, dans certaines de ses vérités, qu'un siècle après 1789. Il a fallu un siècle!
>
> Fernand Braudel 1985[15]

Einen Schritt näher treten wir an die Untersuchung der Französischen Revolution heran, wenn wir uns nun mit der bisherigen Erforschung ihrer Geschichte beschäftigen, mit der Geschichte der Geschichtsschreibung über die Französische Revolution. Diese Fragestellung wirkt immer etwas wie Selbstbespiegelung oder Inzucht der Geschichtswissenschaft, längst ist aber ihr großer erkenntnisfördernder Wert zutagegetreten.

Sich *nicht* mit der bisherigen Literatur auseinanderzusetzen, sie nicht oder nur das allerneueste zur Kenntnis zu nehmen, heißt: flach und einseitig, ohne Berücksichtigung anderer Gesichtspunkte schreiben. Originelle Ideen können sehr alt sein. „Literaturkenntnis schützt vor Neuentdeckungen", wie Hermann Heimpel einmal gesagt hat.[16] Eine solche Nichtberücksichtigung bedeutet auch, daß man in weit höherem Maße, als einem bewußt ist, die wenige (neueste) Literatur kopiert, die man kennt, – einfach weil man ihre Fragwürdigkeit und Einseitigkeit nicht erkennen kann. Es heißt, daß man sich über seine eigenen Voraussetzungen, über die Voraussetzungen des eigenen Standpunktes nicht klar wird. Ältere Literatur ist in der Geschichtswissenschaft im allgemeinen weit weniger veraltet als etwa in naturwissenschaftlichen Fächern.

Es gibt zwei Grundmuster der Geschichte der Geschichtsschreibung. Das erste ist der Gesichtspunkt des Erkenntnisfortschritts. Mit jeder neuen geschichtswissenschaftlichen Untersuchung wird die Erkenntnis erweitert, ein weiterer unverlierbarer Baustein für das wissenschaftliche Fernziel der Gesamterkenntnis geliefert. Jedes spätere Buch ist in diesem Sinne „besser" als das frühere.

Das andere Grundmuster ist die Einsicht in die starke Zeitgebundenheit aller Geschichtsanschauung – speziell bei einem so großen, umkämpften Problem wie der Französischen Revolution. Danach ist alles relativ; keinem Geschichtswerk, ob früher oder später, ist eigentlich zu trauen. Eberhard Schmitt hat in diesem Sinne die Geschichtsschreibung über die Französische Revolution als ein „Muster für weltanschaulich-ideologisch geprägte Geschichtsschreibung" bezeichnet.[17]

Beide Gesichtspunkte haben etwas Wahres, wenn sie nur nicht ins Extrem getrieben werden und nie der eine über dem anderen mißachtet wird. Natürlich gibt es sachlichen Erkenntnisfortschritt bei aller Zeitgebundenheit und Subjektivität der Historiker. Zeitgebundenheit kann sich sogar positiv für die Erkenntnis eines bisher nicht beachteten Geschichtsbereiches auswirken. Und natürlich gibt es spätere Werke, die schlechter und ärmer sind als die früheren, und gibt es verlorene Erkenntnisse. Es kommt darauf an – und darin liegt das Erkenntnisfördernde einer Geschichte der Geschichtsschreibung –, in jedem Einzelfall Maß und Grad an Zeitgebundenheit und wissenschaftlichem Erkenntnisfortschritt festzustellen.

Ich kann natürlich nur einen kurzen, unvollständigen Überblick geben. Zurücktreten müssen hier die freundlichen oder feindlichen Erklärungsversuche und Analysen der Französischen Revolution durch die Mitlebenden. Diese Versuche sind keine „Geschichte", sie gehen nicht aus auf Faktenschilderung, knüpfen kaum an deren Darstellung an. Das soll nicht heißen, daß sie unbedeutend oder gar wirkungslos gewesen seien. Nur müßte man, wenn man solche Zeitmeinungen oder Zeitanalysen betrachtet, gerechterweise nicht nur Schriften nehmen, sondern auch viele Reden der Revolutionäre selber.

Ich weise nur kurz auf sechs wichtige Schriften hin, die ebensoviele verschiedene politische, philosophische, halbhistorische Erfassungen der Revolution sind:

1. *Edmund Burke*, ‚Reflections on the Revolution in France', erstmals im November 1790, dann 1793. Das ist der Ausländer, der Engländer mit der eigenen älteren, „viel besseren" Revolution in der Tasche. Ursprünglich war Burke kein Konservativer, kein Tory, sondern Whig, Liberaler, der durch die Französische Revolution zum konservativen Whig (Old Whig) wird. Er stellt die Tradition der gemäßigten englischen Glorreichen Revolution gegen diese neue radikale französische und deren Anhänger in England. Er stellt damit die organisch sich weiterentwickelnde, traditionsbejahende „Geschichte" gegen abstrakte Freiheitsvorstellungen. Er versucht dabei in sehr beachtlicher Weise, die französischen Geschehnisse durch eine Klassenanalyse aus der jüngsten französischen Entwicklung zu erklären. Burke hatte eine große Wirkung auf England und Deutschland, vor allem in seiner Betonung, daß die Französische Revolution eine französische Angelegenheit sei, nicht etwa eine menschheitsübergreifende.

Im übrigen nenne ich französische Zeitmeinungen:

2. *Antoine Barnave*, ‚Introduction à la Révolution française', 1791–92. Dies ist das Fragment eines Vertreters der Nationalversammlung, der als der beste Redner nach Mirabeau galt. Barnave fing radikal an, er wurde dann gemäßigt und schließlich zu einem entschiedenen Verteidiger der konstitutionellen Monarchie in radikaler Zeit. Man klagte ihn darum der

Konspiration mit dem König an, worauf er im November 1793 guillotiniert wurde. Er und seine Schrift sind daher von Revolutionsanhängern scheel angesehen worden. Das Fragment wurde überhaupt erst 1843 veröffentlicht, hatte also keine Zeitwirkung und war auch dann wegen seiner materialistischen Strukturanalyse von Gemäßigten nicht geschätzt. Erst neuerdings sieht das anders aus. Man kann sagen, daß Barnave zwischen Montesquieu und Tocqueville steht. Er unternimmt es, die Notwendigkeit der Entwicklung nachzuweisen. Die sozial-ökonomische Analyse, die vor allem den Aufstieg der Volksschicht mit beweglichem Eigentum betont, ist noch schärfer als die von Burke und ganz anders als sie: nicht zuletzt, weil sie auf ganz Europa bezogen wird.

3. *Antoine (Marquis de) Condorcet,* ‚Esquisse d'un tableau historique des progrès de l'esprit humain', 1794 im Gefängnis geschrieben. Condorcet war radikaler als Barnave, galt aber als Anhänger der Girondisten, wurde mit ihnen verfolgt und starb an Gift nach seiner Verhaftung, – nachdem er eines der optimistischsten geschichtsphilosophischen Werke über den menschlichen Fortschritt geschrieben hatte. Die Französische Revolution figuriert darin als bisher höchste Ermöglichung, wird aber selber gar nicht beschrieben.

Nun drei französische Gegenrevolutionäre:

4. *Joseph de Maistre,* ‚Considérations sur la France', London 1796. Das ist eine religiöse Deutung von großem zeitgenössischem Einfluß. Die Revolution wird als Gottesstrafe für die Unkirchlichkeit der Franzosen gedeutet. Die bösen Menschen der Revolution sind Handlanger der göttlichen Strafe; die ganze Entwicklung wird aber schließlich zum Glanze Frankreichs führen oder zurückführen, zur Rückkehr in eine verbesserte Monarchie. In der Restaurationszeit war der Autor entsprechend politisch tätig, als Royalist und als Vertreter des politischen Klerikalismus.

5. *Chateaubriand,* ‚Essai sur les révolutions', London 1797. Chateaubriand sieht die Revolution als eine der vielen typischen Staatskrisen. Die Geschichte besteht für ihn aus solchen immer wiederkehrenden historischen Krisen. Man kann ihn also als den ersten revolutionsvergleichenden Geschichtsdenker betrachten.

6. *Abbé Barruel,* ‚Mémoires pour servir à l'histoire du Jacobinisme', Hamburg 1798. Dieser Abbé ist der Erfinder der Komplott-Theorie. Er sieht die ganze Revolution als ein bewußt vorbereitetes Komplott gegen den bestehenden Staat. Eine internationale „jakobinische", freimaurerische Verschwörung habe sich gegen Frankreich gerichtet, von Voltaire, Diderot bis zu Friedrich dem Großen. Für diese Verschwörungsthese sammelt Barruel „Tatsachen" und „Beweise".

Das sind sechs typische zeitgenössische Deutungen, die übrigens fast alle noch heute irgendwie zu finden sind. Es sind einflußreiche Maßstäbe zum Verständnis bzw. zur Diffamierung der Französischen Revolution, aber, wie gesagt, keine „Geschichte".

Historische, zunächst chronikartige Schilderung der Revolution finden wir bei drei Zeitgenossen:

1. Der ‚Almanach historique de la Révolution française pour l'année 1792' von *Rabaut Saint-Etienne*. Der Verfasser war Mitglied der Nationalversammlung und Pfarrer. Gegen Burke und anders als Barnave wollte er einfach die politischen Ereignisse darstellen, aber als Apologie des Werks der Verfassungsgebenden Versammlung. Er glaubte, daß mit deren Werk die Revolution nun glücklich beendet und als erfolgreich zu bezeichnen sei, wenn es vielleicht auch noch einige Wolken gäbe. Auch diese Anschauung oder die damit zusammenhängende, eine konstruktive erste von einer zerstörerischen späteren Phase der Revolution zu trennen, werden wir immer wieder finden.

2. ‚Histoire de la Révolution de 1789, par deux amis de la liberté 1791–1803', in 20 Bänden. Die Autoren (wahrscheinlich *F.-M. Kerversan* und *Clavelin*) waren mit ihren Bänden den Ereignissen immer auf dem Fuße, d.h. den politischen Pariser Ereignissen. Sie haben in dieser sehr ausschließlichen Betonung der Hauptstadt einen tiefen Einfluß ausgeübt und waren damit maßgebend für Auffassung und Disposition der späteren Revolutionshistoriker.

3. Der Historiker *Antoine Fantin Desodoards* veröffentlichte während des Direktoriums eine ‚Histoire philosophique de la Révolution de France' (4 Bände 1796 und 1797). Er war ursprünglich Priester, stand dann Marat nahe und war nun ein Anhänger des Direktoriums. Da er bis Anfang 1789 einen ‚Tableau philosophique des Révolutions de l'Europe' und eine ‚Histoire de France' 1715–1783 geschrieben hatte, schien ihm die neue Revolution wie ein Glücksgeschenk, um sein bisheriges Werk fortzuführen. So tat er es als genaue Beschreibung der großen Ereignisse, der Parteien, Kriege, Prozesse und inneren Unruhen, aber schon im europäischen Rahmen und unter gründlichen Vergleichen mit der englischen und amerikanischen Revolution. Die französische erklärte er bereits multikausal: aus der Trennung von Adel und Volk, der Ungeschicklichkeit der Regierung und den Prinzipien der (aufklärerischen) Philosophie. Den Jakobinerterror, den „Machiavélisme réciproque de Robespierre et du comité de salut public" verurteilte er entschieden und sah ihn durch die neue republikanische Verfassung von 1795 glücklicherweise überwunden.[18]

Unter veränderten Gesichtspunkten stellten die Zeitgenossen die Französische Revolution einige Jahre später dar, also nach ihrem Abschluß, unter dem Konsulat und Kaisertum Napoleon Bonapartes.

Der *Vicomte de Toulongeon* veröffentlichte 1801–1810 in 4 Bänden seine ‚Histoire de France depuis la révolution de 1789'. Auch er ist liberal gesinnt und nimmt für die Constituante Partei, aber nach Kenntnis der Folgeereignisse reagiert er müde und resignierend. Er notiert sachlich, übrigens erstmals unter kritischer Quellenprüfung, ernüchtert, nachdem die Leidenschaften abgeklungen sind. Er hält alles für unabwendbar, die Krise der Revolution ebenso wie die erlebten schrecklichen Kollektiverscheinungen, während er den Einfluß der Individuen gering einschätzt.

Geradezu gegenrevolutionär ist der gleichzeitig, 1801–06, eine ,Histoire de la France' schreibende *Lacretelle;* später arbeitete er sie um. Als Journalist hatte er mit Abscheu den Prozeß gegen Ludwig XVI. erlebt. 1809 wurde er Geschichtsprofessor an der Sorbonne und blieb es bis 1848, bildete also bis in die Mitte des Jahrhunderts die äußerlich angesehenste Lehrinstanz für die neue französische Geschichte. Er nahm eine royalistische Haltung sowohl gegenüber Napoleon als auch später gegenüber den Bourbonen ein. Seine Geschichtssicht war moralistisch, er vertrat den Grundsatz: ,,Empörung über die großen Verbrechen ist eine Pflicht, eine Notwendigkeit für den Historiker". Hieraus erklären sich seine scharfen Verurteilungen der Revolutionäre und seine starke, aus eigener Erinnerung geschöpfte Betonung, sogar Überbetonung der gegenrevolutionären Versuche, die er als immer nahezu gelungen darstellte.

Dies sind alles auf die innerfranzösischen Ereignisse bezogene Darstellungen. Eine internationale Sicht finden wir in dieser frühen Zeit nur in der Kriegsgeschichte des Generals Jomini.

Am meisten Anklang fand der beurteilungsmäßige Mittelweg der letzten zeitgenössischen Darstellung, der ,Considérations sur les principaux événements de la Révolution française' der *Madame de Staël* von 1818. Als Tochter Neckers und zur Ehrung des Gedächtnisses ihres Vaters betonte sie die verheißungsvollen Ansätze in der vorrevolutionären Zeit, aber auch die der ersten Revolutionsjahre. Den Revolutionsausbruch erklärte sie aus der Unzufriedenheit *aller* Klassen oder Stände, besonders aber aus der veränderten Stellung des Bürgertums und aus dem Elend des Volkes. 1789 war für sie ein guter Anfang, aber dann kamen die Entartungserscheinungen der Terreur. (Übrigens hatte ihr Vater selber, Necker, bereits 1796 eine Schrift ,De la Révolution française' verfaßt.)

Das Buch der Madame de Staël erschien schon in der Restaurationszeit, also wieder unter veränderten Zeitumständen, in denen sich die Liberalen, die Gegner der bourbonischen Reaktion, auf die guten Anfänge der Revolution besannen. Revolutionsgeschichte wurde, man kann sagen: bis 1871, bis zur neuen, endgültigen französischen Republik, eine Waffe im politischen Kampf. Godechot faßt diese Zeit, also die ersten drei Viertel des 19. Jahrhunderts, deshalb als die Zeit der ,,polémistes" zusammen, obwohl er den Fortschritt an geschichtlichen Erkenntnissen durchaus sieht und betont, also auch anerkennt, welche großen Historiker – Michelet, Tocqueville – damals über die Revolution geschrieben haben. Tatsächlich ist aber, wie wir dann noch sehen werden, die strengere wissenschaftliche Erforschung der Französischen Revolution erstaunlich spät, erst seit 1880 in Gang gekommen.

Waffe im politischen Kampf wurde die Revolutionsdarstellung bei den Liberalen durch die Erkenntnis und Schilderung der Großartigkeit und positiven Entwicklungsfähigkeit dieses politischen Phänomens. Das ist vor allem die Leistung von *Adolphe Thiers.* Er war hinsichtlich der Verbindung von Geist und politischer Tätigkeit einer der eindrucksvollsten Männer des 19. Jahrhunderts, wirkungsvoller als Macaulay oder als deutsche liberale Historiker. Er war einer der beherrschenden französischen Politiker dieser Zeit, bis hin zur Wiederherstellung Frankreichs nach 1871, und zugleich *der* europäische Zeithistoriker mit entsprechender historisch-politischer Wirkung. 1823–27 erschien seine ‚Histoire de la Révolution française' in 10 Bänden. Aulard bescheinigt ihm, daß Thiers die Geschichte der Revolution damit sowohl in die politische, öffentliche Arena wie in die klassische Literatur eingeführt habe. Die liberale Auffassung der Revolution, die bisher nur Programm war, festigte sich zum historischen Urteil. Sie wird bei Thiers gut dokumentiert, durch den ‚Moniteur' und durch Interviews mit den letzten großen Überlebenden. Sein Erfolg beruhte aber vor allem auf seiner politischen Tendenz: er rühmte die konstitutionelle Monarchie von 1791. Das konnte man gegen die absolutistischen Tendenzen Karls X. ausspielen. Über den Prozeß gegen Ludwig XVI. und über die Terreur schrieb er bewußt leidenschaftslos; er referierte einfach die Argumente beider Seiten, nahm persönlich Abstand und wirkte damit geradezu provozierend objektiv. Es ist heute kaum nachvollziehbar, eine wie kühne Haltung das damals war. Thiers erkannte durchaus schon die „lutte des classes", das Klassenkämpferische der Revolution. Er sah, daß diejenigen Klassen, die als erste die Bewegung ausgelöst hatten, bald befriedigt waren und der Revolution Einhalt gebieten wollten; dann aber brachen die unteren Schichten unaufhaltsam empor und schließlich sei es soweit gekommen, daß der einfache Bürger vom Tagelöhner (manouvrier) „Aristokrat" genannt und entsprechend verfolgt wurde. So sehr der bürgerliche Thiers das sieht, so möchte er doch diesen Prozeß mit der Machtübernahme durch das besitzende Bürgertum abgeschlossen wissen. Er ist deshalb auch mit der revolutionsbeendenden Tätigkeit Napoleons einverstanden, zumal die französische nationale Kraftentfaltung dieser Zeit seine ganze Zustimmung hat. Thiers war wegen der nationalen und außenpolitischen Machtentfaltung Frankreichs von Napoleon begeistert. So liegt das Schwergewicht der Darstellung auf den Pariser politischen Kämpfen, auf den militärischen Operationen und übrigens auf der Behandlung des Finanzproblems. An politischen Ideen war er wenig interessiert.

Ähnlich ist die kurze Revolutionsgeschichte seines Freundes *François Mignet* geschrieben (1824). Mignet wies noch deterministischer die Notwendigkeit der einzelnen revolutionären Phasen bis 1814 nach. Chateaubriand wandte gegen beide ein, diese „école fataliste" schaffe die persönliche Verantwortung aus der Welt; die Geschichte behalte nicht einmal ihren tragischen Charakter, sondern wirke einfach abstumpfend. Das ist eine gegnerische Meinungsäußerung, die aber die damalige Wirkung dieser „Objektivität" interessant wiedergibt. Untereinander unterschied man die beiden Darstellungen dadurch, daß man bei Thiers von einer „histoire narrative" sprach und ihr die „histoire philosophique" von Mignet gegenüberstellte, d. h. die noch sehr viel deutlichere Klassenanalyse, die Unterscheidung der Mittelklassenrevolution von 1789–1791 von der Volksklassenrevolution von 1792–1794.

Nach der Juli-Revolution von 1830, auf die diese Liberalen ja intensiv hingearbeitet hatten, war das „Bürgerkönigtum" da, die konstitutionelle Monarchie unter starker Vorherrschaft des besitzenden Bürgertums. Thiers wurde politischer Praktiker. Nun meldeten sich andere Bestrebungen der Revolution zu Wort, solche, die gegen die Großbourgeoisie gerichtet waren und die Revolution noch weiterführen wollten.

Zunächst erschien 1834–38 massenhaftes Quellenmaterial zur französischen Revolutionsgeschichte in den 40 Bänden der noch heute ausschöpfbaren ‚Histoire parlementaire de la Révolution française' von *Buchez und Roux*. Es handelt sich um Zeitungsartikel, Pamphlete, Memoiren und Sitzungsprotokolle, die alle hier abgedruckt wurden. Diese Bände wurden als edierte Quellen benutzt, sie waren aber von Buchez als sehr viel mehr gemeint, wie man aus seinen Vorworten entnehmen konnte, die wahre Skandale hervorriefen. Buchez war religiös-sozialistisch eingestellt und erklärte in diesen Vorworten erstmals und entsprechend provozierend, die Constituante habe versagt, da sie kein soziales Prinzip aufgestellt habe. Robespierre wurde gelobt, da er wenigstens in kultischer Form das Verbrüderungsprinzip zu realisieren versucht habe. Diese Meinungen gehören in die katholisch-sozialen Bestrebungen der damaligen Zeit, die vor allem durch den Namen Lamennais gekennzeichnet sind.

Durch dieses Quellenmaterial wurde ein größerer Historiker angeregt, Archive zu durchforschen: *Jules Michelet*. Er ist einer der bedeutendsten französischen Historiker des 19. Jahrhunderts und wird in Frankreich noch heute verehrt. Vergleichbar ist er vielleicht mit Carlyle oder Treitschke, übertraf aber beide an Universalität. Er war ein Historiker, der bis zu den archivalischen Quellen vorstieß, aber aus ihnen ein zugleich sehr farbenprächtiges, plastisches und emotionell bedingtes, also stark subjektives Geschichtsbild schuf. Geschichte war für ihn „résurrection", ohne daß er jemals wissenschaftliche Regeln verlassen hätte. Er benutzte mehrere Pariser Archive, die dann beim Kommune-Aufstand 1871 vernichtet worden sind. Auf diese Weise haben viele Partien seines Geschichtswerks ersatzweise Quellencharakter. Nach der Julirevolution von 1830 verkündete er in seiner ‚Introduction à l'histoire universelle' das Bekenntnis, daß Freiheit *die* schöpferische abendländische Komponente der Geschichte sei, die Geschichte meine eine emanzipatorische Entwicklung, und Frankreich sei das Land, das hier vorangehe. Michelet sagte Frankreich – er meinte keine bestimmte politische Partei, sondern „das Volk". Dies ist der eigentliche gute Träger der revolutionären Bewegung. Sicherlich spielt bei dieser Stellungnahme mit, daß Michelets Vater Drucker in Paris in der Revolutionszeit gewesen war und zu den Sansculotten gehört hatte. Michelet interviewte auch, wie es vor ihm Thiers getan hatte, um seine Revolutionsgeschichte zu schreiben, aber er interviewte die einfachen Leute, ihre Erinnerungen, ihre Auffassung, ihre Gefühle. Die ganze Sprache der Revolution war ja schon damals, wie ein anderer Historiker der Zeit, Edgar Quinet, betonte, ganz unbekannt geworden; es mußte mühsam erlernt werden, was Feuillants, Montagnards gewesen waren, und nur ein Wort war noch bekannt: Terreur. Michelets Auffassung am Vorabend von 1848 war eine mehr patriotische als eine eigentlich sozialistische Auffassung. Er meinte nicht das Volk klassenkämpferisch als das Proletariat, sondern sah vielmehr die Volksgemeinschaft im nationalen Sinne – dazu gehörte vorab das Bauerntum (der „gesündeste Teil"), auch die Arbeiterschaft, die aus ihrem Elend befreit werden müsse, auch die Bourgeoisie, die aber seinerzeit die Revolution nur begonnen und nun ihre Rolle ausgespielt habe.

Michelet verlor aufgrund dieser Ansicht kurz vor der Revolution von 1848 und dann auch wieder unter Napoleon III. seine Professur, was ihn sehr schmerzte, da er ein großer erfolgreicher Rhetoriker war. So fand er wider Willen Zeit, 1847–1853 seine „Histoire de la Révolution française" zu schreiben, die bis 1794 reichte. Er bevorzugte nicht die Constituante, auch nicht die Girondisten (wie gleichzeitig Lamartine), sondern Danton und seine Anhänger. Sie sind für ihn die Inkarnation des neuen französischen Patriotismus. Der eigentliche Held ist aber immer wieder „das Volk" – vom Bastillesturm an, den er nicht als eine politisch vernünftige Tat, sondern als einen Akt des Glaubens beschreibt. Michelet hat in seiner Zeit die eindringlichste, minutiöseste und wohl überhaupt, bis heute, die farbigste, ergreifendste Schilderung der Revolution geschrieben. Für die Schreckenszeit ist bei ihm das „Volk" nicht verantwortlich, sie ist die Schuld Robespierres. Man kann sagen, dies war nach dem großen liberalen Lobpreis der große nationale Lobpreis der Revolution, – wobei es sich immer um einen kosmopolitischen Patriotismus handelt. Dies verdeutlicht die berühmte Stelle: „‚Dies ist mein Blut', sagte Frankreich zu den Nationen, ‚nehmt und trinkt!'" Es ist deutlich, daß dadurch andere und auch richtige Züge der Revolution entdeckt, freilich auch übertrieben worden sind.

Man kann als Werke, die etwa zu gleicher Zeit wie Michelets erschienen, die von *Lamartine* oder *Edgar Quinet* nennen, bei denen die revolutionäre Massenbewegung ähnlich suggestiv geschildert wird. Lamartine ging dabei allerdings recht unwissenschaftlich vor, nämlich durch Einschaltung erfundener Gespräche. Für Quinet ist die Revolution ein religiöser oder pseudoreligiöser Aufruhr, der darauf zurückzuführen sei, daß es in Frankreich keine Reformation gegeben habe. Neben und vor diesen Werken muß man aber besonders hinweisen auf die ‚Histoire de la Révolution française' von *Louis Blanc*, die 1847–1862 erschien. Louis Blanc hat 1848 als Sozialist eine kurze politische Rolle gespielt und nutzte dann im Exil in London die

Möglichkeit aus, die dort vorhandenen Quellen, etwa über Emigrationen und über den Vendée-Aufstand, auszuwerten. Er tat das durch Nachweise in Anmerkungen, was sonst noch nicht üblich war. Er sah auch die europäischen Bedingtheiten der Revolution genauer. Etwa bei der Terreur der Jakobiner, die er hieraus, aus der Kriegsgefahr, erklärte und erklären mußte, weil Robespierre und der „Berg" für ihn der Höhepunkt der Revolution waren. Robespierre wurde bei Blanc als gescheiterter Sozialist geschildert. Blanc war eher ein Ideensozialist als ein Soziologe oder Sozialhistoriker. Er sah Größen wie Autorität, Individualismus und Fraternité gegeneinander kämpfen. Aber er hatte doch starkes sozialpolitisches Interesse. Er bewunderte etwa das Höchstpreissystem in der Terreur, wie er überhaupt der Frage der Lebenskosten, dem Problem der Teuerung wohl als erster Revolutionshistoriker nachging. In der damaligen Zeit stand Louis Blanc mit seiner ganzen Ausrichtung isoliert da, besonders mit seiner übersteigerten Bewunderung von Robespierre. In dieser Zeit und unter dem Eindruck dieser Literatur entstand auch die Revolutionsanschauung von Marx und Engels, die später einflußreich werden sollte. Ich komme darauf vor Jaurès zu sprechen.

Die Revolutionen von 1830 und 1848 hatten dazu beigetragen, auch die frühere revolutionäre Rolle des Volkes groß und positiv zu sehen. Sie hatten auch die Größe der revolutionären Ideen wieder vor Augen geführt, und Historiker wie Michelet und Blanc taten alles, um diese Sicht aufrechtzuerhalten, auch nach 1848. Trotzdem setzte nach diesem in ganz Europa mehr oder weniger gescheiterten Revolutionsjahr eine gewisse Desillusionierung gegenüber Sinn und Wirkung der Französischen Revolution ein. Statt Ideenverbreitung und Emanzipation finden wir nun Realpolitik und Staatsdenken – bei Louis Napoleon, bei Cavour, bei Bismarck.

Historiographisch ist das in Frankreich zunächst nicht so faßbar wie im Ausland. Wir haben die zahlreichen nichtfranzösischen Geschichten der Französischen Revolution bisher nicht erwähnt, da sie als historiographisch-wissenschaftliche Leistungen unbedeutend sind gegenüber den französischen, – so populär auch die romantisierende, unkritische Darstellung von *Carlyle* 1837 in ganz Europa war. Zu nennen ist aber jetzt eine, die sich an Gründlichkeit und Materialreichtum mit den Werken von Michelet und Blanc messen kann und ihnen in der historisch-kritischen Methode überlegen ist. Das ist *Heinrich von Sybels* ‚Geschichte der Revolutionszeit' (1853–1858 in der 1. Auflage, 1872–1879 in der erweiterten 2. Auflage erschienen). Sie umfaßt den Zeitraum bis 1800. Sybel war ein Schüler Rankes, der das Thema, wie erwähnt, in den Vierzigerjahren fallengelassen hatte. Wie sein Lehrer erfaßte er die Französische Revolution europäisch, d. h. im internationalen Rahmen und mit den entsprechenden diplomatischen Quellen. Er zeigte also die europäisch-außenpolitische Ermöglichung der Revolution, dann den Umsturz des vom Ancien Régime aufgebauten europäischen Gleichgewichts durch die Girondisten. Daneben sah Sybel durchaus auch die sozialen Beweggründe zur Revolution, besonders die Eigentumsumschichtung. Wichtig für die Bewertung war ihm aber – wobei wir eine ihm immer angekreidete Neigung zur Reinwaschung Preußens und seiner problematischen Haltung in den Revolutionskriegen übergehen können –, wieweit die revolutionären Ideen „realistisch" waren, wieweit sie mit der Existenz des Staates vereinbar waren, wieweit sie der menschlichen Gesellschaft nützten oder schadeten. Das Destruktive der jakobinischen Ideen wurde also von ihm betont, aber auch schon die vom Ancien Régime versäumte Pflicht, die Staatsgewalt gegen solche destruktiven Versuche einzusetzen.

In Frankreich fand eine Umwertung zunächst in ganz anderer Weise statt: durch *Alexis de Tocqueville* und sein Werk ‚L'Ancien Régime et la Révolution' von 1856. Tocqueville ist wohl der für uns heute noch wichtigste und lesenswerteste französische Historiker des 19. Jahrhunderts und einer der tiefsten und originellsten Deuter der Französischen Revolution, wenn er auch kaum über deren Vorgeschichte hinausgekommen ist. Er hat kein umfangreiches Buch, aber ein enorm komprimiertes geschrieben.

Tocqueville gehörte zur alten französischen Aristokratie, also den Verlierern der Revolution, die sonst unter den großen Darstellern dieser Epoche nicht zu finden sind. Wenn wir von Lacretelle absehen, fehlen hier überhaupt die Gegenrevolutionäre. Diese Leute schrieben Memoiren, flohen in die frühere Geschichte, wie Chateaubriand, oder sie spekulierten über große gesellschaftliche, gar rassische Umbrüche, um ihre Untergangsstimmung in Worte zu fassen, wie es ansatzweise bei Thierry und ausführlich bei Gobineau zu finden ist. Tocquevilles Vater war in der Restaurationiszeit im höheren Staatsdienst gewesen, er selber empfand keine Achtung vor den Bourbonen, fand es aber 1830 auch schwer, der neuen konstitutionellen Monarchie den Eid zu leisten. Er stand eigentlich allen Gesellschaftsschichten kühl gegenüber. Er war entsprechend einsam, distanziert zwischen den Fronten; er sah, daß die Aristokratie längst tot war, daß aber in der modernen Demokratie die politische und menschliche Freiheit nicht weniger, sondern sogar mehr in Gefahr stand. Er bereiste und studierte Amerika, um die positiven Kräfte einer Demokratie kennenzulernen, die auch in Frankreich wirksam werden und vor einer Katastrophe bewahren könnten. Eine solche Katastrophe mußte er dann in der Revolution von 1848 (1849 war er kurz politisch tätig) und im Kaisertum Napoleons III. sehen.

Die Aristokratie ist längst tot – diese Anschauung war auch für seine Auffassung der Französischen Revolution maßgebend. Die Abschaffung der Stände war für ihn nichts Entscheidendes. Entscheidend war die Richtung auf den zentralistischen bürokratischen Staat, und diese Richtung war schon deutlich in der staatlichen Entwicklung *vor* der Revolution zu sehen. Seine These ist also, daß die Hauptentwicklung der modernen Zeit zum demokratischen Staat des Massenzeitalters durch die Revolution – mit viel

Lärm – weitergeführt, aber nicht eingeleitet worden sei. Damit nahm er der Revolution ihr epochales Selbstbewußtsein. Wir werden später noch davon zu sprechen haben. Hier ist nur deutlich zu machen, daß die Hauptgedanken von Tocqueville um Staatsverwaltung, eigentliche Macht und Freiheitsverteilung kreisen, wobei es ihm auf die kritische Durchdringung der formalistischen, äußerlichen, konstitutionell behaupteten Verteilungen ankommt. Tocqueville ist darum gern und richtig mit Montesquieu verglichen worden. Er eignete sich für seine Untersuchungen eine genaue Sachkenntnis an, las die britischen Agentenberichte im Public Record Office und vor allem die Protokolle der Stände- und Provinzialversammlungen, die Beschwerdehefte von 1789, die steuer- und lehnsrechtlichen Akten aus Gemeindearchiven, die er bis ins Mittelalter zurückverfolgte.

Dilthey hat von Tocqueville gesagt: „Er ist der Analytiker unter den geschichtlichen Forschern der Zeit, und zwar unter allen Analytikern der politischen Welt der größte seit Aristoteles und Machiavelli. Wenn Ranke und seine Schule mit peinlicher Sauberkeit die Archive ausbeuteten ..., so dienen Tocqueville die Archive für einen neuen Zweck. Er sucht in ihnen das Zuständliche, das für das Verständnis der inneren politischen Struktur der Nationen Bedeutsame: seine Zergliederung ist auf das Zusammenwirken der Funktionen in einem modernen politischen Körper gerichtet, und er zuerst hat mit der Sorgfalt und Peinlichkeit des sezierenden Anatomen jeden Teil des politischen Lebens, der in der Literatur, den Archiven und dem Leben selbst zurückgeblieben ist, für das Studium dieser inneren und dauernden Strukturverhältnisse verwertet."[20]

Erkenntnisfindung und Erkenntnisse von Tocqueville sind immer noch gültig und vorbildlich, so fragmentarisch das Werk geblieben ist – er ist darüber gestorben. Für einen modernen französischen Historiker wie Furet ist er *das* Vorbild.

Im Zuge der weiteren Entwicklung Frankreichs, also der Besiegung Napoleons III. durch Deutschland und des Aufstands der Commune, kommt es zu weiteren Desillusionierungen hinsichtlich des Charakters der alten Französischen Revolution. Das finden wir vor allem bei *Hippolyte Taine*. Er schrieb in einer ausführlichen französischen Geschichtsdarstellung eine bittere Abwertung. Taine, ein Darsteller von großem Format, unterkühlte und verwissenschaftlichte seine Geschichtsschreibung durch mehr oder weniger streng durchgehaltene positivistische Prinzipien, vor allem durch die Zurückführung aller Ereignisse und Gestalten auf historische und psychologische Bedingtheiten. Das ging bei ihm bis zur Milieutheorie. Er nannte *la race*, *le milieu* und *le moment* die drei Hauptkräfte und übte damit auch auf die Literatur, etwa auf Zola und Maupassant, eine große Wirkung aus. Man kann ihn vielleicht mit Jacob Burckhardt vergleichen. Beide waren Kulturhistoriker, Burckhardt in der Mischung von Geschichte und bildender Kunst, Taine in der von Geschichte und Literatur. Auch der pessimistische Grundzug und die Versuche zu typisieren sind ähnlich, wenn auch Taine in der Suche nach Gesetzen sehr viel weiterging. Der Krieg von 1870/71 hatte auf ihn eine erschütternde Wirkung. Er sah als Grund für diesen Krieg die angeheizte Kriegspsychose in Frankreich, die gar nicht im Interesse der – besitzenden – Volksmehrheit sein konnte. Noch größer war die Wirkung des Commune-Aufstands von 1871. Von daher kam sein Gefühl, daß Frankreich sich seit 1789 närrisch betragen habe und einfach nicht aus den Revolutionskatastrophen herauskomme, sein ganzes Sozialgefüge aber sich dadurch auflösen könne. So wird Geschichte für Taine Pathologie, im Falle Frankreichs kann man von darwinistischem Pessimismus sprechen, von einer Auslese zum Schlechteren, die für Taine so vehement gegen den großartigen deutschen Aufstieg abstach.

In diesem Sinne schrieb er 1874–1893 seine sechs Bände ‚Les Origines de la France contemporaine'. Als Darstellung sind sie noch heute lesenswert und nicht übertroffen. Die Ursprünge der Gegenwart reichen für ihn zurück bis 1789. Damals, 1789, sei Frankreich von der natürlichen Entwicklung abgewichen. Wie schon bei Tocqueville, aber stärker und negativer, sieht man bei diesem späteren Historiker das Bewußtsein von dem Massenzeitalter, in dem er lebt. Nur Notabeln, nur Honoratioren, Standespersonen könnten regieren, meint er echt konservativ; England ist für ihn das Vorbild und Michelet ist für ihn die große Darstellung, gegen die er schreibt und die Meinung vertritt, das Volk bringe nur Anarchie. Um diese Sicht zu beweisen, untersucht er die Geschichte der Provinzen, nicht nur die Pariser Geschichte, er untersucht sie wirtschafts- und sozialgeschichtlich, etwa nach Fragen der Eigentumsumschichtung, nicht nur politikgeschichtlich. Außerdem beschäftigt ihn das Problem der Massenpsychologie, d. h. das Verhalten der Menschen als Massen, das so ganz anders sei als das der Menschen als Individuen. So wie er in seiner Gegenwart die destruktive Gefahr der ohne moralische und staatserhaltende, politische Prinzipien vorgehenden Sozialisten sah, so sah er die Zerstörungslust der Besitzlosen in der Französischen Revolution – ohne allerdings dem Ancien Régime bessere Ideale zuzubilligen. Überhaupt erschien ihm schon das ganze 18. Jahrhundert schlimm, sowohl sozial als auch geistig. Das bezog sich etwa auf das Elend der Bauern. Unermüdlich fragte er nach den Gründen für die Revolutionsanfälligkeit der Franzosen und sah sie – als Literaturhistoriker – vor allem im „esprit classique", dem Rationalismus, dem more-geometrico-Denken, das unhistorisch und bedingungslos sei und eben zu einem grundfalschen Staatsordnungsdenken führe. Neben der politisch-strukturellen Vorgeschichtsforschung von Tocqueville ist diese geistesgeschichtliche Ursachenforschung Taines besonders bemerkenswert und ziemlich neu. Die Ideen, die zur Revolution führten, sind vor ihm nicht so ausführlich geschildert worden, so bewußt auch den Revolutionären selber bereits der Einfluß der Aufklärungsphilosophen war. Vor allem sind sie vor Taine nicht so negativ geschildert worden, höchstens im Ausland oder innerhalb der Komplottheorien der Monarchisten und Klerikalen. Taine hat durch seine neuartige Schilderung eine große Wirkung auf das konservative Bürgertum, auf die Rechtskreise nach 1871 ausgeübt. Seine Darstellung war ganz auf das Innere Frankreichs gerichtet, was besonders die Terreurzeit unverständlich, nahezu hysterisch erscheinen ließ (wenn man nämlich die ganze Kriegsgefahr beiseite ließ). Man kann aber sagen, daß Taine in dieser Hinsicht gut ergänzt wurde, und zwar durch das Werk von *Albert Sorel*, ‚L'Europe et la Révolution française' (8 Bde. 1885–1904), durch das sehr deutlich Sybels Gesichtspunkte in die französische Geschichtswissenschaft eingeführt wurden.

Die Darstellung der Französischen Revolution durch Taine und Sorel – das war durchaus nicht im Sinne der Dritten Republik (seit 1871). Nach dem Commune-Aufstand hatte sie sich zwar von den Sozialisten abgesetzt, aber doch streng auf die Ideen der Großen Revolution gegründet: die Marseillaise wurde Nationalhymne, der 14. Juli Nationalfeiertag. Von Staats wegen, zur ideologischen Konsolidierung der Republik, die das gegenüber monarchistischen und bonapartistischen Gegenversuchen nötig hatte, mußte das Bild der Französischen Revolution erneuert und wieder positiver gestaltet werden. 1881 wurde die Zeitschrift ‚Révue de La Révolution française' gegründet. Es wurde ein Komitee zur Vorbereitung der Jahrhundertfeier 1889 einberufen. Diese Feier ist dann mit großem Aufwand gestaltet worden. Man kann sagen: die Einstellung zur Französischen Revolution war seitdem, da es nun erstmals eine dauerhafte republikanische Staatsform in Frankreich gab und doch noch Gegenkräfte vorhanden waren, ein Politikum. Im Grunde ist das bis zum Verfall des französischen Konservativismus im Zweiten Weltkrieg so gewesen. Man konnte sich nicht mehr die erste Phase herauspicken, wie die früheren Liberalen. Auch die *Weiterführung* mußte anerkannt werden. Bestenfalls konnte man die Kommunisten, Babeuf also und seinen Sozialismus, abspalten.

Clemenceau, damals radikaler, linker Republikaner, sagte 1897: „La Révolution est un bloc." Sie könne nicht in gut und schlecht aufgeteilt werden, sie müsse gewissermaßen ganz geschluckt werden. Sie ist der Fortschritt, alles andere Reaktion. Erstmals finden wir also in Frankreich, daß von Staats wegen eine positivere Revolutionsauffassung gewünscht wird als von der Mehrheit des lesenden Publikums. Früher war es umgekehrt gewesen. Trotz dieser politischen Aufladung, die man besonders im Ausland, und hier besonders in Deutschland, übermäßig angeprangert hat, kann man von der seitherigen historiographischen Entwicklung sagen: in erster Linie ist dies doch eine Verwissenschaftlichung der Beschäftigung mit der Französischen Revolution geworden. Nach so vielen großen Einzelleistungen wurde nun auf Institutionalisierung und auf organisierte Gemeinschaftsarbeit gedrängt, übrigens nicht nur im Sog der politischen Aufwertung, sondern auch unter dem Schock der großen archivalischen Verluste durch die Zerstörungen während des Commune-Aufstandes. Es wurden nun eine ähnlich streng wissenschaftliche Methode und ähnliche Institutionalisierungen wirksam wie schon früher in anderen Ländern, besonders in Deutschland. Es entwickelte sich das, was Theodor Mommsen „die Großwissenschaft" nannte. Wissenschaftler können ja eine politisch gute Konstellation für ihre Wissenschaft ausnutzen, und so geschah es hier. Im übrigen war es, um dies nebenbei zu bemerken, vorteilhaft für die geschichtswissenschaftliche Entwicklung in Frankreich, daß ein oder sogar das Hauptproblem ihrer Geschichte ein politisch-sozial-geistiges *Massen*phänomen war, nicht, wie in Deutschland bei der Reichseinigung 1871, ein vorherrschend politisches Phänomen; um so eher und substantieller wurde in Frankreich Sozialgeschichte entwickelt.

1886 bekam *Alphonse Aulard* die Leitung der ‚Révue de la Révolution française' und zugleich den ersten Lehrstuhl für Revolutionsgeschichte an der Sorbonne, der von der Stadt Paris eingerichtet worden war. Aulard proklamierte neue Forschungsmethoden, von denen er ausdrücklich sagte, daß sich die deutschen Historiker ihrer seit Jahrzehnten befleißigten: genauen Quellenbezug, Objektivität. Nicht immer Gesamtdarstellungen, sondern Quellenpublikationen und Einzeluntersuchungen wurden angeregt. Aulard ging selber von der kritisch-philologischen Forschung aus und war auch insofern von der deutschen Geschichtswissenschaft methodisch angeregt. Viel Mühe wurde von ihm und seinen Mitarbeitern darauf verwandt, Taine in allen Einzelheiten zu widerlegen. Aus einem politisch-ideologischen Kampf wurde jetzt ein wissenschaftlicher; oft, muß man sagen, wurde es freilich nur ein pseudo-wissenschaftlicher. Jedenfalls wurden die wissenschaftlichen Kontroversen schärfer als früher. Die Franzosen neigen auch heute noch dazu, mit größerer Selbstverständlichkeit parteiisch zu schreiben, als es in Deutschland üblich ist, aber es ist natürlich abwegig zu behaupten, seit Aulard sei die reine Parteigeschichtsschreibung eingeführt worden.

Aulards eigene Darstellung, ‚Histoire politique de la Révolution française' (2 Bde. 1901) meint und behandelt Verfassungsgeschichte. Aulard tat das gegenüber Taine nicht nur betont wissenschaftlich, sondern auch sehr trocken. Die Revolution wurde als Ursprung der französischen Republik und Demokratie betrachtet und entsprechend untersucht, wobei Aulard die Entwicklung vor allem nach der Flugschriftenliteratur der Revolutionszeit rekonstruierte. Dieses Buch hat weniger anregend gewirkt als Aulards organisatorische, editorische und monographische Tätigkeit. Wenn die Verfassungsgeschichte zunächst so stark im Vordergrund stand, so lag das daran, daß wirtschafts- und sozialgeschichtliche Forschungen die Quellenmassen methodisch und umfangmäßig noch nicht bewältigt hatten, Darstellungen also noch nicht möglich schienen. Der politische Standpunkt des Radikalrepublikaners war freilich bei aller Wissenschaftlichkeit deutlich: nicht wie bei Thiers und auch bei Taine stand die Leistung der Constituante im Mittelpunkt, sondern wie bei Michelet Danton und seine Anhänger. Aulard hat Michelet die „Bibel meiner Jugend" genannt.

Eine andere Darstellung hat sehr viel stärkere Wirkungen auf die weitere Forschung ausgeübt. Es handelt sich wieder um das Werk eines Politikers und obendrein um eines, das nun doch schon sozialgeschichtlich vorgehen zu können glaubte: es ist die ‚Histoire socialiste 1789–1900' von *Jean Jaurès,* die im gleichen Jahr, 1901, zu erscheinen begann (13 Bde. bis 1908). Jaurès war Philosoph, Parlamentsabgeordneter der radikalen Linken, dann der Sozialisten, er war außerdem Pazifist und wurde darum kurz vor Ausbruch des Ersten Weltkrieges ermordet.

Bevor wir auf ihn eingehen, ist es an dieser Stelle vielleicht richtig, sich kurz der marxistischen Auffassung der Französischen Revolution zuzuwenden, genauer: der Auffassung von Marx und Engels, die älter ist, aber Ende des 19. Jahrhunderts durch den Aufstieg der sozialistischen Parteien größere Bedeutung erfuhr.[21]

Marx und Engels haben keine Untersuchungen über die Französische Revolution veröffentlicht, obwohl Marx in den vierziger Jahren Material für eine Geschichte des Nationalkonvents gesammelt hatte; aber sie kannten sie am besten von allen Revolutionen und äußerten sich oft darüber. Man weiß, daß Marx Revolutionen die „Lokomotiven der Geschichte" genannt hat und daß die Geschichte für ihn Geschichte von Klassenkämpfen ist. Im Vorwort zur Kritik der politischen Ökonomie sagt er: „In großen Umrissen können asiatische, antike, feudale und modern-bürgerliche Produktionsweisen als progressive Epochen der ökonomischen Gesellschaftsformation bezeichnet werden. Die bürgerlichen Produktionsverhältnisse sind die letzte antagonistische Form des gesellschaftlichen Produktionsprozesses." Dies ist eine der Kernstellen. Und eine Kernstelle von Engels lautet: „Der große Kampf des europäischen Bürgertums gegen den Feudalismus kulminierte in drei großen Entscheidungsschlachten. Die erste war das, was wir die Reformation in Deutschland nennen, ... die zweite große Erhebung des Bürgertums ... fand statt in England. Die große Französische Revolution war die dritte Erhebung der Bourgeoisie."[22] Er sah in ihr außerdem die größte und erfolgreichste.

Neben dieser universalgeschichtlichen Vorstellung von der Revolution finden wir außerdem in klarer und betonter Weise bei Marx und Engels den wichtigen Gesichtspunkt, daß das Bürgertum 1789 nicht aus eigener Kraft siegte. Es ist immer eher unheroisch gewesen. Es kämpft mit Hilfe der unteren Klassen, die es aber dann politisch-sozial nicht befriedigt.

Dazu kommt aber ein weiterer Gesichtspunkt: In gewisser Weise mächtig ist das Bürgertum schon seit dem 16. Jahrhundert. Es bedient sich für seine Machtausübung des Absolutismus. Marx sieht seit dem Anfang des 16. Jahrhunderts Kämpfe zwischen Aristokratie und Städtetum. In diesen Kämpfen sind die großen Monarchien entstanden. Seit damals, erklärt Marx, hätten sich die Fürsten der Interessen der Bourgeoisie angenommen, um mit ihrer Unterstützung den Feudaladel zu stürzen. Der Absolutismus ist somit eine Übergangsform. Das heißt: Es gibt *nicht* immer Revolutionen. Revolutionen können ausbleiben oder mißlingen, wie bei der Reformation und bei der englischen Revolution zu sehen. In solchen Fällen kommt es zu Übergangsformen.

Soweit ist die Sache klar. Aber damit zeigen sich auch zugleich die Unklarheiten. Es ist unklar, ob Marx und Engels in der Französischen Revolution *die* Umwälzung der Gesellschaftsformation gesehen haben, die ihnen eigentlich wichtig war. Ist sie der Beginn einer neuen progressiven Epoche der ökonomischen Gesellschaftsformation? Ist sie durch Widerspruch von Produktivkräften und Produktionsmitteln entstanden?

Bekanntlich hat Marx die Revolution von 1848 aus ökonomischen Ursachen zu erklären versucht (in seinen „Klassenkämpfen in Frankreich"). Hier müßte ja der eigentliche Umschwung liegen, der dann zur politischen Machtergreifung der neuen Klasse führt, – wobei Verfassung und Menschenrechte nur Überbau wären. Die Revolution müßte im ökonomisch fortgeschrittensten und damit sozioökonomisch widerspruchsvollsten Land stattgefunden haben.

Hierzu ist nun zu sagen: Was *wir* wissen – daß nämlich die Industrielle Revolution in England stattgefunden hatte, nicht in Frankreich – das wußten natürlich auch Marx und Engels. Sie haben immer wieder eindeutig erklärt, daß England das fortgeschrittenste Land sei, und später sogar Amerika vor Frankreich gestellt. Wie sah es nun hinsichtlich einer ökonomischen Umwälzung in Frankreich aus? Allgemein unterschieden Marx und Engels bei den bürgerlichen Produktionsmethoden:

1. Kooperation: Wirken einer größeren Arbeiteranzahl zur selben Zeit zur Produktion derselben Warensorte, unter dem Kommando desselben Kapitalisten: z. B. Wolltuchproduktion oder Bergwerke.
2. Manufakturperiode, ca. 1550–1770.
3. Die „Maschinerie", mit deren Hilfe sich die große Industrie entwikkelt.

Weder Marx noch Engels haben versucht, was dann so viele Marxisten versucht haben und woran man im Vulgärmarxismus so gern glaubt: nämlich in Frankreich vor 1789 einen Übergang von der Manufakturperiode zur „großen Industrie" festzustellen. Sie wußten und sagten, daß es diesen neuen Schritt des Kapitalismus weder bei der französischen Manufaktur noch bei der französischen Landwirtschaft gab, sondern beides nur in England. Es handelt sich also bei Frankreich um eine *politische* Revolution, um den politischen Triumph des Bürgertums. Das heißt: Der politische und ideologische „Überbau" ändert sich also *vor* der ökonomischen Basis. Marx und Engels konnten es sogar so ausdrücken, daß für eine *soziale* Revolution damals erst England „reif" war.

Widersprüche und Unklarheiten in der Einschätzung des politischen und ökonomischen Fortschritts bleiben bei dieser Auffassung allerdings bestehen, die Marx und Engels nicht aufgelöst haben, – vielleicht auch nicht wahrhaben wollten: daher kam es zu der großen Verwirrung für die späteren Marxisten. Daß die politische Revolution *vor* der ökonomischen Emanzipation kommt oder kommen kann, haben Marx und Engels theoretisch zumindestens nicht ausgewertet. Widerspruchsfreier wird es nur, wenn man die Entwicklung im *gesamteuropäischen* Rahmen sieht und hier dann die industrielle Revolution (Englands) vor der politischen (Frankreichs) kommt. So sahen es wohl auch Marx und Engels. Die Industrielle Revolution und entsprechend das Modell England war ihnen viel wichtiger als die – noch so „kolossale" – Französische Revolution.

Soviel hierzu. Für die Sozialisten der Jahrhundertwende waren Marx und Engels natürlich vor allem Vorbild und Impuls, die Klassenstreitigkeiten, die Tätigkeit der unteren Klassen und die ökonomischen Gesichtspunkte festzustellen. Zum Teil ist das bis heute so.

Das erste Beispiel dafür ist also *Jaurès* mit seiner ‚Histoire socialiste' von 1901. „Sozialistisch" nannte er sie, weil sie als Anfang einer von verschiedenen Sozialisten zu schreibenden Geschichte Frankreichs bis 1900 gemeint war. Sie sollte für das Volk geschrieben werden, also auch vor allem über die unteren Schichten informieren. Sie sollte „histoire vue par en bas" werden.

Aus dem Gesamtunternehmen wurde nichts. Die Wirkung von Jaurès war auch erstaunlicherweise – wenn auch nicht so gemeint – viel mehr eine akademische als eine öffentliche. Nach seinem Titel ist dann die ganze entsprechende und so lange in Frankreich herrschende Geschichtsinterpretation bis zu Soboul und seinen Schülern „sozialistisch" genannt worden, nicht nur von den Gegnern, aber von diesen mit gern mitgemeinter negativer Bedeutung. Man kann sie charakterisieren als eine Geschichtsauffassung, die das für die Französische Revolution wichtige Eingreifen der Volksmassen betont und materialistische Gesichtspunkte bevorzugt.

Jaurès erklärte in seiner Einleitung: „Das, was selbst bei den größten Revolutionshistorikern mangelt, sind eigentlich nicht die Dokumente, sondern die Aufmerksamkeit für die ökonomische Entwicklung, für das tiefe und bewegte soziale Leben".

Nach den Beschwerdeheften zeichnete Jaurès ein großes Bild Frankreichs am Ende des Ancien Régime. Im Gegensatz zu Michelet und zu Taine und auch im Gegensatz zu dem äußeren Anschein der Beschwerdehefte kam er aber zu dem Schluß, daß die Revolution nicht aus dem Elend geboren sei, sondern aus der Niveauhebung der Mittelklassen, ihrer Vitalität, ihrer Reife, ihrem Bewußtsein von ihrer ökonomischen Rolle in der Nation und ihrem Wunsch, entsprechend die Politik des Landes zu bestimmen. Natürlich sieht Jaurès daneben auch das Elend der Landarbeiter und des Handwerkerproletariats, wobei ihm aber bewußt ist, wie stark es noch an Quellenkenntnis und Forschungen darüber fehlt.

Hinsichtlich der Klassenkampftheorie kann man nicht sagen, daß Jaurès ein dogmatischer Marxist war. Er sah weniger Klassenkampf als vielmehr Evolution von bürgerlicher zu sozialistischer Revolution. 1909 hat der

Anarchist Kropotkin in seinem Buch ‚La Grande Révolution' viel schärfer den Gegensatz zwischen Bürgertum mit zentralistischem Staat und den anarchisch eingestellten, entsprechend betrogenen Volksmassen herausgehoben. Bei Jaurès kommt es sehr viel stärker darauf an, daß das Bürgertum durch wirtschaftliche Reife (wobei unbestimmt bleibt, was dies heißen soll; er bezieht es nur auf erste kapitalistische Erfolge) nun in der französischen Nation auch seine geistige und gesellschaftliche Reife erreicht hat: d.h. sein Klassenbewußtsein. „Das Bürgertum kam zum Klassenbewußtsein, während das Denken zum Allgemeinbewußtsein (Menschheitsbewußtsein) kam. Dort liegen die beiden Blutströme, die das Feuer der Revolution entfachten. Deshalb war sie möglich und von so betörender Kraft."[23]

Wie Labrousse gesagt hat, schrieb Jaurès nicht nur materialistisch wie Marx, sondern auch „mystisch wie Michelet und heroisch wie Plutarch".[24] Er zeigte also auch die kosmopolitische Ideenkraft der Revolution und die kühne Tatkraft der Revolutionäre. Wie die ganze „sozialistische" Geschichtsinterpretation der Franzosen ist also Jaurès nicht im engen einseitigen Sinne als materialistisch oder sozio-ökonomisch abzutun. Ähnlich wie bürgerliche Historiker betonte er übrigens auch die große Bedeutung von Kriegsgefahr und Krieg für die revolutionäre Entwicklung – das sah er parallel zu der Entwicklung in seiner eigenen Zeit vor 1914.

Die französischen Revolutionshistoriker des 20. Jahrhunderts, bis zu Albert Soboul und seinen Schülern, sehen das Werk von Jaurès als ihren großen Ausgangspunkt an. Oder sie bezeichnen ihn als wichtiges Glied in der Traditionskette der „fortschrittlichen" Revolutionsgeschichtsschreibung seit Michelet, die sie gern als die „klassische" Richtung in Anspruch nehmen, während sie von den Gegnern „orthodox" genannt wird.[25]

Der erste bedeutende Historiker unter Jaurès' Einfluß war *Albert Mathiez,* den man noch mehr als Aulard als das Vorbild des reinen, wissenschaftlichen Spezialisten der Französischen Revolution anzusehen pflegt. Mathiez begann mit Untersuchungen über die Religionspolitik der Revolutionszeit. Er stellte gegen Aulard fest, daß die religiöse Haltung der Revolutionsführer tief verbunden gewesen sei mit den religiösen Gefühlen der Massen. Von da aus kam er zu Robespierre und dessen Kult-Ideen, und dies wurde das Zentrum seiner Studien. Hier kam es auch zur berühmten Kontroverse gegen Aulard. In minutiösen Forschungen untersuchte Mathiez die Einzelkämpfe zwischen Girondisten, Danton-Anhängern und Robespierre-Anhängern und hob dabei Robespierre gegen Danton auf den Schild. Korruptions- und Kriegsgewinnler-Erfahrungen des Ersten Weltkrieges brachten den mißtrauischen und sehr pedantisch vorgehenden Mathiez darauf, den Revolutionären ihre Gelder genau nachzurechnen, d.h. zu untersuchen, woher und wofür sie sie bekommen hatten, – dabei kam Danton schlecht weg.

Wie schon einmal gehabt, finden wir also hier wieder eine Abfolge wie in der ersten Hälfte des 19. Jahrhunderts: die Linie Thiers (für die Constituante), Michelet (für Danton) und Blanc (für Robespierre) wiederholt sich in Taine, Aulard und Mathiez. Die Gewalttätigkeit Robespierres störte Mathiez weniger als frühere Historiker, da er sowieso der Meinung war, daß die Revolution von Anfang an zielbewußt Gewalt gegen ihre Gegner angewandt hätte –: er nannte die Herrschaft der Constituante eine parlamentarische Kollektivdiktatur. In Robespierres Diktatur sah er eine verfrühte Form der Diktatur des Proletariats.

Mathiez war Sozialist, aber gegen jedes große Erklärungssystem ökonomischer und soziologischer Art, so sehr er sich nun im einzelnen für ökonomische, soziale und finanzielle Fragen interessierte und die Entwicklungen entsprechend begründete. Er schrieb u. a. „La vie chère et le mouvement social sous la Terreur", und er erforschte genau das Sozialprogramm der Robespierre-Anhänger und entdeckte die völlig verschiedenen sozialen Konzeptionen der sich bekämpfenden Revolutionsgruppen.

Er schrieb dann auch eine nicht ganz vollendete Gesamtdarstellung der Französischen Revolution: ‚La Révolution française', in 3 Bänden, 1922–27 erschienen, bis 1794 reichend und stückweise etwas weitergehend. Vor allem ist dieses Werk bedeutsam, weil sich hier zeigt, wie Mathiez durch seine Einzelforschungen die Legende von *dem* bloc révolutionnaire, von *der* Französischen Revolution zerstörte. Sie ist bei ihm aufgelöst in eine Reihe verschiedener einzelner Revolutionen von der Adelsrevolte von 1787 bis zur Revolte gegen Robespierre 1794. So wie von ihm ist seither oft die Geschichte der Französischen Revolution disponiert worden, etwa bei Lefebvre, Goodwin, auch bei Gegnern wie Fay.

Ich halte Mathiez für die älteste Gesamtdarstellung, die noch insgesamt lesenswert und lesbar ist; sie ist gründlicher und genauer als viele spätere, als etwa Lefebvre, Soboul, Furet-Richet, die ihn eben voraussetzen.

Seit und mit Mathiez sind wir stärker in der heute noch geführten geschichtswissenschaftlichen Auseinandersetzung über die Französische Revolution. Die Hauptrichtung ist bestimmt vom Zentrum der Revolutionsforschung in Paris, in starker Weise von der Lehrstuhlfolge Aulard-Mathiez-Lefebvre (seit 1932) – Soboul (seit 1959) – Vovelle (seit 1983), – wobei hier einige kurzzeitiger tätige Gelehrte weggelassen sind. Sie wird, wie schon gesagt, als sozialistische Richtung der Interpretation bezeichnet. Man kann neben ihr zwei andere französische Richtungen feststellen: die konservative und die strukturgeschichtliche, die teilweise verbunden ist mit der früheren bürgerlich idealisierenden. Das läßt sich in gewisser Weise sogar institutionell gegliedert sehen: die Sorbonne beherbergt die sozialistische Richtung, die Académie Française die konservative und die VIe Section der Ecole Pratique des Hautes Etudes die strukturgeschichtliche. Man kann entsprechende parallele Richtungen im Ausland erkennen: die marxistische, die entmythologisierende und die atlantische.

In dieser Gliederung wollen wir die moderne Geschichtsschreibung über die Französische Revolution – etwa seit Mathiez – betrachten.

Wir beginnen mit der konservativen Richtung. Es ist die der reaktionären Franzosen, der Gegner der „amtlichen" französischen Revolutionsforschung, getragen weitgehend seit Beginn des 20. Jahrhunderts vom gebildeten Publikum, der gebildeten „Rechten", die die „offiziellen" wissenschaftlichen Untersuchungen nicht lasen. Wissenschaftlich waren diese Konservativen also selten ebenbürtige Gegner. Es fiel ihnen natürlich auch schwer, im Wissenschaftsbetrieb Fuß zu fassen, besonders in den Universitäten. Die Académie war da ein gewisser Ersatz. Ausgeglichen wurde das außerdem durch brillanten Stil und durch das große Leserinteresse. Die „höhere Gesellschaft" las eben lieber Taine und seine Nachfolger, nicht die trockenen Republikaner. Das hängt zusammen mit den Auseinandersetzungen um den Dreyfus-Prozeß. Es ist die Zeit des Rückgangs des klassischen Liberalismus. Nostalgische royalistische und aristokratische Neigungen artikulieren sich deutlicher als bürgerlich-liberale. Faschistoide Richtungen wie die Action Française kommen in der Zeit der Furcht vor dem Sozialismus und vor dem Bolschewismus auf, – das ist ja eine allgemeine europäische Erscheinung.

Die Hauptthese, die von den Monarchisten seit der Revolutionszeit selber vertreten worden war, lautet: es sei vor 1789 im Grunde alles sehr gut gewesen, die gegenteiligen Behauptungen seien nur absichtlich von bestimmten Kreisen verbreitet worden, um die Revolution und die Republik künstlich herbeizuführen. Auf eine gewisse Leerstelle in der Wissenschaft wiesen die Gegner der republikanischen Revolutionshistoriker damit tatsächlich hin: es wurde von deren Seite wenig über das Ancien Régime geforscht, über die Zeit vor 1789; da herrschte immer noch Taine.

Wir finden das etwa bei *Pierre Gaxotte,* ‚La Révolution française' (1928). Gaxotte vertrat den Standpunkt der französischen Rechten, er war nahezu Royalist. Taine hatte die Brüchigkeit des Ancien Régime geschildert; Gaxotte stützte sich nun auf moderne, wirtschaftsgeschichtliche Forschungen, also auch auf Jaurès und auf Mathiez, die zu dem Ergebnis gelangt waren, daß Frankreich sich im 18. Jahrhundert in rapider wirtschaftlicher Aufwärtsentwicklung befunden habe. Die ganze Revolution erscheint demgegenüber gewissermaßen als ein großes Mißverständnis, als ein Unglück, ein Unfall oder gar als Ergebnis der Böswilligkeit einer kleinen Minorität. Auch hier hatte man die Korruption der Revolutionäre aus den Forschungen von Mathiez erfahren. Gern wurden übrigens Ausländer für die Revolution verantwortlich gemacht: Grimm, Rousseau, Benjamin Franklin und Necker. Es sind Gesichtspunkte, die man ähnlich schon vorher bei dem deutschen Historiker Adalbert Wahl, ‚Vorgeschichte der Französischen Revolution', 1905–07, finden kann.

Einer von Taines letzten Nachfolgern ist *Bernard Fay,* ‚Die große Revolution in Frankreich 1715–1815' (französisch 1959 erschienen, in deutscher Übersetzung 1960, denn deutsche Übersetzungen derartiger Werke erschienen immer sehr schnell). Bei Fay werden die Thesen von Taine gegen den zerstörerischen „esprit classique" des 17./18. Jahrhunderts gesteigert zu Haß und Verdächtigung gegen die gesamte Aufklärung. Ebenso geht er weit über Taine hinaus, wenn nun plötzlich gar keine sachlichen Gründe für den Ausbruch der Revolution mehr anerkannt werden.

Man sollte sich immer den Sinn dafür offenhalten, daß selbst die größten geschichtlichen Ereignisse nicht schon dadurch, daß sie geschehen sind, *notwendig* geschehen sein müssen. Aber diese eben genannte Literatur, die dem Wunschdenken einer bestimmten Leserschicht entgegenkam, sollte man doch mit großer Vorsicht lesen. Ihre Bedeutung ist nach 1945 zurückgetreten, aber durchaus nicht verschwunden.

Nur einer der früheren konservativen Historiker ist wegen seiner wissenschaftlichen und methodischen Leistung hervorzuheben: das ist *Augustin Cochin*. Er ist 1916 im Ersten Weltkrieg gefallen, daher hat er nur ein fragmentarisches wissenschaftliches Werk hinterlassen. Für ihn steht das Problem des Jakobinismus im Mittelpunkt. Er ist für ihn eine neue politische Herrschafts- oder Ersatzherrschaftsorganisation auf dem Gesellschafts-, Gleichheits- und Diskussionsprinzip. (Der zeitgenössische antidemokratische Affekt ist deutlich.) Cochin sieht diese für den Revolutionsverlauf entscheidende Gleichheitsgesellschaft geplant oder vielmehr vorgeprägt von den societés de pensée, den vorrevolutionären Provinzakademien, Freimaurerlogen und anderen, nach außen hin harmlosen Lesezirkeln. Hier hatte sich das spezifisch ideologische Denken entwickelt. Cochin meint bei all diesen Kontinuitätsvorstellungen vor allem eine „strukturelle" Vorprägung, strukturelle Zwänge. Er geht also nicht aus von den ausgesprochenen Intentionen der Vorrevolutionäre oder der Revolutionäre. Insofern hat Cochin also sehr wenig mit der alten „Komplott-Theorie" zu tun, obwohl das seine wissenschaftlichen Gegner gern behaupteten. Cochin war überhaupt gegen psychologisierende Geschichtsschreibung. Er ist erst jetzt klarer erkannt worden als Vorläufer der strukturgeschichtlichen Auffassung, besonders von Furet, der ihn neben Tocqueville als sein wichtigstes Vorbild ansieht.

Nach dem Zweiten Weltkrieg hatte die bürgerliche Rechte, durch die Vichy-Regierung korrumpiert, ihre Macht verloren. Die konservative Richtung wurde auch im Publikumsinteresse schwächer, wenn auch nicht im gleichen Grade. So ließ also die bis dahin immer noch bestehende Gegnerschaft zur Französischen Revolution beträchtlich nach. Für manche, wie den alten Braudel, schien sie ganz verschwunden.[26] Erst in letzter Zeit – wenn man so will: zur Unzeit für den 200. Jahrestag 1989 – meldet sich, teilweise von der katholischen Kirche unterstützt, neue Kritik an der Revolution, und zwar am Jakobinerterror, der von den sozialistischen Historikern allzu eifrig gerechtfertigt worden war. Pierre Chaunu hat sich als leidenschaftlicher Wortführer dieses Protestes etabliert und auf die Massentötungen während dieser Diktatur hingewiesen, die er mit den Menschenvernichtungen durch totalitäre Herrschaft im 20. Jahrhundert vergleicht. Jüngere, wenn man so will: neokonservative Historiker wie Jean Tulard oder Frédéric Bluche, der über die Septembermorde von 1792 gearbeitet hat, ziehen daraus den Schluß, daß man die Revolution eben doch nicht in gute und schlechte Phasen einteilen kann: sie ist für sie, wie für die sozialistischen Historiker, ein ,,Block", aber ein Block des Terrors, des Zerstörerischen.[27] Damit polemisieren sie gegen die später noch zu behandelnde liberale Richtung, besonders gegen Furet.

Es ist auffallend, daß unmittelbar nach dem Zweiten Weltkrieg nicht nur die konservative, sondern auch die bürgerlich-liberale Richtung für längere Zeit an Bedeutung verloren hat. Die meisten Revolutionsforscher waren damals, zumindest in ihren Anfängen, Marxisten, nicht nur Soboul und seine Schüler, sondern auch Godechot, Furet und Vovelle. Das hat die sozialistische französische Richtung für Jahrzehnte nahezu alleinherrschend gemacht. Ihr wenden wir uns nun zu.

Als wissenschaftliche Hauptrichtung ist die sozialistische schon ab Beginn des 20. Jahrhunderts zu bezeichnen – was bei den starken reaktionären Kräften in der französischen Gesellschaft mindestens bis 1945 nicht selbstverständlich ist – und sie hat erst in den letzten zwei Jahrzehnten ernsthafte französische wissenschaftliche Gegner bekommen; wodurch sie aber erst in den allerletzten Jahren deutlich geschwächt erscheint.

Man kann sie charakterisieren als eine ,,bloc"-artig zusammenfassende Interpretation, die – anders als etwa die sowjetmarxistische Deutung – weder den Anfang noch die späteren Phasen der Revolution geringschätzen, abwerten, entidealisieren will. Es sind vielleicht alles verschiedene Phasen (und ,,Revolutionen", nach Mathiez), aber, wie besonders Soboul wieder zeigt, zusammengehörige, in gemeinsamer Fortschrittsrichtung liegende Phasen. Eberhard Schmitt bezeichnet dies als eine ,,weitgehend verselbständigte Version des historischen Materialismus". Durch die neue russische sozialistische Revolution will man sich nicht seinen bürgerlichen, konstitutionellen Revolutionsteil abtrennen lassen, so wenig es der einzige oder Hauptteil ist. Ein gewisser ,,Mythos" der Französischen Gesamtrevolution war und ist damit verbunden.

Zunächst ist auf *Georges Lefebvre* einzugehen. Er wurde 1874 geboren, wie Mathiez, und wurde dessen bedeutendster Nachfolger. Durch Lefebvre ist erstmals die ,,classe paysanne" näher untersucht worden, das Bauerntum in seiner schwer überschaubaren Vielgliedrigkeit. Das war ein neuer Weg, dem Kollektivphänomen der Französischen Revolution näherzukommen. Ursprünglich war übrigens dieses Interesse an den Agrarfragen des französischen 18. Jahrhunderts von der ,,école russe" angeregt worden, von russischen Historikern um 1900, die mit neuen statistischen Methoden arbeiteten.

Lefebvre schrieb ein bedeutendes Werk über ,Les paysans du Nord pendant la Révolution française' (1923, 2. Aufl. 1929). Er erklärte, daß hier auf dem Lande am deutlichsten der ,,Hauptcharakter" der großen Krise zu sehen sei. Für die Bauern sei es vor allem eine *soziale* Umwälzung gewesen. In Nordfrankreich sei der Einfluß der Industrialisierung besonders gut zu beobachten, die Bauern sind hier zugleich antifeudal und antikapitalistisch gesinnt. Sie versuchen, an den alten Gebräuchen gegenüber dem Neuen festzuhalten. Hiermit hängt die bekannte „große Angst" zusammen (über „la grande peur" schrieb Lefebvre 1932 ein Buch).

Nach dem Tode von Mathiez war Lefebvre führend in der Revolutionsforschung, dabei sehr differenziert und weit weniger militant eingestellt als Aulard und Mathiez und übrigens auch als später Soboul. Obwohl er eine andere Meinung über Robespierre hatte als Mathiez – er dachte sehr kritisch über die Agrarpolitik von Robespierre –, gab er den Anstoß zur Edition der Werke Robespierres, die 1950–64 in 5 Bänden erschienen.

Bei aller Kleinarbeit hat Lefebvre auch eine Synthese geschrieben: ‚La Révolution française' (erstmals 1930, verbessert 1951, 1963 von Soboul neu herausgebracht). Es ist ein etwas schwerfällig geschriebenes, aber um differenzierte, gerechte Urteile bemühtes Werk, das auch das oft vernachlässigte zweite Jahrfünft der Revolution, 1794–1799, mit gleichbleibender Eindringlichkeit erfaßt. Vor dem Hintergrund der gesamteuropäischen Geschichte stehen die wirtschaftlichen und gesellschaftlichen Faktoren im Mittelpunkt der Betrachtung. Lefebvre untersucht und erklärt die „revolutionäre Mentalität" der Massen aus Angst, aus Verteidigungs-Reaktion, aus Bestrafungsdrang. Die Gegenseite, die alten Mächte, geraten ihm dabei zu dem, wozu einem reaktionären Historiker die Revolutionäre geraten können: zum Komplott, zum aristokratischen bewußten Aktionswillen gegen die revolutionäre Art.

Lefebvres Lehrstuhlnachfolger *Albert Soboul* (1914–1982) hat die städtischen Schichten, vor allem die unteren städtischen Schichten, in ihrer politischen Zielrichtung genauer untersucht: ‚Les Sans-culottes parisiens', 1958. Hatte Lefebvre die Autonomie, die Besonderheit der agrarischen Revolutionäre herausgestellt, so lehrt Soboul unterscheiden zwischen den Jakobinern und den ihnen nur *zeitweise* folgenden Gruppen, den Sansculotten. Das Interesse an diesem städtischen „Proletariat" war in marxistischer Hinsicht noch größer als am ländlichen. Der „linke Flügel" der Revolutionshistoriker, vor allem Daniel Guérin, Mitglied der kommunistischen Partei Frankreichs, betonte, genau wie Soboul, die Autonomie der Sansculotten, aber er hielt sie für deutliche Vorläufer der Commune von 1871 und der Sowjets von 1905 und 1917. Er sah sie als solche, die die „direkte Demokratie" in ihren Sektionsversammlungen praktizierten. (Hieran hat sich übrigens die Interpretation von Hannah Arendt angeschlossen.)

Soboul behauptete aber, die Sansculotten seien nicht „sozialistisch", sondern vorindustriell-zünftlerisch. Es sei eine nicht homogene Schicht. Teils seien es ökonomisch vergehende Gesellschaftsgruppen, teils Kleinbürger, teils Ansätze zu späteren Industriearbeitern. Man sieht: erst durch das direkte Scheinwerferlicht auf diese revolutionäre Gruppe, erst durch „Abtrennung“ von der gesamten Revolution werden Unterschiede *innerhalb* dieser Gruppe deutlicher. Im übrigen muß ich hinzufügen, daß Soboul nicht ganz bei dieser Deutung geblieben ist, sondern sich später Guérin mehr angenähert hat. Ob dies tatsächlich auf wissenschaftlichen Neuerkenntnissen von Soboul beruht oder ob er aus anderen, etwa politischen Gründen diese Wendung vollzogen hat, muß ich dahingestellt sein lassen.

Es ist bei all dieser Aufdröselung und „Atomisierung“ der Revolutionsforschung typisch, daß es weiterhin Gesamtdarstellungen gibt. Auch Soboul hat eine solche geschrieben. Er hat dabei wiederum das Gesamtblockhafte der Revolution betont, eigentlich stärker, als es nach seinen eigenen Forschungen erscheinen könnte; aber dieser immer wieder von den sozialistischen Historikern betonte Gesamtzusammenhang der Französischen Revolution ist ja eben einer der Gründe für die stets erneuerten Gesamtdarstellungen. Soboul stellt die Revolution als eine große Epoche der Menschheit in ihrem gesellschaftlichen Fortschritt dar, betont auch die Bedeutung für die französische nationale Einheit. Insgesamt kann man sagen, daß Soboul eine dogmatischere Haltung einnimmt als seine Vorgänger, obwohl seine sozialistische Richtung in Frankreich nach dem Zweiten Weltkrieg so beherrschend war und weltweit, besonders in Rußland, der DDR und Ungarn, Verbindungen mit marxistischen Revolutionsforschern pflegen konnte. Erst in den letzten beiden Jahrzehnten sah er sich ernsthaften neuen wissenschaftlichen Gegnern im eigenen Lande ausgesetzt und mußte eine grimmige Verteidigungshaltung einnehmen. Diesen Gegnern haben wir uns nun zuzuwenden.

Neben der konservativen und der sozialistischen Interpretation in Frankreich gibt es nun auch die strukturgeschichtliche. Lange Zeit ist sie keine deutliche Gegnerschaft. Man kann sie allgemein als liberal charakterisieren, aber sie ist nicht klar politisch oder ideologisch zu bezeichnen, denn ideologisch ist sie schwächer interessiert, – jedenfalls ist sie weniger sozialistisch und weniger nationalistisch eingestellt. Dafür betont sie stärker die allgemeine westliche bürgerliche Demokratie und die europäisch-amerikanische Gemeinsamkeit. Methodisch baut sie auf der strukturvergleichenden Forschung auf, vor allem auf der sozial- und wirtschaftsgeschichtlichen, stark auch statistisch interessierten Richtung der „Annales“-Schule, die an sich mehr im Spätmittelalter und der Frühen Neuzeit angesiedelt ist. Nach 1945 ist sie als große, neue, stark protegierte Richtung in der neuen VI. Sektion der Ecole pratique des Hautes Etudes verortet worden.

Ich nenne zunächst, noch außerhalb der Annales-Schule, *Jacques Godechot*. Es ist typisch, daß er in der „atlantischen“ Geschichtsbetrachtung mit dem Amerikaner Palmer zusammenarbeitet. Das ist etwa deutlich geworden bei einer gemeinsamen Untersuchung der beiden Historiker auf dem Historikerkongreß in Rom 1955. Godechot hat in Toulouse ein sehr produktives Zentrum für Revolutionsforschung aufgebaut. Er hat zunächst institutionengeschichtlich gearbeitet und sodann ein Buch ,La Grande Nation. L'expansion révolutionnaire de la France dans le monde 1789–99' (2 Bände, 1956), geschrieben. Hier hat er also die politische und ideologische Ausbreitung des revolutionären Frankreichs dargestellt. Das geschah mit der Betonung, daß mit „Revolution" ein über die ganze Zeit von 1770 bis 1850 reichendes Gesamtphänomen beschreibbar ist. Sodann hat Godechot geschrieben: ,La Contre-Révolution. Doctrine et Action 1789–1804' (1961), also die reaktionäre Gegenposition, ideologisch und vor allem politisch. Besonders wichtig ist aber sein Band innerhalb der ,Nouvelle Clio': ,Les Révolutions 1770–1799' (1963, in erster Aufl.). Hier finden wir die Revolutionen ebenfalls als europäisches Phänomen betrachtet und miteinander verglichen.

Es fiel natürlich den sowjetischen Historikern nicht schwer, dergleichen als „Nato"-Geschichtsbetrachtung anzuprangern. Von französischer Seite, etwa von Soboul, ist in dieser Art Geschichtsschreibung eine Geringschätzung der französischen Besonderheit gesehen worden. Es handelt sich aber in der Tat um sehr wichtige neue vergleichende Gesichtspunkte für gleichzeitige europäische revolutionäre Bewegungen, die hier erstmals systematisch angewandt worden sind.

In der nächsten Generation ist vor allem *François Furet* (geb. 1927) zu nennen, der von der Erforschung der Sozialgeschichte des 18. Jahrhunderts ausgegangen ist. Zusammen mit *Denis Richet* schrieb er eine Gesamtdarstellung der Französischen Revolution, die erstmals 1965/66 erschien und bis heute von keiner späteren übertroffen worden ist. Sie ist viel stärker als das Werk von Soboul von den strukturgeschichtlichen Ergebnissen des 17. und 18. Jahrhunderts bereichert. In gewisser Weise stellt sie tatsächlich eine „Verwissenschaftlichung" der *nicht*sozialistischen Anschauung über die Revolution dar, die bisher gefehlt hatte, wenn man von den fragmentarischen Darstellungen von Tocqueville und Cochin absieht. Von da aus kritisierte Furet die sozialistische Interpretation, insbesondere die des Ancien Régime. Furet findet es wissenschaftlich unhaltbar, ja geradezu lächerlich, daß Soboul hier denjenigen Argumenten folgt, die der revolutionäre Dritte Stand zur Rechtfertigung seines Vorgehens vorgebracht hatte. Wie komme ein angeblich marxistischer Historiker dazu, sich dem ideologischen Zeitbewußtsein von 1789 derartig anzupassen?

Innerhalb des Revolutionsgeschehens selber lösen Furet und Richet die einzelnen Schichten und Phasen viel mehr voneinander ab, als das die „Block"-Ideologen getan hatten, – d. h. in Einzelstudien hatten sie es auch getan, aber im Gesamtabriß niemals zugegeben. Furet sieht drei *gleich*zeitige Revolutionen „teleskopartig" ineinandergeschoben. Fortschrittlich bei diesen dreien sei nur die bürgerlich-politische, die beiden anderen (die der unteren städtischen Schichten und die der Bauern) seien rückschrittlich gewesen. (Wenn man so will, sind diese beiden rückschrittlichen die Spezialgebiete Sobouls und Lefebvres gewesen.) Das Zusammenwirken aller drei Bewegungen in der Jakobinerzeit sieht Furet also vor allem als verhängnisvolles Gegeneinanderarbeiten, als Entgleisen der fortschrittlichen Richtung (dérapage), damit als Entgleisen der gesamten Revolution durch die rückschrittlichen Tendenzen der „unbürgerlichen" Richtungen. Wir finden hier also wieder eine Abwertung der jakobinischen Phase der Revolution, bei Furet sogar gerechnet von 1791–1795.

Vor allem die dérapage-These hat heftige Opposition ausgelöst. Furet scheint dadurch zu neuen, plausibleren Maßstäben angeregt worden zu sein, wie seine Abhandlung ‚Penser la Révolution Française' von 1978 zeigt. Mit ihr – genauer: mit dem Teil über den „revolutionären Katechismus", der schon 1971 erschien – eröffnete er den direkten Kampf gegen die sozialistische Richtung und begann zugleich die Wiederanknüpfung an die Perspektiven älterer Revolutionsforscher wie Tocqueville und Cochin. Seine neuen Maßstäbe zeigen sich nun darin, daß er das Problem der Französischen Revolution als sozialgeschichtlichem Umbruch vom Problem des Jakobinismus stärker trennt. Sozialgeschichtlich handelt es sich nach dieser – verbreiteten – Anschauung bei der Französischen Revolution eigentlich gar nicht um einen Umbruch oder um einen Bruch, sondern nur um eine etwas bewegtere, teils beschleunigende, teils auch hemmende Phase innerhalb einer längerfristigen Entwicklung von etwa 1750 bis 1830. Der Bruch ist (sozusagen „nur") in der Politik und im Bewußtsein festzustellen. Die Revolution „erfindet" die „demokratische Kultur": Auf diese Kurzformel versucht Furet das Phänomen zu bringen, eine Kurzformel, die nun immerhin den Jakobinismus einschließt.

Von dieser Betrachtungsweise ist der Übergang zur Mentalitätsgeschichte nicht schwer, die jetzt im Zentrum der französischen Geschichtsforschung steht. Das heißt gleichzeitig: der Übergang zu *Michel Vovelle* ist nicht schwer, obwohl er aus der sozialistischen Schule kommt und nun Sobouls Nachfolger in Paris geworden ist. Er hat in dieser Richtung 1972 die erste Phase der Revolution beschrieben, sich aber vor allem mit Mentalitätsgeschichte beschäftigt, und zwar zunächst mit dem Phänomen der Entchristianisierung *vor* der Revolution, dann mit Mentalitätsbrüchen *in* der Revolution selber – sozusagen unterhalb von Ideen und Ideologien. Wir haben also auch hier eine „histoire vue par en bas". Diese Konzentration auf den „Umbruch der Mentalitäten" nach der reichlich erforschten politischen Revolution und nach den längerfristig zu erforschenden sozialgeschichtlichen Veränderungen scheint die Kontroverse innerhalb der französischen Geschichtswissenschaft über die Französische Revolution nun zu mildern, – kurz vor der 200-Jahrfeier und abgesehen von den neuen konservativen Vorstößen.

Die ausländische Revolutionsgeschichtsforschung läßt sich ungefähr nach den drei beschriebenen französischen Richtungen ordnen. Ich gebe nur kurze Hinweise:

1. Die marxistische Interpretation ist als marxistisch-leninistische in der Sowjetunion und den Volksdemokratien herrschend. Sie besitzt Verbindungen zur französischen sozialistischen Interpretation, wie sich besonders augenfällig in den gemeinsam von Soboul und dem Leipziger Historiker *Walter Markov* veröffentlichten Werken über die Sansculotten zeigt. Sie ist eigentlich auch einen ähnlichen Weg gegangen wie die französische sozialistische Interpretation. Früher sah man zwischen Girondisten und Jakobinern zumindest den Ansatz des Klasssengegensatzes von Bürgertum und Proletariat. Man fand typisch, daß 1791 die Bourgeoisie aufhören wollte, aber das „Volk" aktiv weiterging. Später sah man dann die „Widersprüche" im Vorgehen dieses „Volkes", man sah das „Bürgerliche" an Robespierre. So finden wir es bei dem russischen Historiker *Alfred S. Manfred* (1950).

Der Unterschied zur französischen sozialistischen Auffassung liegt in der Geringschätzung oder zum Teil sogar eindeutigen Verurteilung des „Bürgertums" in dieser Revolution, in der Betonung der Gegensätze zum Proletariat, dessen sich das Bürgertum für seine Revolution nur bedient. Es ist eben „die" vollendete bürgerliche Revolution, das beste, klassische Beispiel für eine solche. In Einzelforschungen interessiert man sich mehr für die nichtbürgerlichen Elemente. Das sieht man etwa an den Babeuf-Studien von *V. M. Dalin*. Man muß aber betonen, daß diese Elemente in ihrer weltgeschichtlichen Bedeutung immer eher gering eingeschätzt werden.

Außerhalb des Sowjetmarxismus und des französischen Marxismus ist einer der bedeutendsten marxistischen Revolutionsforscher der Australier *George Rudé*. Er hat die Pariser Massenbewegungen nach den Polizeiakten studiert.

2. Als konservativer Kritiker an der französischen sozialistischen Interpretation ist vor allem der englische Historiker *Alfred Cobban* zu nennen. Er hat sich als erster nach 1945 vehement und dezidiert gegen den weltgeschichtlichen und nationalgeschichtlichen Mythos der Französischen Revolution gewandt. Insofern kann man bei ihm von einer Entmythisierung dieser Revolution sprechen, wie sie dann später in Frankreich selber von Furet und anderen weitergeführt worden ist. Cobban wandte sich damit auch leidenschaftlich gegen den behaupteten Determinismus der revolutionären Entwicklung und vor allem gegen die von den sozialistischen Historikern benutzten Klassenbegriffe. Feudalismus, Adel, Bürgertum – alles dies seien in Wirklichkeit sehr vielfältige soziale Gruppen, und erst im Kampf werden es dann, wie Cobban behauptet, politisierte Begriffe, die mit den sozialen Schichten kaum etwas zu tun haben. Cobban glaubt nicht, daß das wirtschaftlich aufsteigende Bürgertum die Revolution gemacht habe. Vielmehr habe das eine absteigende, gefährdete Gruppe im Bürgertum getan. Er glaubt, alles ließe sich einfach als politischer Machtkampf, als Eigentumsumschichtung, vielfach auch einfach als Urkampf zwischen Reich und Arm erklären, ohne daß der Weg zum Kapitalismus des Bürger-

tums sichtbar würde. Im Gegenteil: dieser Weg des Bürgertums zum Kapitalismus wurde durch die Revolution verzögert und verbaut: die Sieger waren nicht die Kapitalisten, sondern neben Beamten und Rentnern die konservative, großen und kleinen Grundbesitz besitzende Klasse; durch sie kam es zu Frankreichs wirtschaftlicher Rückständigkeit im 19. Jahrhundert und zu seinem noch heute zu findenden Konservatismus.

Diese Interpretation scheint nur wenig von den sonst betonten Intentionen und Errungenschaften der Revolution übrigzulassen. Zunächst hat sie nur anstoßerregend gewirkt, dann aber, auch in Frankreich, wirklich Anstöße für weitere Untersuchungen gegeben. Sie ist zu einem der wichtigsten Ausgangspunkte für die nichtsozialistische Revolutionsforschung geworden, besonders für die Strukturhistoriker. Ich habe sie hier nur allgemein vorgestellt – sie wird uns noch weiter beschäftigen.

3. So sehr man schon Cobban, wie gesagt, mit den französischen Strukturhistorikern zusammenbringen kann, so ist es doch eine andere, eine sehr produktive amerikanische Richtung, die man parallel zu ihnen setzen kann: die revolutionsvergleichende Forschung und die atlantische Forschung. Zunächst wäre da etwa auf *Crane Brinton*, ‚Europa im Zeitalter der Französischen Revolution', hinzuweisen, außerdem auf sein Buch über ‚Die Revolution und ihre Gesetze', das sich auf die englische, amerikanische, französische und russische Revolution bezieht. Dieser systematisch (nicht zeitlich) vergleichende Ansatz ist vor allem bei amerikanischen Politikwissenschaftlern fortgeführt worden. Ich nenne nur Hannah Arendt und daneben Barrington Moore mit seinem Buch: ‚Soziale Ursprünge von Diktatur und Demokratie' (1966), das von der Rolle nicht der Bürger, sondern der Grundbesitzer und Bauern bei der Entstehung der modernen Welt handelt und darlegt, wie günstig sie in England, Frankreich und Amerika und wie ungünstig in Deutschland, Rußland und Japan gewirkt hat.

Engere geschichtswissenschaftliche Forschungen über die Verbindung der Französischen Revolution mit der amerikanischen finden wir bei *L. Gottschalk*, ‚The Place of the American Revolution in the causal Pattern of the French Revolution', 1948. Und außerdem bei *R. R. Palmer* in einer ausführlichen Darstellung des Zeitalters der „demokratischen" Revolution. Zweifellos sind diese vergleichenden Gesichtspunkte in Amerika besonders stark betont worden, weil sie in der vorherrschenden französischen Forschung so lange zurückgetreten sind.

Viele andere Forscher wären zu nennen, besonders der sehr alleinstehende englische Historiker *Richard Cobb*, der die Armee und die Unterschichten in sozialen Bedingungen und Mentalität untersucht hat. In letzter Zeit steht, ähnlich wie bei Furet und Vovelle, die Erforschung der „politischen Kultur" im Vordergrund. *Lynn Hunt* hat ihr 1984 ein wichtiges Buch gewidmet, und es ist bezeichnend, daß ein dreibändiges Sammelwerk zum Jubiläum den Titel tragen soll: ‚The French Revolution and the Creation of Modern Political Culture'.

In Deutschland hat übermäßig lange die konservative oder konservativliberale Auffassung vorgeherrscht. Ausnahme blieb *Gustav Landauers* Sammlung der ‚Briefe aus der Französischen Revolution', die 1918 erschien und die Einsicht verbreiten sollte, „daß die Französische Revolution mit ihren Methoden und ihren Ergebnissen unsre Vergangenheit werden muß; daß wir das Recht zu erlangen die Pflicht haben, uns ihre Erben und ihre Überwinder zu nennen".[28] Ebenso war *Hedwig Hintzes* Arbeit über „Staatseinheit und Förderalismus im alten Frankreich und in der Revolution" (1928) eine Ausnahme. Aber nach dem Zweiten Weltkrieg betonte auch *Martin Göhring*, ähnlich wie amerikanische Historiker, das Demokratische und Europäische der Französischen Revolution. Später knüpfte *Eberhard Schmitt* an die französischen strukturanalytischen Forschungen an und *Rolf Reichardt* fördert nun begriffsgeschichtliche und mentalitätsgeschichtliche Untersuchungen. „Die Französische Revolution als Bruch des gesellschaftlichen Bewußtseins" ist ein entsprechender Sammelband zum 200. Jahrestag betitelt.

Damit wäre ich am Ende dieses Überblicks. Trotz des enormen wissenschaftlichen Fortschritts in der Erforschung der Französischen Revolution und ihrer Ursachen wäre es verfehlt, hier nun am Schluß von „Synthese" oder einem „Resultat" zu reden. Dafür sind die Ergebnisse gerade in den Gesamtkonzeptionen zu weltanschaulich oder zu politisch bezogen.

Walter Grab, ein israelischer Historiker, ein Emigrant aus Österreich, der Spezialist für die Französische Revolution und ihre Wirkung auf Deutschland ist, hat 1977 in einer Rezension gesagt: „Die Französische Revolution, die die Fesseln der ständischen Privilegienordnung sprengte und die Befreiungsideen der Aufklärung von der unveränderlichen Volkssouveränität auf ihr siegreiches Banner schrieb, hat die Historiker stets zu entschiedener Parteinahme und zur Enthüllung ihres eigenen weltanschaulichen und politischen Credos gezwungen. Die einen suchen ihre weltgeschichtliche Bedeutung zu schmälern, indem sie auf die terroristischen Exzesse hinweisen und die sozialen Emanzipationspostulate der Sansculotterie verurteilen, während die anderen in der Verwirklichung der Aufklärungsideen und der Demokratisierung aller Lebensbereiche eine epochale Zeitenwende und den Beginn einer neuen Menschheitsära erblicken."[29]

Das ist mit viel emphatischeren Worten das gleiche, was ich betonen wollte. Durch die Emphase wird es aber einseitig. Das kann man schon daran merken, daß es Grab wohl keinem schwermacht zu erkennen, auf welcher Seite er, Grab, selber steht. Um so schwerer, wenn nicht unmöglich, macht er es aber allen, vielleicht Partei für die andere Seite zu nehmen. Grab hat dies in einer Rezension zu Eberhard Schmitt geschrieben, der keineswegs so eindeutig festzulegen, sondern eher einer *wissenschaftlichen* Richtung zuzuordnen ist. Schmitts und auch Rolf Reichardts Tendenz geht dahin, die politische Ideologisierung in der Revolutionsforschung möglichst abzubauen. Daher erklärt sich ihre Bemühung um einen wissenschaftlichen Kongreß internationaler Revolutionsforscher in Bamberg 1979 und ihre Zusammenfassung des Forschungs- und Bewertungsstandes, den sie für diesen Kongreß erstellt haben und in der Zeitschrift für historische Forschung (7/1980) veröffentlichten. Diese Bestandsaufnahme ist nicht nur sachlich wichtig und lesenswert, sondern geradezu eine Demonstration, daß wissenschaftliche Erkenntnisfortschritte gemacht worden sind und gemacht werden können *unabhängig* von der politisch-gesellschaftlichen Einstellung, d. h. eine Demonstration, daß und wie Objektivierbarkeit möglich ist. Sie ist besonders schwer bei einem so großen weiterwirkenden Phänomen wie der Französischen Revolution. Andererseits ist gerade wegen des universalen Interesses an diesem historischen Phänomen die Geschichtswissenschaft als Wissenschaft besonders gefordert, zu Erkenntnissen zu kommen und nicht nur einen großartigen Mythos zu pflegen.

2. Teil

Verlauf der Revolution 1788/89 bis September 1792

> Der Enthusiasmus hat immer etwas Theatralisches, das vom französischen Nationaltheater noch erhöht werden muß. Aber es ist erbärmlich, wenn die Leute immer nur bei diesem Repräsentieren stehenbleiben und sich wirklich einbilden, man spiele nur die Freiheitskomödie in Frankreich. Diese Komödie wird so gut gespielt, daß der Bauer durch das ganze Frankreich von der baren Hälfte seiner Lasten befreit ist.
>
> Georg Forster, 12. Juli 1791[30]

Gewöhnlich fängt man vorne an. Das heißt bei der Revolutionsgeschichte: man fängt an mit den Voraussetzungen, mit den Zuständen, die zur Revolution geführt haben, den geistigen Einflüssen, den Anlässen.

Ich will versuchen, nicht so anzufangen. Meine Gründe dafür sind:

1. Wieviel Künstliches hat eine solche chronologisch ordentliche Darstellung! Tatsächlich ist zuerst das geschichtliche Ereignis da, dann erst kommt seine Vorgeschichte; d. h. dann erst wird seine Vorgeschichte gesucht und erforscht. Ganz besonders augenfällig ist das bei einem so explosionsartigen Ereignis wie einer Revolution. Wegen dieses Ereignisses wird dann die französische Geschichte des 18. Jahrhunderts behandelt, nicht wegen eines direkt auf sie selber ausgerichteten Interesses. Ursachenforschung oder, wie wir hier der Einfachheit halber immer sagen wollen, Vorgeschichte ist etwas anderes als direkte, gar chronologische Darstellung des entsprechenden Zeitraumes. Dieser ist gar nicht klar umgrenzt. Noch stärker als Geschichte ist Vorgeschichte an Auswahl und Urteil des Historikers gebunden. Sie kann zeitlich um Jahrhunderte zurückgehen oder eng eingegrenzt werden, das kann räumlich geschehen, ebenso hinsichtlich der verschiedenen Geschichtsbereiche (Verfassung, Gesellschaft, Wirtschaft, Ideen).

2. Von der Vorgeschichte in die Geschichte gehen, heißt immer – ob man das will oder nicht –, eine zwingende Aufeinanderfolge suggerieren, als habe sich eins aus dem anderen so entwickeln *müssen.* Gerade weil die Bedeutung der Französischen Revolution für die moderne Welt sehr groß, weitgehend, weit mehr konstitutiv als destruktiv ist, man also auch von daher geneigt ist, an ihre *Notwendigkeit* zu glauben, sollte man diese Suggestion vermeiden.

3. Hinzu kommt, daß wegen dieser angeblich „zwingenden Aufeinanderfolge" die normale zeitliche Darstellungsform dazu führt, Vorgeschichte besonders der *ersten* Stadien der Revolution zu sein (z.B. Vorgeschichte der Entwicklung zur Konstitutionellen Monarchie), während sich die weiteren Stadien dann aus der Revolution selber, ihrer Folgerichtigkeit oder ihrer Übertreibung (wie man es eben nimmt) entwickeln sollen. Es ist aber nötig, auch städtische und ländliche Unruhen, Jakobinertum und Republikanismus vor Augen zu haben, wenn man nach Ursprüngen der Revolution fragt.

Ich werde also zuerst sozusagen den Tatbestand vortragen und dann nach Ursachen fragen und die Auswirkungen untersuchen.

Dabei leitet mich noch der folgende Gesichtspunkt:

4. Die Revolutionsereignisse sollen nicht im Mittelpunkt stehen, sondern Ausgangspunkt sein. Umrißartig sind sie jedem bekannt, ich erinnere daran und führe die Sache vielleicht etwas genauer aus in der Hoffnung, daß ich gerade dadurch die Augen für das schärfe, worauf es besonders ankommen soll: auf das Problem ihrer Erklärung, ihrer Herkunftserklärung, und auf das ihrer Auswirkung. Wie gesagt, es ist nur ein Versuch. Vielleicht wird er auch zeigen, wie unvollständig Geschichte ohne Vorgeschichte ist, d.h. Ereignis und Zustand ohne geschichtliche Erklärung. Mir soll es recht sein, wenn die Grenzen des Versuches deutlich werden.

Revolution des Dritten Standes

Ich beginne mit dem, was für Frankreich und darüberhinaus der deutlichste Anfang von etwas Neuem war – wenn es auch eigentlich als die Wiederaufnahme von etwas Altem veranstaltet wurde: mit der Einberufung der Generalstände zur Behebung der schweren Finanzkrise; am 8. August 1788 wurde sie bekanntgegeben und sollte zunächst im Januar, dann im Mai 1789 stattfinden. Besser könnte man noch sagen, ich beginne gewissermaßen mit den beiden Schlagzeilen in diesen Monaten: der Einberufung der Generalstände und dem Anstieg der Brotpreise.

Die früheren Versuche, der steigenden staatlichen Finanzmisere Herr zu werden, hatten zwar auch schon unter großer Beteiligung der Öffentlichkeit stattgefunden, aber von hier ab geschah das doch in weit höherem und vor allem aktiven Grade.

Bisher waren es Auseinandersetzungen der reformwilligen Regierung mit den privilegierten Ständen gewesen: einer Regierung, die absolutistisch, unter Abbau der Vorrechte von Adel und Klerus, zu staatlicher Modernisierung drängte, durchaus im Sinne der Forderungen des Bürgertums, auch zum Teil im Sinne der aufklärerischen Schriftsteller; und privilegierter Stände, die unter Berufung auf alte, für den ganzen Staat wichtige Vorrechte gegen Zentralismus und Absolutismus eingestellt waren. Die

Reformen wurden durch die Parlamente blockiert. Diese Parlamente, die Privilegierten, hatten auch die Einberufung der Generalstände erlangt. Das sollte eine weitere Reformblockade sein oder jedenfalls so wirksam wie möglich die alten Rechte schützen, – denn zum Teil hielt man Reformen auch für unumgänglich. Es bestand aber ein gemischtes, kombiniertes Interesse: In diesem Vorschlag, Generalstände einzuberufen, wurde der parlamentarische Adel von der bürgerlichen Öffentlichkeit unterstützt; denn bei den Generalständen war auch der Dritte Stand vertreten. Seine Einberufung war also *die* Möglichkeit, Mißstände abzuschaffen, zu Neuerungen zu kommen, eine Gleichheit des Dritten Standes durchzusetzen.

Die Generalstände – ich bringe hier wie gesagt keine Vorgeschichte, sondern greife nur auf das zurück, was 1788 davon im Gegenwartsbewußtsein lag – waren seit 1614 nicht mehr einberufen worden. Sie hatten, wie alle kontinentalen Ständeversammlungen im Zuge des Absolutismus, an Einfluß verloren, nachdem in Frankreich Ende des 16. Jahrhunderts noch einmal eine Machtzunahme zu verzeichnen gewesen war: aber das war damals im Zeichen der konfessionellen Kämpfe geschehen und gerade dagegen wurde der Absolutismus stark. Diese Entwicklung vollzog sich, während sich in England im 17. Jahrhundert gerade durch den Bürgerkrieg das Parlament durchsetzte. Das englische Parlament hatte aber seit je eine günstigere Stellung, als sie die Verhältnisse in Frankreich boten. Gesetzgebungs- und Steuerbewilligungsbefugnisse waren in England an eine Institution gebunden, während es hier in Frankreich eine Spaltung gab: die legislativen (zusammen mit den juristischen) Befugnisse lagen in den verschiedenen Parlamenten, die Steuerfragen sowie die „allgemeine Beratung" lag bei den drei Ständen. So war es relativ leicht, die eine Institution zur Gesetzes-Registrierung zu verharmlosen, die andere dadurch zu schwächen, daß die Hauptsteuern (z. B. die *taille*) ein für allemal gesichert wurden.

Die öffentliche Begeisterung über die Einberufung der Generalstände schwand und das Selbstbewußtsein des Dritten Standes verstärkte sich, als im September 1788 bekannt wurde, daß die Parlamente im Einvernehmen mit den privilegierten Ständen an die gleiche, veraltete Regelung dachten wie 1614: nämlich alle drei Stände sollten gleich viele Abgeordnete haben, die Abstimmung sollte nach Ständen geschehen. Demgegenüber wünschte die Regierung in Gestalt von Necker für den Dritten Stand doppelt so viele Abgeordnete (600 statt 300) und eine gemeinsame Abstimmung, d. h. nach Köpfen.

Im Dezember 1788 setzte die Regierung das erste durch (600 Abgeordnete), das zweite überließ sie den Ständen selber. Das war, hinsichtlich des zweiten, also der Abstimmung nach Ständen, nicht unbedingt reaktionär gemeint, denn dafür fanden sich auch beim Adel und besonders beim Klerus zu viele Reformwillige; bei einer Abstimmung nach Köpfen wäre also das Bürgertum von vornherein eindeutig in der Übermacht gewesen.

Das Bürgertum selber sah es anders. Hatte es bisher den Kampf der Parlamente gegen den sogenannten Despotismus des Königs – zögernd – unterstützt, so mußte es jetzt sehen, daß eine mächtige, ihm selbst gefährliche Fronde aus Klerus und Adel entstanden war. Die Popularität der Parlamente brach über Nacht zusammen. Der Kampf zwischen Königtum und Adel verwandelte sich im Herbst und Winter 1788 „in eine soziale und wirtschaftliche Auseinandersetzung zwischen den privilegierten und den nichtprivilegierten Klassen“ (Goodwin).[31]

Dabei gab es, wie schon gesagt, auf Seiten der Nichtprivilegierten viele „liberale“ Privilegierte, die gegen die Starrheit ihrer Standesgenossen opponierten: der Marquis Lafayette, der Abbé Talleyrand, der Graf Mirabeau.

Der Dritte Stand formulierte (wie das auch bei den beiden anderen Ständen möglich war) sein Interesse und seine Reformideen und Beschwerden in einer riesigen Flugschriftenliteratur in diesem Winter 1788/89. Trotz Zensur war freie Meinungsäußerung zugelassen.

Sofort wurde im Schwall dieser Literatur die Schrift von Sieyès am berühmtesten: „Was ist der Dritte Stand? Alles. Was ist er bisher in der staatlichen Ordnung gewesen? Nichts. Was will er? Etwas darin werden.“ „Alles“ –: d.h. der Dritte Stand sieht sich als die Nation, er umfaßt alle Elemente, deren eine Nation zu ihrer Bildung und Erhaltung bedarf. „Wenn man den privilegierten Stand wegnähme, wäre die Nation nicht etwas weniger, sondern sogar etwas mehr“. D.h., es würde eine Befreiung von einer Belastung bedeuten. Weiter heißt es: „Die Adelskaste ist wirklich ein besonderes Volk, aber ein falsches Volk, das aus Mangel an nützlichen Organen nicht für sich allein leben kann und sich daher an eine echte Nation hängt wie die Pflanzenauswüchse, die nur vom Safte der Pflanzen leben können, die sie aussaugen und austrocknen... Alle Zweige der ausübenden Gewalt sind in die Hände der Kaste gefallen, aus der sich bereits die Kirche, die Justiz und das Militär rekrutieren... Der Hof regiert, nicht der Monarch. Der Hof schafft und verteilt die Stellen. Und was ist der Hof anderes als die Spitze der ungeheuren Aristokratie, die ganz Frankreich bedeckt?“[32] Die Vertretungs- und Abstimmungsfrage bei den Generalständen müsse gerichtet sein auf den Zweck dieser Versammlung, und dieser Zweck sei: Eine Verfassung zu schaffen. (Dies war ein neuer Punkt, denn bekanntlich sollte die Einberufung nicht deswegen, sondern wegen der Finanzkrise geschehen.) Die „Nation“ müsse diese Verfassung schaffen. Die Nation sei: die Bewohner der 40000 Gemeinden des Königreichs. Der Dritte Stand sei die Nationalversammlung, sei die „volonté générale“. Privilegien seien in dieser Gemeinsamkeit ausgeschlossen, denn da sie Sonderrechte seien, „treten sie heraus aus der gemeinsamen Ordnung, dem gemeinsamen Gesetz“. Also solle es statt der Generalstände die Nationalversammlung geben.

Soweit Sieyès. Zur Erklärung (jedenfalls zur vorläufigen Erklärung) ist zu bemerken: der Dritte Stand ist nicht allein das Bürgertum, die sogenannte Bourgeoisie; gemeint sind alle Nichtprivilegierten: Bürger, Handwerker („Arbeiter", soweit es schon welche gibt), Bauern. Politisch führend war allerdings das Bürgertum, das sein politisches Selbstbewußtsein neben dem Adel juristisch und philosophisch gebildet hatte. Aber deutlich ist in dieser gleichen Zeit, in der der Gegensatz zu den Parlamenten aufbricht, die Annäherung dieses Bürgers an die „unteren Schichten", an das von den aufklärerischen Philosophen so gern verachtete „dumme Volk".

Die Annäherung geschah durch die Wahlen zu den Generalständen und die Wahlpropaganda. Es war eine Wahl ohne Regierungseinfluß.

Die oberen Stände führten eine direkte Wahl in den Bezirksversammlungen durch (jeder ab 25 Jahre konnte sich daran beteiligen). Beim Klerus waren es also alle Pfarrer (nicht alle Domherren und Klöster: bei den Domherren waren es 1/10, je Kloster war es einer). Diese – oft reformfreudigen – Pfarrer waren auch wählbar und erhielten die sichere Mehrheit.

Beim Dritten Stand hatte jeder Wahlrecht, der 25 Jahre alt war, Franzose und in die Steuerrolle eingetragen. Das war relativ demokratisch für die damaligen Zeiten. Es bestand eine indirekte, stufenweise Wahl von den Zünften, Meisterschaften, Stadtvierteln, Dörfern (nach Pfarrgemeinden). Die Vertreter (Wahlmänner) ernannten aus ihrer Mitte die Deputierten für die Generalstände.

Schon von der Wahlordnung her lag es also im Interesse der politisch und reformerisch tätigen Bürger, für ihre Ideen Propaganda zu machen und sich der Beschwerden der Kleinbürger und Bauern anzunehmen.

Hier gab es die „cahiers de doléances", Beschwerdehefte der einzelnen Gemeinden und Zünfte. Sie haben wegen ihres hohen Quellenwertes die Begeisterung der Historiker hervorgerufen: „Es gibt in der Geschichte kein ähnliches Beispiel für eine solche schriftliche Konsultation eines ganzen Volkes ..., für ein solches Denkmal der Nationalliteratur", heißt es bei Furet/Richet.[33] Ziebura spricht von einem „in der Geschichte nie wieder erreichten Niveau kollektiver Artikulierung – gegen das unsere Meinungsumfragen verblassen".[34]

Natürlich waren viele, die solche Beschwerdehefte verfassen sollten, schreibunkundig. Da mußte nachgeholfen werden. So schrieben etwa die Bürger von Rennes an die umliegenden Gemeinden: „Ihr werdet aufgefordert werden, Euch zu versammeln. Ihr werdet ein Beschwerdeheft zu machen haben, das heißt, aufzuschreiben, was Ihr wünscht und über was Ihr euch zu beklagen habt. Unsere Liebe zum öffentlichen Wohl hat uns bewogen, Euch die Klagen und Wünsche aufzuschreiben, die wir vorbringen würden, wenn wir an Eurer Versammlung teilnähmen." Solche Klagen waren etwa die Aufhebung bestimmter Steuern, Zölle, der Feudallasten, Gerichtsreform. Die Gegenpropaganda der adligen Grundherren hat zum Teil die Bauern zurückscheuen lassen, aber die Pfarrer traten ihnen oft bei, sie wünschten selber ähnliche Reformen.

Diese Beschwerdehefte wurden dann zusammengefaßt. Über die speziellen Beschwerden gab es die allgemeinen Beschwerden: Beschränkung der Rechte des Königs und seiner Beamten wurde gewünscht: darin waren sich alle Stände einig; außerdem regelmäßige Volksvertretung für Steuern und Gesetze. Außerdem wünschte man Freiheit bis zum Provinzpartikularismus und ein einheitliches Recht – man sah in diesem beidem keinen Widerspruch. Und man wünschte – dann und wann, durchaus nicht in allen Beschwerdeheften – eine Verfassung. Daneben gab es auch oft ein rührendes Vertrauen in den König: *er* sollte den Ständestaat abschaffen. Man kann hierin die große Wasserscheide zwischen den Ständen sehen, eine gewisse politische Dreieckssituation (Furet), die dem König durchaus noch Trümpfe beließ.

Es war wichtig, daß sich die Schichten des Dritten Standes hierdurch kennenlernten – ebenso wichtig wird dann in Versailles sein, daß sich die verschiedenen Teile Frankreichs kennenlernen. Und es war außerdem wichtig, daß das Bauerntum, sonst dem grundbesitzenden Adel eher näherstehend und den reichen Bürger eher als Neueindringling betrachtend, wenn er Landbesitz erwarb, Vertrauen zum städtischen Bürgertum gewann. Und wichtig war überhaupt, daß Beschwerden nun erstmals artikuliert wurden.

All das wäre nicht so weit gegangen und hätte nicht so starke Konsequenzen haben können, wenn nicht diese „Politisierung" unversehens zur Zeit wirtschaftlicher Not geschehen wäre.

Dies ist nicht Vorgeschichte, sondern der Tatbestand 1788/89. Bei der Vorgeschichte werden wir später die langfristige wirtschaftliche Lage noch betrachten müssen und werden noch sehen, daß es unmöglich ist, die wirtschaftliche Not als *das* Auslösende, *den* Motor der französischen Massenrevolution anzusehen. Ebensowenig ist es aber möglich, sie nur als „Beigabe" zu sehen. Dafür hat sie viel zu oft die revolutionären Geschehnisse entscheidend vorangetrieben. Oder sie ist, wie es etwa Hannah Arendt sieht, der eigentliche Grund des Versagens der politischen Revolution gewesen. Auch Georges Lefebvre sieht die Einwirkung der „Massen" in der Französischen Revolution klar unter zwei Voraussetzungen: „Sous l'influence simultanée d'une crise économique et de la convocation des États généraux: ces deux causes se combinèrent pour créer une mentalité insurrectionelle".[35]

Gemeint ist mit der ökonomischen Krise also die kurzfristige. Auch sie ist wiederum aus zwei Komponenten zusammengesetzt und hat sich dadurch verschärft: 1786 war ein Handelsvertrag mit England geschlossen worden, durch Herabsetzung der Zölle wurde die Einfuhr englischer Waren begünstigt. Das bedeutete zumindest eine Umorientierung der französischen Industrie; die Tuchfabrikanten mußten ihre Produktion einschränken. In Lyon wurden 20000 Arbeiter von 58000 arbeitslos. Und das wurden sie – dies ist die zweite Komponente – zur Zeit einer Mißernte 1788, eines sehr strengen Winters 1788/89. In den großen Städten wurden Notstandswerkstätten eingerichtet. Es kam zu Brotpreiserhöhungen – das empfindlichste, was überhaupt passieren konnte. Seit Ende der 70er Jahre war der Brotpreis in langsamem, stetem Sinken begriffen gewesen, jetzt kam es zur Steigerung, bis er Juni/Juli 1789 den Höchststand des Jahrhunderts erreichte. In Paris wappneten sich Polizei und Militär gegen die in solcher Situation (wie das letzte Mal 1775 zu sehen gewesen war) üblichen Meutereien, Revolten und Raubzüge. Die Mißernten waren auch für die Bauern höchst gefährlich wegen des Futtermangels und der entsprechenden notwendigen Viehschlachtungen; viel Boden mußte brach gelassen werden, ohne Düngung. Neckers Getreideausfuhrverbot und Getreide-Einkäufe waren entsprechend für die Bauern noch verschlechternd. Die Speicher der weltlichen und geistlichen Grundherren, die gefüllt waren mit den Produkten des weltlichen und kirchlichen Zehnten und Fruchtzinses, wurden entsprechender Anlaß zur Empörung. Es wurde ihre Öffnung gefordert. Getreidetransporte wurden geplündert. Die Empörung richtete sich gegen die schlechte Verwaltung, gegen bewußtes Zurückhalten von Getreide seitens der Beamten. Die Mehlsteuer sollte abgeschafft werden. Wir finden insgesamt ein verschärftes Bewußtsein und Wut gegen alle, von denen man glaubte, daß sie durch ihre Vorrechte „ausbeuten“ wollten. Dadurch wird auch die Hoffnung gesteigert, daß nun durch die Generalstände alle Beschwerden abgeschafft werden könnten.

Am stärksten waren die Unruhen in der Großstadt Paris. Sie besaß etwa 600000 Einwohner und war eben, 1785, um mehrere Vorstädte erweitert worden, wie St. Antoine im Osten, St. Germain und St. Jacques im Süden, sowie um Dörfer wie Chaillot im Westen. Das bedeutete hinsichtlich der Binnenzölle der Hauptstadt eine Verschärfung, d.h. Ausdehnung des Zollsystems, und dagegen gab es viele Unruhen. In den Vorstädten wohnten Kleinhandwerker und Arbeiter, die in den Gobelinmanufakturen, Färbereien, Tuchwebereien und im Baugewerbe tätig waren. Außerdem gab es im Dezember 1788 etwa 80000 Erwerbslose in der Stadt, und die Zahl stieg noch durch Zuzüge von arbeitslosen Dorfbewohnern. Für die meisten war es schlicht ein Kampf ums Brot. Der französische Arbeiter des 18. Jahrhunderts gab etwa 50% seines Einkommens für Brot aus. Der Brotpreis war also lebenswichtig.

Die heftigsten Unruhen fanden im April 1789 statt, die sogenannten Réveillon-Unruhen gegen den Tapetenfabrikanten gleichen Namens, der eine sehr unvorsichtige Äußerung darüber getan haben sollte, daß er „leider“ jetzt sehr hohe Löhne zahlen müsse; die Plünderungszüge wurden niedergeschlagen, es kam zu wohl Hunderten von Toten. Gerade die Réveillon-Unruhen zeigen sowohl das Geschick von pressure groups, Gerüchte aufzubauschen, wie auch die schnell tatbereite Überempfindlichkeit der Elenden. (Taine führt alles auf verbrecherische Elemente zurück, auf Briganten, Vorbestrafte, wie er überhaupt die Unruhen viel zu lang, umfangreich und kriminell schildert, als seien sie den ganzen Winter über passiert; bei Jaurès und Rudé wird das zurechtgerückt).

Unter diesen (kurzfristigen) Voraussetzungen traten die Generalstände am 5. Mai 1789 in Versailles zusammen.

Die dramatischen Einzelheiten in Versailles im Laufe der Monate Mai bis Oktober 1789 kann ich hier nicht dramatisch nacherzählen. Wichtiger ist, daß uns die Vielfältigkeit der Gruppen und Gruppenüberschneidungen bewußt wird. Die Ereignisse wären nicht zu verstehen, wenn man schematisch feststellte, daß eben alle Gruppen nach ihrem jeweiligen Interesse gehandelt hätten – König und Regierung, Adel, Klerus, Bürgertum. In jeder Gruppe gibt es Interessenbezogene, Enge, Konservative, in jeder aber auch Reformfreudige, die über den Schatten ihres engen Interesses zu springen fähig waren. Ohne sie wäre gar nichts geschehen. Man kann sogar sagen: Der Revolutionsanfang ist daraus zu erklären, daß ein anormal großer Prozentsatz *nicht* standesbezogen, *nicht* interessenbezogen eingestellt war, aus verschiedenen Gründen. *Alle* waren sozusagen „linker", als es ihrem Stande entsprach. Gehen wir sie einzeln durch:

Der König schwankte zwischen Reformvorschlägen von Necker und der Starrheit der königlichen Familie mit den Prinzen von Geblüt und dem in Versailles wohnenden höfischen Adel, die ihn alle immer wieder zum „Festbleiben" oder gar zu gegenrevolutionären (militärischen) Maßnahmen drängten. Er schwankte zwischen Verantwortung für die Ruhe und Sicherheit des Staates und seiner monarchischen Spitze und dem Bemühen, rechtschaffen und gut und nach den wirklichen Wünschen des Volkes zu regieren. Er war allerdings persönlich sehr schwach und unfähig, sehr inaktiv. Crane Brinton hat gefunden, daß er eigentlich gar nicht der Typ des absolutistischen, sondern vielmehr des konstitutionell beschränkten Königs war. Mathiez fand seine Scheu vor gewaltsamem Durchgreifen „bürgerlich". Darüber darf man aber nicht vergessen, daß er sehr starr und fromm an seinem Gottesgnadentum und Absolutismus festhielt.

Auch den Adelsstand kann man nicht einfach als fest und auf seine Privilegien pochend beschreiben. Fast ein Drittel, neunzig Adlige, waren „liberal" gesinnt – oft bis zu einer gern vom damaligen französischen Adel zur Schau getragenen Frivolität am eigenen Standesinteresse desinteressiert oder sogar dagegen eingestellt. Dabei stand er natürlich teilweise auch dem bürgerlichen Standesinteresse fern. Allgemeine, für *alle* gültige Menschenrechte wurden durch den Vorstoß junger Adliger gegen die Bedenken der Bürgerlichen erklärt. Echt ritterlich verteidigte der Adel aber auch den Dritten Stand, als dieser von königlichen Truppen gewaltsam aufgelöst werden sollte. Dazu kommt die Opferfreudigkeit beim Verzicht auf den Feudalismus am 4. August. Die konservativen Vertreter des Adels haben es sicherlich nicht ganz falsch gesehen, wenn sie fanden, daß das starke Standes*des*interesse dieses liberalen Adels, der die reichen standesbewußten anderen Aristokraten ridikül fand, ein aktives (wie die Konservativen fanden: verantwortungsbewußtes) Handeln des Adelsstandes immer wieder verhinderte.

Der geistliche Stand: Hier waren rund zwei Drittel der Sitze von niederen Geistlichen besetzt, die reformaufgeschlossen waren und einen Affekt gegen den hohen Klerus hatten. Aber auch beim hohen Klerus (nur 46 Bischöfe waren vertreten) gab es einige Liberale, wie z.B. Talleyrand. Der Klerus war der zerrissenste Stand durch die Unfolgsamkeit der niederen Geistlichkeit gegenüber den Bischöfen. Dadurch hat er stark die Interessen des Dritten Standes gefördert.

Der Dritte Stand, der im Laufe der folgenden Jahre dann sehr zersplittert sein wird, war jetzt im Anfang die aktivste und geschlossenste Gruppe. Mehr als die Hälfte seiner nicht ganz 600 Mitglieder (im Ganzen gab es in den Generalständen nicht 1200, sondern 1165 Abgeordnete) waren Juristen: Advokaten und Notare. Daneben Leute aus der königlichen Beamtenschaft, Vertreter von Handel und Manufakturen, ganz wenige aus der Landbevölkerung. Einige Abgeordnete stammten aus anderen Ständen: es gab eine Anzahl kleiner Geistlicher, dann den Abt Sieyès, den Grafen Mirabeau, denen typischerweise – gewissermaßen ist es eben immer noch die „Zeit der Aristokratie“ – im Dritten Stand als „Überläufern“ die Starrollen überlassen wurden. Es gab zweifellos ein starkes Gewicht, ein Eigeninteresse des besitzenden Bürgertums, aber es wurde oft überspielt durch darüber hinausgehendes „gesamtnationales“ Interesse. Dieses gesamtnationale Interesse gab es schon deshalb, weil der Dritte Stand zum Schutz gegen die königlich-militärische Macht in Versailles „Paris“ zur Hilfe rief. Das taten extreme Vertreter, und sie riefen damit eine bedeutende, aber nicht leicht zu steuernde Macht. Sie machten damit den ganzen Dritten Stand extremer, als er eigentlich war. Das wurde bei den ersten ernsthafteren Gegenmaßnahmen des Königs Ende Juni deutlich.

Zuerst, am 5. Mai, gab es eine glänzende Eröffnung. Mit feierlicher Pracht und dabei betonter Zurücksetzung des Dritten Standes wollte der König die Maßstäbe setzen. Er erreichte das Gegenteil. Der König wünschte Hilfe in der Finanznot, er brachte eine große Darlegung der Finanzlage und äußerte den Wunsch nach einer Anleihe von 80 Millionen. Er machte deutlich, daß nur dafür die Generalstände einberufen worden seien: zur „Billigung eines verzweifelten Finanzmanövers“.[36]

Der Dritte Stand wünschte eine Verfassung und wünschte zunächst einmal Klarheit über den Abstimmungsmodus. Sollte es nach Ständen oder Köpfen geschehen? Demgegenüber sagten weder der König noch Necker irgendetwas über die Verfassung und fast nichts über Abstimmungsfragen.

Furet/Richet sehen es wohl richtig: Durch diese Undeutlichkeit wurde der König geschwächt. Hätte er sich deutlich zu einer Abstimmung nach Ständen bekannt, so hätte er Adel und Geistlichkeit klar auf seine Seite gebracht; hätte er sich deutlich zur Abstimmung nach Köpfen bekannt, den Dritten Stand.

Nun kam zunächst eine eigentlich technische Frage: Der Beginn der sogenannten „Wahlprüfung", der Untersuchung der Legitimation der einzelnen Abgeordneten. Das geschah getrennt nach Ständen. Nur Adel und Geistlichkeit unterzogen sich aber tatsächlich der Prozedur, der Dritte Stand nicht. Er konstituierte sich einfach nicht, weil er die Gesamtversammlung haben wollte. Hierzu waren die anderen nicht bereit. In Anlehnung an das britische Unterhaus nannte sich der Dritte Stand „députés des communes". Er suchte so als „Unterhaus" wenigstens erst einmal eine Vereinigung mit der Kammer des Klerus zu erreichen, was ihm nicht gelang.

Im ganzen Monat Mai geschah weiterhin nichts. Aber unwichtig war der Mai auch nicht. Die Männer des Dritten Standes fanden sich intensiv zusammen, einigten sich allmählich auf eine gemeinsame Absprache ihres Vorgehens und wurden dabei vom Publikum auf den Tribünen unterstützt.

Am 10. Juni hatte man sich ausgedacht, wie man über das Wahlprüfungsverfahren zum Anspruch auf die Gesamtversammlung und zur Abstimmung nach Köpfen kommen konnte. Sieyès erklärt: „Es ist an der Zeit, daß wir mit der allzulangen Untätigkeit Schluß machen. Ist das denn ohne die Wahlprüfung möglich? Ist nicht im Gegenteil klar, daß man unmöglich eine arbeitsfähige Versammlung bilden kann, wenn nicht zuvor diejenigen anerkannt sind, die ihr angehören sollen?... Die Versammlung hat... nichts weiter zu tun, als die Mitglieder (der) beiden privilegierten Kammern aufzufordern, sich in den Versammlungsraum der Stände zu begeben, um der Wahlprüfung beizuwohnen, an ihr mitzuwirken und sich ihr zu unterwerfen."

Am 12. Juni begann der namentliche Aufruf. Aber nur der Dritte Stand war da. Vom 13. bis 16. Juni kamen mehr und mehr Pfarrer. Am 17. Juni erklärte Sieyès: „Nach dem Resultat der Wahlprüfung steht fest, daß diese Versammlung bereits *jetzt* aus Vertretern zusammengesetzt ist, die direkt von wenigstens 96/100 der Nation entsandt wurden. Eine so große Abordnung kann nicht wegen der Abwesenheit der Abgeordneten einiger Bezirke oder einiger Klassen (classes, castes privilegées war der übliche Ausdruck im Ständekonflikt) von Bürgern untätig bleiben, denn die Abwesenden, die aufgerufen wurden, können die Anwesenden nicht daran hindern, ihre Rechte voll und ganz auszuüben... Die Versammlung hält daher dafür, daß das gemeinsame Werk der nationalen Wiederherstellung unverzüglich von den anwesenden Abgeordneten begonnen werden kann und muß... Die Benennung ‚Versammlung der anerkannten und beglaubigten Vertreter der französischen Nation' ist die einzige Benennung, die der Versammlung beim gegenwärtigen Stand der Dinge zukommt."[37]

So weit war man nach einer zweitägigen Debatte über die Benennung. Sieyès schlug also vor: Assemblée nationale. Das war bisher der Ausdruck der *Voll*versammlung der drei Stände gewesen. Er sollte es nun sein, der

Idee nach, für die Versammlung der zwar ständemäßig Gewählten aber nicht ständemäßig Agierenden und Abstimmenden; de facto wurde er es für die Versammlung des Dritten Standes mit einer Minderheit des Klerus. Mirabeau und einige andere waren dagegen gewesen, sie wurden aber mit großer Mehrheit überstimmt. Man erkannte sich das Recht der Steuerbewilligung zu.

Eberhard Schmitt, der die letzte minuziöse Untersuchung des Weges zu diesem konstitutionellen Staatsstreich, dieser „juristischen Revolution", geschrieben hat, hat die revolutionären Züge genau herausgearbeitet: Revolutionär war erstens, daß die Ausübung der politischen Rechte der privilegierten Körperschaften des Adels und des Klerus infrage gestellt wurden – sowohl für deren innere Angelegenheiten als auch für das Staatswesen als Ganzes. Die ständischen Finanz- und Wirtschaftsprivilegien standen schon damit ohne Fundament da, sie mußten eigentlich als ungesetzlich angesehen werden. Die Sache wurde taktisch geschickt gemacht, denn die anderen Stände wurden nicht isoliert – im Gegenteil! Aber in der neuen Versammlung der „nation une et indivisible", zu der sie eingeladen waren, war nötig, daß sie sich beglaubigen ließen, d. h., sie mußten sie ihrerseits anerkennen, sie mußten sich der gesamten Nation unterwerfen. Sie mußten das Mehrheitsprinzip anerkennen. Und das angesichts einer Mehrheit des *tiers état*.

Der zweite revolutionäre Zug: Die Assemblée nationale nahm Rechte und Funktionen in Anspruch, die den Ständen noch nie zugekommen waren. Nach Tradition und politischer Praxis waren die Stände (also die bisherige assemblée nationale) als Organe der politischen Entscheidungs*hilfe* herangezogen worden. Der nationale Gesamtrepräsentant, der für alle Maßnahmen verantwortlich war, war hingegen die Krone. Genau dieses usurpierten die Gemeinen am 17. Juni. Sie erhoben sich eigenmächtig von einem Hilfsorgan der Krone innerhalb der ständischen Verfassung zur „selbständigen Gestalterin der Geschicke Frankreichs". Das war ein revolutionärer Akt, den in dieser Spitze gegen die Krone der Dritte Stand allerdings vorerst *verhüllte*. Weder die Krone erkannte das klar, noch viele Mitglieder der Nationalversammlung selber. Klar war nur die Bereinigung der innerständischen Schwierigkeiten.

Schmitt sagt dazu: „Der juristische Coup d'état des 17. 6. 1789 war der erste revolutionäre Akt des Jahres 1789... An diesem Tage diente die... moderne Doktrin der Nationalsouveränität erstmals auf dem europäischen Kontinent dazu, den politischen Willen der Vertretung der Mehrheit einer Nation als den Willen der Nation selber zu legitimieren." (In England war das allerdings ansatzweise schon 1649 geschehen.) „Dieser 17. Juni 1789 hat auf diese Weise den Gedanken, daß ein einzelner Mensch ... oder gar einige privilegierte Schichten eine Nation hinreichend repräsentieren ..., mit schließlich dauernder Wirkung aus der politischen Vorstellungswelt Europas verbannt."[38]

Diese weiten verfassungsgeschichtlichen Perspektiven sind von Schmitt richtig gesehen worden – obwohl das Ganze sich als ein Schlag ins Wasser, als übermäßig voreilige Unvorsichtigkeit hätte erweisen können. Man hatte die Rechnung ohne den Wirt gemacht, quasi rhetorisch, wie vorher in den Broschüren. Der König war gar nicht gefragt worden. Das ging auch nicht, er war in diesen Tagen wegen der Trauer um seinen ältesten Sohn (am 4. Juni war der Dauphin gestorben) gar nicht in Versailles, sondern in Marly, dort aber unter dem Einfluß der reaktionären Kräfte in Familie und Hof.

Am 19. Juni stimmte eine knappe Mehrheit des Klerus (149 gegen 137) für den Anschluß an die Nationalversammlung. Im Adel schaffte es die reformfreudige Minderheit nicht. (Nur 80 stimmten für den Anschluß).

Ludwig XVI. beraumte eine *séance royale* der Stände für den 23. Juni an, gleichsam als sei alles dazwischen gar nicht passiert. Bis dahin konnte man nicht mehr tagen, da der Saal angeblich wegen der Vorbereitungen für diese Sitzung geschlossen wurde.

Aus dem Warten im Regen, der entsprechenden Wut, dem Umziehen in den Saal eines Ballspielhauses wurde am 20. Juni der Schwur, sich nicht zu trennen, bis eine Verfassung geschaffen worden sei. Das war eine revolutionäre Tat in geradezu religiöser Ekstase, die noch gesteigert wurde, als zwei Tage später, am 22. Juni, in der Kirche St. Louis eine Vereinigung mit der Mehrheit der Geistlichen und mit einer Anzahl Adliger realisiert wurde.

Die Reformerpartei am Hof, besonders Necker, hatte nach soviel wilder Eigenmächtigkeit des Dritten Standes an Einfluß verloren. Ludwig XVI. glaubte nun stark auftreten zu müssen. Er versuchte alles am 23. Juni durch die große Gesamtsitzung der Stände rückgängig zu machen, unter großem monarchischem Gepränge und mit gefährlich aussehendem militärischem Aufwand, um Sympathiekundgebungen der Menge für die Nationalversammlung zu verhindern. Er versprach Reformen, die aber offensichtlich nichts an der ständischen Struktur ändern, etwa Privilegien antasten wollten. Die Stände sollten getrennt tagen. Wenn sie die Anordnungen nicht befolgten, werde er die Generalstände auflösen.

Man folgte ihm schon nach dieser Rede nicht. Der Dritte Stand ging nicht auseinander. Mirabeau erklärte dem Großzeremonienmeister: „Ich erkläre Ihnen..., daß Sie, wenn Sie den Auftrag haben, uns von hier zu vertreiben, Befehl zur Gewaltanwendung einholen müssen, denn wir werden uns von unseren Plätzen nur durch die Gewalt der Bajonette vertreiben lassen." Das war einer der genialsten extemporierten Sätze der politischen Geschichte. Bei aller Ekstase sagte Mirabeau nicht in naheliegender übermütiger rhetorischer Übertreibung: wir lassen uns durch nichts, auch durch keine Gewalt vertreiben. Das hätte Gewalt provozieren können und sie hätte leichtes Spiel gehabt. Er machte eigentlich mit seinem Wort eine Gewaltanwendung seitens des Königs unmöglich, er entwaffnete ihn, verunsicherte ihn zumindest, indem er kühn zugab, auf *dieser* Ebene hätte der König leichtes Spiel. (Was nicht einmal stimmte, wenn man sieht, wie dann von Paris aus der Nationalversammlung mit Gewalt beigestanden wurde.)

Der König machte tatsächlich einen halbgelähmten Eindruck. In seiner unsicheren Art wandte er die Gewalt der Bajonette halb an und halb nicht an – er gab es auf, als Adlige den Dritten Stand verteidigten: mit dem üblichen Ergebnis, daß die Empörung über dieses Mittel und damit der Widerstand gegen den König nur gesteigert wurden.

Am 27. Juni gab Ludwig schließlich nach. Er befahl den anderen Ständen, d.h. nur noch den Widerspenstigen unter ihnen, die er dadurch noch mehr aufbrachte, sich zur Nationalversammlung zu begeben.

Jeder unternommene Versuch des Königs, Gegenkurs zu steuern, wurde, wie man sieht, sofort vereitelt, bisher und noch mehr in Zukunft. Es war ein Sieg des Dritten Standes. Wenn ihm das gelang, so ist das aber nicht einfach die Leistung dieses Dritten Standes, sondern es liegt großenteils an der Pariser Einwirkung.

Munizipale Revolution

In zunehmendem Maße hatten Pariser an der Entwicklung in Versailles Anteil genommen. Es war ein großes, sie selbst betreffendes Theater für sie, das sie mit starken Beifalls- und Mißfallenskundgebungen beobachteten. In Paris selber gab es mehrere politische Versammlungsorte, wo die Geschehnisse hitzig diskutiert wurden, besonders im Palais Royal. Der Abbé Cerutti hat es beschrieben als „ein zauberhaftes Palais, teils königlich, teils parlamentarisch, teils adlig, teils bürgerlich, teils Garten, teils Palais, teils Schule, teils Theater, teils Klub, teils Schenke, teils Serail... Hauptstadt von Paris."[39] Der Besitzer des Palais Royal war der Herzog Louis-Philippe von Orleans, ein Vetter des Königs, ein Feind der Königin, ein Volksfreund und Freimaurer. Hier wurden die Schriften von Sieyès diskutiert, die Gegenschriften der Prinzen von Geblüt (des Grafen von Artois), nun die Gegenmaßnahmen des Königs.

Die große Sensation war: am 11. Juli wurden Necker und eine Reihe reformgesinnter Kollegen vom König entlassen. Minister, die als Reaktionäre bekannt waren, traten an ihre Stelle. Gleichzeitig wurden neue Truppen nach Versailles gezogen.

Alles schien aus zu sein. Sollte die Nationalversammlung aufgelöst werden? Paris wurde zum Hexenkessel. Volksredner steigerten Furcht und Schrecken, vor allem vor einer militärischen Überwältigung. Camille Desmoulins rief: „Kein Augenblick ist zu verlieren! Die Entlassung Neckers ist die Sturmglocke zu einer Bartholomäusnacht der Patrioten! Die Bataillone der Schweizer und Deutschen werden uns heute noch den Garaus machen. Nur ein Ausweg bleibt uns: zu den Waffen zu greifen!"[40] (Es ist kennzeichnend, daß Desmoulins von Bataillonen der Schweizer und Deutschen spricht, die übrigens wirklich im 16. Jahrhundert bei der Bartholomäusnacht eine große Rolle gespielt haben; der Patriotismus, der Nationalismus sollte dadurch gesteigert werden, die Soldaten sollten als Nichtfranzosen gekennzeichnet werden). Aus dieser Angststimmung, die während der Französischen Revolution immer wieder erzeugt worden ist, später besonders gegen ausländische Überfälle, ist der berühmte 14. Juli zu verstehen.

Oft ist er einseitig als große Befreiungsaktion des unterdrückten Volkes gesehen worden (bei Michelet) oder als Befreiung der politischen Gefangenen. (Tatsächlich waren nur fünf gewöhnliche Verbrecher und zwei Verrückte in der Bastille; in dieser Hinsicht hatte die Sache nur Demonstrationscharakter.) Oft ist er auch gesehen worden als Massenhysterie und Lynchjustiz des Pöbels, geführt von kriminellen Elementen. (So sah es Taine als Gegenbild gegen Michelets aufstehendes und handelndes Volk.)

Die genauen Untersuchungen der modernen französischen Historiker haben ergeben, daß die Ansicht von der patriotischen Volkstat doch nicht so idealistisch übertrieben ist, wie man meinen sollte. Es ist weniger ein Volk, das sich spontan aus zukunftsträchtigem Freiheitswillen erhebt, als vielmehr ein Aufstand aus dem alten Gedanken der Bürgerwehr, der Selbstverteidigung in schweren Situationen, wie er aus vielen Städten, besonders etwa der Niederlande, bekannt ist.

Am Anfang steht allerdings eine ausgesprochene Volksaufputschung der extremen Revolutionäre am Palais Royal: eine große Agitation, um die Loyalität der französischen Soldaten dem Hof gegenüber zu erschüttern. Und eine Angststeigerung, indem man bei einer befürchteten Belagerung von Paris *noch* mehr Brotmangel kommen sah.

Am 12. Juli, kaum war die Nachricht über Neckers Entlassung da, kam es zum Aufruhr, zur Verbrennung der Zollschranken, zur Waffen- und Getreidesuche. Deshalb wurden auch Klöster geplündert.

Hiergegen wurde am 13. Juli die Bürgermiliz gegründet. Das geschah durch die Pariser Wahlmänner, die die Generalstände-Deputierten gewählt hatten und nun im Hôtel de Ville eine Art provisorischer Regierung für das Stadtgebiet bilden wollten. Sie beschlossen, der gefährlichen, ungeregelten Bewaffnung der Bevölkerung ein Ende zu machen; diese Bürgermiliz hatte also zwei Funktionen: sie sollte gegen die militärische Bedrohung von außen *und* gegen die Anarchie von innen eingerichtet werden. Das geschah unter genauen Aufnahmeregelungen. Am gleichen Tag schon wurden über 13000 Bürger bewaffnet. Erwerbslose, Vagabunden und andere „Irreguläre“ wurden ausgeschlossen, sie sollten sogar entwaffnet werden – was aber kaum ganz gelang.

Für die Ausrüstung dieser Bürgerwehr wurde von den Bürgern nach Waffen und Munition gesucht, – am 14. Juli zunächst im Hôtel des Invalides, dann in der Bastille; – bei der letzteren kam dann allerdings hinzu, daß dieses berüchtigte Staatsgefängnis für die Pariser eine militärische Bedrohung und vor allem der Inbegriff des „Despotismus" war. Die Bastille wurde belagert, es kam zu viel zu langen Verhandlungen, man drang ein, der Kommandant ließ schießen, es gab 98 Tote, 73 Verwundete unter den Bürgern, die entsprechend aufgebracht waren. Daraus ist nach dem Fall der Bastille zu erklären, daß man sieben Garnisonsleute erschlug und den Kommandanten lynchte. Insofern wurde dies das erste der schaurigen Ereignisse der Revolution, als solches von den Gegnern übertrieben, aber nicht hinwegzuleugnen, und der Anfang späterer, die Revolution diskreditierender Gewaltmaßnahmen. Mathiez hat, um sie zu entschuldigen, sicherlich nicht ganz zu Unrecht Babeuf zitiert: „Die Grausamkeiten jeder Art, die Vierteilung, die Folter, das Rad, die Scheiterhaufen, die Galgen haben unsere Sitten so verdorben. Statt uns zu zivilisieren, haben die Herren uns zu Barbaren gemacht, weil sie selber solche sind. Sie ernten jetzt und werden noch ernten, was sie gesät haben."[41]

Auf der anderen Seite wurde dieser Bastillesturm durch seinen sensationellen Erfolg sofort zum Mythos des Volkes, das seine Ketten zerbricht.

Der Erfolg war wirklich erstaunlich. Der nie sehr schnelle König gab sofort nach, so als sei ihm der gegenrevolutionäre Versuch von vornherein unsympathisch gewesen; er bat die Nationalversammlung, die er dabei zum erstenmal so nennt, ihm bei der Wiederherstellung der Ordnung zu helfen, er versprach die Truppen zurückzuziehen und Necker zurückzuholen, er war sogar so mutig, am 17. Juli die aufständische Hauptstadt zu besuchen (nachdem er sein Testament gemacht hatte) und alles Geschehene zu sanktionieren.

Es war die Sanktion der bürgerlichen Revolution. Die ersten Emigranten verließen Frankreich, die Prinzen schon sofort am 17. Juli. Der Weg zur Verfassung, zur Beschränkung des Königtums war damit frei – zumal die Sanktion eine unkonstruktive war, die dem König weder Vertrauen noch Macht einbrachte.

Das Ganze war ein entscheidender Sieg von *Paris*. Er führte aber, wie die neue Regionalforschung zeigt, zu ähnlichen Entwicklungen in fast allen anderen Städten Frankreichs. Die Stunde der „Stadtbürger", der Bourgeoisie, war gekommen. Man nennt es die *révolution municipale*. Es war eine Revolution sehr unterschiedlicher Stärke. Der Niedergang der zentralen Gewalt bot den Städten die Gelegenheit, wieder zu unabhängig verwalteten Gemeinwesen zu werden. Obendrein zwangen die Volksunruhen und die militärischen äußeren Bedrohungen geradezu zur Selbstverwaltung. Die Nachricht von den Pariser Vorgängen förderte überall in Frankreich die Stadtdemokratie, sie übernahm, unblutig, die Verwaltung. Die alte Stadtobrigkeit wurde zum Teil ersetzt (wie in Straßburg), zum Teil nur überlagert, zur Minorität degradiert (wie in Dijon) oder zur „police ordinaire" mit einem darübergelagerten Revolutionskomitee umfunktioniert (wie in Bordeaux), es gab auch reinen Dualismus, wie in den Städten der

Normandie und auch Vertrauen der Patrioten in die alte Municipalité, wie man es z. B. in Toulouse findet. Jedenfalls wurde überall die königliche Zentralgewalt geschwächt, die Intendanten zogen ab.

Die neuen Machthaber hatten die öffentliche Meinung für sich, sie konnten also alles an sich ziehen: Polizei, Justiz, Lebensmittelversorgung. Sie schufen die Nationalgarden, sie nahmen Waffen aus den königlichen Depots. Die dezentralisierende Tendenz gegen den Absolutismus war also erfolgreich, nur eben nicht auf der Ebene von Adel und von Provinzständen, sondern von Bürgertum und seinen Gemeinwesen. Und in dieser Weise war es keine rein dezentralisierende Richtung, sondern man war interessiert an Zusammenschlüssen im Sinne und zur Stärkung der neuen revolutionären Kräfte, – durch die man ja auch den Anstoß erhalten hatte.

Mirabeau hat in der Nationalversammlung am 23. Juli die neue munizipale Entwicklung in dieser Weise gerechtfertigt: „Die Gemeinderäte sind die Grundlage des öffentlichen Wohles, das nützlichste Element einer guten Verfassung, das Heil all unserer Tage, die Sicherheit von Haus und Herd, kurz, das einzige Mittel, das ganze Volk an der Regierung teilnehmen zu lassen und die Rechte des einzelnen zu sichern ... Welche glücklichen Zustände, da die Hauptstadt allen Städten des Königreiches ein nachahmenswertes Vorbild geben kann!" Mirabeau ist nicht der Meinung, daß die Nationalversammlung die Gemeinderäte bis ins Einzelne organisieren solle. Allerdings sollte die Hauptrichtung stimmen: „Jeder Gemeinderat muß sich dem großen Prinzip der nationalen Repräsentation unterwerfen: Verschmelzung der drei Stände, Freiheit der Wahl, Widerruflichkeit der Ämter – das ist alles, was wir fordern können. Was die Einzelheiten angeht, so hängen sie von den jeweiligen Orten ab und wir dürfen nicht den Anspruch erheben, irgendetwas anzuordnen." Das wurde von Mirabeau natürlich betont, weil andere in der Nationalversammlung hier zentralistischer dachten. Dann bringt er den typischen Vergleich: „Seht euch die Amerikaner an: ... sie lassen allen Staaten die Wahl der Regierungsform, vorausgesetzt, daß die Regierung republikanisch ist und ein Teil der Konföderation."[42]

Soweit also die *révolution municipale*. Was die Bürger von ihrem König erzwangen, durch Aufstand, erzwangen die Bauern durch die folgenden Aufstände vom Adel und vom hohen Klerus: nämlich den Verzicht auf alle Privilegien. Das ist die „dritte" Revolution, die der Bauern.

Revolution der Bauern

Ablehnung der Feudalabgaben durch Bauern hatte es seit dem Frühjahr, seit der Versorgungskrise gegeben, Aufstände in der Provence und in der Picardie von März bis Mai. Nach dem 14. Juli wurden in der Normandie und im Elsaß Schlösser und Klöster gestürmt. Anderswo ging man nicht so wild und aktiv drauflos, sondern wir finden das erstaunliche Phänomen der „Grande Peur", ein massenpsychologisches Phänomen, das nach dem 14. Juli nur für ein paar Wochen auftritt. Massenpsychologisch nennt man es, weil es sich um Aktionen und Reaktionen gegen einen kaum vorhandenen Feind handelt, es ist also ein Phänomen von einer „Unwirklichkeit" oder „Unrichtigkeit" und doch großer Wirksamkeit, beinahe vergleichbar mit der Wirksamkeit falscher Kronprätendenten in der russischen Geschichte. Für skeptischere Geschichtsbetrachter ist es freilich ein gern herangezogenes „besonders eklatantes" Beispiel für die betrügerische Art, mit der Völker überhaupt zu Aktionen verleitet werden, also für das „Phantom", gegen das in der Geschichte oft gekämpft wird, für die „Gegenstandslosigkeit" von revolutionären Angriffen überhaupt.

Gegenstandslos ist die Angst und sind die Aufstände natürlich insofern nicht, als sie gegen Mächte gerichtet sind, die man an sich wirklich als existent und als Widerstand leistend hätte fürchten müssen, die aber eben erstaunlicherweise nicht aktiv waren, die betäubt waren von den Umstürzen der letzten Monate und die überhaupt schon vergangener, überlebter waren, als man geglaubt hatte.

Für alle diese Bauernaufstände kam seit Beginn des Jahres 1789 zusammen: die wirtschaftliche Not, die Brotpreise (auf dem Lande um die Hälfte höher), die Hoffnung auf Besserung durch die Generalstände, dazu die Ineffektivität der örtlichen Verwaltungen, die schon vorher schwach waren, um so mehr aber seit dem Zusammentritt der Generalstände; dazu, und dadurch zum Teil ausgelöst, die Plage der „brigands", umherziehender Banden, besonders in Südfrankreich. Die Bauern waren durch die Korrespondenz der Abgeordneten mit den Wählern über den Gang der Dinge in Versailles gut unterrichtet. Solche Korrespondenzen wurden oft sofort gedruckt. Ein Abgeordneter von Toul schreibt Anfang Juni, die Meinung des Landes würde die Regierung zum Nachgeben zwingen: „Wir brauchen diesen Rückhalt unter den augenblicklichen Umständen, wo alle Mächte des Himmels und der Erde sich zusammentun – d.h. Prälaten und Adelige –, um die Knechtschaft und Unterdrückung des Volkes zu verewigen."[43] Woraus man nur entnehmen kann, daß die Unruhe durch die Abgeordneten jedenfalls nicht unterdrückt wurde.

Viele Bauern hielten sich auch wegen billiger Groß-Brotkäufe in Paris und anderen Städten auf, sahen die Bildung der Bürgerwehren gegen adlige Reaktion. Entsprechend begeistert wurde der Bastille-Sturm begrüßt. Dann kam es zur Enttäuschung: der König war zwar mit Paris versöhnt, der König war gut, warum wurden aber nicht endlich die Feudallasten abgeschafft? Die Generalstände kümmerten sich vorherrschend nicht darum, sondern um die Verfassung. Der Grund konnte nur sein: der Adel war dagegen und sann auf Rache. Alles wurde nun so gedeutet: die Emigrationen (um nämlich mit bewaffneter Macht zurückzukehren), die Dezentralisierung der Truppen fort von Paris, die Banden, die Bettlerzüge, die für

Adelstruppen gehalten wurden. Man konnte es sich nicht anders vorstellen, als daß die Herren so handeln würden, also war man sicher, daß sie es taten. So entstand das Gerücht von dem sogenannten „aristokratischen Komplott".

Gerüchte über militärisches Vorgehen gegen Bauern pflanzten sich von Ort zu Ort fort, führten zur Panik, man sammelt Steine, siedet Öl, bewaffnet sich mit Sensen und Heugabeln, abends, da alles gut abgelaufen ist, gibt es große Siegesfeiern. Manchmal ging man „ersatzweise" gegen die Aristokraten vor. Zum Beispiel zwischen Lyon und Grenoble wurden Ende Juli die Sturmglocken der kleinen Städte geläutet, es drohe der Einmarsch der savoyischen Truppen, die Bauern wurden dadurch zusammengerufen, sie erklärten, „weil sie keine Feinde angetroffen hätten, würden sie nun den Adligen und den Pfarrern, die zu den Adligen halten, einen Besuch abstatten".[44]

Das Phänomen der Grande Peur und der Bauernkrieg sind also nicht völlig in Beziehung zueinander zu setzen. So wichtig dieses Phänomen der Grande Peur ist, so selten feststellbar ist der Umschlag zum tatsächlichen Angriff. Massiv ist es allerdings in der Dauphiné geschehen. Hier finden wir einen Sturm auf die Schlösser, wie denjenigen auf die Bastille. Viele Schlösser wurden abgebrannt. Es kam zu manchen Grausamkeiten, obwohl in den meisten Fällen die Herrenfamilien mehr in Angst und Schrekken versetzt wurden als daß ihnen tatsächlich direkt etwas angetan wurde. Es gab eine ganz bestimmte Zielrichtung, nämlich die Vernichtung der Archive mit den Urkunden. Ihrerseits gingen die Bauern dabei oft mit „Berechtigungsscheinen" vor, d.h. mit – natürlich falschen – gedruckten Befehlen des „Königs", die Schlösser der Grundherren anzuzünden und die Urkunden zu vernichten. Das hat sich in allen Provinzen in der zweiten Julihälfte fortgesetzt, sehr rasch, außer in der Bretagne und in Lothringen.

Der Bauernkrieg entsetzte die Nationalversammlung. Ein Bauernkrieg in *dem* Ausmaß, und jetzt, nach den Erfolgen der Nationalversammlung! Die französische Landbevölkerung umfaßte 70% der Gesamtbevölkerung, war also insofern durchaus nicht angemessen in der Nationalversammlung repräsentiert und auch durch den Dritten Stand nicht entsprechend vertreten, da ja das Großbürgertum am Grundbesitz interessiert war. Die städtischen Aufstände, die der Mittelklassen, hatten Privilegien, aber nicht Privatbesitz angetastet, waren also im Sinne des ganzen Bürgertums. Die Bauernaufstände aber, vom ländlichen Proletariat unterstützt, richteten sich gegen Feudalherren *und* Grundbesitzer. Sie waren also nicht im Sinne des ganzen Bürgertums, zumal die Grenze zwischen Feudalbesitz und bürgerlichem Eigentum oft schwer zu ziehen war. Grundrente aus altem Herrenrecht oder Pacht konnten Bürgerliche durch Kaufvertrag erworben haben. Also war dieser Bauernkrieg auch eine Gefährdung des Privateigentums.

Trotzdem dachte man weder vom Dritten Stand noch von den privilegierten Ständen aus an gewaltsame Unterdrückung, wenn auch zuweilen die Nationalgarden zur Wiederherstellung der Ordnung eingesetzt wurden, was dann blutig geschah. Man dachte nicht an gewaltsame Unterdrükkung, sondern an Zugeständnisse. Die Bürger waren gewissermaßen „zufrieden“ mit der Abschaffung der Privilegien, die nun anderen Fragen vorgezogen wurde; Adel und Klerus befanden sich großenteils im Rausche der Einsicht, wie ungerecht und veraltet tatsächlich ihre Vorrechte waren, wie sie Verbrüderung und Fortschritt hinderten, und sie befanden sich in dem einigermaßen sicheren Bewußtsein, daß rein materiell zwar geopfert werden mußte, aber nicht alles geopfert wurde.

So ist die Nachtsitzung vom 4. August zu verstehen, in der das Ancien Régime, das alte feudale Frankreich in hinreißender Opferbereitschaft fallengelassen wurde.

Es war kein zäher Kampf, mehr ein unerwarteter Überraschungserfolg. So etwas gibt es ja durchaus, daß eine solche Gesellschaftsschicht, durch ständige Anfeindung unsicher und müde geworden, nur noch die Beschwerlichkeiten ihrer Rechte und ihrer Verantwortung empfindet und all das fahren läßt, müde und in dem Bewußtsein, mit dieser schnellen Zerstörung etwas Großartiges zu tun.

Am 3. August gab es eine Verhandlung über eine vorgeschlagene „Rüge“, eine tadelnde Erklärung an die Provinzen, daß die Ausschreitungen der Bauern nicht gerechtfertigt seien. In den Diskussionen wurde diese Rüge verworfen. Waren die Ausschreitungen wirklich so schlimm? Die Bauern hatten ja im Grunde recht, hieß es. Am 4. August ging die Diskussion weiter. Bürgerliche Juristen erklärten, jeder Besitz sei heilig und unverletzlich. Ein Adliger, der Vicomte de Noailles, sagte: Die Bauern wollten die indirekten Steuern und Feudalrechte abschaffen; man sollte Steuern von *allen* im Verhältnis zu ihrem Einkommen verlangen. Feudalrechte sollte man mittels Geldleistung ablösbar machen, Frondienste entschädigungslos aufheben (also von der Unfreiheit der Person abgeleitete Rechte). Von der Adelsgruppe des sogenannten Bretonischen Klubs war Ähnliches vorbereitet worden, wenn auch weniger radikal; als günstiger Ausweg wurde angesehen, die Feudalrechte, die angesichts der Umstände nicht zu halten waren, zu unverletzlichem Eigentum in bürgerlich-juristischem Sinne umzuwandeln.

Noailles war unbegütert, aber einer der reichsten Grundbesitzer, der Herzog von Aiguillon (vom Bretonischen Klub) unterstützte ihn. „Man muß zugestehen: so schuldhaft der Aufstand auch sein mag ..., so kann man ihn wohl mit der fürchterlichen Bedrückung entschuldigen, der die Leute unterworfen waren.“[45] Man findet hier einen ganz neuen Ton des Verständnisses und des Mitleids in einer solchen Versammlung und Situation. Er wird grundlegend für die Französische Revolution, nimmt oft überschwängliche Formen an, gesteigert durch das Beisein des Publikums, durch die humanitäre Richtung der Aufklärungsphilosophie und durch die Sentimentalität der Zeit. Er bedeutete einen Umschlag der bisherigen aristokratischen Frivolität.

Am meisten blieb in Erinnerung, was der Leinenhändler einer kleinen bretonischen Stadt in dieser Nacht sagte: „Seien wir gerecht meine Herren! Man bringe uns die Pergamente, die nicht nur das Schamgefühl, sondern die Menschheit selbst verletzen. Man bringe uns die Papiere, die das Menschengeschlecht erniedrigen, indem sie verlangen, daß Menschen wie Tiere an einen Pflug gespannt werden. Weg mit den Rechtstiteln, die Menschen dazu zwingen, nächtelang auf die Teiche zu schlagen, damit die Frösche den Schlaf und die wollüstigen Beschäftigungen ihrer Seigneurs nicht stören. Wer von uns, meine Herren, wird nicht im Jahrhundert der Aufklärung aus diesen infamen Pergamenten einen Scheiterhaufen errichten, um sie auf dem Altar des Vaterlandes zu opfern?"[46]

Man opferte. Einzeln traten die Abgeordneten vor und erklärten ihren Verzicht auf einzelne der unendlich verschiedenen Sonderrechte der Provinzen, Stände und Körperschaften. Bei jedem Verzicht gab es einen Begeisterungssturm. Es herrschte echtes, großes Verbrüderungsgefühl. Ein Abgeordneter schrieb seinen Wählern hinterher: „Große und denkwürdige Nacht! Man weinte, man umarmte sich. Welch eine Nation! Welch ein Ruhm, welch eine Ehre, Franzose zu sein."[47] Diese Worte sind gleichzeitig ein deutliches Zeichen, wie hier an die Stelle des Stände- und Provinzialgeistes nun das Nationalgefühl tritt.

Echte Gefühle, echte Begeisterung mögen vielleicht in ihrer Echtheit etwas infrage gestellt werden, werden aber in ihrem Gefühlsgrad sicherlich erheblich gesteigert, wenn das Opfer tatsächlich kleiner ist, als es nach außen erscheint. So ist es jedenfalls bei normalen Menschen, und es handelte sich ja in der Nationalversammlung nicht um Heilige. Dazu kam manchmal ein zusätzliches Vergnügen, von dem ein boshafter Zeuge übertreibend berichtete: Viele verzichteten freiwillig auf das, was ihnen nicht gehörte. Wie es ja überhaupt fraglich ist, wieweit eigentlich die Abgeordneten von den Wählern ermächtigt worden waren, solche Verzichte auszusprechen. Der Bischof von Chartres schlug vor, das ausschließliche Jagdrecht aufzuheben. Worauf der Herzog von Châtelet vor sich hingemurmelt haben soll: „O der Bischof nimmt mir die Jagd, ich will ihn auch etwas rupfen!" Er schlug darauf die Abschaffung des kirchlichen Zehnten vor.

Entscheidend waren aber nicht solche Scherze, sondern entscheidend war das Beruhigende der Geldablösung. Nur die Frondienstbarkeit und die Leibeigenschaft sollten ersatzlos abgeschafft werden; die Ablösung der übrigen Herrenrechte sollte durch Umrechnung in gut bürgerliches Geld geschehen; Zins war solange zu zahlen, wie das Kapital nicht zurückgezahlt war. Der Adel kam auf diese Weise ganz gut weg, und auch der bürgerliche Grundbesitzer war zufrieden wegen der nunmehrigen Gleichstellung von adeligen und bürgerlichen Gütern.

Wie Mathiez sagt, hatten die Abgeordneten bei diesem Verfahren wenig zu verlieren und gewannen ihre Volkstümlichkeit bei den Bauern wieder. Das hatte etwas Erlösendes und steigerte die Zustimmung.

Am 11. August 1789 wurde die Abschaffung der Feudalität Beschluß der Nationalversammlung. Der Artikel 1 lautete: „Die Nationalversammlung vernichtet das Feudalwesen völlig." Mit dieser *féodalité* war die lokale Herrschaft über Untertanen gemeint, also die Privilegien von Adel und Klerus, die, insgesamt genommen, schon immer im Kontrast zum zentralisierenden Königsstaat gestanden hatten.

Nach diesem umfassenden 1. Artikel gingen die größeren und kleineren Bestimmungen bunt durcheinander. Artikel 2 bestimmte, daß das Sonderrecht, Taubenschläge und Taubenhäuser zu halten, abgeschafft werden sollte. Die Tauben sollten zu den von den Gemeinderäten festzusetzenden Zeiten eingesperrt werden und während dieses Zeitraumes galten sie als jagdbares Wild; jeder habe das Recht, sie auf seinem Grund und Boden zu töten.

Dann wurde das Jagdrecht – über den eigenen Grund und Boden hinaus – abgeschafft, auch das königliche (obwohl doch der König so gerne jagte). Es hieß nur noch: „Soweit es sich mit der schuldigen Achtung vor Eigentum und Freiheit vereinbaren läßt, wird für die Erhaltung der privaten Vergnügungen des Königs gesorgt werden."

Dann kam wieder ein wichtigerer Artikel, Nr. 4: Jede grundherrliche Rechtsprechung wird entschädigungslos abgeschafft. Die Beamten sollten aber bis zur Einführung einer neuen Justizordnung bleiben.

Mit Artikel 7 wurde die Käuflichkeit der Gerichts- und Magistratsämter ab sofort aufgehoben.

Artikel 11: Alle Bürger sollen, ohne Unterschied ihrer Geburt, freien Zugang zu allen kirchlichen, zivilen und militärischen Ämtern und Würden haben; niemand, der einem Erwerbsberuf nachgeht, soll dadurch seines Adelsprädikates verlustig gehen.

Artikel 12: An die römische Kurie sollte kein Heller mehr abgeführt werden.

Schließlich wurde es feierlich. Artikel 16: Die Nationalversammlung ordnet an, daß zum Gedächtnis dieser zum Wohle Frankreichs gefaßten Beschlüsse eine Medaille geprägt und in allen Kirchen des Königreiches zum Dank ein Tedeum gesungen werden soll.

Und dann eine nahezu absurde Verbeugung vor dem Mann, der mit alledem nichts zu tun hat, der aber wohlgestimmt werden soll: Artikel 17: Die Nationalversammlung erklärt König Ludwig XVI. feierlich zum Wiederhersteller der französischen Freiheit.

In den nächsten Tagen nach dieser „Bartholomäusnacht der Privilegien" wurde manches wieder zurückgenommen. Der entsetzte König verweigerte dieser sozialen Revolution dann zunächst seine Sanktion. Trotz alledem war dies ein gewaltiger Umsturz. Es war die Liquidation eines staatlichen und sozialen Zustandes, der sich in langer Geschichte allmählich gebildet und verfestigt hatte. Tausend Jahre der französischen Geschichte waren liquidiert, wie Göhring sagt.[48] Nicht mehr Geistliche, Adlige und Bürgerliche standen sich gegenüber, sondern Franzosen, die zu Frankreich, nicht zu einer Provinz und zu bestimmten Körperschaften gehörten. Das war das Ende des Ancien Régime.

Wenn das Traditionslose, das Geschichtsfeindliche der Französischen Revolution betont wird, dann wird man – mehr als an etwas anderes – an diese Abschaffung denken; an diesen Entschluß, nicht zu reformieren, sondern etwas Neues zu formieren. Ganz deutlich kann man es an folgendem sehen: ,,Privilegien" waren in bisherigen ,,Revolutionen" die alten Rechte und Freiheiten, mit denen bewaffnet man gegen eine neue monarchische Gewaltherrschaft aufstand. Wie man an den Niederlanden und an England sieht, verbürgten Privilegien die wirkliche Freiheit. In Frankreich wurden ,,Privilegien" das Gehaßte, ein Schimpfwort. Privilegien standen *gegen* die Freiheit, ihre Abschaffung begründete neue Freiheit. Diese ,,Liquidation" findet sich erstmals in der europäischen Geschichte. Daher ist der ungeheure Eindruck gerade dieser Tat in Europa zu erklären.

Die Menschen- und Bürgerrechte

An sich war alles dies von der Nationalversammlung nur ,,vorgezogen" worden, und zwar wegen der Bauernunruhen, die damit erst einmal wirklich beendet wurden. Eigentlich war man zunächst mit der Verfassung beschäftigt. Der erste Ausschuß hatte schon am 6. Juli getagt. Als Nationalversammlung war man die *assemblée constituante.*

Eines der ersten Probleme der Verfassung oder eigentlich vor der Verfassung war: die Erklärung der Menschenrechte. Sie war noch später immer und ist bis heute der große Stolz der Franzosen. Es empörte sie, als der deutsche Rechtsgelehrte Jellinek 1895 die historische Herkunft der Menschenrechtserklärung aus Amerika feststellte. Aber der Nationalversammlung selber war diese Herkunft sehr wohl bewußt. Die amerikanische Menschenrechtserklärung in der Unabhängigkeitserklärung vom Juli 1776 (die sich vorher, im Juni 1776, schon in der von Jefferson formulierten Verfassung Virginias befindet) hatte in ganz Europa tiefen Eindruck gemacht. Alle Menschen, hatte es dort geheißen, seien gleich geschaffen, mit gewissen unveräußerlichen Rechten begabt: Leben, Freiheit, Drang zu glücklichem Leben. Diese Berufung nicht auf alte Rechte (Privilegien) oder auf die englischen Freiheitsrechte war in Amerika nicht einfach aufklärerisch gemeint, sondern sie war (im Gegensatz etwa zu den niederländischen Freiheitskämpfern des 16. Jahrhunderts) gar nicht anders möglich: Die Amerikaner hatten keine anderen Rechte und die englischen hätten sie an England gebunden.

Diese amerikanischen Menschenrechte waren in der Unabhängigkeitserklärung, nicht in der Verfassung der Vereinigten Staaten; dort sind sie erst im Dezember 1791 als *amendment* und in unvollständiger Weise aufgenommen worden, – also nach der französischen Verfassung.

Besonders auf den Rat von Lafayette, der unter Jeffersons amerikanischem Einfluß stand, wollte man es nun eigentlich in Frankreich auch so machen: Man wollte die Menschenrechte vor der Verfassung formulieren. Hier in Frankreich nun nicht, weil man keine anderen Rechte gehabt hätte, sondern *gegen* die Privilegien, nach dem 4. August dann verstärkt: *ohne* die Privilegien. Man wollte sie vor der Verfassung formulieren, um damit klar die Grundlage der Verfassung gegen den monarchischen Absolutismus und gegen eine Ständeordnung zu schaffen. Die Souveränität sollte damit aufs Volk übergehen.

Aus dem gleichen Grunde waren die Gemäßigten, besonders ausgeprägt Mirabeau, für eine Verschiebung. Mirabeau erwog dabei, daß Amerika ja auf diese Weise den König abgeschafft hatte. Außerdem fürchtete Mirabeau wie viele andere, durch diese umfassende Freiheitserklärung wenn nicht völlige Anarchie, so doch allzuviele Hoffnungen zu erwecken, die dann durch die Verfassung beschränkt und enttäuscht werden mußten. Es sei vielleicht unvorsichtig, wie Mirabeau sagte, den Schleier mit einem Male zu heben, gefährliche, abstrakte und theoretische Rechte zu proklamieren. Diese Abstraktheit ist ja von da an immer der Französischen Revolution vorgeworfen worden, – oder sie ist wegen ihrer Art, die Wirklichkeit nach der Philosophie umzugestalten, bewundert worden. Mirabeaus Bedenken leuchteten den bürgerlichen Abgeordneten ein, die nur sich selber fähig glaubten, verantwortungsbewußt mit soviel Freiheitsrechten umzugehen. Malouet vom Dritten Stand etwa erklärte: „Die neu geschaffene amerikanische Gesellschaft umfaßt nur Grundbesitzer, die an die Gleichheit gewöhnt sind, weil sie auf dem von ihnen bebauten Grund und Boden keine Feudallasten vorgefunden haben... Wir aber, meine Herren, wir haben als Mitbürger eine unendliche Menge von Besitzlosen... Ich glaube, meine Herren, in einem großen Reich ist es notwendig, daß die Menschen, denen vom Schicksal eine abhängige Stellung beschieden ist, eher auf die gerechten *Grenzen* als auf die Ausweitung ihrer natürlichen Freiheit blicken."[49] Es ist typisch, daß Malouet hier, wie die Amerikaner selber, die Sklaven vergißt; ebenso typisch, daß er das Alter und die besondere Größe des Reiches hervorhebt.

Auch hier waren es junge begeisterte Adlige, die sich dagegen wandten, die es empörend fanden, daß man das Volk weiter in Unkenntnis halten wollte, – wo doch Unkenntnis des Volkes über seine eigentliche Freiheit der einzige Grund sei, daß es so lange vom Despotismus unterdrückt worden war. Andere, besonders vom geistlichen Stand, forderten neben der Rechte- sogleich eine Pflichtenerklärung, – ein Antrag, der mit schwacher Mehrheit überstimmt wurde.

Es kam zu unendlich vielen Entwürfen, zu langen Debatten, es gab Büros für die einzelnen Artikel. Der Historiker Aulard sagt: ,,Das fast Unwahrscheinliche trat ein: diese 1200 Deputierten, die zu keinem knappen und klaren Ausdruck gelangen konnten, wenn sie einzeln oder in kleinen Gruppen arbeiteten, fanden die richtigen, kurzen und edlen Formeln im Lärm einer öffentlichen Debatte."[50] Das kann man tatsächlich etwa von der Einleitung und den ersten drei Artikeln sagen. Bis zum 26. August wurde alles durchberaten.

Die Präambel lautete: ,,Da die Vertreter des französischen Volkes, als Nationalversammlung eingesetzt, erwogen haben, daß die Unkenntnis, das Vergessen oder die Verachtung der Menschenrechte die einzigen Ursachen des öffentlichen Unglücks und der Verderbtheit der Regierenden sind, haben sie beschlossen, die natürlichen, unveräußerlichen und heiligen Rechte der Menschen in einer feierlichen Erklärung darzulegen, damit diese Erklärung allen Mitgliedern der Gesellschaft beständig vor Augen ist und sie unablässig an ihre Rechte und Pflichten erinnert; damit die Handlungen der Gesetzgebenden wie der Ausübenden Gewalt in jedem Augenblick mit dem Endzweck jeder politischen Einrichtung verglichen werden können und dadurch mehr geachtet werden; damit die Ansprüche der Bürger, fortan auf einfache und unbestreitbare Grundsätze begründet, sich immer auf die Erhaltung der Verfassung und das Allgemeinwohl richten mögen. Infolgedessen erkennt und erklärt die Nationalversammlung in Gegenwart und unter dem Schutze des Allerhöchsten folgende Menschen- und Bürgerrechte."

Hierbei ist kennzeichnend, daß es, anders als in der amerikanischen Erklärung, um die Menschenrechte, um die ganze Menschheit geht. Bemerkenswert ist auch die Anrufung des Schutzes des *être suprème.* Ursprünglich hatte man die ,,Gegenwart des höchsten Gesetzgebers des Universums" postuliert, aber von Gott und göttlicher Rechtsordnung wollten andere nichts hören, während Mirabeau sogar vorschlug, einfach die Zehn Gebote an die Spitze der Verfassung zu stellen. Andererseits erschien es vielen zu materiell, nur von der ,,Natur" zu reden, also einigte man sich auf die möglichst abstrakte Kompromißformel ,,Höchstes Wesen".

Artikel 1: ,,Die Menschen sind und bleiben von Geburt frei und gleich an Rechten. Soziale Unterschiede dürfen nur im gemeinen Nutzen begründet sein." Damit ist, genauer besehen, die politische und soziale Gleichheit nicht eigentlich bestätigt. Die Gleichheit wird auch nicht als ,,Naturrecht" angesehen, wie aus dem nächsten Artikel hervorgeht.

Artikel 2: ,,Das Ziel jeder politischen Vereinigung ist die Erhaltung der natürlichen und unveräußerlichen Menschenrechte. Diese Rechte sind Freiheit, Eigentum, Sicherheit und Widerstand gegen Unterdrückung." Wie man sieht, ist hier der Staat nur Mittel zum Zweck des Schutzes der Menschenrechte: zu denen kennzeichnenderweise auch proprieté gehört. Auch in Artikel 12 findet man diese Staatsauffassung.

Artikel 3: „Der Ursprung jeder Souveränität ruht letztlich in der Nation. Keine Körperschaften, kein Individuum können eine Gewalt ausüben, die nicht ausdrücklich von ihr ausgeht." Das ist die Lehre von der nationalen Souveränität, gegen die bisherige monarchische Auffassung; von einer monarchischen Souveränität ist überhaupt keine Rede mehr.

Artikel 4–6 betreffen Gleichheitsfragen und die Betonung des Gesetzes. Artikel 7–9 betreffen strafrechtliche und Verhaftungsfragen (gegen *lettres de cachet*). Hier wird aufgenommen, was in England Ende des 17. Jahrhunderts zu einem wichtigen Recht geworden war.

Artikel 10: „Niemand soll wegen seiner Meinungen, selbst religiöser Art, beunruhigt werden, solange ihre Äußerungen nicht die durch das Gesetz festgelegte öffentliche Ordnung stört." Damit wird religiöse Toleranz erklärt, mit gewissen Grenzen der Duldung. Dieser Artikel war leidenschaftlich umkämpft, da für viele Toleranz nicht gleichbedeutend mit Freiheit zu sein schien. Man mußte hier Zugeständnisse an den Klerus und an die Vorstellung von der öffentlichen Ordnung machen.

Artikel 11: „Die freie Mitteilung der Gedanken und Meinungen ist eines der kostbarsten Menschenrechte. Jeder Bürger kann also frei schreiben, reden, drucken unter Vorbehalt der Verantwortlichkeit für den Mißbrauch dieser Freiheit in den durch Gesetz bestimmten Fällen." Das ist der Artikel der Pressefreiheit, nach dem man nachträglich zur Verantwortung gezogen werden kann. Übrigens konnte man sich über ein Versammlungsrecht nicht einigen und hat es deswegen in der Menschenrechtserklärung gar nicht genannt.

Die Artikel 12–15 betreffen Steuergleichheit, Steuerbewilligungsrecht. Außerdem die Anteilnahme der Bürger an der Regierung, die Kontrolle der Regierung.

Artikel 17, der letzte, bringt das heilige Eigentum am Schluß: „Da das Eigentum ein unverletzliches und heiliges Recht ist, kann es niemandem genommen werden, wenn es nicht gesetzlich festgelegte, öffentliche Notwendigkeit augenscheinlich erfordert und unter der Bedingung einer gerechten und vorherigen Entschädigung." Man kann sagen, das Eigentum hat hier eine gleiche Stelle wie *property* in der englischen Auffassung, während es in der amerikanischen Verfassung nicht genannt wird. Dies beruht auf der Lehre vom Besitzindividualismus, und es war faktisch auch der Ausweg aus den Bauernunruhen, – indem die Feudalität abgeschafft und das Eigentum für heilig erklärt wurde.

Jacob Burckhardt hat von den Diskussionen der Menschenrechte gesagt: „In diesen kritischen Wochen, wo man hätte regieren sollen, wo das hungernde Paris sich zu den äußersten Sachen rüstete, in diesen Wochen wurde eine philosophische Disputation abgehalten."[51] Das ist eine Anschauung, die sich gegen den gewaltigen Ruhm der Menschenrechte wendet und bei vielen Konservativen, die die Revolution als „abstrakt" ansahen, modisch wurde. Sicherlich ging es philosophisch zu, aber keineswegs im luftleeren

Raum. Die Bauernunruhen, die überstürzte Abschaffung der Feudalität haben den Weg zu den Menschenrechten geebnet und die Formulierung mitgeprägt. Am Morgen des 4. August war der Beschluß gefaßt worden, daß die Erklärung der Menschenrechte der Beginn der Verfassung sein sollte.

Lorenz von Stein hat in seiner ‚Geschichte der sozialen Bewegung in Frankreich' gesagt, als Allgemeinheiten, als Gemeinplätze könnten die Menschenrechte nur angesehen werden, wenn man die Französische Revolution als eine Revolution des *Staates* betrachtet. Nächst der Erklärung des Dritten Standes zur Nationalversammlung sei dies die größte politische Tatsache am Beginn der Revolution – aber eben als Umwandlung der *Gesellschaft,* nicht des Staates, oder des Staates nur im Anschluß an diese Gesellschaftsumwandlung, wie die Verfassung im Anschluß an die Menschenrechtserklärung formuliert wird. Freiheit und Rechtsgleichheit sind gesellschaftliche Grundsätze. Die Revolution zeigt daran ihren wahren Charakter als soziale Umgestaltung des ganzen Volkes, – zunächst rein „negativ": durch systematisch vollendete Vernichtung der alten Sonderrechte.[52]

Von Versailles nach Paris

Artikel 16 lautete: „Jede Gesellschaft, in der weder die Garantie der Rechte zugesichert noch die Trennung der Gewalten festgelegt ist, hat keine Verfassung." Also hatte Frankreich keine Verfassung, also war sie zu schaffen.

Darum kam man nun zur Verfassung selber. Mirabeau atmete auf: Man trat endlich „aus der weiten Region der Abstraktionen der geistigen Welt" in die Wirklichkeit zurück.[53]

Es kam auf Teilung oder Trennung der Gewalten an, wie man es von Montesquieu und von der 1788 inkraftgetretenen amerikanischen Verfassung gelernt hatte.

Zwei Grundfragen standen im Vordergrund: der Aufbau der Legislative und die Stellung des Königs. Sollte die Legislative in zwei Kammern getrennt werden wie in England und wie kürzlich noch in Amerika und wie bisher in der Theorie meistens vertreten? Obwohl es keine Stände gab? (In Amerika gab es stattdessen Bundesländer.) Oder sollte es, der Nationalversammlung entsprechend, nur eine Kammer geben? Hierüber kommt es zu der ersten tiefgreifenden Spaltung der Bürgerlichen. Man hat keine klare Vorstellung, wie das Oberhaus aussehen sollte. Sollte es aus Adel und Geistlichkeit bestehen? Dadurch wäre eine zu starke Reaktion entstanden, – während durch das Einkammersystem die Gefahr einer zu leidenschaftlichen Demagogie und der Diktatur der augenblicklichen, aufgeputschten Meinung zu befürchten war.

In der einen Nationalversammlung kam es zur Entscheidung für eine Kammer, am 10. September. (849 waren dafür, 89 dagegen, 122 enthielten sich.) Man kann sagen, aus Angst vor der Reaktion ist in dieser Hinsicht die Gewaltenteilungslehre zurückgedrängt worden.

Noch aufgeregter und öffentlicher war die Debatte über die Stellung des Königs, die sog. Vetofrage. Auch hier drang man schon aus Angst vor der Reaktion auf möglichste Einschränkung der Exekutive. Durch die Erklärung der Menschenrechte war der König schon sehr begrenzt worden. Am Zustandekommen der Verfassung sollte er nicht beteiligt werden, er sollte sie nur als Ganzes annehmen. Sollte er nun auch bei einzelnen Gesetzen keine Einspruchsmöglichkeit haben, bei Gesetzen also, deren Exekution ihm doch oblag? Mirabeau und die Gemäßigten waren für ein unbedingtes Veto. Das war mehr, als der amerikanische Präsident hatte. Sie waren damit überhaupt für eine starke Exekutive. Es kam darüber zu einem großen öffentlichen Streit, vor allem auch in Paris, wo man zum Teil gar nicht genau wußte, was „Veto" war.

Man kam nicht weiter, wie schon einmal im Juli. Man kam nicht weiter, da der König sich zurückhaltend zur Abschaffung der Privilegien und zur Erklärung der Menschenrechte stellte. Die Anerkennung der Feudalitätsabschaffung war für den König sehr schwer, da er als Oberlehnsherr den adligen und geistlichen Grundherren damit seinen Schutz entziehen mußte. Sofort gab es bei dieser Zurückhaltung des Königs wieder Furcht vor Gegenaktionen. Ende August kommen Pläne auf, den König, den die Nationalversammlung und noch mehr die Pariser Öffentlichkeit ganz aktionsunfähig machen wollten, von Versailler Intrigen zu trennen. Necker bietet einen Kompromiß an. Er versprach, den König zur Sanktion der genannten Dekrete zu veranlassen, und darauf entschied sich die Nationalversammlung für ein suspensives Veto: Der Einspruch des Königs sollte für die Dauer von zwei Legislaturperioden wirksam sein. Am 11. September kam es zu dieser Entscheidung. Am 15. September wurde die Sanktionierung der Dekrete vom König erbeten. Er reagierte dabei schon sehr bedenklich: Er versuchte nämlich, schon für diese Sanktionierung das Vetorecht in Anspruch zu nehmen, oder er versprach eine Zustimmung zu den meisten Dingen, sobald sie in Gesetzesform da seien. Als all dies nur den Unwillen der Nationalversammlung hervorrief, wählte er dann den Ausweg einer einfachen Veröffentlichung, die ihn nicht binden sollte. Wie schon gesagt, die Verantwortung, so weitgehend die Rechte von Adel und Geistlichkeit aufzugeben, lastete schwer auf ihm. Öffentlich sah man natürlich nur, daß er alles hinausschieben wollte, und man sah, daß er einem nordfranzösischen Regiment den Befehl zum Marsch nach Versailles gab.

Sofort wie im Juli setzte der Volkswiderstand wieder ein. Er war zweifellos entscheidend beeinflußt durch eine neue Versorgungskrise der Hauptstadt. 1789 war zwar eine gute Ernte, aber es wurde wegen der Dürre und der davon beeinträchtigten Tätigkeit der (wassergetriebenen) Mühlen nicht schnell genug gemahlen und transportiert. Wodurch der Volkswiderstand außerdem noch beeinflußt wurde, – das ist immer noch erstaunlich schwierig und nur undeutlich zu sagen. Hoffte der Herzog von Orleans, den Thron einzunehmen und stammte daher die Propaganda des Palais Royal? Oder war ein Staatsstreich Lafayettes in Gange, um den König unter seinen (militärischen) Einfluß zu bekommen und um von der Wirtschaftskrise abzulenken? Da es ein *zweiter* Aufruhr war, ist es naheliegend, daß die Inszenierung stärker war als beim ersten, es ist aber auch verständlich, daß die Zusammenrottung flüssiger und geübter vor sich ging.

Wie dem auch sei: am 5. Oktober 1789, kurz nachdem das neue Regiment in Versailles eingetroffen war, zogen Tausende von Pariser Frauen (nach Rudé 6–7000) nach Versailles, um Brot und die Entlassung der Truppen zu verlangen. Und um den König nach Paris zu holen. Nach vielen drastischen Schilderungen scheint es so, als seien es nur Prostituierte und Fischweiber gewesen, wobei übrigens die letzteren, wie Mercier 1788 berichtete, immer schon das Privileg hatten, bei besonderen Gelegenheiten (Geburt eines Prinzen) im Palast von Versailles empfangen und beköstigt zu werden.[54] Hartnäckig ist auch das Gerücht, viele Männer seien in Weiberkleidung darunter gewesen. Aus den zeitgenössischen Berichten geht aber deutlich hervor, daß Frauen aller gesellschaftlichen Klassen dabei waren. Fehlendes Brot war für sie alle ein Problem. Man sah also Arbeiterinnen aus der Vorstadt, gutgekleidete Bürgerinnen und „des femmes à chapeau". Soweit es eine Inszenierung war, so war sie von der Hungersnot her und auf das Vertrauen des Königs hin raffiniert gemacht. Aber es war mehr. Mit Michelet läßt sich sagen: „Die Männer waren die Helden des 14. Juli, die Frauen die des 6. Oktober. Die Männer haben die königliche Bastille eingenommen, die Frauen haben das Königtum selbst überwunden, haben es in die Hände von Paris, das heißt der Revolution gebracht."[55] Zweifellos hat diese geschichtliche Tat „den Frauen Frankreichs jenes Gleichheitsbewußtsein" vermittelt, „das zum Grundgefühl der Revolution werden sollte", wie es bei Hermann Bortfeldt heißt.[56] Ebenso richtig weist aber dieser moderne Autor darauf hin, wie wenig ihnen das die Männer der Revolution gedankt haben. Die Frauen des 6. Oktober wurden weniger gerühmt als lächerlich gemacht.

Zunächst drangen sie in die Nationalversammlung ein und verschafften sich lärmend Gehör. („Was redet der Schwätzer da? Darum geht es gar nicht, es geht um Brot! Wir wollen unser Mütterchen Mirabeau hören!")

Der König, von der Jagd zurück, ließ sich vom Präsidenten der Nationalversammlung zur Sanktionierung der August-Dekrete und der Erklärung der Menschenrechte bestimmen. Er leitete außerdem Maßnahmen zur Versorgung von Paris ein. Flucht lehnte er ab.

Abends war die Nationalgarde von Paris gekommen. Lafayette hatte sich mühsam zu diesem Marsch überreden lassen. Der König stellte sich unter den Schutz dieser Nationalgarde. Alles schien zugegeben, es schien sich zu „normalisieren". Am nächsten Morgen wurde aber noch äußerlich die

Entmachtung des Königs vollzogen, die schon in all diesem angelegt war. Um 6 Uhr früh drang ein Volkshaufen in das Schloß ein, die Leibgarde wehrte sich, es gab Tote auf beiden Seiten. Die Königin Marie Antoinette, auf die sich der Hauptthaß konzentrierte, konnte sich mit Mühe retten. Lafayette wurde zum Herrn der Situation. Er zeigte sich zusammen mit dem Königspaar auf dem Balkon. Der König erklärte: „Meine Freunde! Ich will mich mit meiner Frau und meinen Kindern nach Paris begeben. Der Liebe meiner guten und getreuen Untertanen vertraue ich meinen kostbarsten Besitz an."

Sofort schlug die Stimmung um. Er wurde nicht beschossen, sondern mit Hochrufen begrüßt. Unmittelbar darauf zogen die Frauen mit der Königsfamilie los nach Paris. „Wir haben den Bäcker, die Bäckerin und den Bäckerjungen!" Es war eine groteske Mischung von Aufruhr und Monarchenanhänglichkeit. Man wollte ihn bei sich haben, damit er in Versailles nichts Böses tun konnte, und man wollte ihn bei sich haben, weil man vertraute, in Paris könne er Gutes tun und helfen. Den Revolutionären und den populären Königsanhängern war gleichermaßen gedient.

Ähnlich, kann man sagen, war die verfassungspolitische Meinung der Nationalversammlung: Kaum einer dachte daran, die Monarchie abzuschaffen. Im September erklärte Rabaut Saint-Etienne: „Es ist unvorstellbar, daß irgend jemand von uns den lächerlichen Plan gefaßt hätte, die Monarchie in eine Republik zu verwandeln. Jedermann weiß, daß die republikanische Regierungsform sich kaum für einen Kleinstaat eignet, und die Erfahrung hat uns gezeigt, daß jede Republik schließlich der Aristokratie oder dem Despotismus unterliegt. Zudem sind die Franzosen jederzeit Anhänger der altehrwürdigen heiligen Monarchie gewesen."[57] Das hatte sich nicht geändert. Aber schon die Grundentscheidungen der Nationalversammlung, die ohne Beachtung des Königs gemacht wurden und die er einfach annehmen sollte, und nun diese Überführung nach Paris, die man praktisch als eine Gefangennahme des Königspaares ansehen kann, zerstörten die Monarchie, machten von vornherein die Konstituierung einer konstitutionellen Monarchie mit *diesem* so gedemütigten und unbeschützten Monarchen fiktiv. Das mag den Franzosen großenteils nicht klargewesen sein, – viele ausländische Beobachter haben das aber deutlich erkannt. Burke hat in diesen Ereignissen allein des Jahres 1789 die Zerstörung des französischen Adels, der Kirche und auch des Königtums gesehen (der Kirche in dem Sinne, daß am 2. November 1789 die Einziehung der Kirchengüter beschlossen wurde, worauf wir später noch kommen werden). Denn wie konnten die Franzosen, nach Burkes Meinung, einen so behandelten Monarchen, vielleicht auch: einen Monarchen, der sich eine solche Behandlung gefallen ließ, ernsthaft als König der neuen französischen Verfassung anerkennen? Der Sturz des Königtums 1792, könnte man von hier aus sagen, war kaum eine neue Revolution, dieser Sturz war hiermit vorgezeichnet.

Dennoch gab es nun fast drei Jahre lang – jedenfalls hinsichtlich spektakulärer revolutionärer Ereignisse – ziemliche „Ruhe", bis zum Sturz des Königtums 1792.

Zwei Jahre davon, bis September 1791, sind die Jahre der *Assemblée nationale constituante*. Es ist die Zeit der Verfassungsformung bis zu ihrer Verkündigung, der Formung einer Verfassung, die dann ein knappes Jahr hielt, aber von großer europäischer Dauerwirkung für das ganze 19. Jahrhundert und zum Teil darüberhinaus wurde. Bevor wir auf diese Zeit der Constituante eingehen, blicken wir noch einmal zurück.

Wenn wir uns die fünf Monate vom 5. Mai bis zum 5./6. Oktober 1789 vergegenwärtigen –: die Eröffnung der Generalstände, die Bildung der Nationalversammlung, Paris bewaffnet sich, stürmt die Bastille, es kommt zur „munizipalen Revolution"; dann die Grande Peur und die Bauernaufstände, am 4. August die Abschaffung des Feudalismus; dann die Erklärung der Menschenrechte und der Beginn der Verfassungsdiskussionen, schließlich der Umzug des Königs nach Paris –: „Unglaublich schnell ist das alles gegangen", läßt sich da mit Furet/Richet sagen. „Diese fünf Monate sind die wichtigsten in der Geschichte der Revolution, vielleicht in der Geschichte Frankreichs: alles drängt immer rascher vorwärts, die großen Ereignisse jagen einander und werden immer unlöslicher miteinander verkettet. Die Zeit... hat einen anderen Rhythmus bekommen. Das ist die eine Bedeutung des Wortes ‚Revolution'."[58] Es handelt sich in der Tat um eine „Verkettung", nicht um eine einzige schlüssig zusammenhängende Ereigniskette. Es handelt sich auch nicht eigentlich um mehrere *aufeinanderfolgende* Revolutionen. „Drei teleskopartig ineinandergeschobene, gleichzeitige und selbständige Revolutionen, die den ganzen Zeitplan der aufgeklärten Reformvorstellungen durcheinandergebracht haben" sind es: die Revolution der Nationalversammlung, die Revolution in Paris und den Städten, und die Revolution auf dem Lande. Nur die erste ist „überlegt", ist Ergebnis klarer, bewußt gefaßter Entscheidungen, ist „geführt", mit dem Blick auf eine zukünftige Gesellschaft, auf eine neue Gesellschaft ohne privilegierte Schichten, mit rechtlicher Gleichheit, aufgrund des Besitzindividualismus.

Die beiden anderen Revolutionen sind nur teilweise geführt, anderenteils spontan, naturvorgangsartig als Massenbewegungen, nicht rein zukunftsgerichtet. Sie sind von wirtschaftlich-sozialen lang- und kurzfristigen Verhältnissen mehr geprägt als von der politischen Philosophie der Aufklärung. Wir finden eine Vermengung von Vergangenheit und Zukunft, Nostalgie nach guter alter Zeit – vor allem in den Städten mit alten Freiheiten, mit ihrer Bürgerwehr, wir finden da neuen Partikularismus gegen die Zentralregierung – und nur vage Zukunftsträume.

Alle drei sind „ineinandergeschoben", wie Furet/Richet sagen. Die Massenbewegungen „stören" nicht einfach den rational genau überlegten Fortgang der Revolution der Nationalversammlung, sie unterstützen ihn oft, stoßen ihn vorwärts, so wie die Bauernaufstände und der damit zusammenhängende 4. August, schützen vor gefährlichen Gegenmaßnahmen des Königs. Aber es ist eine überraschende, eine kaum kalkulierbare Einwirkung, die die erste Revolution jedenfalls in ihrem „Zeitplan“ durcheinanderbringt, „verändert“, schließlich „vom Wege abbringt“ (Furet/Richet), eigentlich scheitern läßt. Für viele Beobachter ist das eine „notwendige“ Fehlentwicklung, durch diese fatale Vermischung oder eben dadurch, daß sich die Nationalversammlung, wie die Konservativen sagen, mit den Massen „verkumpelt“ hat. Solche Urteile lassen sich schlecht pauschal geben, sie hängen stark von grundsätzlichen Einstellungen der Beobachter ab. Deutlich ist aber, daß die Nationalversammlung in der schwierigen wirtschaftlich-sozialen Lage des Landes und in der zunehmenden Anarchie, im Autoritätsverlust der zentralen Monarchie, gar nicht zu geordneten Verhältnissen kommen *konnte*, ohne sich auf das „Volk“, auf Paris und die öffentliche Meinung zu stützen.

Die meisten in der Nationalversammlung wünschen eine friedliche Fortführung ihres Werkes, ihrer Verfassungsschöpfung. Aber man hat zwei Unbekannte in der Gleichung: „Kann der nach Paris gebrachte Ludwig XVI. zum Mann eines verfassungsmäßigen Königtums werden? Und werden... die Sommerrevolutionen und die gute Ernte den wilden Übereifer des Volkes dämpfen? Die Versammlung ist allmächtig. Aber sie hat keine Macht über die Einstellung des Königs und über die öffentliche Meinung.“[59]

Zeit der Constituante 1789–1791

a) Politische Macht- und Einflußzentren

Zunächst haben wir hier auf die Nationalversammlung einzugehen. Sie folgte dem König Ludwig Oktober/November 1789 nach Paris. Sie tat es nicht übermäßig gern. In Paris fühlte sie sich allzusehr im Schoße des Volkes.

Mathiez urteilt: „Dieser Wechsel der Residenz war von viel größerer Bedeutung als die Eroberung der Bastille. Von da ab stehen der König und die Nationalversammlung unter der Aufsicht Lafayettes und des Volkes von Paris. Die Revolution ist jetzt gesichert.“[60] Godechot sah es etwas anders: Die Nationalversammlung sieht er als eine „véritable dictature“ an, sie habe Frankreich für zwei Jahre souverän regiert, während derer sie alle politischen, ökonomischen und religiösen Strukturen veränderte; allerdings war sie nicht ganz unabhängig, sondern unter der Pression des Volkes.[61] Wir haben eben bereits die uns angemessener erscheinende Beurteilung von Furet/Richet zitiert. Pression und Abhängigkeit werden gern übertrieben stark dargestellt, so auch bei Taine und bei Crane Brinton.

Der Tagungsort befand sich zunächst im Bischofspalast, dann ab November in der Reitbahn der Tuilerien. Dies war ein riesengroßer Saal, auf 2000 Personen berechnet. Dort diskutierte man in entsprechender Lautstärke. „Hier ist kein Raum für den gemessenen Ton ... Hier heißt es schreien, und die Anspannung der Stimme verfehlt nicht, auf die Seele überzugehen. Die Deklamation schwebt also in der Luft dieses Saales." (Taine).[62]

Auch die Zahl der Abgeordneten war, nach dieser Auffassung, für eine gemessene Diskussion zu groß. Außerdem gab es keine klare Geschäftsordnung. Die des englischen Parlamentes, die Mirabeau empfohlen hatte, wurde abgelehnt. Man war überempfindlich gegenüber der Beeinflussung durch irgendeine Geschäftsordnung. Alle 14 Tage wurde ein neuer Vorsitzender bestimmt. Meistens gab es keine Debatten, sondern eine Aufeinanderfolge von sorgsam ausgearbeiteten Reden, die vom Katheder verlesen wurden. Sehr interessant schreibt der Amerikaner Morris in einem Brief an Washington im Januar 1790 darüber: „Ihre Beratungen sind gleich Null. Mehr als die Hälfte der Zeit vergeht mit Zurufen und unnützem Geschwätz. Jedes Mitglied gibt die Ausgeburten seiner Phantasie zum besten, ohne daß es seinem Vorredner oder sein Nachfolger ihm antworten würde... Zuweilen erhebt sich inmitten einer Beratung ein Redner, hält eine schöne Rede über einen gar nicht zur Sache gehörigen Gegenstand und schließt mit einem netten kleinen Antrag, der unter Hurrageschrei durchgeht. Während z. B. Herrn Neckers Nationalbank-Projekt besprochen wurde, fiel es einem Abgeordneten ein vorzuschlagen, daß jeder Deputierte (in dieser Finanzmisère) seine silbernen Schuhspangen hergebe. Man erklärte sich einstimmig einverstanden und der Antragsteller legte die seinigen auf den Tisch, worauf man die Beratungen wieder aufnahm."[63] Crane Brinton betont in diesem Zusammenhang die unbegreifliche Geduld der Versammlung, mit der sie fast täglich Abordnungen des Volkes empfing und anhörte. Und auf den Tribünen saß das Publikum, dem man alle möglichen Beifalls- und Mißfallenskundgebungen durchgehen ließ. 5–600 Plätze gab es für diese Zuhörer.

So zutreffend diese Beobachtungen sein mögen – sie sind alle zu sehr von den Anfängen und von den großen dramatischen Sitzungen her gesehen. Man muß demgegenüber betonen, daß die Nationalversammlung, von der man wohl mit Mathiez sagen kann, daß vielleicht keine Volksvertretung jemals soviel Achtung genossen hat, in Paris meistens in Ruhe und Ordnung getagt hat. Auf ihren Befehl konnte die Stadt bei der Gefährdung öffentlicher Sicherheit den Belagerungszustand verkünden (das Symbol dafür war die aufgezogene rote Fahne), sie konnte harte Strafen bei Aufwiegelung und Gewalttaten erlassen, in Paris wie anderswo. Und auf den Tribünen waren immer 60 Spitzel verteilt, um die Sache der Ordnung zu unterstützen. Außerdem hat man es sich nicht so vorzustellen, als ob „das Volk" auf der Galerie gesessen habe. Erst gegen Ende der Sitzungsperiode, nach Varennes (1791) war es so. Vielmehr befand sich dort das elegante Publikum, vornehmlich aus hohen Gesellschaftskreisen. Damen des liberal gesinnten Adels etwa. Es gab vornehm gedämpften Beifall, nicht etwa immerzu lautes Gejohle.

Die Beschlüsse der Constituante seien stets in aller Unabhängigkeit gefaßt worden, behauptet Mathiez.[64] Damit unterschätzt er freilich den Einfluß der Atmosphäre der Stadt. Aber tatsächlich war die Nationalversammlung arbeitsfähiger, als man denken sollte. Sie tagte an den meisten Tagen zweimal, vormittags und abends. Für alle Hauptfragen gab es besondere Ausschüsse, die mit Fachleuten für die Vorbereitung von Gesetzestexten besetzt waren. Hierbei zeigte sich übrigens die Qualität der sachkundigen, wenn auch oft anonymen Persönlichkeiten, die man in die Generalstände gewählt hatte, Sachkundigkeit fern von den rhetorisch stürmischen Sitzungen.

Man muß außerdem hinzufügen, daß die Constituante praktisch die ganze Verwaltung in die Hand nahm. Sie war eigentlich die Exekutive. Sie gründete z.B. einen Lebensmittelausschuß oder einen Nachrichtenausschuß zur Verbindung mit ganz Frankreich. Sie wagte nicht zuzugeben, daß der König und die Regierung des Königs ausgeschaltet seien. Sie breitete über diese Wahrheit, wie Mirabeau sagte, einen Schleier.

In welche „Parteien" war die Nationalversammlung eingeteilt? Das läßt sich nur mit einer gewissen Unsicherheit beantworten. Grundsätzlich bestand ja großer Abscheu vor einer Fraktionsbildung, die das Gegenteil des gepredigten Individualismus gewesen wäre. Tatsächlich bildeten sich aber doch Parteien. Die Ausdrücke „rechts" und „links" sind überhaupt hier entstanden. Man meinte damit die rechts und links von der Präsidentenbühne an den Schmalseiten des Saales aufsteigenden Bankreihen. Rechts saßen die sog. Aristokraten oder Schwarzen und die sog. Monarchisten oder Anglomanen. „Aristokraten" war ein politischer Begriff, er bedeutete durchaus nicht, daß dort nur Adlige saßen, auch Bürgerliche und Geistliche fand man dort, z.B. saß auf dieser Seite der Abbé Maury. Diese Partei verteidigte die Vorrangstellung des Adels und man kann sagen, daß dies gewissermaßen eine Vorform der „Ultras" aus der Restaurationszeit nach 1815 war. Die Partei hatte sich gebildet als eine Opposition gegen die Dekrete vom August 1789. Demgegenüber vertraten die „Monarchisten" (Crane Brinton nennt sie die Mitte) eine Monarchie nach englischem Vorbild, d.h. mit zwei Kammern und mit starkem Vetorecht des Königs. Mounier etwa gehörte dieser Richtung an, er ging aber schon Ende 1789 ins Ausland. Daneben befanden sich dort viele begabte Gemäßigte, viele liberale Adlige, es war eine anfangs starke, dann abnehmende Gruppe.

Auf der linken Seite war die Mehrheit der Versammlung, ca. 700 Personen. Sie nannten sich die „Patrioten", ein Ausdruck, der schon seit 1788 zu finden ist. Diese Gruppe war am eindeutigsten gegen den Hof, sie stand unter Führung von Mirabeau und hatte durch den „Bretonischen Klub"

Fühlung mit dem Palais Royal und der revolutionären Presse. In der konstitutionellen Frage war sie nicht einheitlich. Als dann die Macht des Hofes sank, nahm überhaupt die Einheitlichkeit dieser Partei mehr und mehr ab. Man kann sie aufteilen in etwa drei Richtungen, und hierbei ist dann die Mehrheit am gemäßigtsten. Dies ist die begüterte liberal-adlige und bürgerliche Gruppe, geprägt von Sieyès, Lafayette und Talleyrand. Daneben befindet sich das radikalere Triumvirat von Barnave, Duport und Charles de Lameth. Und auf der äußersten Linken finden wir vor allem Robespierre, zunächst noch ohne besondere Macht.

Soweit die Nationalversammlung. Sosehr dies als politisches Zentrum anzusehen ist, so gab es doch natürlich noch die „Regierung", die eigentliche oder formale Exekutive, König und Ministerien. Das war aber nicht mehr eine Gegenmacht der Nationalversammlung wie noch in Versailles, sondern es war ein Machtapparat, in den Leute aus der Patriotenpartei aus reformerischen und mäßigenden, ausgleichenden Gründen einzudringen suchten. Es war ein Machtapparat, in dem vor allem aber der Einfluß von Lafayette von Bedeutung war. Neue Minister waren meistens seine Vertrauten.

Es ist eine sehr bedeutende Rolle, die Lafayette in diesen zwei Jahren spielte und die er doch nicht recht ausfüllte. Er war umworben vom Hof, von der Nationalversammlung und vom Volk, umworben vom Militär, von der Finanzwelt und von der Presse wie kein anderer. Lefebvre nennt deshalb das Jahr von Oktober 1789 bis Oktober 1790 „l'année de La Fayette". Mathiez zitiert Marat, der ihn in dieser Zeit als Majordomus des königlichen Palastes bezeichnete, als Hausmeier, wie es die Karolinger bei den Merowingern gewesen waren.

Es war tatsächlich das Hauptbestreben Lafayettes, den König zu beherrschen und ein vermittelndes Glied zwischen ihm und der Nationalversammlung zu sein. Mit der anderen Rolle, die man von ihm als dem Chef der Pariser Nationalgarde immer fürchtete – nämlich der „Cromwell" oder der „Washington" der Revolution zu werden – hat er immer nur gedroht. Lafayette war als „Held zweier Welten" ein ehrenwertes, aber stark überfordertes und entsprechend eitles Symbol der Verbindung USA–Frankreich. (Dieses Symbol war er sogar noch im Ersten Weltkrieg, als der amerikanische General, der 1917 mit seinen Truppen den Franzosen und Engländern zur Hilfe kam, beim Betreten des französischen Bodens ausrief: „Lafayette, hier sind wir!" Es ist vielleicht nicht überflüssig zu bemerken, daß dieser General Pershing hieß, – aus welchem Namen man ja in unseren Tagen wiederum ein – allerdings sehr zweifelhaftes – Symbol gemacht hat.) Beim Föderationsfest auf dem Marsfeld am 14. Juli 1790 war Lafayette der erste, der am Altar des Vaterlandes den Eid auf die Nation ablegte. Er war sozusagen das verkörperte Frankreich.

Als der König im Oktober 1789 nach Paris gekommen war – vielleicht Lafayettes Plan, wie manche glaubten – überreichte ihm Lafayette eine

Denkschrift, in der er darlegte, der König habe alles zu gewinnen, wenn er sich freiwillig mit der Revolution aussöhne und alle Beziehungen zu den Emigranten abbreche. Die königliche Demokratie werde seine Macht nur steigern, denn er habe ja nun keine Schwierigkeiten mehr mit den Parlamenten und den provinzialen Partikularismen. Er, Lafayette, werde das Königtum gegen Aufrührer verteidigen, er übernehme die Verantwortung für die Ordnung, dafür verlange er aber völliges Vertrauen. Ludwig ernannte ihn zum Befehlshaber aller im Umkreis von 15 Meilen von Paris stationierten regulären Truppen. Er unterwarf sich äußerlich, vertraute aber Lafayette nicht. Lafayette hat den König eigentlich in der Hand gehabt, einen König, der in der Folgezeit hinsichtlich der Unternehmungen der Nationalversammlung „folgsam" blieb, ohne daß es zu größeren Eklats kam. Weder vermochte der Hof Lafayette einzufangen – dafür war er zu ehrenhaft –, noch konnte dieser etwas Konstruktives aus seiner außergewöhnlichen Stellung machen – dazu war er zu wenig Staatsmann und Politiker. Er hielt nur eben militärische Ordnung. Er hielt diese Ordnung gegen royalistische, gegenrevolutionäre Nationalgarden in Südfrankreich (seit August 1790) und ebenso gegen Meutereien. Adlige Offiziere etwa duldeten nicht, daß Soldaten politische Klubs besuchten und mit revolutionären Nationalgarden fraternisierten. Dagegen gab es Meutereien, z.T. auch Soldatenräte. Ähnlich gab es Matrosenaufstände und Hafenarbeiteraufstände, die oft wegen Soldrückständen ausgelöst wurden (wie in Nancy 1790). Lafayette hat sich in allen diesen Fällen entschieden aufseiten der Vorgesetzten gegen die Soldaten gestellt und hat für scharfe Kriegsgerichtsurteile gesorgt.

Das bedeutete eine Aufrechterhaltung der militärischen Macht zugunsten von Ordnung und Ruhe – aber eben zugunsten der *neuen* Ordnung. Sie richtete sich also sowohl gegen die Reaktion als auch gegen Aufstände niederer Schichten. Lafayette war sich damit des Dankes des Bürgertums und der Nationalversammlung gewiß, er verlor aber ständig an Popularität, und er war auch durch seine Stellung zum König nicht immer des Vertrauens der Revolutionäre sicher.

Mirabeau, der deutlich sah, wieviel bei Lafayette zum handelnden Staatsmann fehlte, der andererseits die Notwendigkeit einer starken Regierung gegen eine zu weitgehende Revolution begriff, suchte insgeheim eine leitende Rolle beim König zu spielen. Die beiden kamen dadurch ins Vertrauen miteinander, daß der König sich bereiterklärte, die hohen Schulden von Mirabeau zu bezahlen. Das geschah im Mai 1790, dann folgte eine monatliche Rente, wofür Mirabeau in den Dienst des Hofes trat, was er übrigens nicht einmal verbarg. Zunächst suchte er diese leitende Stellung zusammen mit Lafayette zu spielen. Er wollte gewissermaßen der Père Joseph dieses Richelieu werden. Dann aber tat er es gegen ihn. Dabei wollte er unter anderem durchsetzen, daß das mißtrauische, nicht zuletzt gegen ihn selber erlassene Gesetz wieder umgestoßen würde, nach dem Abgeordnete keine

Minister werden konnten. Er war der Meinung, daß der König ein Ministerium aus der Mehrheit der Versammlung bilden müßte, wobei er glaubte, daß Jakobiner als Minister bald aufhören würden, Jakobiner zu sein.

Insgesamt kann man sagen, daß Mirabeau vernünftig klingende politische Vorschläge machte, er war ein großer Redner, ein genialer Taktiker, im Ansehen freilich beeinträchtigt durch sein allgemein bekanntes wüstes Leben. Wahrscheinlich überschätzt man der Wünschbarkeit wegen im allgemeinen die realen Aussichten seines Versuches, die Monarchie zu retten. Man überschätzt sie und ihn selber, wie er es selbst tat. Diese Überschätzung hängt freilich auch damit zusammen, daß er so früh durch seine Krankheit und schließlich durch seinen Tod ausfiel. „Frankreich muß meine Jugendsünden bitter büßen", soll Mirabeau in seiner letzten Zeit gesagt haben, und zu seinem Sekretär kurz vor dem Tode: „Wenn ich dir nur meinen Kopf lassen könnte!" Mirabeau starb im April 1791, trotz vieler Schmähschriften gegen ihn immer noch auf dem Höhepunkt des Ruhmes, nachdem er sich 1790 gegen den Vorwurf der Korruption glänzend verteidigt hatte.

Die Bemühungen Lafayettes und Mirabeaus waren Versuche, die Monarchie zu „retten", zu modernisieren, aber eben Versuche an einem ziemlich untauglichen Objekt – an einem König, der zwar gar keine Möglichkeit hatte, eine andere Politik zu treiben, der aber dieser Politik nur gezwungen folgte, nur solange folgte, wie sich ihm eben keine andere Möglichkeit bot. Als im Oktober 1790 die Nationalversammlung einen Mißbilligungsantrag gegen Minister des Königs stellte, traten diese zurück. Lafayette wählte die neuen aus. Das aber fand Ludwig so beleidigend, daß er von da an entschieden aufseiten der Gegenrevolution stand und nur zur Täuschung anders redete.

Um die Macht- und Einflußverhältnisse dieser Zeit kennenzulernen, muß nun noch auf die Klubs hingewiesen werden, besonders auf den Jakobinerklub. Wenn nämlich die Nationalversammlung unter Einfluß stand, dann unter diesem.

Schon in Versailles war der Bretonische Klub bekannt, dessen vorbereitende Tätigkeit zur Abschaffung der Feudalprivilegien geführt hatte. Es war der Klub der 44 Abgeordneten der Bretagne (Dritter Stand), die in fremder Umgebung solidarisch vorgehen wollten und denen sich andere anschlossen. Nach der Übersiedlung nach Paris kam es zur Neugründung im Dezember 1789 unter nationalerem Gepräge. Man nannte sich nun „Gesellschaft der Revolution" (nach einer englischen Vereinigung). Man fand Unterkunft im Refektorium, später im Bibliothekssaal des Dominikanerklosters in der Rue St. Honoré nahe bei den Tuilerien. Die Dominikaner hießen nach dem Hauptkloster in der Rue St. Jacques auch Jakobiner, und dies wurde dann auch der zwar inoffizielle, aber um so bekanntere Name des neuen Klubs. Er hatte 200 Mitglieder, dann 400, Ende 1790 waren es über 1000. Die Vereinigung bestand durchaus nicht nur aus Abgeordneten der Nationalversammlung. Man mußte einen hohen Mitgliedsbeitrag zahlen, wodurch Minderbemittelte ausgeschlossen wurden. Die Sitzungen waren nicht öffentlich, man veranstaltete nur die Anhörung von Deputationen. Der Klub hieß dann ,,Gesellschaft der Verfassungsfreunde", allgemein aber, wie gesagt, Jakobinerklub. Er war der wichtigste aller Klubs und hatte eine beherrschende Stellung bis zum Sturze Robespierres 1794.

Keine andere politische Gruppe schaffte es, eine Netzorganisation über das ganze Land aufzubauen, die derjenigen der Jakobiner gleichwertig gewesen wäre. Es gab eine ständige Korrespondenz der Jakobiner mit den Klubs in allen großen und kleinen französischen Städten, der Pariser Klub bestätigte ihnen den Anschluß an die Jakobiner, er versorgte sie mit Veröffentlichungen und gab ihnen die Parolen. Im Juni 1791 existierten fast 450 Tochtergesellschaften. Die ständelose, gleichheitsbetonende, demokratische Gesellschaftsform der früheren literarischen und politischen Diskutierklubs findet sich hier wieder, verwandelt zur politischen Aktions-Körperschaft. Auf diese Weise umgriff der Jakobinerklub das ganze revolutionäre Bürgertum. Desmoulins beschreibt seine Stellung zur Nationalversammlung im Februar 1791 folgendermaßen: ,,Er ist nicht nur der große Inquisitor, der den Aristokraten Schrecken einflößt, sondern auch der große Requisitor (Ankläger), der alle Mißbräuche abstellt und allen Bürgern Beistand leistet. In der Tat scheint der Klub bei der Nationalversammlung das Amt des öffentlichen Anklägers auszuüben. Vor ihn werden von allen Seiten die Beschwerden der Unterdrückten gebracht, bevor sie an die hohe Versammlung gelangen. In den Saal der Jakobiner strömen fortgesetzt Deputationen, sei es, um Glückwünsche darzubringen, oder seinen Segen zu erbitten, seine Wachsamkeit anzurufen, oder die Abstellung von Ungesetzlichkeiten zu fordern."[65]

Die ,,linksgerichtete" Hauptgruppe der Nationalversammlung hat hierdurch, nicht mehr durch den Druck des Volkes oder des Palais Royal, ihre Macht auf die Nationalversammlung entscheidend verstärkt. Aus diesem Grunde sind so viele der radikalen Beschlüsse durchgesetzt worden.

Crane Brinton sieht in seinem Buch ,,The Jacobins" (New York 1930) im Jakobinerklub den Hauptgrund, weshalb das ,,monarchische Experiment" der gemäßigten Mirabeau-Lafayette-Richtung nicht durchkam. Er stellt fest, daß sich die Zusammensetzung des Jakobinerklubs im ganzen Verlauf der Revolution kaum verändert habe, zum mindesten in Hinsicht auf die soziale Schicht, aus der er sich rekrutierte. Eine Kerntruppe blieb immer im Klub, vielleicht ein Drittel bis zur Hälfte aller Mitglieder. ,,Sieht man von den paar Adligen und Klerikern ab, die in das Lager der Patrioten übergegangen waren, dann rekrutierten sich die Klubmitglieder durchweg aus dem guten Bürgertum, dem sich bei steigender Radikalisierung der Revolution eine zusehens größere, aber niemals beherrschende Anzahl von Handwerkern zugesellte."[66] Im allgemeinen waren es also begüterte und gebildete Geschäftsleute und Akademiker, die sich in diesem Klub zusammenfanden.

Was wollten diese Jakobiner, war was ihr Ziel? Für Crane Brinton ist die Antwort klar: sie wollten eine Republik schaffen. Das ist seine These, während Aulard der Meinung gewesen war, vor dem Juni 1791 sei der Wunsch nach einer Republik kaum verbreitet gewesen, wenn es auch seit Dezember 1790 eine republikanische Partei gegeben habe. Man kann sagen, daß diese ältere Auffassung von Aulard merkwürdig streng hinsichtlich des Beginns einer republikanischen Partei ist. Dieser Beginn wird so spät wie irgend möglich festgestellt, um die Jahreswende 1791/92. Gerade für einen Republikaner, wie es Aulard war, erscheint eine solche These geradezu merkwürdig, – als ob die französische Republik nur so etwas wie eine Zufallsrepublik gewesen wäre. Aulard suchte offenbar etwas Reineres und Wünschenswerteres als eine nur aus politischer Absicht und Intrige hervorgegangene Republik. „Nach Ansicht des Freidenkers Aulard gebührt der Ersten Republik der Ruhm der unbefleckten Empfängnis", spottet Crane Brinton.[67] Man muß dazu sagen, daß Aulard tatsächlich weniger als Republikaner denn als Gegner Taines und als strenger Positivist an diese Frage herangegangen ist. Er stellte die Frage des philosophischen Einflusses zurück und versuchte genau festzustellen, wann klare republikanische Äußerungen zu finden waren, was das hieß und wieviele es aufnahmen. Im Grunde, wenn man Aulard genauer liest, gibt auch er schon sehr früh einzelne Äußerungen republikanischen Charakters zu, die aber eben „vereinzelt" gewesen seien. Crane Brinton seinerseits gibt ebenso zu, daß es anfangs kaum Antimonarchisten gab, meint aber, daß alle Revolutionäre ein Programm hatten, das sich nur verwirklichen ließ, wenn ein so religiöser und standesbewußter König wie Ludwig XVI. fort war. Der neueste Historiker der Jakobiner, Michael L. Kennedy, betont nach Untersuchung aller regionalen Klubs die starke antireligiöse Haltung und neigt hinsichtlich der Verfassungsfrage wieder mehr Aulard zu.[68] Zusammenfassend kann man eigentlich nur sagen: Die Jakobiner waren entschlossen, ihr Programm zu verwirklichen, ohne auf den König Rücksicht zu nehmen. Das mag man dann Republikanismus nennen, wenn man will.

Viel radikaler war von vornherein der *Cercle Social*, der sich seit 1789 im Zusammenhang mit der Munizipalrevolution bildete und neben weitgehenden Landreform- und Emanzipationsplänen schon früh republikanische Ideen vertrat. Zu seinem Kern gehörten Männer, die wir auch in anderen fortschrittlichen Klubs und später bei den Girondisten finden, besonders Brissot und Condorcet. 1790 entwickelte sich aus dem Cercle die größere *Confédération des Amis de la Vérité* mit 3–6000 Mitgliedern, die sich nach dem Fluchtversuch Ludwigs XVI. im Juni 1791 so entschieden für eine Republik einsetzte, daß sie verboten wurde. Die spätere Rivalität zwischen Montagnards und Girondisten hat dazu geführt, daß die große Bedeutung dieser Gruppe, die auch nach ihrem Verbot eine breite publizistische Wirkung entfaltete, in der Geschichtsschreibung selten gewürdigt worden ist.[69]

Zum Jakobinerklub gehörte anfangs auch Lafayette. Als er mit seiner Richtung dann nicht durchkam, – was schon damit zusammenhing, daß er ein sehr schlechter Redner war –, verließ er den Klub und gründete einen anderen, die sogenannte „Gesellschaft von 1789" mit Sieyès, Condorcet und Talleyrand. Es war mehr ein Salon als ein Klub. Etwa im Mai 1790 fand diese Gründung statt. Der Klub hatte 600 Mitglieder, er war hochvornehm und sehr moderat und hatte keine große Wirkung.

Rechts von ihm gründeten die Monarchisten im Dezember 1789 den „Klub der Unparteiischen" und im April 1790 den „Klub der Freunde der monarchistischen Verfassung", der offen nur bis zum Frühjahr 1791 existierte, dann heimlich fortbestand.

Noch weiter rechts gründete man im April 1790 den sogenannten „Französischen Salon", aber sehr heimlich. Er war das Zentrum royalistischer Verschwörungen. Alle diese genannten Gesellschaften erreichten nicht die Wirkung der Jakobiner.

Interessanter ist es, daß es auch bei den unteren Schichten Klubbildung gab, die sogen. Volksgesellschaften. Der Schulmeister Claude Dansard versammelte Handwerker und Händler mit ihren Frauen und Kindern, um ihnen die Gesetze der Nationalversammlung zu erklären. Man nannte das die „Gesellschaft brüderlicher Patrioten beiderlei Geschlechts" *(Société fraternelle des patriotes de l'un et l'autre sexe)*. Dies ist nur das erste Beispiel solcher Zusammenschlüsse. Auch Berufsgruppen und Ausländerklubs schlossen sich in den einzelnen Sektionen von Paris zusammen. Wir finden es auch in anderen Städten Frankreichs. Die 48 Sektionen selber, die es seit Juni 1790 in Paris gab, bildeten patriotische Föderationen, eine Mischung von Diskussionsgruppen und Kampforganisationen. Vorbild war die Sektion des Alten Theaters, der sogen. „Klub der Freunde der Menschenrechte" (man sieht die von Mirabeau gefürchtete Wirkung der Menschenrechtsdiskussion!). Diese Sektion tagte im Kloster der Cordeliers (Franziskaner), und wurde entsprechend genannt. Es war ein regelrechter Kampfklub. Nach den Statuten war seine Aufgabe, der öffentlichen Meinung die Mißbräuche der öffentlichen Gewalten anzuzeigen und über die Achtung der Menschenrechte zu wachen. Man nannte sich darum das „Auge der Wachsamkeit". Der Mitgliedsbeitrag war gering. Männer wie Danton, Desmoulins und Marat stiegen durch diesen Klub auf. Oft nahm der Klub Stellung gegen das Stadthaus. Danton brachte von hier aus seine Anklage gegen die Minister in der Nationalversammlung vor; diese wurde zwar daraufhin nicht tätig (Oktober 1790), aber die Minister wurden dadurch doch zum Gehen veranlaßt, und Danton minderte auf diese Weise indirekt den Einfluß Lafayettes auf den König. Es gab unendlich viele andere Klubs, auch frauenrechtliche. Condorcet hatte im Juli 1790 einen Aufsatz ‚Über die Gewährung des Bürgerrechts an die Frau' geschrieben, mit der Argumentation, daß sie sich oft als wahre Bürger(innen) erwiesen hätten. In den Provinzen gab es zuweilen sogar bewaffnete Frauenbataillone.

Wichtig ist, daß auch diese Klubs Kontakt untereinander hielten. Hannah Arendt hat von ihnen im Anschluß an die Forschungen von Guérin gesagt: „Die französischen revolutionären Gesellschaften antizipierten mit einer geradezu unheimlich anmutenden Genauigkeit jene Räte und Sowjets, die von nun an in jeder echten Revolution des 19. und 20. Jahrhunderts auftauchen sollten. Immer wieder erschienen sie auf der Bildfläche des Geschehens als die spontan gebildeten Volksorgane, und sie entstanden nicht nur außerhalb aller Parteien, sie kamen den Parteien und Parteiführern jedesmal wieder gänzlich unerwartet."[70]

Um die Breitenwirkung der Revolution zu verstehen, muß man außerdem die unendliche Zunahme an *Zeitungen und Broschüren* bedenken, die oft von Klubs initiiert und finanziert wurden. Louis Blanc hat festgestellt: „Die Revolution erzeugte den Journalismus. Innerhalb weniger Wochen sah man eine beispiellose Produktion an Monats-, Wochenschriften und Tageszeitungen."[71] Deutlich ist zu sehen, daß die Nationalversammlung in der Betonung und Unterrichtung der Öffentlichkeit voranging. Seit August 1789 gab es das ‚Journal des Debattes et des Decrêtes' für ihre Berichterstattung. Am besten informierte ‚Le Moniteur', der in der ersten Zeit Lafayette nahestand und noch heute eine der besten Quellen für die Französische Revolution darstellt. Von Anfang November 1789 bis zum Juli 1790 erschienen etwa 170 neue Zeitungen in Paris.[72] Man kennt Marat mit seinem ‚Ami du peuple' (seit September 1789), Camille Desmoulins mit seiner Zeitschrift ‚Les révolutions de France et de Brabant'. Noch mehr gelesen wurde ‚Le Patriote français', herausgegeben von Brissot, der zeitweise Anhänger Lafayettes war. Es gab auch royalistische Blätter (‚Ami du Roy', von der königlichen Zivilliste unterhalten, und etwa das ‚Journal politique national', 1789 bis Ende 1790 von Rivarol herausgegeben). Marat war es, der im August 1790 seinen Großangriff gegen den populären Mirabeau losließ – gegen einen Mann, wie er sagte, der sich dem Hof verkauft habe. Das führte allerdings zur Beschlagnahme der Zeitung und zum Haftbefehl gegen Marat. Die Cordeliers schützten ihn.

In der Nationalversammlung hatten solche Journalisten kaum Fürsprecher, wenn man von Robespierre absieht. Sehr typisch war es, wenn Barnave erklärte, Frankreich sei mit dem – noch zu besprechenden – Zensuswahlrecht zufrieden, und nicht Landleute und Arbeiter begehrten dagegen auf, sondern nur Pasquillanten und Zeitungsschreiber.

Soviel über die politischen Macht- und Einflußzentren dieser Zeit, also der Monate von Oktober 1789 bis September 1791.

b) Verfassungswerk

Wir kommen nun zum Verfassungswerk der Nationalversammlung in seinen Grundzügen, wie es unter dieser Konstellation zustandekam. Gemeint ist damit das Verfassungswerk, nachdem die Menschenrechte erklärt und die Feudallasten abgeschafft, sowie das Einkammersystem der Legislative und das suspensive Veto des Königs (Einspruch, der für die Dauer von zwei Legislaturperioden wirksam sein sollte) beschlossen worden waren.

Nur kurz zu erwähnen ist, was die Exekutive betrifft: Ludwig war seit dem 10. Oktober 1789 nicht mehr „Ludwig von Gottes Gnaden König von Frankreich und Navarra", sondern „Ludwig von Gnaden Gottes und der Staatsverfassung König der Franzosen" (d.h. von einer Staatsverfassung, die noch gar nicht artikuliert worden war). Frankreich war also nicht mehr sein Eigentum. Er war absetzbar, wenn er Hochverrat beging oder wenn er das Land ohne Erlaubnis der Nationalversammlung verließ. Bei Minderjährigkeit sollte ein Regent durch Volksabstimmung bestimmt werden. Die Minister sollten durch den König gewählt werden, sie durften nicht Mitglieder der Nationalversammlung sein. Sie waren aber der Nationalversammlung verantwortlich; über die Anklagemöglichkeit hinaus forderte die Nationalversammlung monatliche Abrechnung der zugewiesenen Fonds. Der König konnte ohne Gegenzeichnung der Minister nichts unternehmen. In dieser Weise gingen die Bestimmungen weiter. Man kann also allgemein von einer wirklich sehr starken Beschränkung, ja kaum von einer Regierungsfähigkeit des Königs sprechen.

Ebenso kurz ist zu erwähnen, daß alle alten Beamtenkörperschaften verschwanden, daß im November 1789 sogar die Parlamente für alle Zeiten „beurlaubt" wurden. Darauf kam es zur Neuordnung des Gerichtswesens, mit Abschaffung der Folter, mit ziviler Rechtsprechung durch Friedensrichter, Rechtsprechung bei Strafsachen mit Geschworenen usw. Der höchste Gerichtshof war vom König unabhängig, er war praktisch in der Hand der Nationalversammlung, da nur sie Anklagerecht hatte.

Im Juni 1790 wurde der Erbadel abgeschafft; alle Adelstitel wurden damit beseitigt. Mirabeau hieß nun Riqueti. All dies verbrüderte aber nicht, sondern spaltete. Die Nationalversammlung schaffte sich in der Beamtenschaft und im Adel Feinde. Es kam zu einem Strom von Emigranten. Besonders die Offiziere verließen die Armee.

Die Abschaffung der Zunftmonopole, aller besonderen Privilegien der Provinzen, Städte und Gemeinden war pauschal schon am 4. August 1789 beschlossen worden, aber erst am 2. März 1791 wurde die Abschaffung der Korporationen, der Zünfte und Innungen Gesetz und am 14. Juni 1791 das Verbot von Arbeitervereinigungen und – modern ausgedrückt – Streiks. Arbeiter und Gesellen waren nun zwar Unternehmern und Meistern rechtlich gleichgestellt, aber sie sollten sie nicht unter Druck setzen können und waren damit dem modernen Konkurrenzkampf stärker ausgeliefert als früher. Kein anderes Gesetz hat so deutlich Befreiung mit neuer Unterwerfung verbunden, kein anderes so sichtlich der kapitalistischen Unternehmerwirtschaft gedient, für die es die bisherigen Schranken zerstörte. Erst 1864 wurde das Streikverbot aufgehoben, erst 1884 das Koalitionsverbot.

Ausführlicher ist hinzuweisen auf die Beseitigung der alten, allzu umständlich-historischen Verwaltungsbezirke – also der Steuerbezirke, Landeshauptmannschaften, Statthaltereibezirke – durch die Neueinteilung in 83 Departements mit den Unterabteilungen: Distrikt, Kanton, Kommune. 44000 Kommunen entstanden auf diese Weise.

Hinter dieser Neuordnung stand wohl der Gedanke, dem alten Partikularismus der Provinzen ein Ende zu machen. Man sah darin die Verbrüderung zur Gesamtnation. Man darf aber das Mathematisch-Willkürliche und Unitarische an dieser Neuerung nicht überbewerten. Die Abgrenzung der Departements respektierte nämlich nach Möglichkeit die alten Grenzen, behielt dabei freilich nicht die alten Namen bei, sondern erfand neue, z. T. noch heute ungewöhnlich wirkende Namen nach Flüssen und Bergen für die einzelnen Departements. Und außerdem ist wichtig zu betonen, daß die hierdurch bewirkte Stärkung des Zentralismus eigentlich erst eine spätere Entwicklung ist. Es ist die Entwicklung, die erst durch die Jakobiner und dann durch Napoleon weitergeführt wird, übrigens in Fortsetzung der früheren Absichten im französischen Absolutismus. Ursprünglich war die Neueinteilung in Departements und Unterabteilungen gedacht als einfachere Verwaltungseinteilung und gleichzeitig als Möglichkeit, die Bürger näher an die Verwaltung heranzubringen. Es war eigentlich dezentralistisch, antiabsolutistisch gemeint. Es gab nun nicht mehr Intendanten, die durch den König in den Statthalterschaften ernannt wurden. Die Nationalversammlung erfand keinen Nachfolger für diese verhaßten Beamten. Sie versuchte das doppelte Anliegen der Nation zu verwirklichen, nämlich die Verwaltungsbezirke und Verfahren formal zu vereinheitlichen und die staatliche Autorität durch viele Einzelwahlen aufzugliedern, aufzusplittern. Von den Bürgern (von einer bestimmten Steuerhöhe ab) sollte ein Rat von 36 Mitgliedern gewählt werden, ein ehrenamtlicher, also nur für Wohlhabende zugänglicher Rat; hieraus wurde ein Direktorium von acht bezahlten als Exekutive gewählt. Daneben gab es den *procureur général* für die richtige Handhabung der Interessen, und hierin kann man doch eine Art Staatsüberwachung sehen, denn dieser *procureur général* verkehrte mit den Ministern; auch er wurde gewählt.

Das Departement als Nachfolger der Provinz war gedacht als kleine Republik, die sich selber regierte. Unmittelbar war die Zentralgewalt durch keinen Beamten vertreten. Allerdings konnte der König die Verordnungen des Departements aufheben, dagegen konnte aber das Departement an die Nationalversammlung appellieren.

Das ganze war also eine umfassende Dezentralisation, eine Aufteilung der Gewalten nach amerikanischem Muster. Typisch ist das zu sehen vor allem in der weiteren Dezentralisierung bis in die Kommunen. Die Gemeindebehörden wurden direkt gewählt. Man kann also feststellen: statt der alten Behörden, die von den Bürgermeistern und den ämterkaufenden Schöffen beherrscht wurden, statt der traditionalistischen Sonderformen und statt stärkerer zentralstaatlicher (absolutistischer) berufsbeamtlicher Einwirkung ist die Politisierung der Bürgerschaft selber tendiert. Gezielt wird auf die Selbstverantwortung und die Selbstverwaltung. Jedenfalls in den Kommunen ist das nicht auf die *wohlhabende* Bürgerschaft beschränkt, sondern zunehmend kommt der politische Wille der unteren Volksschichten zur Geltung. Die Gegensätze zwischen demokratischen Gemeindeverwaltungen und konservativeren höheren Behörden um 1792 sind daraus entstanden.

Das damals geschaffene, weithin bewunderte System besteht im wesentlichen bis heute. Insofern kann man sagen, daß es vielleicht die haltbarste praktische Leistung der Revolution gewesen ist. Sie baute zweifellos auf den Verwaltungsreformen und Reformplanungen des Absolutismus auf, wie das als erster Tocqueville erkannte, hat sie aber wesentlich verändert. Wenn man diese Dauerwirkung betont, so muß man aber sofort hinzufügen: dieses damals geschaffene System funktionierte bei seiner Einführung überhaupt nicht. In den Vereinigten Staaten von Amerika hatte es sich bewährt, weil die Bevölkerung dort seit langem in der Selbstverwaltung erfahren war. Die Franzosen wurden aus dem Obrigkeitsstaat allzu rasch in diese neue Form gestürzt. Vielfach wurde sie nicht verstanden oder abgelehnt, vielfach wurden die Freiheiten bis zur Destruktion mißbraucht. Daher kam man dann 1792 zurück zur Zentralisation, zwecks gewaltsamer Sicherung der Revolution. Das Berufsbeamtentum war fort, der neue Verwaltungsapparat versagte, – was vorhanden war, zentral leiten, ja diktieren konnte, war die das ganze Land durchdringende Organisation der Jakobiner, die dann bloß die Regierung übernehmen mußte. Aber mit diesen Bemerkungen greife ich in die künftigen Jahre voraus.

Eine andere wichtige Entscheidung der Nationalversammlung, die viele Kämpfe kostete und konstitutiv für die neue Gesellschaftsordnung sein sollte, war das Wahlrecht. Genauer: das den reichen Bürger bevorzugende Zensuswahlrecht. Das war einer der Punkte, in denen man die Menschenrechte zu hoffnungsvoll gefaßt hatte und nun einschränken mußte. Es kam nicht zur politischen Gleichberechtigung, es kam nicht zum allgemeinen Wahlrecht. Im Wahlrecht trennte man vielmehr aktive von passiven Bürgern nach einem System, das sich nach der Steuerleistung, also nach dem Vermögen ausrichtete. Wir sahen es schon bei den Departementswahlen.

Das war ein Rückschritt gegenüber der Wahl zu den Generalständen, aber man konnte sich auf das englische politische, auf dem Grundbesitz beruhende System berufen und man war diesem gegenüber sogar fortschrittlicher. Unübersehbar zeigt sich hier die Angst der besitzenden Bürgerschichten vor der Volksleidenschaft, vor dem Despotismus der Straße.

Das Wahlrecht war in den Debatten heftig diskutiert worden. Sieyès argumentierte, die Mehrheit der Bürger habe weder Kenntnis noch Zeit, sich mit der allgemeinen Gesetzgebung zu beschäftigen, die Mehrheit der Bürger seien „Arbeitsmaschinen". „Politische Rechte" seien außerdem nicht angeboren wie die „zivilen", also die Menschenrechte. Es bedürfe zu den politischen Rechten bestimmter Qualifikationen: angemessene Erziehung, gutes wirtschaftliches Einkommen, ein gewisses Maß an Muße. Also könnten Bedienstete oder Frauen dieses Wahlrecht nicht ausüben. Also seien Passivbürger von Aktivbürgern zu unterscheiden.

Man beschloß, der Aktivbürger solle mindestens 25 Jahre alt, Franzose und seit mindestens einem Jahr in Frankreich ansässig sein, er solle eine direkte Steuer mindestens im Wert von 3 Arbeitstagen (2–3 Livres jährlich) zahlen müssen. Diese Aktivbürger wählten die Wahlmänner. Die Wahlmänner sollten Steuern zahlen müssen im Wert von mindestens 10 Arbeitstagen (7–10 Livres jährlich). Sie können, wie schon gesagt, städtische Ämter bekleiden, sie können die Abgeordneten für die Legislative wählen. Die Abgeordneten brauchten Grundbesitz, eine Steuerleistung von mindestens 50 Livres.

Man kam also bei dieser Unterscheidung zu drei oder eigentlich vier Klassen. Von 25 Millionen Franzosen waren nur 4,3 Mill. Aktivbürger, nur 50000 Wahlmänner.

Gegen diese Regelung gab es von vielen Seiten Protest, vor allem gegen die Bedingungen für die Wählbaren, kaum gegen die Bedingungen für Wahlmänner. Am schärfsten kam der Protest von der Presse, von radikalen Pariser politischen Gruppen und von Robespierre. Man argumentierte, dies sei nicht die Nation, das Gesamtvolk; es sei schändlich, die Armen auszuschließen. Desmoulins argumentierte, Rousseau selber sei unter diesen Umständen nicht wählbar gewesen.

Dagegen wurde in den Debatten eingewandt: Sollten Bettler wählen können? Gar wählbar sein? Hiermit sei doch eine große Korruptionsgefahr verbunden. Außerdem hieße die Ausschließung der Armen eigentlich: Ansporn zum Fleiß. „Wer keinen Besitz hat, hat nicht eigentlichen Anteil an der Gesellschaft, wohl aber ist diese für ihn da", war die ausgleichende Grundvorstellung.[73]

Natürlich ist es keine unrichtige Vorstellung, daß das staatliche Verantwortungsgefühl, das Streben nach Sicherheit und Ordnung um so größer ist, je größer der vermehrbare Besitz ist. Damit hing deutlich der Wunsch zusammen, die Revolution zu beenden, ehe das Eigentum des Bürgertums angegriffen würde, – eine Gefahr, die man schon beim Bauernaufstand gesehen hatte.

Das Zensuswahlgesetz wurde mit 453 gegen 443 Stimmen beschlossen, am 22. Dezember 1789. Marat hatte schon vorher in seiner Zeitung erklärt: „Dadurch daß die Vertretungsbefugnis proportional von den direkten Steuern abhängt, wird die Herrschaft wieder in die Hände der Reichen gelegt; und das Los der Armen, die immer unterworfen, immer unterjocht und immer unterdrückt sind, wird sich nie mit friedlichen Mitteln verbessern lassen. Hier ist ein schlagender Beweis für den Einfluß des Geldes auf die Gesetze. Was haben wir gewonnen, die wir die Aristokratie der Adligen zerstörten, wenn sie durch die der Reichen ersetzt wird?"[74]

Tatsächlich wurde dieses Wahlrecht grundlegend für die spätere Entwicklung der „Plutokratie", der Herrschaft der Kapitalisten, des besitzenden Bürgertums und für die entsprechenden Angriffe gegen diese Herrschaft. Die Diskussion des Zensuswahlrechtes wurde nämlich durch seine Einführung nicht beendet. Es kam zu einer zunehmenden Zeitungskampagne dagegen, auch von den Volksgesellschaften aus. In diesem Zusammenhang wurde, wie Aulard festgestellt hat, im März 1791 erstmals der Ausdruck „Bourgeoisie" für die Klasse der Reichen benutzt, also der Ausdruck, der, seitdem es die alten, privilegierten Stadtbürger nicht mehr gab, frei zur Verfügung stand und in gewünschter Weise diffamierte. Man stellte den Bourgeois gegen den Citoyen, den besitzenden, klassenmäßig denkenden Bürger gegen den Staatsbürger. „Citoyen" war ein Ehrenausdruck der Revolution, während man nun sagen konnte: „Der Bourgeois ist kein Demokrat, weit gefehlt. Er ist von Instinkt Monarchist."[75]

Im April 1791 ließ Robespierre eine nicht in der Nationalversammlung gehaltene Rede drucken, in der er das allgemeine Stimmrecht vorschlug. Er sang ein großes, damals noch sehr originelles Loblied auf das Volk: „Es gibt im allgemeinen nichts so Gutes und Gerechtes wie das Volk, solange es nicht durch übermäßige Bedrückung gereizt wird. Es ist dankbar für die kleinsten Rücksichten, die man ihm erweist ..., selbst für das Böse, das man ihm nicht tut; man findet bei ihm in rauher Schale offene gerade Seelen, gesunden Verstand und eine Tatkraft, die man in der volksverachtenden Klasse lange umsonst suchen würde. Das Volk verlangt nur das Notwendige, es will nur Recht und Ruhe. Die Reichen beanspruchen alles ... Der Vorteil des Volkes ist der allgemeine Vorteil, der Vorteil der Reichen ist ihr Privatinteresse. Und ihr wollt die Reichen allmächtig und das Volk zu nichts machen!"[76] Diese gedruckte Rede erhielt großen Widerhall, Robespierres ungeheure Volkstümlichkeit scheint von hierher zu datieren. Wir finden also schon hier den Anfang des Weges zum allgemeinen Wahlrecht, das in der Verfassung von 1793 formuliert werden sollte.

Eine wichtige Änderung findet sich aber schon nach Varennes, im Juli 1791: Es wurde nämlich die Barriere zwischen den Wahlmännern und den Wählbaren niedergelegt, die Voraussetzungen wurden ausgeglichen. Das hieß, die Wahlmänner brauchten nun eine Mindeststeuer von 15–25 Livres statt nur 7–10 Livres. Soboul bezeichnet es als eine Verschärfung des Wahlsystems, er nennt also nur diese Steuererhöhung. Richtiger ist diese Veränderung wohl als ein neuer Kompromiß zu bezeichnen, der freilich die Ärmeren nachdrücklicher ausschloß, dafür aber den Weg in die Legislative für das städtische und ländliche Kleinbürgertum freimachte.

c) Außen-, Finanz- und Kirchenpolitik

Nach diesen Verwaltungs- und Wahlrechtsreformen ist nun das Augenmerk auf die drei fundamentalen Gebiete staatlicher Politik zu richten, auf Außenpolitik, Finanzpolitik und Kirchenpolitik.

Die *Außenpolitik* ist hier zunächst nur zu streifen, und zwar einer sehr bezeichnenden Position wegen, die die Nationalversammlung auf diesem Gebiet einnahm. Im Mai 1790 kam es zu spanisch-englischen Auseinandersetzungen wegen südamerikanischer Besitzungen. Spanien forderte in diesem Zusammenhang Frankreich im Hinblick auf den Familienpakt der Bourbonen zur Hilfe auf. Wer sollte nun über diese außenpolitische Frage entscheiden? Viele in der Nationalversammlung waren der Meinung, dies sei einfach eine gegenrevolutionäre Intrige. Entsprechend wurde eine Polemik gegen dynastische Kriege und gegen Geheimdiplomatie losgelassen. Man forderte Revision aller alten Allianzen. Man erklärte, die nationale Vertretung habe das ausschließliche Recht, Krieg zu erklären, die Diplomatie zu kontrollieren und Verträge zu beschließen: die nationale Vertretung – d. h. die Nationalversammlung! Mirabeau verteidigte zusammen mit Lafayette die bisherigen Usancen. Er erklärte, unmöglich könne eine größere Versammlung das tun, was die Geheimdiplomatie tue; wie der polnische Reichstag deutlich zeige, sei nämlich eine große Versammlung bestechlich. Gegen den Verdacht einer gegenrevolutionären Intrige behauptete Mirabeau, hinter allem stünde die außenpolitische Herrschsucht Englands. Diese unpopuläre Argumentationsweise kostete ihn übrigens viel Ansehen und förderte die (früher erwähnten) öffentlichen Angriffe gegen ihn.

Es kam zu dem folgenden Gesetz: Der König hatte nur das Recht, über Krieg und Frieden Vorschläge zu machen. Die Nationalversammlung sollte dann den Beschluß fassen. Zusätzlich kam es zu einer großen Verkündung der Nationalversammlung vor der ganzen Welt: „Daß die französische Nation auf jeden Eroberungskrieg verzichte und daß sie nie ihre Macht gegen die Freiheit irgendeines Volkes gebrauchen werde".[77] Die Außenpolitik wurde also, jedenfalls in der bisherigen Ausschließlichkeit, dem König entzogen und sie wurde gleichzeitig ideologisiert.

Was die *Finanzpolitik* betrifft, so wurden finanzpolitisch die eigentlichen, die stärksten revolutionspolitischen Entscheidungen in Gang gesetzt. Für die Finanzpolitik waren ja die Generalstände auch ursprünglich einberufen worden. Ihre Aufgabe sollte sein, das Defizit zu beseitigen. Wie Ranke in einer Vorlesung spöttisch bemerkte, habe dann die Nationalversammlung so ziemlich alles vernichtet, nur nicht das Defizit.[78]

Die Frage ist, ob der Nationalversammlung an dieser Beseitigung des Defizits tatsächlich so sehr viel lag. Mirabeau soll gesagt haben, das Fortbestehen des Defizits sei die beste Gewähr dafür, daß die Nationalversammlung nicht aufgelöst werde. Dies war allerdings vor allem die Vorstellung der Anfangszeit gewesen; man konnte sich dabei in einem gewissen, trügerischen Sicherheitsgefühl auf Necker berufen, der die Höhe des Defizits unverantwortlich heruntergespielt hatte.

Erst am 7. August 1789 gab Necker nun plötzlich bekannt, daß die Lage alarmierend sei. Die Staatskassen seien außerstande, ihren Zahlungsverpflichtungen nachzukommen. Die Bauern standen damals unter Waffen, sie weigerten sich, Steuern zu zahlen. Am 17. Juni hatte die Nationalversammlung alle Steuern ja für illegal erklärt, da sie von der Nation nicht bewilligt seien. Die Nationalversammlung hatte zwar erklärt, sie sollten trotzdem weitergezahlt werden, aber es war kein Wunder, daß dies kaum jemand konsequent fand.

Es kam zu Anleihebewilligungen, die aber kaum halfen. Wer zeichnete sie schon? Mitte September sah man ein, daß man sich mehr um diese Sache kümmern mußte, weil sonst, falls es zu einer Katastrophe kommen sollte, die Schuld an der schlechten Finanzpolitik der Nationalversammlung aufgebürdet würde. Necker hatte schon kritisiert, daß sie sich vielzusehr mit der Verfassung und vielzuwenig mit der Finanzfrage beschäftige. Drohender wurde die Finanzkrise auch dadurch, daß in dieser Zeit angesichts der revolutionären Zustände viel Geld ins Ausland abfloß.

Man machte nun eine große und eigentlich sehr vernünftige Steuerreform. Man schaffte die meisten indirekten Steuern ab. Die Erhebungen wurden im direkten Verhältnis zum Einkommen getätigt: Grundsteuer, Mobiliarsteuer (für Miete), Gewerbesteuer. Es war im Grunde eine vorzügliche Organisation, grundlegend für das ganze 19. Jahrhundert, aber sie war – ähnlich wie bei der Departementseinteilung – im Moment unwirksam, sie war sogar krisenverschärfend, vor allem, weil kein Beamtenapparat zur Berechnung und Durchführung existierte.

Die Einrichtung einer Nationalbank zur Ausgabe neuer Scheine und einer nationalen Garantie wurde abgelehnt. Hier folgte man also nicht dem Vorbild England. Man fürchtete, die Finanzen würden damit der Volksvertretung entzogen und der Exekutive ausgeliefert. Außerdem bestand große Angst vor Papiergeld dank der Erinnerung an den Bankkrach von John Law 1715–20, als es die erste staatliche Notenbank mit Spekulationsfieber, einer Papiergeldinflation und Staatsbankrott gegeben hatte.

Was sollte man tun? Im Dezember 1789 sagte ein Abgeordneter: Man muß das tun, was anständige Besitzer tun, wenn sie sich in einem ähnlichen Fall befinden: „Man muß die Erbschaft veräußern." Was war diese Erbschaft? Die Nationalversammlung hatte sie schon prinzipiell seit kurzem in der Hand: das Kirchengut. Daneben konnte man auch den königlichen Besitz so bezeichnen, er wurde auch oft in dieser Richtung gefordert; das war aber viel weniger im Vergleich zum Kirchengut.

Hier vermischen sich nun Kirchenfrage und Finanzproblem in wenig ansprechender Weise. An sich war das nichts ganz Neues. Es waren Forderungen, die früher schon oft vorgebracht worden waren. Ordensgüter waren schon unter Ludwig XV. bei Ordensauflösung zuweilen der Gemeinnützigkeit zur Verfügung gestellt worden. Es war also kein neuer und es war immer ein sehr verführerischer Gedanke gewesen. Andererseits mußte man feststellen, daß es hier eigentlich um eine Eigentumsfrage ging. Und Eigentum war ja gerade in den Menschenrechten streng geschützt worden.

Am 10. Oktober 1789, noch in Versailles, hatte der Bischof von Autun, Talleyrand, den entscheidenden Anstoß gegeben. Die Not der Zeit verlange außergewöhnliche Hilfsmittel. Talleyrand erklärte sehr kennzeichnend: Es gibt solche Hilfsmittel, die ,,– sonst würde ich sie zurückweisen – mit der strengen Achtung vor dem Eigentum vereinbar sind". Was die Kirchengüter betreffe, so sei der Klerus nicht ihr wirklicher Eigentümer, das sei nur derjenige, der über einen Besitz frei verfügen könne; der Klerus sei nur Nutznießer des Kirchenvermögens. Man brauche es für den Unterhalt der Kirchendiener, den Kultus, die Armenpflege. Wenn aber all das der Staat übernehme, brauche man es nicht. Der Kirche sind die Güter für die Gemeinschaft der Gläubigen übergeben worden – Talleyrand verwechselte nun enharmonisch ,,Gemeinschaft der Gläubigen" mit ,,Nation" –: die Nation kann diese Güter, wenn es ihren Zwecken dient, in andere Hände legen. Es diente ihren Zwecken. Mit den Einkünften aus diesen Gütern, mit der Veräußerung dieser Güter war ein großer Teil der öffentlichen Schuld abdeckbar. Danach stellte Mirabeau den Antrag, die Kirchengüter zum Nationaleigentum zu erklären, er verlangte also die *nationalisation* mit der Verpflichtung für den Staat, den Unterhalt der Kirche und ihrer Diener in würdiger Form zu gewährleisten.

Hierüber kam es zur leidenschaftlichsten Debatte von 1789 zwischen dem Klerus und den bürgerlichen Juristen. Es war deutlich, daß die Kirche hier viel, viel mehr verlieren sollte als der Adel am 4. August. Sie sollte als Korporation ausgeschaltet werden, ihre Unabhängigkeit verlieren. Daß der Adel der Hauptnutznießer des Kirchenvermögens war und daß die Bischöfe meistens gegenrevolutionär eingestellt waren, förderte das Vorgehen. Man erklärte also: „Es ist unpolitisch, daß große Körperschaften Grundeigentum besitzen". Deutlich hört man hier die Tendenzen des individualistisch eingestellten Besitzbürgertums. Es nützte nichts, daß Maury dagegen erklärte, der Kult werde erniedrigt, wenn er und die Priester auf demütigender, unsicherer staatlicher Unterstützung beruhten.Die Achtung vor der Kirche werde schwinden, die Unterwürfigkeit des Volkes aufhören. Genau dieses erschien vielen Laien gar nicht übel nach der Erfahrung mit der Übermacht der „Infâme", wie Voltaire die Kirche genannt hatte.

Am 2. November 1789 wurde das Kirchengut „der Nation zur Verfügung gestellt", mit 568 gegen 346 Stimmen. Dies gehört ebenbürtig zu den ungeheuren Entscheidungen der Revolution von 1789, zur Bildung der Nationalversammlung, zur Stellung gegen den König und zur Stellung gegen den Feudalismus. Die Rasanz des Vorgehens in diesen wenigen Monaten des Jahres 1789 wird dabei noch ein Stück deutlicher. Sie ist mit nichts Bisherigem zu vergleichen und eigentlich auch mit nichts Späterem; denn von da an war es ja leichter, so revolutionär zu sein.

Wir betrachten zunächst weiterhin die finanzgeschichtliche Seite dieser Entwicklung. Frankreich wurde durch den Beschluß vom 2. November 1789 noch einmal vor dem Bankrott bewahrt. Und zwar durch die bekannten, ja berüchtigten Assignaten. Man müßte Finanzkenner sein, um deren Funktionsweise im einzelnen zu erklären, – das waren übrigens viele Franzosen damals auch nicht und das hat etwas mit der damaligen Finanzentwicklung zu tun. Man müßte die Einzelstufen von Vierteljahr zu Vierteljahr durchgehen, um zu sehen, wie aus einer halbwegs funktionierenden Übergangslösung eine teils gefährliche, teils vorteilhafte Dauerlösung wurde. Vorteilhaft, weil dieses Verfahren in der Krisenzeit eben doch besser funktionierte als das Steuersystem. Gefährlich, weil die Steuern aus Geiz und Mißtrauen nicht eingebracht wurden und es dadurch zur inflationären Papiergeldentwicklung kam.

Zunächst gab man Assignaten auf die (noch gar nicht übernommenen) „Nationalgüter". Es war *nicht* Papiergeld, sondern es waren verzinsliche Schatzscheine, 5%ige Schuldverschreibungen; für die Rückzahlung waren die aus dem Verkauf der Nationalgüter zu erwartenden Beträge als Deckung zugewiesen, d. h. „assigniert". Das sollte eine Übergangsregelung bis zum April 1790, also bis zum Eintreffen der „patriotischen Steuer" sein. Diese Form klappte kaum. Die Assignaten wurden kaum angenommen, weil der Güterverkauf noch in der Zukunft lag und damit eine unsichere Sache war. Und außerdem kam die Steuer im April kaum herein – statt 150 Millionen Franken konnte man nur 9,7 Millionen einsammeln.

Nun wurden weitere Assignaten angeboten, sie wurden normales Zahlungsmittel, also nun doch Papiergeld, und unverzinslich. Der Staat nahm jetzt die Kirchengüter selber in die Hand, statt die Verkäufe wie bisher durch die Geistlichen vornehmen zu lassen. Der Ertrag aus den Gütern wurde als geringer erkannt, als man durch Veräußerung gewinnen konnte. Von Juli bis September 1790 gab es lange Debatten darüber, dann wurde die Veräußerung sämtlicher Nationalgüter beschlossen, zu günstigen Zahlungsbedingungen, Raten auf 12 Jahre; alte Belastungen der Objekte übernahm der Staat. Dadurch kam es zu einer langjährigen unendlichen Vermögensfülle des Staates, die in Papiergeld umgesetzt wurde, das aber im Wert schnell schwindet. Dieses Verfahren verantwortete nun nur noch die Nationalversammlung, nicht mehr Necker, der im September 1790 ging.

All dies mögen sehr abstrakte Manipulationen sein, aber man glaubt mit Händen zu greifen, wie Werte und Besitztümer des Ancien Régime vom zahlungskräftigen Bürgertum und auch vom Bauerntum aufgekauft werden. Es kam zu einem riesenhaften Besitzwechsel, zu einem Wechsel von etwa 6–10% des französischen Grund und Bodens. Es ist deutlich, wie diese neue, reich werdende Klasse an den Erfolg der Revolution gebunden wurde, allerdings an den Erfolg einer ihr Eigentum hütenden und das heißt ihre politische Vorrangstellung bewahrenden Revolution.

Finanziell hatte diese Assignaten-Inflation natürlich alles andere als stabilisierende Folgen, so einigermaßen stabil sie auch bis etwa in den Herbst 1791 wirkte, d. h. bis zum Zusammenfallen mit der politischen Krise nach Varennes und dann mit dem Krieg. Das Hartgeld verschwand, das Spekulantentum blühte, Mißbrauch, z. B. auch durch falsches Papiergeld, das von den Emigranten eingeschmuggelt wurde, war an der Tagesordnung. Das Mißtrauen in den ganzen Zahlungsverkehr wuchs. Ebenso Teuerung, Armut und Mangel, – wobei dieser Mangel oft in Wirklichkeit nur Zurückhaltung von Waren war. Wie bei jeder Inflation kam es aber auch zu wirtschaftlichem Auftrieb für neue Unternehmer, zu Lasten der alten Besitzenden. Und insofern hatte die Nationalversammlung *politisch* ihren Zweck erreicht. Auf diesem Wege verschwand, wie Göhring gesagt hat, die größte und mächtigste Körperschaft des Ancien Régime, die Kirche. Und die meisten, die Kirchenbesitz erwarben, wurden an die Revolution gebunden. Mit Recht hatte man versichert: Jede Assignate schaffe einen Verteidiger der Revolution. ,,Es handelt sich darum, die Verfassung zu befestigen, ihren Feinden jede Hoffnung zu nehmen und sie durch ihr eigenes Interesse an die neue Ordnung zu fesseln", so formulierte es der Abgeordnete Montesquiou.[79]

Wie gesagt, die meisten, die Kirchenbesitz erwarben, wurden an die Revolution gebunden. Das war städtisches Bürgertum, Bauern und viele andere kleine Käufer. Es kam zu Bauernzusammenschlüssen für den Kauf, da Kirchengüter nur als zusammenhängende landwirtschaftliche Betriebe versteigert, nicht parzelliert wurden. Nutznießer waren also die schon reichen Landwirte und Bürger. Es erwarben aber auch viele gegenrevolutionäre Adlige und Priester solche Güter. Und dieser schnelle Verkauf der Nationalgüter lag durchaus nicht am ,,Vertrauen in die neue Revolutionsordnung", sondern oft am Mißtrauen gegenüber dem Assignatengeld, das rasch in sicheren Bodenbesitz umgetauscht wurde. Hier zeigen sich die Grenzen des politischen Erfolges der Finanzentwicklung. Die Inflation ging viel zu schnell. Die ganze Währungskrise konnte eigentlich erst 1797/98 gestoppt werden. Neu angekurbelte Industriebetriebe litten bald unter Warenpreissteigerungen und Verteuerung der Lebenshaltung. Dieser wirtschaftliche Mißerfolg der Regelungen der Nationalversammlung wirkte sich dann auch politisch negativ aus. Der Kampf zwischen Alt und Neu entbrannte nun auch in dieser Dimension.

Entmachtung des Königs, neue Departements-Einteilung, Rechtsreform, neues Wahlrecht, Außenpolitik – : all das mochte für die meisten Franzosen spannend, jedoch nicht existenzgefährdend sein. Aber als der Brand der Revolution an die *Geld*verhältnisse griff, waren sie alle betroffen. Das gehörte zum Persönlichsten. Und um so schlimmer, wenn gleichzeitig und damit zusammenhängend der Brand in anderer Weise an das Persönlichste griff, an die Religionsfrage. Hier wurde sogar – muß man sagen – der so phlegmatische, ja apathische König schwer getroffen.

Die Finanzreform brachte es mit sich, daß die Kirche viele ihrer Einrichtungen verlieren mußte: Erziehungsanstalten (Schulen, auch Universitäten), Krankenhäuser, auch die Klöster, die aufgehoben wurden. Im Februar 1790 wurde die Auflösung der Orden verfügt. Das war nicht problematisch, denn die Ordensgeistlichkeit, die sich im Verfall befand, hatte in der Öffentlichkeit einen schlechten Ruf und sie verfügte über ein beträchtliches Vermögen. Wer von den Mönchen und Nonnen wollte, konnte ins Privatleben zurückkehren und erhielt eine Altersrente. Ewige Gelübde konnten nicht mehr abgelegt werden. Die Ordensgüter wurden vorrangig zum Verkauf bestimmt.

Die Bischofssitze wurden auf 83 beschränkt, nach der Departements-Einteilung. Vorher waren es 135 gewesen. Die Bischöfe sollten nicht mehr wie bisher seit 1516 vom französischen König ernannt, sondern gewählt werden, und zwar nicht vom Kapitel, das abgeschafft wurde, sondern von Aktivbürgern, ebenso wie die anderen Departements-Beamten. So wurden auch alle anderen, auch die Pfarrer, gewählt, allerdings von kirchlichen Oberen eingesetzt. Sie galten als „Beamte der Moral". Man kann das als eine deutliche Verstaatlichung der Kirche bezeichnen, als eine *noch* stärkere Staatsbindung, nicht etwa als eine Trennung von Kirche und Staat. Zwar wurde abgelehnt, was ein Kartäusermönch im April 1790 beantragte, nämlich die römisch-katholische Religion zur Staatsreligion für alle Zeiten zu erklären, etwa nach dem Muster der anglikanischen Staatskirche, aber de facto war die katholische Religion der allein vom Staat subventionierte Kultus. Nichtkatholiken – Calvinisten, Anabaptisten, Quäker, etwa 750000 Personen – wurden nur toleriert und erhielten in einem Beschluß der Nationalversammlung vom 24. Dezember 1789 alle bürgerlichen Rechte einschließlich der Zulassung zu allen Verwaltungsämtern; wobei man übrigens nur in diesem letzten Punkt über ein schon 1787 erlassenes Edikt hinausging.

Durch diese ganze Kirchen-„Reform" wurden natürlich die Interessen des Papstes schwer verletzt. Aber das hatten die Monarchen Frankreichs und anderer Staaten in diesem Jahrhundert, in dem die päpstliche Autorität weniger den je angesehen war, laufend getan. Der Papst hatte das meistens hinnehmen müssen, also die Reformen Josephs II. oder 1774 Katharinas Neuordnung der polnischen Bistümer. Dies waren absolutistische Reformen gewesen, Reformen von Mächten, die das göttliche Recht und die hierarchische Ordnung bejahten. Die Nationalversammlung war sehr erstaunt, daß der Papst die neue französische Kirchenordnung nicht hinnahm. Er tat es nicht, weil sie unter dem Prinzip der Volkssouveränität stand und er die Erklärung der Menschenrechte für „gottlos" erklärte. Der französische König hatte sie hingenommen, so entsetzlich er sie fand, weil ihm gesagt wurde, der Großteil des Klerus sei für diese Reform. Ebenso wurde es dem Papst gesagt, wobei man die Warnung hinzufügte, er solle eine Spaltung der Kirche vermeiden. Trotzdem erklärte Pius VI. mißbilligend, „eine politische und rein bürgerliche Versammlung habe nicht das Recht, die Lehre und allgemeine Kirchenzucht zu verändern, den Urteilen der Heiligen Väter und Konzilien Hohn zu sprechen, das ganze Gebäude der katholischen Kirche nach Willkür zu erschüttern und zu verstümmeln."[80] Er kündigte eine Kardinalsversammlung darüber an und verlangte von Ludwig XVI., ihm beizustehen gegen seine rebellischen Untertanen in Avignon und Comtat.

Um dies alles noch einmal in seiner Verquickung von Finanz- und Kirchenfrage ganz deutlich zu machen: Wie das Finanzproblem gelöst wurde, – jedenfalls vorübergehend –, war eine *politische* Entscheidung. Das muß man nachdrücklich betonen. Es hätte nicht unbedingt mit Hilfe des Kirchengutes, es hätte auch anders gelöst werden können. Necker erklärte am 5. Mai 1790: „Welch ein Land bot jemals mehr Mittel zum Wohlstand dar! ... Welche Rohstoffe, welche Mittel der Manufaktur, des Handels, um ein Königreich zur höchsten Stufe des Wohlstandes zu erheben!" Das Problem war, so gesehen, eigentlich: wie konnte einem armen Staat in einem reichen Land geholfen werden? Handel, Spekulation (Börsenkapital) und Industrie wurden für die Besteuerung weitgehend unberücksichtigt gelassen. Das war eine politische Entscheidung der Nationalversammlung. Anleihen wurden von ihr nicht genügend unterstützt. Der Reichtum des sichersten Standes, des Klerus, war verlockender. Denn dadurch wurde der hohe Klerus geschwächt. Er hatte das provoziert durch seine Unfähigkeit, seinen Geiz, sein Privilegiendenken. Demgegenüber war der niedere Klerus mit dem „Ausgleich" bis zu einem gewissen Grade zufrieden, zumal er eine großzügige Besoldung durch die Nationalversammlung erhielt.

Es ist also deutlich eine politische Entscheidung, die Kirche als Korporation, als Staat im Staate zu entmachten. Dieser „Stand" verlor mehr als der Adel. Deshalb wurde sein Besitz „nationalisiert". Deshalb wurden die Geistlichen als Kirchenbeamte, als Beamte der Moral und Erziehung von der Nationalversammlung beibehalten. Die ganze Sache war anti-kircheninstitutionell gemeint, nicht eigentlich anti-religiös. Denn die Religion galt dem aufgeklärten Bürgertum als nützlich – so indifferent man zu Echtheit und Sinn von Kultus und christlicher Überlieferung stehen mochte – für die soziale Fügsamkeit des Volkes. Sie hatte eine Ordnungsfunktion. Im Grunde war die Einstellung dieses Bürgertums zur Monarchie nicht anders. Schon Voltaire hatte in diesem Sinne erklärt, wenn es Gott nicht gäbe, müßte man ihn erfinden.

Man muß dazu bedenken, daß Klerus und Theologie im französischen 18. Jahrhundert ähnlich rationalistisch, weltlich aufgeklärt waren wie das Laientum. Oder: So religiös wie der Dritte Stand die Menschenrechte nahm, so weltlich nahm der Klerus das Christentum. Das sieht man etwa an den Predigten zur Zeit der Nationalversammlung. Da heißt es etwa,

Gott habe Männer von Genie erweckt, um die natürliche Gleichheit, die gesellschaftliche Brüderlichkeit, die wahren Gesetze also wiederzuentdekken, die der Gemeinwille, der Gottes Wille sei, aufgerichtet habe. Die Revolution habe verwirklicht, was Christus befohlen habe, – er habe die Menschenrechte offenbart. Oder: Christus sei für die Demokratie der Welt gestorben. Die Aristokratie habe den Gottessohn gekreuzigt. Und was dergleichen zeitgemäße Anpassungen mehr waren.[81] Die mönchische Lebensform wurde auch vom Weltklerus im 18. Jahrhundert stark verachtet, auch deshalb war die Klosterauflösung leicht.

Allerdings führte die *völlige* Auflösung der kirchlichen Institutionen, die völlige Gleichmacherei von Religion und Menschenrechten und Vaterland eben doch zum Zwiespalt. Sie provozierte den Widerstand des hohen Klerus und den Konflikt mit dem Papst; diesen Konflikt beschwor die Nationalversammlung herauf. Damit wurde ein verhängnisvoller innerfranzösischer Widerstand entzündet.

Die Nationalversammlung verursachte den Konflikt mit dem Papst, indem sie seit November 1790 von den Geistlichen den Eid auf die Verfassung verlangte. Sie tat das im Gefühl der Sicherheit, in der Erwartung, daß die meisten Geistlichen ihn leisten würden und dann auch Rom einlenken müsse. Das stellte sich als falsch heraus. Knapp die Hälfte leistete den Eid. Es war departementsweise sehr verschieden. Im Norden und Osten verweigerten viele den Eid, 80–90%, im Süden sehr viel weniger. In der Nationalversammlung selber erklärten sich nur ein Drittel der geistlichen Abgeordneten für den Eid. Der hohe Klerus weigerte sich allergrößtenteils. Man kann sagen: die adlige Schicht der Kirche ging in die Opposition, ging in die Gegenrevolution. Typisch mag dabei die Begründung des Erzbischofs von Narbonne sein: „Wäre ich nur Bischof gewesen, so hätte ich wohl nachgegeben wie andere, aber ich war zugleich auch Gentilhomme." Es waren also umfassende Neubesetzungen mit „konstitutionellen" Geistlichen nötig. Diese aber verfielen nach einem Breve des Papstes vom April 1791 dem Kirchenbann. Das Schisma war da. Frankreich war zerrissen zwischen eidverweigernden und konstitutionellen Priestern.

Mathiez gibt die Schuld an dieser Entwicklung sehr stark dem uneinsichtigen Rom. Aber in dieser Kirchenfrage, die noch Anfang des 20. Jahrhunderts eine brisante gegenwärtige Rolle in Frankreich spielte, sind die Leidenschaften zu groß, um französischen Historikern Objektivität zu ermöglichen. Die ganze neue Kirchenverfassung der Revolution hat Talleyrand, der für sie so tätig war, später als den größten Fehler der verfassunggebenden Nationalversammlung bezeichnet. Sie habe nicht gesehen, wie viele Pfarrer durch den Fortgang der Revolution, besonders durch den Angriff auf die Kirchengüter, von den Neuerungsideen abgebracht wurden. Auch die Gewissensbedenken wegen der bürgerlichen Eingriffe in die Kirchenverfassung und in die Kirchenwahl dürfen nicht gering veranschlagt werden.

Wer daran auch immer Schuld hat: Vom Papst ging die erste „außenpolitische" Kampfansage an die Revolution aus. Und: Die eigentliche Gegenmacht zur Revolution war damit in Frankreich selbst geschaffen worden, – eine Gegenmacht, die der König und der Adel nicht hatten darstellen können. Mathiez faßt das in die folgenden Worte: „Der religiöse Kampf hatte vom ersten Tag an die Wildheit entfesselter politischer Leidenschaften. Welche Freude, welch ein Glück für die Aristokraten! Das monarchische Gefühl war bisher zu ohnmächtig, um ihnen irgendwelche Aussicht auf Vergeltung zu bieten, und plötzlich kam ihnen der Himmel selbst zur Hilfe. Das religiöse Gefühl wurde der Haupthebel zur Herbeiführung der Gegenrevolution."[82] Man kann sagen, daß sich in der englischen Revolution des 17. Jahrhunderts der Angriff der Puritaner auf die Hochkirche, auf die Bischofsverfassung sehr ähnlich ausgewirkt hatte.

Es kam zur Entfesselung des Religionskrieges, sowenig das die Nationalversammlung wahrhaben wollte und so schonend sie mit den eidverweigernden Pfarrern umging. Sie konnten in ihrer Gemeinde bleiben, bis sie ersetzt wurden, dann bekamen sie Pension. Die Gemeinden waren aber oft empört über den Pfarrerwechsel. Der neue Pfarrer galt als Eindringling; man ging zur Taufe und zu anderen kultischen Handlungen weiterhin zum „guten" Priester. Daß ihre Taufen zivilrechtlich nichts galten und daß sie oft nicht in der Kirche Messe lesen durften, führte trotz aller sonst von der Nationalversammlung betonten Toleranz dazu, daß diese guten Priester als Märtyrer angesehen wurden. Die neuen Pfarrer ihrerseits waren oft entrüstet über die Toleranz gegenüber den Eidverweigerern. Bestimmte Kirchen wurden für „Römisch"-Katholische reserviert. Deren Beichtstühle galten als Schulen der Rebellion. Es kam zu Mißhandlungen der konstitutionellen Pfarrer.

Mathiez betont wohl richtig, daß erst durch diesen religiösen Kampf sich eine antiklerikale Partei überhaupt gebildet habe. Die Jakobiner griffen nun erst den römischen Katholizismus, dann allgemein Aberglauben und Fanatismus an, schließlich den Glauben selbst. Erst jetzt kam es zu den Meinungen, man solle nach dem Vorbild der Amerikaner das Budget für religiöse Kulte streichen und die Kirche ganz vom Staat trennen.

Hand in Hand damit gingen die sich steigernden Versuche der Revolution, neue pseudoreligiöse, nationalkultische Einrichtungen zu erfinden, – etwas höchst Originelles für eine Revolution, weit über frühere Befreiungsdenkmäler hinausgehend. Man beabsichtigte damit eine Gefühlseinwirkung. So wie der katholische Kult zum Glauben erziehen sollte, sollten nun, nachdem die Erziehungsaufgaben der Kirche so weitgehend entzogen worden waren, nationale Feste Schulen der staatsbürgerlichen Erziehung werden. Daher die Gedenkfeiern der großen revolutionären Ereignisse: 14. Juli, 20. Juni (Ballhausschwur), 4. August, Feier der Märtyrer der Freiheit usw. Eine Art vaterländische Religion entstand, zunächst noch mit der offiziellen Religion eng verbunden, dann mehr und mehr abgelöst. Das wurde in einer Weise ausgebildet, wie es eigentlich im 19. Jahrhundert nur schwach nachgeahmt wurde und erst in den Massenkundgebungen des 20. Jahrhunderts (nach der russischen Revolution, im faschistischen Italien und in NS-Deutschland) wieder zu finden ist.

Das erste große Fest war das Föderationsfest auf dem Marsfeld am 14. Juli 1790, eine Kundgebung am Jahrestag des Bastillesturms. Das Marsfeld, ein Exerzierplatz, wurde zu einem gewaltigen Festplatz für 300000 Menschen hergerichtet, unter begeisterter freiwilliger Mithilfe vieler Pariser. Es wurde das „Fest der Menschheit" gefeiert. Schon vorher war der preußisch-clevische Baron Anarcharsis Cloots vor der Nationalversammlung als Sprecher des Menschengeschlechtes erschienen, mit 60 kostümierten Leuten aus allen Völkern der Erde; er hatte für die Ausländer um einen Platz in der Föderation gebeten, für alle, die dem Ruf der Trompete der Freiheit folgen wollten. Frankreich, erwiderte der Präsident der Nationalversammlung, nehme alle Völker an seine Brust, alle seien Brüder. Nun war also am 14. Juli ein großer Triumphbogen auf dem Marsfeld errichtet. In der Mitte stand der riesige Altar des Vaterlandes, in römisch-ägyptischem Mischstil, wie man auf den Stichen sieht. Deputationen aus allen Departements waren erschienen, jeder 200. Mann der Bürgerwehren, jeder 200. der Regimenter war zu diesem Fest abgeordnet. Man veranschaulichte also deutlich die *bewaffnete* Nation. Es war eigentlich ein Militärfest. Talleyrand zelebrierte die Messe mit 200 Priestern in Meßgewändern, mit der Trikolore als Gürtel. Alle sprachen unter Kanonendonner den Eid auf die Nation, auf das Gesetz und den König. Zur gleichen Zeit wurde in allen Teilen Frankreichs der gleiche Eid gesprochen. Und es gab gleichzeitig Feiern in London, in Hamburg und in anderen deutschen Städten. Der König nahm mit dem üblichen stillen inneren Widerstand, äußerlich lässig und halb desinteressiert teil.

d) Varennes und die Schlußphase der Constituante

Diese Haltung des Königs wird dann besonders durch die ihn empörende Entwicklung der Kirchenfrage Ende 1790, Anfang 1791 ganz oppositionell. Er suchte nach Fluchtmöglichkeiten, was er bisher immer abgelehnt hatte, in Angst vor dem Beispiel Karls I., der damit in England den Bürgerkrieg ausgelöst hatte, und vor dem Beispiel Jakobs II., der damit seines Thrones schnell verlustig ging. Manche am Hofe, vielleicht der König selber, fürchteten, daß Philippe von Orleans bereits wartete und eine ähnliche Rolle spielen wollte wie seinerzeit Wilhelm von Oranien.

Wie man aus den Briefen des Königs klar nachweisen kann – es ist nicht bloße Vermutung –, spielte er ein Doppelspiel in äußerlicher Nachgiebigkeit, ja Zustimmung zu dem ganzen Geschehen, während er die ausländischen Fürsten warnte, diese seine erzwungenen Äußerungen für echt zu halten. Auf die Helfer und auf die vielen Fluchtpläne ist hier nicht einzugehen, so spannend und romantisch das auch sein mag (etwa die Geschichte von Fersen, dem schwedischen Liebhaber der Königin Marie Antoinette). Die Haupthoffnung, eine nicht sehr sichere Hoffnung, richtete sich auf kaiserliche Hilfe in den österreichischen Niederlanden.

Dorthin unternahm man eine Flucht am 21. Juni 1791. Man kam bis Varennes, nicht mehr sehr weit von der Grenze, zwischen Sedan und Verdun. Diese Fluchtgeschichte mit ihren Nachlässigkeiten und Zufällen – man fuhr in einem riesenhaften, schwerfälligen Gefährt, Ludwig stieg immer wieder aus und konnte schon dadurch alles gefährden, eine Kammerfrau der Königin war die Geliebte des stellvertretenden Befehlshabers der Nationalgarde und verriet das Königspaar – ist hier nicht zu schildern, so gern man auch ausspinnen mag, was beim Gelingen der Flucht geschehen wäre. Mit einiger Sicherheit kann man da nur wie Göhring vermuten: Ludwig hätte den Thron verloren und den Kopf gerettet. Die dreitägige Rückfahrt „gehört zum Demütigendsten, was Menschen dieser Stellung erleben können".[83] In Paris wurde die Parole ausgegeben: „Hochrufe werden mit Stockschlägen bestraft. Wer den König beleidigt, wird gehängt."

Wichtiger als diese Geschichten ist das Verhalten der Revolutionäre. Als Ludwig fort war, verloren sie keineswegs den Kopf, zerstritten sich auch nicht, obwohl das die Hoffnung der Gegenrevolutionäre gewesen war. Ludwig hatte eine Proklamation als Anklage gegen den bestehenden Zustand hinterlassen. Man sah, daß er die ganze Zeit getäuscht hatte. Trotz der nun drohenden Kriegsgefahr war man nicht erschüttert, sondern irgendwie aufgedreht. Der Zustand erschien jetzt klarer. „Wohnung zu vermieten", war an den Tuilerien angeschlagen. Die Nationalversammlung zeigte sich als der wahre Souverän Frankreichs, sie handelte wirklich souverän. Alles wurde für die Landesverteidigung getan. Im Jakobinerklub versuchte Robespierre, Lafayette für die Sache verantwortlich zu machen, wurde aber aus Gründen der Einigkeit abgewehrt.

Als Ludwig wieder eingefangen war, schien die Kriegsgefahr zunächst vorüber. Was sollte man mit ihm machen? Absetzen, die Monarchie abschaffen? Marat war dringend dafür: „Werden wir denn nie aufhören, große Kinder zu sein?"

Zum ersten Mal diskutierte man offen den Versuch, die Republik einzuführen; vielleicht mit den Zwischenstufen des Dauphin oder des Herzogs von Orleans. Das ist der Versuch des Cercle Social, der Cordeliers und der Volksgesellschaften. Sie traten sehr drohend auf, sie wollten den Abgeordneten der Nationalversammlung, wenn sie nicht mitmachen wollten, das Mandat entziehen. Es kam zur Aufregung in den Departements. Die bedeutendsten Befürworter einer Republik waren damals Thomas Paine aus Amerika und Condorcet.

Die merkwürdige Folge von Varennes war aber eine Art „Rechtsruck" der Nationalversammlung. Man suchte den König zu retten und mit ihm das Königtum. Besonders Barnave stellte sich leidenschaftlich gegen eine

Republik. Das Beispiel Amerikas, erklärte er, sei nicht nachahmbar. In einem großen Land könne man entweder ein Föderativsystem einrichten „oder wenn man die nationale Einheit beibehalten will, muß man eine festbegründete Zentralgewalt einsetzen, die einzig durch das Gesetz erneuert werden kann und den ehrgeizigen Bestrebungen ein für allemal Schranken setzt. Nur sie widersteht den ... raschen Wallungen eines Riesenvolkes, in dem sich alle Leidenschaften einer alten Gesellschaft regen."[84] Barnave war freilich persönlich umgeschwenkt, er hatte das Königspaar auf der Rückreise von Varennes begleitet und war von der Haltung Marie Antoinettes stark beeinflußt worden und seither in Verbindung mit ihr.

Auch außenpolitische Vorsicht ließ es geboten erscheinen, den König zu schützen. Der Kaiser drohte am 6. Juli in einem Manifest mit Krieg, falls Ludwig etwas passierte. Später, am 27. August 1791, kam es zur Pillnitzer Deklaration zwischen dem Kaiser und Preußen.

Also behauptete man zuerst: Der König sei entführt worden. Dann wurde er vom Amt suspendiert, bis zur Annahme der Verfassung. Es wurde überhaupt kein Prozeß gegen ihn angestrengt. Was vor allem hinter dieser Schonung stand, drückt Barnave deutlich in einer Rede aus: „Ich stelle hier die wesentliche Frage: Wollen wir die Revolution beenden oder wollen wir sie aufs Neue beginnen? Ihr habt alle Menschen vor dem Gesetz gleichgestellt ..., Ihr habt dem Staat alles wiedergegeben, was der Souveränität des Volkes genommen war. Ein Schritt weiter wäre betrüblich und schuldhaft, ein Schritt weiter auf der Linie der Freiheit würde die Zerstörung des Königtums, ein Schritt weiter auf der Linie der Gleichheit würde die Zerstörung des Eigentums bedeuten."[85]

Dieser Appell an die erhaltenden Kräfte des Bürgertums tat seine Wirkung. Für das Bürgertum war nun die Monarchie schwach genug und das Volk drohte zu stark zu werden. Damit war besser zu argumentieren als mit außenpolitischen Rücksichten, die den nationalen Widerstandswillen aufgerufen hätten, – obwohl vielleicht außenpolitisch die gemäßigten Maßnahmen wichtiger waren.

Die Cordeliers und andere Volksgruppen veranstalteten eine große antimonarchische Kundgebung am 14. Juli 1791, wieder auf dem Marsfeld. Am 17. Juli wurde die Kundgebung wiederholt. Eine Unterschriftensammlung für die Berufung einer neuen, anderen Constituante wurde auf den Altar des Vaterlandes gelegt. Die existierende Constituante befahl, die Versammlung auseinanderzujagen. Lafayette kam mit der Nationalgarde, er wurde mit Steinen empfangen, daraufhin wurde in die Petitionäre geschossen; die Zahl der Toten wird verschieden angegeben, 15 oder 50. Dies war nahezu ein kurzer Bürgerkrieg, und zwischen anderen Parteien als bei Varennes. Die Einigkeit zwischen Lafayette und der Constituante wurde erkauft durch den Riß zwischen der Constituante und den Volksgesellschaften. Das war sehr bedeutsam. Die republikanische Bewegung war niedergeschlagen. Es kam zu einer heftigen Reaktion gegen sie. Ihre Anführer und die Gesellschaften selber wurden gerichtlich verfolgt, auch die entsprechende Presse. Danton ging vorübergehend ins Ausland. Allerdings suchte man bei den Verfolgungen maßzuhalten, im Sinne der Verfassung und der Menschenrechte.

Der Dritte Stand war nun in aller Form gespalten. Die unteren Volksschichten fühlten sich als besondere Klasse mit anderen Interessen, als selbständige Größe mit eigener Politik. Eine neue klassenkämpferische Färbung kam in die Revolution, die sich freilich längst – seit Beginn der Revolution und dann vor allem beim Zensuswahlrecht – vorbereitet hatte. Die republikanisch-demokratische Bewegung hatte nun ihre Märtyrer.

Die Spaltung wurde sichtbar in der Spaltung des Jakobinerklubs. Der Großteil des Klubs, fast alle Mitglieder der Constituante, außerdem etwa 1800 bis 1900 von 2400 bisherigen Jakobinern war nun gegen die Cordeliers, gegen Robespierre, der übrigens selber keine klare Stellung zwischen Monarchie und Republik bezogen hatte, und zog ins Kloster der Feuillants. Er bildete nun einen eigenen Klub unter diesem Namen. Barnave war führend. Im „restlichen" Jakobinerklub war nun Robespierre führend. In der Provinz erklärten sich 45 Klubs für die Feuillants, 26 für die Jakobiner, aber 150 überhaupt gegen die Spaltung; Ende des Jahres waren diese durch die Bemühungen Robespierres wieder im alten Klub. Barnave war führend auch bei dem sogenannten „monarchischen Experiment", einer Art Wiederholung der Bemühungen von Mirabeau.

Die verfassunggebende Nationalversammlung strebte – kurz vor ihrem Ende – eine Revision der Verfassung im Sinne der Stärkung der Exekutive an. Das mußte sie in ein schiefes Licht bringen, aber sie hatte plötzlich Angst vor weiteren Revolutionen. Verfassungsänderungen sollten nur möglich sein, wenn drei aufeinanderfolgende Legislativen sie beschließen würden. Dahinter stand der Drang, jetzt das Neue zu sichern. Es war eine Art Torschlußpanik, da längst bestimmt war, daß kein Mitglied der Constituante in die Legislative kommen würde. Das hatte übrigens Robespierre durchgesetzt und hatte damit alle begeistert, die gar nicht hoffen konnten, wiedergewählt zu werden, und die ihre stärkeren Kollegen haßten. Auch Minister konnte keiner werden. Schon dieses Ausscheiden aus der legislativen Körperschaft, das etwa auch Barnave und Robespierre betraf, mußte ja die Macht der Klubs stärken.

Ein für die Zukunft wichtiger Beschluß wurde noch ganz am Ende gefaßt: Im September 1791 wurde das päpstliche Avignon in die französische Nation eingegliedert. Auf Eroberungskriege hatte man feierlich verzichtet; dies geschah jetzt nach einem neuen Prinzip, nach dem Selbstbestimmungsrecht der Völker. Es war eine Erweiterung der These über die Volkssouveränität in die Außenpolitik hinein. Ein Volk, das sich aus freiem Willen einem anderen anschließen möchte, darf daran nicht gehindert werden. Und gerne tat man das gegen den Papst. Rechtlich war es ein Einbruch ins Völkerrecht. Ein neuer Nationsbegriff bildete sich dadurch:

der Begriff von einer Gemeinschaft von Menschen, die sich freiwillig zusammenschließen und unter einem Gesetz leben.

Etwas anderes wurde auch noch ganz am Ende, am 27. September 1791, schnell und nach langen früheren Debatten diskussionslos beschlossen: die Emanzipation der Juden. Da es in der einheitlichen Nation keine besonderen Korporationen mehr geben sollte und sogar Ausländer die Möglichkeit hatten, französische Bürger zu werden, bestand nun kein Grund mehr, den Juden das zu verweigern, was ihnen schon seit der Erklärung der Menschen- und Bürgerrechte zustand. Es hatte auch schon im Dezember 1789 eine mehrtägige Debatte darüber gegeben, problematischen Minderheiten die vollen politischen Rechte zu gewähren. Nebeneinander war über Protestanten, Juden, Schauspieler und Henker verhandelt worden. Nur die Judenfrage hatte man damals nicht lösen können, wegen des Widerstandes der elsässischen Deputierten; denn im Elsaß wohnten etwa 25000 der insgesamt 40000 französischen Juden und waren besonders bei den Bauern verhaßt. Ende Januar 1790 wurden allein die Rechte der ohnehin – schon im Ancien Régime – bevorzugten Juden portugiesischen und spanischen Ursprungs bestätigt, die meist in Bordeaux und Bayonne wohnten und daraufhin ihre „nationale“ Korporation aufgaben. Im Juli 1790 wurden nur alle Sonderabgaben beseitigt, die auf den Juden lasteten. Anders als im Schnellverfahren war dann auch der längst überfällige Beschluß am 27. September 1791 über die bürgerliche Gleichberechtigung aller Juden nicht möglich, – Gleichberechtigung, soweit sie den Bürgereid leisteten und an ihren Korporationen nicht festhielten. Die Verwirklichung dieses Beschlusses im Einzelnen zog sich danach noch lange hin.

Noch länger dauerte die Emanzipation der Farbigen in den Kolonien, obwohl schon seit 1788 die von Brissot gegründete „Société des Amis des Noirs“ gegen die Sklaverei kämpfte. Hier war die Opposition der weißen Siedler und der Überseehändler zu stark. Schon die Zulassung der freien Mulatten zu den Kolonialversammlungen gelang 1791 nur vorübergehend. Nach dem Sklavenaufstand in Santo Domingo Ende August 1791 überließ man resigniert die Regelung der innerkolonialen Verhältnisse den Kolonisten selber. Weiteres konnte die Constituante nicht mehr schaffen. Um vorwegzunehmen: Die Legislative anerkannte im April 1792 die politischen Rechte aller freien Mulatten und Neger. Der Konvent schickte 1793 im Zuge des Krieges gegen England Kommissare in die Kolonien, um sie verteidigungsbereit zu machen und hierbei auch das Sklavensystem zu ändern. Als das geschehen war, erklärte er am 4. Februar 1794 die Abschaffung der Sklaverei.

Kehren wir zurück zur Schlußphase der Constituante, die dies alles immerhin mit großer Energie in Gang gesetzt hatte. Der König nahm die Verfassung am 13. September 1791 an und war damit wieder König. In der Proklamation an das Volk hieß es: „Die Revolution ist zu Ende. Möge die Nation ihr glückliches Temperament wiedergewinnen.“ Großer, populärer

Royalismus herrschte. Aber es war nicht Anerkennung dieses Königs, wenn die Nationalversammlung in den letzten Monaten und nach seiner Flucht ihm wieder so entgegengekommen war. Sie konnte gar nicht anders als diesen ersten konstitutionellen König von Frankreich verachten.

Was andererseits den König selbst betraf, so sah er trotz des Entgegenkommens der Nationalversammlung keinen Beweggrund, der Verfassung ehrlich zuzustimmen. Gegenüber der Nationalversammlung war das zu verstehen, aber kaum gegenüber dem royalistisch eingestellten Volk. Er wie Marie Antoinette fanden die Verfassung „monströs", sie hofften auf ausländische Hilfe. Von Marie Antoinette ist die Bemerkung überliefert: „Es handelt sich für uns nur darum, sie einzuschläfern und ihr Vertrauen zu uns zu bekommen, um sie nachher um so besser überspielen zu können."[86] Offenbar konnten ihrem religiösen und monarchischen Gewissen gegenüber der König und die Königin diese Haltung besser einnehmen als eine Zustimmung zur Revolution.

Damit stehen wir am Ende der Zeit der Constituante. Diese Zeit von 1789–1791 wird vor allem von den „gemäßigt" fortschrittlichen Betrachtern gern als die große Zeit der Französischen Revolution angesehen, die Zeit, in der diese Revolution von der europäischen bürgerlichen Öffentlichkeit am begeistertsten und einhelligsten begrüßt wurde. Aufruhr und Bluttaten waren in diesen Jahren relativ selten und immer nur kurzfristig für damalige Verhältnisse, wenn sie auch ein Burke schon für unerträglich hielt. Im Mittelpunkt steht die Überwindung des Feudalismus und Absolutismus, die große Leistung der Verfassungsgebung. So ist es die Idealzeit für Liberale, für die Anhänger der konstitutionellen Monarchie. Die entsprechenden Errungenschaften, gerade auch in der Beschränkung von König, Adel und Kirche, erschienen im 19. Jahrhundert in Europa meistens durchaus als „ausreichend". Tatsächlich kann man hierin eine weit grundsätzlichere und beständigere Verfassungsleistung sehen als in allem, was in der Französischen Revolution folgte. Die Zeit der Constituante war umstürzlerisch und doch überzeugend und „zeitgemäß", wenn sie auch in der Kirchenpolitik zu weit gegangen und in der Finanzpolitik unglücklich war.

Schon dies letztere waren aber eben fragliche Dinge, der Keim zu kommender Unruhe. Und überhaupt ist die abgesonderte Hochschätzung der Constituante nur möglich bei abgesonderter Betrachtung, – indem man sie dem Folgenden entgegensetzt und nicht all das in Rechnung stellt, was von ihr zu diesem Folgenden führen *mußte*. Sie hat selber dazu beigetragen, daß man diese abgesonderte Betrachtungsart einnehmen kann: So wie seinerzeit Mirabeau ist sie nämlich rechtzeitig gestorben. Sie *blieb* nicht, wie es in der englischen Revolution 1640 das Lange Parlament, übrigens ohne Verfassungsgebung, für nötig gehalten hatte zu bleiben, um nicht alles zugrunderichten zu lassen: erst Cromwell mußte es bekanntlich auseinanderjagen, aber dann wiedererstand es noch einmal 1660, um den Weg zur Restauration zu ebnen. So blieb ihr erspart, durch die weitere problematische innerfranzösische Entwicklung verschlissen und korrumpiert zu werden. Es blieb ihr auch erspart, worauf sich das englische Parlament seinerzeit gar nicht einzustellen brauchte, was aber in ihrem Falle unvermeidlich geworden wäre: auf die steigende außenpolitische Einwirkung auf Frankreich zu reagieren. Sie hat davon nur den Anfang mitbekommen, und schon darauf sehr zaghaft, zurückweichend reagiert.

In diesem Zusammenhang wäre auch Kritik zu üben: an der Inkonsequenz, einen so deutlich gegenrevolutionären König auf dem Thron zu belassen, sogar noch nach seiner Flucht, und nicht vielmehr entweder den Thron dem Herzog von Orleans zu geben, der freilich eine sehr wenig eindrucksvolle Persönlichkeit war (es fehlte ein Wilhelm von Oranien), oder, wozu ihre ganze Regierungsweise seit 1789 hinführte, die Republik einzuführen. Sie überließ diese schwierigen Probleme der folgenden Legislative – die sie dann unter viel schwierigeren, selbstzerstörerischen, tödlichen Umständen lösen mußte: im Krieg mußte die Republik eingerichtet werden, ein Jahr später, was wahrscheinlich 1791 besser gelungen wäre.

Legislative, Krieg und Sturz des Königtums 1791–1792

Eigentlich sollte sie bis April 1793 tagen, dann alle zwei Jahre erneuert werden. Sie hatte 745 Abgeordnete, war also kleiner als die Constituante. Diese Abgeordneten werden immer gern als die dummen, ungeschickten Neulinge hingestellt, oft von denjenigen, die die monarchenfreundliche Politik der späten Constituante politisch weise finden, oft aber auch paradoxerweise von denjenigen, die schon die Aktivität der Constituante zu abstrakt, zu theoretisch finden. Die verächtliche Charakterisierung ist nicht gerechtfertigt. Die Abgeordneten der Legislative kamen aus führenden Stellungen in den neuen Lokalverwaltungen oder aus örtlichen Jakobinerklubs. Sie hatten das Werk der Constituante in den Provinzen fortgeführt, sie hatten große Hochachtung vor ihrer Vorgängerin. Natürlich bedeutete diese neue Körperschaft gegenüber der Constituante einen „Linksruck", weil der liberale Adel und auch die Leute Lafayettes nicht mehr vertreten waren. Die Legislative war aber nicht radikal. 264 Mitglieder gehörten zu den Feuillants, d. h. mehr, als einem anderen Klub angehörten; sie bildeten die „neue Rechte". Zu den Jakobinern gehörten 136 und bildeten wieder die Linke. Die meisten Mitglieder der Legislative, über 300, galten als die breite „unabhängige" Mitte.

Aulard charakterisiert diese Legislative als die Vertretung der neuen, bevorrechteten Bürgerklasse, die entschlossen und offiziell Besitz von der Macht ergriff. Sie war in politischen Dingen kompromißloser und kühner, gewissermaßen etablierter als die Constituante. In ihrer Mehrheit war sie nicht republikanisch gesinnt. Die Wähler (d. h. die Wahlmänner) waren vor dem 20. Juni 1791, also gewissermaßen unter normalen Umständen, gewählt worden, die Abgeordneten danach, während der ersten Diskussion um Monarchie oder Republik; dadurch kamen besonders aus den Pariser Sektionen einige Radikale.

Zum Hof war die Verbindung wegen der fehlenden früheren Rechten geringer. Zum Jakobinerklub war sie nach der Abspaltung der Feuillants anders. Der Jakobinerklub war radikaler als die Legislative; das war, relativ gesehen, bei der Constituante auch so, der Klub war aber nun, im Gegensatz zu seiner Haltung zur Zeit der Constituante demonstrativer auf Seiten des Volkes, auf Seiten der Öffentlichkeit. Er erklärte sich am 14. Oktober 1791 zur öffentlichen Gesellschaft. Der Beratungssaal erhielt nun Besuchertribünen, die täglich überfüllt waren. Auch hier im Klub bildet sich nun ein öffentliches Forum und es werden große Reden gehalten. Eine neu eingeschriebene, sehr beliebte Gruppe des Klubs waren die „Brissotisten", so nach Brissot oder in der Konventszeit dann „Girondisten" genannt, da viele aus dem Departement Gironde kamen. Es waren junge, literarisch gebildete Revolutionäre, von der klassischen Antike beeinflußte Bürger, also Republikaner. Führend war bei ihnen Brissot, der 1788 Amerika kennengelernt und sich dort an den Quäkern in Pennsylvania begeistert hatte, ein äußerlich schlichter Mann, unpolitisch im Sinne von undiplomatisch, gleichwohl ein unruhiger Demagoge. Neben ihm stand Vergniaud, ein hinreißender Redner, Typ des übersättigten Sohnes reicher Eltern. Man kann sagen, es waren etablierte Bürger, aber vor allem Journalisten, Advokaten und Kaufleute, sozial weniger angesehen als das ältere besitzende Bürgertum, es waren mehr Berufspolitiker.

Der Jakobinerklub war also nun ein öffentliches Forum, und ebenso stand nun auch die Legislative unter dem Druck der Tribünen. Dort saß nicht mehr das „gute Publikum", sondern von Jakobinern beeinflußte Zuhörer, die lautstark gegen unliebsame Beschlüsse reagierten. Da man in der Legislative meistens durch Aufstehen und Sitzenbleiben abstimmte, ließ sich das leicht überblicken. Das führte dazu, daß, wie ein Beteiligter schildert, Unparteiische oder Ängstliche in schwierigen Fällen sitzenblieben oder sich mit den Radikalen erhoben. Ein Feuillant schrieb: „Wenn wir in brenzligen Situationen zufällig die Mehrheit hatten, bestritt man es und verlangte gebieterisch die namentliche Abstimmung. Dabei verloren wir stets hundert Stimmen. Die ehrbaren Leute, die Unparteiischen stimmten mit den Jakobinern. Denn infolge eines unerträglichen Mißbrauchs wurden die Ergebnisse stets gedruckt. Es sei gut, sagten die Jakobiner, daß das Volk seine Feinde und Freunde kenne."[87]

Alle ihr eigentlich aufgetragene, nämlich gesetzgeberische Tätigkeit der Legislative können wir schlicht übergehen. Sie ist relativ uninteressant. Sie ist Fortführung der Constituante, speziell in der Kirchen- und Finanzpolitik. Im Februar 1792 etwa wurden die Güter der Emigranten „unter nationale Aufsicht" gestellt. Schon das hängt aber weniger mit Gesetzgebung zusammen als mit Außenpolitik.

Wichtig ist allein die Kriegsfrage. Im Blick auf sie ist diese Zeit kaum noch ohne Kenntnis der Einstellung des übrigen Europa darzustellen, wie es bis 1791 in etwa möglich war. Wir führen die Sache aber noch bis zum Sturze des Königtums in dieser Betrachtungsweise durch. Das ist insofern zu rechtfertigen, als ja das Bemerkenswerte an der Kriegsfrage darin liegt, daß zwar eine Drohung von außen durchaus vorhanden war, die Kriegserklärung aber von Frankreich ausging. Mit der Drohung meine ich vor allem die Politik der Emigranten in Koblenz, die die europäischen Höfe gegen das revolutionäre Frankreich einigen wollten. Auf ihr Drängen ist u. a. die Pillnitzer Erklärung des Kaisers und des Königs von Preußen vom August 1791 erlassen worden, in der Frankreich für die Königsfamilie haftbar gemacht und mit dem eventuellen europäischen Eingreifen gedroht wurde. Darüberhinaus gab es die Drohung bewaffneter Emigranteneinfälle. Dazu kamen Streitigkeiten wegen der Feudalrechte der deutschen Reichsfürsten im Elsaß, die durch die französische Constituante abgeschafft worden waren oder wenigstens abgeschafft zu werden drohten. Es hatte Appellationen dieser Fürsten an den Reichstag gegeben, dieser schützte sie im Juli 1791, der Kaiser ratifizierte das, während Kompensationen, die die Constituante angeboten hatte, von den Reichsfürsten abgelehnt worden waren.

Dies waren alles Drohungen, aber nicht sehr starke, die jedoch in auffallender Weise von Frankreich genauestens registriert und enorm übertrieben wurden. Es ist eine lange wissenschaftliche Streitfrage, warum das geschah. Man kann sie abtun mit der allgemeinen Behauptung, der Gegensatz der Revolution zur europäischen Staatenwelt sei so prinzipiell gewesen, daß es rein „schicksalhaft" zur Auseinandersetzung kommen mußte. Dies war beispielsweise die Ansicht von Ranke. Oder man kann, wie Taine, die allgemein exaltierte, nervöse Stimmung der Revolutionäre verantwortlich machen. Auch Furet/Richet betonen das wieder. Das erklärt aber nicht, was den König bewogen haben kann, gegen die dynastischen Verwandten vorzugehen. Und was die Legislative bewogen haben kann, ihr revolutionäres Werk durch das Risiko eines Krieges zu gefährden.

Besonders die auswärtigen, die deutschen Historiker (seit Sybel und Wahl) betonen die Kriegstreiberei der – gerade von Lamartine so liebevoll ideal geschilderten – Girondisten. Diese hätten innenpolitisch nicht mehr vorwärts gekonnt, vor allem angesichts der Wirtschaftskrise durch die Assignaten-Inflation, die sich vor allem in der Höchstpreis-Kampagne gegen die Kornaufkäufer äußerte, und hätten den Krieg als Ausweg angesehen. Tatsächlich kann man, wie Goodwin betont, feststellen, daß die Emigranten vielleicht weniger gefährlich waren als die Auswirkungen der Emigration auf die Finanz- und Wirtschaftslage des Landes, vor allem auf die Disziplin des Heeres. Außerdem gab es große Schwierigkeiten durch die religiöse Frage, durch die drohenden inneren großen Auseinandersetzungen mit den eidverweigernden Priestern, die zu Steuerverweigerung und dergleichen aufriefen. Einen gewissen Einfluß auf die Kriegsbereitschaft hat das sicherlich gehabt. Trotzdem spielt es merkwürdigerweise keine Rolle bei den französischen Darstellungen seit Aulard und Mathiez. Hier ist es praktisch allein der König, der ein Interesse an dem Kriege hat, worauf die Legislative mehr oder weniger hereingefallen sei. In der Tat machte ja – wie es verfassungsmäßig richtig war – der König im April 1792 der Legislative den Vorschlag, Österreich den Krieg zu erklären. Zweifellos hoffte er, durch einen begrenzten Krieg seine Stellung zu stärken, und zwar in jedem Falle. Falls der Gegner siegte, konnte er ihn zur Festigung seines Thrones benutzen, wie er es bei der Varennes-Flucht schon vorhatte. Schon die Stärkung der *eigenen* Militärgewalt bei einem eventuellen französischen Sieg konnte ihn aber auch stärken. Das war die Idee des Grafen Narbonne, der seit Dezember 1791 Kriegsminister war (wohl ein illegitimer Sohn Ludwigs XV.). Narbonne war der Meinung, die Armee sollte, wie das schon bei Lafayette angelegt war, das Ordnungselement des Staates werden, dadurch werde der König eine andere Stellung erlangen. Möglicherweise hat Narbonne sogar eine Militärdiktatur erstrebt. Er hielt Kontakt zu den kriegswilligen Brissotisten über den Salon der Madame de Staël. Die Feuillants waren übrigens Kriegsgegner, und das bedeutete das Ende des Einflusses von Barnave am Hofe.

Es kam dann zu einer verwirrenden Verzögerungstaktik Ludwigs XVI., außerdem zum Zwist der anderen Minister mit Narbonne. Dadurch wurde die Legislative in all diesen Tendenzen getäuscht. Der Nachfolger Narbonnes, der General Dumouriez, einst Geheimagent Ludwigs XV., ein abenteuerlicher Opportunist, hatte aber ähnliche Pläne wie Narbonne. Eine Militärdiktatur war wohl weniger im Sinne des Königs. Diesem lag wirklich an einem Siege Österreichs. Marie Antoinette hatte dafür den französischen Feldzugsplan verraten. Soweit ist die Sache klar. Aber wenn vor allem Mathiez so eindeutig die Kriegserklärung als Plan Ludwigs erklärt, Frankreich in den Krieg zu stürzen, um dadurch alle Macht wiederzuerlangen, so muß man doch betonen, daß die letzte Verantwortung für den Krieg nach der neuen Verfassung bei der Legislative lag. (Übrigens wird aus diesem Grunde bei anderen, ausländischen Historikern, wie Crane Brinton, die Zielsetzung des Königs gar nicht behandelt.) Auf die Legislative kam es an, und daß sie in ihrer Mehrheit kriegswillig war, ist das Auslösende gewesen. Die Legislative rechnete damit, daß sich der König bei zweifelhafter Haltung im Kriege kompromittieren würde und andernfalls fest gegen die Emigranten, gegen gegenrevolutionäre europäische Versuche mit der Nation verbunden werden könnte. Einen derartigen National-Zusammenschluß durch Krieg hielt man für dringend nötig angesichts der problematischen inneren Zustände. Dazu kam eine enorme Siegesgewißheit, vor allem bei den Brissotisten unter den Jakobinern.

Auch Robespierre war ursprünglich für den Krieg (November 1791), er wollte ihn gegen den Kaiser „im Namen der französischen Nation und aller Nationen, die die Tyrannen hassen". Aber schon im Dezember 1791 machte er Front gegen den Krieg, als er mit großem Mißtrauen die Geneigtheit des Hofes hierfür bemerkte. Er fürchtete, der König und die Generäle würden Verrat üben, die Revolution würde scheitern, da es ein Krieg aller Feinde der Verfassung gegen die Revolution sei. Dies wurde nun ein großer neuer Streitpunkt im Jakobinerklub. Brissot erklärte: „Endlich ist der Augenblick gekommen, wo Frankreich in den Augen Europas den Charakter einer freien Nation entfalten muß, die ihre Freiheit behaupten und verteidigen will!" Frankreich sei nicht bedroht. Man suche auf der Karte vergebens nach der Macht, die es noch fürchten müßte. Rußland, Spanien, Schweden würden sich nicht offen gegen Frankreich erklären. Die Deutschen drohten zwar, wollten aber keinen Krieg, ebenso der Kaiser. „Also führen *wir* gegen ihn Krieg. Er wird nicht von langer Dauer sein." Der Krieg sei das Siegel, das die Revolution bewahren soll, er sei notwendig, eine nationale Wohltat: „Das einzige Unglück, das es zu fürchten gibt, ist, ihn nicht zu haben." Der Augenblick dieses „Kreuzzuges für die allgemeine Freiheit ist gekommen." Ein anderer Brissotist, Louvet, rief: „Rufen wir das Menschengeschlecht auf, sich zu erheben, und die Nationen, sich zusammenzuschließen."[88]

Robespierre hielt dagegen im Jakobinerklub am 2. Januar 1792 eine seiner bedeutendsten Reden. Niemand liebe Missionare in Waffen, erklärte er: „Ehe die Wirkungen unserer Revolution bei den fremden Nationen zu spüren sein könnten, muß sie feststehen. Ihnen die Freiheit bringen wollen, bevor wir sie uns selbst erobert haben, hieße unsere eigene Versklavung und zugleich die der ganzen Welt herbeiführen. (...) Mitnichten möchte ich behaupten, unsere Revolution werde in der Folge auf das Geschick des Erdballs keinen Einfluß nehmen; es wird vielleicht früher geschehen, als der gegenwärtige Anschein es erwarten läßt. Gott wolle nicht, daß ich einer so süßen Hoffnung entsagen sollte! Aber nicht heute wird das sein; es ist zumindest nicht bewiesen, und in der Unsicherheit soll man unsere Freiheit nicht aufs Spiel setzen." Dann entwarf er eine große vergleichende Revolutionstheorie: „Denken Sie nur über den natürlichen Gang von Revolutionen nach! In allen konstituierten Staaten, das heißt in fast allen europäischen Ländern, gibt es drei Gewalten: den Herrscher, die Aristokraten, das Volk – oder richtiger, das Volk ist nichts. Bricht in diesen Ländern eine Revolution aus, so kann sie nur stufenweise vor sich gehen; sie beginnt bei den Adligen, bei der Geistlichkeit, bei den Reichen, und das Volk unterstützt sie, wenn sein Interesse mit dem ihrigen darin zusammengeht, sich der herrschenden Macht, d. h. dem Fürsten, zu widersetzen. So waren es bei Ihnen die Parlamente, die Adligen, die Geistlichen, die Reichen, die den ersten Anstoß zur Revolution gaben; dann trat das Volk auf. Sie haben das bedauert, oder wenigstens haben sie die Revolution aufhalten wollen, als sie sahen, daß das Volk seine Souveränität wiedererlangen könnte. Dennoch waren sie es, die sie begannen; und ohne ihren Widerstand, ohne ihre falschen Berechnungen befände sich die Nation noch unter dem Joch des Despotismus. An dieser historischen und moralischen Wahrheit können Sie ermessen, wieweit Sie auf die Nationen Europas im allgemeinen zählen dürfen; denn bei denen sind die Aristokraten weit entfernt davon, das Zeichen zum Aufstand zu geben – gerade durch unser Beispiel gewarnt."[89] Im übrigen fürchtete er, die Franzosen würden verraten werden, und bezeichnete es als auffallend, daß auch der Hof den Krieg wolle.

Dagegen Brissot: „Laßt verraten! Wir brauchen große Verrätereien. Frankreich ist noch infiziert vom Gift seines alten Regimes. Durch eine große Anstrengung wird es dieses ausstoßen."

Die Debatte wurde zu einem großen populären Sieg der Brissotisten gegen Robespierre. Es ist bemerkenswert, daß dieser, wie der ebenfalls zur Constituante gehörige Barnave, so stark gegen den Krieg war, freilich in der Hoffnung, daß durch diese Opposition die verräterische Monarchie zum Sturz gebracht werden könnte. Robespierre wird diesen Sieg den Girondisten nie vergessen. Marat, der ähnlich argumentierte, mußte im Dezember seine Zeitung vorübergehend einstellen.

Die Hoffnung, die der König und die Girondisten auf den Krieg setzten, hat sich für beide, in verschiedenem Grade, nicht erfüllt. Die Monarchie ist daran zugrundegegangen. Die Girondisten – und die ganze Legislative – haben dadurch schwer an Macht eingebüßt. Für eine spätere Revolution, für die russische, war das eine wichtige Lehre: die Weltrevolution in den zwanziger Jahren aufzugeben – das war Stalins Position gegen Trotzki; die andersartige Aktionsweise der Girondisten hat man demgegenüber typisch bürgerlich-expansionslüstern gefunden.

Es herrschte im April 1792 eine ekstatische Kriegsanfangs-Begeisterung. Damals ist in Straßburg die Marseillaise entstanden, mit ihrem Zusammenklang von Vaterland und Freiheit, Menschheit und Frankreich, Nation und Revolution. Dieser Begeisterung entsprach der Kriegsverlauf nicht. Die Armee war gar nicht schlagkräftig, die Verluste durch die Emigrationen waren noch längst nicht ersetzt. Für die Kriegswirtschaft fehlten die Finanzen. Eine Armee stand im Elsaß, an der Schweizer Grenze, eine unter Lafayette bei Metz, die dritte ging gegen die österreichischen Niederlande vor. Dieser Vormarsch auf Brüssel scheiterte sofort an einem österreichischen Gegenangriff. Es kam zum Rückzug und wegen der Untätigkeit der französischen Generäle sofort zu Verratsgerüchten.

Das bedeutete ein Wiedererstarken der politischen Führungsrolle von Robespierre, während Brissot und die Kriegsbegeisterten von Marat schwer angegriffen wurden.

In dieser kritischen Kriegssituation war es einfacher, das zu tun, was im Jahre vorher nicht gelungen war: die Monarchie zu stürzen.

In den Einzelheiten ist das nicht zu erzählen. Oft wird schon der 20. Juni 1792 als erster, mißlungener Versuch eines solchen Umsturzes angesehen, als das bewaffnete Pariser Volk am Jahrestag des Ballhausschwures in die Tuilerien eindrang und den König bedrohte. Es war der erste Auftritt der Sansculotten. Wenn dies ein Umsturzversuch war – und das kann von den Initiatoren her, etwa von Danton, durchaus der Fall sein – so waren die Demonstranten noch zu monarchisch, um ihn durchzuführen. Sie warfen dem König kaum Kriegsverrat vor, nur sein Veto gegen die Deportation eidverweigernder Priester und sein Veto gegen die Ansammlung föderierter Truppen in Paris. Und sie warfen ihm die Entlassung der brissotistischen Minister vor. Dies hatte Ludwig tatsächlich in einem dafür günstigen Moment des Ministerstreites am 13. Juni getan. Man möchte von diesen Vorwürfen her meinen, daß die bewaffnete Kundgebung eher zugunsten der Brissotisten als ihrer Gegner stattgefunden hatte. Wie dem auch sei: jedenfalls kamen sie nicht zum Ziele. Ludwig setzte sich die Freiheitsmütze auf den Kopf und trank auf das Volk, d. h. er benahm sich in der Situation so schlau wie sonst nie. Er brauchte überhaupt keine Versprechungen zu machen. Wenn man diese Revolte der Pariser mit der vom Oktober 1789 vergleicht, so war sie weit ergebnisloser.

Statt der Pariser gab es eine nationale Revolution. Damit soll die wichtige Bewegung der Pariser Sektionen nicht unterbewertet werden. Sie war verfassungspolitisch und sozusagen „klassenpolitisch" sehr viel ausgeprägter, – sie war gegen den König als „ersten Ring in der Kette der Gegenrevolution", sie war gegen die ganze Bourbonendynastie, für die Republik, zugleich gegen das besitzende Bürgertum, sie verlangte für alle das aktive Bürgerrecht. Man kann aber eben darüber streiten, ob Paris allein den Sturz der Monarchie geschafft hätte. Nach dem Verlauf des 20. Juni 1792 sieht es, wie gesagt, nicht so aus. In jedem Falle ist für den tatsächlichen Umsturz die Teilnahme der „Föderierten" aus ganz Frankreich prägend und bestimmend. Diese Föderierten sind aber weniger verfassungspolitisch und klassenpolitisch als vielmehr patriotisch eingestellt. Sie waren aufgestanden und hatten sich bewaffnet, weil „das Vaterland in Gefahr" war. Dadurch tagten im Juli 1792 alle Departementsversammlungen in Permanenz, alle waffenfähigen Bürger waren im Zustand „dauernder Aktivität". In Ost- und Südfrankreich war man königsfeindlich, es gab entsprechende Adressen an die Legislative. Diese republikanische, aber verfassungs- und klassenpolitisch weniger ausgeprägte Welle kam also 1792 eher von hier als von Paris. Am stärksten finden wir das in Marseille. Diese Stadt schickte eine bewaffnete Truppe nach Paris, um das Königtum zu stürzen, – wie Aulard betont: aus Vaterlandsliebe, weil der König seine Pflicht als Haupt der nationalen Verteidigung versäumt habe. Es kam zum „Marsch auf Paris", trotz seiner Ungesetzlichkeit. Das Marseiller Bataillon hatte bei diesem Marsch vom 2.–30. Juli 1792 nach Paris die „Marseillaise" auf den Lippen. Daher der Name dieses in Straßburg komponierten Kriegsliedes. Ebensolche Föderierte kamen aus anderen Departements, wenn auch mit weniger ausgesprochenem Programm.

Am klarsten hatte wohl Robespierre im Kopf, was jetzt zu geschehen und nicht zu geschehen hatte, – im scharfen Kampf gegen die Girondisten. Die Versuche der Legislative, den König zeitweilig zu entsetzen, um dann den Verratsverdacht zu untersuchen, lehnte er nach der Erfahrung von 1791 ab, ihm reichte sogar die endgültige Absetzung nach diesen Erfahrungen nicht aus: er forderte vielmehr, die Legislative müsse *auch* verschwinden und durch einen Nationalkonvent ersetzt werden, der die Aufgabe haben sollte, die Verfassung neu zu gestalten. Dieser Konvent sei von allen Aktiv- und Passivbürgern zu wählen. „Mit anderen Worten", sagt Mathiez dazu, „er appelliert an die Volksmassen gegen das Bürgertum. Damit macht er die letzten Manöver der Girondisten, um im Namen des Königs zur Macht aufzusteigen, zunichte. Der von ihm vorgeschlagene Plan gelangte zur Ausführung."[90]

Der 10. August 1792 war der entscheidende Tag. In der Nacht vorher wurden die Sturmglocken geläutet, die Marseiller Föderierten und die Leute aus den Vorstädten wurden auf die Beine gebracht. Der König bereitete keinen Widerstand vor, er stellte sich mit der Familie unter den Schutz der Legislative. Die Schweizergarde verteidigte das verlassene Tuilerienschloß durch Gewehrfeuer, etwa 100 der eindringenden Pariser Bürger und Föderierten wurden getötet, 270 verletzt, was zu solcher Empörung führte, daß die über 600 Verteidiger fast alle getötet wurden, die meisten nach Aufgabe des Widerstandes, 80 erst nach der Gefangennahme. Alle Augenzeugen waren entsetzt über das bis dahin in der Revolutionszeit nicht gekannte Ausmaß von Bestialität. Es ist schwer zu bestimmen, wo die schaurigen Berichte in Horrorfantasien übergehen. „Muß ich es zur Schande des weiblichen Geschlechtes sagen", schreibt der eigentlich revolutionsfreundliche deutsche Beobachter Oelsner, „die Weiber sind es, welche in allen stürmischen Auftritten der Revolution immer zuerst Entsetzlichkeiten ersannen und ausübten oder die Männer zu frischen Qualen und Mordtaten aufmunterten. In der auf den schrecklichen Tag folgenden Nacht sollen sie sich auf den Leichnamen preisgegeben, die Glieder der Getöteten gebraten und den Vorschlag, sie zu fressen, gemacht haben. Noch am Morgen des elften habe ich Weiber in den Leichnamen wühlen und die leblosen Teile verstümmeln sehn. Diesen Hang zur Ausschweifung bemerkt man selbst in der gebildeten Klasse des Geschlechts."[91]

Es folgten nun 40 Tage bis zum Zusammentritt des Nationalkonvents, der nach dem allgemeinen Wahlrecht gewählt wurde. Die königliche Familie wurde im Temple gefangengehalten. Die Legislative führte ein Schattendasein, daneben stand der Generalrat der revolutionären Kommune, ein regelrechtes, aus den Sektionen gebildetes, 288 Mitglieder umfassendes Parlament. Hier war die eigentliche Macht, hier waren Robespierre, Danton, Marat und andere tätig. Ein provisorischer Exekutivausschuß mit Danton als Justizminister, damit praktisch als leitendem Minister, wurde gebildet.

So entstand die Republik – im Kriege und unter Mord- und Greueltaten; und das gegen ihr Prinzip, wie Aulard sagt, der wie viele die Meinung vertritt, daß sie darum scheitern mußte.[92] Mit den Mord- und Greueltaten sind die Septembermorde gemeint, die Vernichtung des gefürchteten inneren gegenrevolutionären Feindes. Die Revolutionäre sahen die österreichische und preußische Koalition offenbar unaufhaltsam gegen sich vorschreiten. Sie fürchteten den mit den äußeren Feinden einigen „inneren Feind“: den König, die Aristokraten, die eidverweigernden Priester. Und deren steigende Macht, wenn die Truppen gegen den äußeren Feind loszogen, die Revolutionäre in Paris also keinen Schutz mehr hatten.

Danton war damals die Seele des revolutionären patriotischen Widerstandes: „Es ist Zeit, dem Volke zu sagen, daß es sich in Massen auf den Feind stürze. Wenn ein Schiff vom Untergang bedroht ist, wirft die Besatzung alles ins Meer, was es gefährden kann. So muß alles, was die Nation schädigen könnte, aus ihrer Mitte ausgestoßen werden!“[93] Auch Robespierre und Marat – diese bildeten überhaupt das entscheidende Dreigestirn – riefen zur Volksjustiz auf.

Daraufhin fanden in der allgemeinen Angst- und Haßpsychose die schaurigen Septembermorde in den Pariser Gefängnissen statt, die Hinmetzelung von etwa 1300 inhaftierten Männern und Frauen durch 100 Nationalgardisten und Föderierte. Das bedeutete die Hinmetzelung von etwa der Hälfte aller Häftlinge der Hauptstadt überhaupt. Gemeint war es als Tötung der nach der Augustrevolution gefangenen „Gegenrevolutionäre“ und Vaterlandsverräter. Weit über die Hälfte (67%) waren aber aus nichtpolitischen Gründen eingekerkert gewesen.

Mirabeau, der das nicht mehr hat miterleben müssen, hatte im Juni 1789 ausgerufen: „Welches Glück, diese große Revolution wird ohne Morde und ohne Tränen auskommen! Die Geschichte hat zu lange nur von Raubtiertaten berichtet. Wir dürfen hoffen, die Geschichte der Menschen zu beginnen.“ Tatsächlich standen diese nun beginnenden zwei Jahre langen Morde und Hinrichtungen im krassen Widerspruch zu dem Ziel der menschheitsbeglückenden Revolution. Hier begannen sich im zeitgenössischen europäischen Bürgertum die Ansichten über die Revolution zu trennen: zum Teil finden wir nun Abscheu, zum Teil die „Erkenntnis“, daß solche geschichtlichen Umwälzungen notwendig blutig seien. „Sie kennen meinen Enthusiasmus für die Revolution“, schrieb Manon Roland am 9. September 1792 in einem Brief, „nun, ich schäme mich ihrer! Sie ist von Bösewichtern befleckt, sie ist ekelhaft geworden.“[94] Robespierre hingegen fragte: „Wolltet Ihr eine Revolution ohne Revolution? Könnte dann jemals ein Volk das Tyrannenjoch abschütteln?“

Unter diesen Greueln und Ängsten also vollzogen sich die Wahlen zum Nationalkonvent, sozusagen zu einer neuen Constituante, einer neuen verfassunggebenden Versammlung, nun für die Republik. Am 20. September trat der Konvent zusammen und konnte am 21. September 1792 wirklich das Königtum abschaffen. Damit begann er, wie die Constituante 1789 mit der Abschaffung der Privilegien begonnen hatte. Er konnte die Republik gründen, mit einer ganz neuen Zeitrechnung anfangen – denn die schwere äußere Gefahr war gebannt durch die an sich lächerlich geringfügige Kanonade (nicht einmal Schlacht) von Valmy am 20. September, den ersten Sieg des Revolutionsheeres. Immerhin hatte die Kanonade die neue Bedeutung der Artillerie gezeigt und die des Volkes in Waffen, das, „Ça ira" singend, mit den Kanonen und mit Begeisterung das feindliche Heer aufhielt. Uns ist diese Kanonade ins Gedächtnis geprägt durch ein bekanntes Wort von Goethe, der sich damals im preußischen Lager befand: „Wir hatten, eben als es Nacht werden wollte, zufällig einen Kreis geschlossen, in dessen Mitte nicht einmal wie gewöhnlich ein Feuer konnte angezündet werden, die meisten schwiegen, einige sprachen und es fehlte doch eigentlich einem jeden Besinnung und Urteil. Endlich rief man mich auf, was ich dazu denke, denn ich hatte die Schar gewöhnlich mit kurzen Sprüchen erheitert und erquickt; diesmal sagte ich: Von hier und heute geht eine neue Epoche der Weltgeschichte aus, und ihr könnt sagen, ihr seid dabeigewesen." Deutlich hat Goethe gesehen, daß durch diese Schlappe des Koalitionsheeres, mit dem Preußen überhaupt ausschied, die antimonarchische republikanische französische Revolution sich hatte durchsetzen können. Die Revolution war nicht mehr zu ersticken.

Die revolutionäre französische Republik war aber von diesem Furcht- und Schreckensanfang entscheidend geprägt, stärker als die englische 1649 und ganz anders als die amerikanische mit ihrem Befreiungserlebnis, und sie war entscheidend in ihrer Lebensfähigkeit, ihrer Fähigkeit zu dauerhafter Ordnung beeinträchtigt.

An diesem Punkt ist innezuhalten. Das Bisherige war ein Bericht über die Französische Revolution 1789–1792, örtlich und zeitlich begrenzt, um die Ereignisse als solche bis zur Aufrichtung der Republik zu schildern oder – wenn man es so sehen will – bis zum Scheitern der großen neuen französischen Verfassungsgründung nach einem Jahr Legislative. Dieses Scheitern – im Gegensatz zur amerikanischen Verfassung, die 1788 als angenommen galt, 1789 im Frühjahr durch den Amtsantritt der neuen Regierung in Kraft trat – hat viele Gründe: Situationsbedingtheiten, die mehr als die entschiedenen Zielvorstellungen einiger Republikaner dazu führten, über die konstitutionelle Monarchie hinauszugehen; Zusammentreffen der politischen Revolution mit einer wirtschaftlich-sozialen Elendszeit; allzu große Schnelligkeit der Verfassungsbildung, ohne ehrlichen Konsens vieler konservativer Kräfte; nicht zuletzt Eingriff der anderen europäischen Mächte (was bei der englischen Revolution nicht passierte). Schon wegen dieses letzten Punktes kann man die Dinge nun auch kaum noch örtlich, auf Frankreich begrenzt behandeln, man muß die europäische Bedeutung der Französischen Revolution sichtbar machen, ihr Schicksal durch Europa und Europas Schicksal durch die Französische Revolution.

Diese Punkte und zugleich der Umstand, daß mit dem September 1792 das Anfangsdatum der extremsten Phase der Französischen Revolution erreicht ist, bestimmen mich, hier die Darstellung der Revolution zu unterbrechen und auf vorgeschichtliche Betrachtungen einzugehen. Es sind Betrachtungen zur französischen und europäischen Vorgeschichte der Französischen Revolution, die ich absichtlich zurückgestellt hatte, um zunächst die Ereignisfolge selbst deutlich werden zu lassen. Diese Vorgeschichte wird uns dann zwangsläufig zum europäischen Rahmen bringen, in dem dann die Revolutionsjahre selber neu- und weiterzubetrachten sind.

3. Teil

Zur Vorgeschichte der Revolution

> Denn ein solches Phänomen in der Menschengeschichte vergißt sich nicht mehr, weil es eine Anlage und ein Vermögen in der menschlichen Natur zum Besseren aufgedeckt hat, dergleichen kein Politiker aus dem bisherigen Laufe der Dinge herausgeklügelt hätte.
>
> Immanuel Kant 1798[95]

Reformen sind gewünscht und projektiert worden, kommende Veränderungen hat man geahnt, aber die Französische Revolution in ihrer komplexen Aktions- und Reaktionsverkettung wurde weder vorausgesehen noch gemacht.

Louis Sébastien Mercier, Theoretiker und Autor antiklassischer bürgerlicher Dramen und Verfasser der ersten Zukunftsutopie, war als Journalist auch der Erfinder der Reportage. Er schrieb 1781–1788 ein achtbändiges, unvergleichlich reiches und genaues ‚Tableau de Paris'. Darin hielt er den „schwer zu ertragenden Anblick des ewigen Kampfes zwischen Not und Überfluß" fest, schilderte etwa den schrittweise gedemütigten Bürgerstand, der zu einem solchen „Geist der Unbotmäßigkeit" geführt habe, „daß man – und dies ist meine Voraussage – schon in Bälde das Schlimmste zu befürchten haben wird", und beschrieb unter vielem anderen auch die „Heerscharen unnützer Domestiken", die „unter allen Elementen der Korruption, die eine Stadt heimsuchen können, sicherlich das gefährlichste" seien, „was früher oder später fast zwangsläufig zu irgendeiner Katastrophe führen muß", – Heerscharen übrigens, von denen man auch heute noch nicht genau weiß, was sie dann in der Revolutionszeit tatsächlich getrieben haben. Unter Merciers Reportagen gibt es auch eine über „Revolten", in der es zu Anfang heißt: „Daß eine Revolte in offenen Aufruhr übergehen könnte, ist heute kaum mehr vorstellbar. Die Wachsamkeit der Polizei, die Schweizergarde und die französischen Garderegimenter, die ständig marschbereit in den Kasernen liegen, die königliche Leibwache, die Garnisonstädte rund um Paris und nicht zuletzt der Umstand, daß die Interessen ungezählter Personen mit denen des Hofes eng verknüpft sind – all dies scheint dazu angetan, Aufstände ernsterer Natur ein für allemal unmöglich zu machen und schon im Keime zu ersticken." Abschließend bemerkt er: „Vielleicht gerade weil es in Paris so selten zu Revolten kommt, würde ein ernstzunehmender Aufstand (immer vorausgesetzt, ein solcher wäre überhaupt möglich) wohl zu ungeheuer schweren Konsequenzen führen!"[96]

Diese Mischung aus Ahnungen und Ahnungslosigkeit muß man sich immer vor Augen halten, wenn man versucht, die Sicherheit vorliegender Entstehungserklärungen des geschichtlichen Bruches ‚Französische Revolution' zu bestimmen. Wir ändern deshalb unsere Betrachtungsweise und gehen nach einzelnen Bereichen vor. Die Reihung der folgenden vorgeschichtlichen Erwägungen ist ziemlich willkürlich, da wir ja in den einzelnen Bereichen erst untersuchen müssen, was tatsächlich – und in welchem Grade – für die Französische Revolution wichtig war. Wir werden dabei auch auf unterschiedlich weite Zeiträume zurückgreifen müssen.

1. Zur Wirtschafts- und Sozialgeschichte

Die wirtschafts- und sozialgeschichtlichen Ursachen und Anlässe sind, zusammen mit den entsprechenden Auswirkungen, in unserem Jahrhundert am stärksten diskutiert worden. Die ganze französische Hauptrichtung der Revolutionsgeschichtsforschung war darauf ausgerichtet; das hat sich erst im Laufe der letzten beiden Jahrzehnte geändert. Diese starke Bevorzugung in der Geschichtswissenschaft unseres Jahrhunderts heißt aber nicht, daß die wirtschafts- und sozialgeschichtlichen Hintergründe der Französischen Revolution nicht von Anfang an gesehen worden wären.

Das sieht man etwa an der ‚Introduction à la Revolution française' von Barnave, die 1792 geschrieben, allerdings erst 1843 ediert wurde. Für Barnave ist die Revolution die Folge der Umbildung der ökonomischen und sozialen Strukturen. Im Mittelalter, heißt es bei ihm, habe die Feudalherrschaft in ganz Europa bestanden und auf dem Grundeigentum beruht. Durch Entdeckungen, Reformation usw. entwickelte sich „la richesse mobilière", der bewegliche Reichtum, der Geldreichtum, „qui est l'élement de la démocratie et le ciment de l'unité des États".[97] Die Klasse, die diese Art Reichtum besitzt, nennt Barnave einfach „le peuple", meint aber das Bürgertum; sie ist es, die nun an der Macht teilhaben möchte. Das sei der Hauptgrund der Revolution, und diese Konstellation sei typisch für den Okzident, für diejenigen Länder, in denen das „Volk" (Bürgertum) reicher, zahlreicher und mächtiger sei als im Orient.

Burke drückte es etwas anders aus. Er war der Meinung, daß in Frankreich nicht wie in England eine Verbindung von „landed interest and moneyed interest" gelungen sei. Das französische „moneyed interest", reich und mächtig durch seine günstige Stellung bei der Staatsschuld, werde durch die Privilegien des Adels von der politischen Verantwortung ferngehalten. Darum habe sich das französische „moneyed interest" mit den ebenso vom Hof ferngehaltenen politischen Schriftstellern verbunden. Wie man sieht, werden die Verhältnisse von Befürwortern und Gegnern der Revolution prinzipiell ähnlich betrachtet.

Entsprechend finden wir dann die Schilderung der Entwicklung der kapitalistischen Bourgeoisie in der ‚Geschichte der sozialen Bewegung in Frankreich' von Lorenz von Stein (1850) und bei Karl Marx, vor allem auch bei den marxistischen Nachfolgern. Nach deren Vorstellung praktiziert die Bourgeoisie eine Machtergreifung, weil Adel und Klerus die Bauern unterdrücken, in Halbleibeigenschaft halten, und damit die Warenproduktion ihrer Wirtschaften und die Herausbildung eines Marktes der Ware Arbeitskraft hemmen. Dadurch halten sie das Wachstum der kapitalistischen Wirtschaftsformen auf, verhindern, daß kapitalistische Verhältnisse zur herrschenden Produktionsweise werden usw. Die allgemeine europäische, längerfristige sozioökonomische Entwicklung ist so beschreibbar, und von daher ist auch die Annahme gerechtfertigt, daß sich hiergegen die Revolution richtete, – die Revolution des Bürgertums mit Hilfe des ganz anderen, weitere Ziele verfolgenden Vierten Standes.

Langfristige ökonomische Entwicklung im Vergleich zu England

In diesem Sinne untersuchten viele neuere Historiker, vor allem die Anhänger der atlantischen Schule, im team-work, ob die sozialökonomischen Strukturen überall dort gleich waren, wo Ende des 18. Jahrhunderts Revolutionen ausbrachen: in Neu-England, Holland, Brabant, Frankreich, im Rheinland und in Norditalien. Godechot stellte fest, daß sie sich tatsächlich so ziemlich ähnelten; überall war noch die Landwirtschaft vorherrschend, bewirtschaftet von freien Bauern, kleinen Eigentümern (es gab also kaum Leibeigenschaft). Die Industrie entwickelte sich, ohne schon große Zentren proletarisierter Arbeiter gebildet zu haben. Überall gab es auch viele Städte mit reichem handeltreibendem Bürgertum.

Deutlich wurde dabei erneut, daß die Revolution Ende des 18. Jahrhunderts nicht im ökonomisch fortgeschrittensten Land, nämlich in England ausbrach. Marxistische Historiker legen darum so großen Wert auf ihre Hypothese, sie habe dort schon ein Jahrhundert früher stattgefunden und der Kapitalismus, jedenfalls der Frühkapitalismus, sei dort seither fest im Sattel, habe sich die notwendigen freiheitlichen politischen Strukturen bereits erkämpft; wenn dann hundert Jahre später Amerika etwa gleichzeitig mit Frankreich Revolution gemacht habe, so sei es hier nurmehr um politische Unabhängigkeit gegangen. Lassen wir das dahingestellt. Jedenfalls machte England bekanntlich am Ende des 18. Jahrhunderts eine ganz andere, viel weniger sichtbare Revolution durch, die sog. Industrielle Revolution, die erste derartige und für ganz Europa vorbildliche, die 1760–80 begann: eine schlagartig und rapide zunehmende industrielle Produktion, zurückzuführen auf starke Kapital-Akkumulierung, auf technische Erfindungen (Dampfmaschine, Spinnmaschine) und organisatorische Neuerungen (Fabriken), Weltmarkterweiterung, Freihandelsideen (Adam Smith) und Bevölkerungsvermehrung. Das ist der Beginn des Industriellen Zeitalters oder des Hochkapitalismus, – ein Umbruch, den ein moderner Wirtschaftshistoriker wie Carlo Cipolla nur glaubt vergleichen zu können mit der Agrarrevolution des 8. Jahrtausends v. Chr., also der Entwicklung von Jägern und Sammlern zu Bauern.

Diese „Gleichzeitigkeit" der politischen Revolution in Frankreich und der industriellen in England wirft viele Fragen auf, die schwer zu beantworten sind. Ist die Französische Revolution ein anderer Weg oder die Schaffung einer freien Bahn zur gleichen Entwicklung wie in England? Geschah sie aus Furcht, von England überrollt zu werden oder ist sie gar ein Zeichen, daß schon länger ein Rückstand da war? Das hängt z.T. zusammen mit der alten Frage, ob die Französische Revolution unternommen wurde, weil Frankreich ein wirtschaftlich blühendes und expandierendes Land war oder ob sie durch wirtschaftlich-soziale Not entstand.

Wir wollen hier zunächst nicht Wohlstand und Elend in den französischen sozialen Verhältnissen gegeneinander abwägen, sondern nach der allgemeinen wirtschaftlichen Situation fragen: war sie günstig oder ungünstig, für sich und im Vergleich zu England, und hat das mit der Vorgeschichte der Revolution zu tun? Ich muß versuchen, hierfür einen wirtschaftsgeschichtlichen Überblick im Vergleich zu dem großen Konkurrenten England zu skizzieren. Am striktesten ist ein solcher Vergleich von François Crouzet durchgeführt worden. Auf ihn und einige spätere Untersuchungen stütze ich mich.[98]

Frankreich ist an sich, von der Natur, ein wirtschaftlich günstig, ja verschwenderisch ausgestattetes, von Partnern umworbenes Land, fruchtbar, mit in großem Umfang möglicher Getreideausfuhr und Weinausfuhr und mit vorteilhafter Verkehrslage. Schon im Hochmittelalter bestanden die französischen Messeplätze auf den großen Straßen zwischen Italien, den Niederlanden und England. Den Küsten entsprechend gibt es französische Seefahrt im Mittelmeer, im Atlantik und im Kanal. Die Luxusgüterausfuhr bestimmt die europäische Mode (etwa die Seidenausfuhr aus Lyon). Frankreich ist außerdem seit dem Mittelalter das am stärksten bevölkerte Land Europas. Es gab zwar kleinere dichter besiedelte Gebiete wie etwa Holland, aber in der Größe Frankreichs war keines so bevölkert. Im 16./17. Jahrhundert gab es 20–22 Millionen Franzosen in einem Europa von 120 Millionen, 1750 25 Millionen in einem Europa von 140 Millionen. Großbritannien hatte 1750 9 Millionen, Österreich 10 Millionen, Italien 15 Millionen, Spanien 9 Millionen. Frankreich war, wie ein Zeitgenosse im 17. Jahrhundert sagte, „voll wie ein Ei", aber nicht übervölkert. Es hätte 30–40 Millionen ernähren können. Die Weiterentwicklung nach 1750, auf die wir noch eingehen werden, konnte problematisch werden, aber nur im Zusammenhang mit anderen Faktoren, nicht allein wegen der Bevölkerungszunahme.

Nun also der wirtschaftsgeschichtliche Vergleich zu England: Im 16. Jahrhundert ist Frankreich England überlegen, einem Lande, das ebenfalls günstige natürliche Voraussetzungen hat, wenn auch nicht Wein, so doch eine große Wollwirtschaft, besonders seit dem 15. Jahrhundert auf dem Antwerpener Markt. Frankreich ist England jedenfalls an Wohlstand etwas überlegen, an technischen Fähigkeiten, an Warenqualität, besonders bei Luxuswaren. Diese Überlegenheit bleibt aber nicht, sie geht schon in der zweiten Hälfte des 16. Jahrhunderts zurück. Warum?

Zunächst ist an die Preissteigerungen unter dem Einfluß des amerikanischen Edelmetalls zu denken, dann an die Verwüstungen durch die Religionskriege in der zweiten Hälfte des 16. Jahrhunderts. Nach kurzer Stabilisierung durch Heinrich IV. finden wir aber auch im 17. Jahrhundert wirtschaftliche Stagnation und Verfall, weit stärker nach den neueren französischen Forschungen, als man bisher, geblendet vom Glanze der Zeit Ludwigs XIV. und von der Leistung Colberts, annahm. Wir finden solche Stagnation, solchen Verfall in den Jahrzehnten 1630–1720. Die Gründe sind darin zu suchen, daß Frankreich eine politische, aber keine wirtschaftliche Einheit bildete. Die Provinzen waren durch Zölle getrennt. Bei drohender Knappheit durch Mißernten wurde das Getreide in den einzelnen Provinzen festgehalten, um die eigene Versorgung zu sichern (mit Vor- und Nachteilen, wie die Entwicklung nach 1750 zeigt). Die Regierung konnte nur für sehr große Städte Getreide beschlagnahmen. Es kam also zu partiellen Hungersnöten und zu einer gewissen Störung beim Manufakturenaufbau.

Ein weiterer Grund ist, daß die Steuerverpachtung die wirksamste Art zu sein schien, die Staatskasse zu füllen. Hierbei schossen Finanziers das Geld vor und entschädigten sich dann, indem sie auf eigene Rechnung Steuern eintrieben. Sie waren also eine wichtige Gruppe für den Staat, sie kauften Regierungsämter für sich und für ihre Nachfolger, und das bedeutete: kapitalkräftige Unternehmertalente wurden von dieser Tätigkeit absorbiert. Sie machten keine produktiven industriellen Investitionen, sondern gaben unproduktiv die Gewinne aus (beim Ämterkauf, bei Bestechungen usw.).

Colbert hat praktisch nur verzweifelte Versuche gemacht, dies zu ändern, während die Wirtschaft verfiel. Er versuchte staatliche Ankurbelungen der Industrie (etwa durch das System der königlichen Manufakturen) und des Außenhandels, die – vom Ausland mit Bestürzung verfolgt und überschätzt – auch noch im 18. Jahrhundert praktiziert wurden: unter dem Namen Colbertismus oder dann Merkantilismus. Seine Anstrengungen wurden aber zunichte gemacht durch die aufwendige, kriegerische Außenpolitik Ludwigs XIV., schließlich durch die Aufhebung des Edikts von Nantes 1685, d.h. durch die Auswanderung der kapitalkräftigen, wirtschaftlich sehr tätigen Hugenotten, die schon seit 1661 faktisch vom Staatsdienst ausgeschlossen waren, also wenig Interesse gehabt hatten, Kapital in staatlichen Positionen zu investieren. 1715 hatte Frankreich trotz Vergrößerung etwas weniger Bevölkerung als 1640.

Das ist bedeutsam, denn dies ist die Zeit des englischen Aufstiegs. Es ist ein Aufstieg seit dem 16. Jahrhundert, der auch durch den Bürgerkrieg nur wenig gestört wurde und enorm zunahm seit 1660. Damals gab es die sogen. „Commercial Revolution" zum Welt- und Reexporthandel hin, in den 1690er Jahren die „Financial Revolution" durch die Gründung der Nationalbank und ihrer Bewältigung der Nationalschuld. Gleichzeitig wurde die englische Landwirtschaft gesichert und durch technische Neuerungen gesteigert, Neuerungen, die auch schon in der Industrie beginnen. Überall ist das die Wirkung großer kapitalkräftiger Unternehmer und Unternehmergesellschaften, z. T. durch Bürgerkriegsgewinnler aus der Revolutionszeit.

Anfang des 18. Jahrhundert ist das kleinere England dem größeren Frankreich wirtschaftlich weit voraus. Das Durchschnittseinkommen pro Kopf ist 20% höher (nach der Berechnung von 1688), nur das von Holland ist noch höher.

Man kann das aber nur begrenzt als wichtig für die Vorgeschichte der Revolution ansehen. Denn dieses Verhältnis bleibt nicht so. Seit 1720 finden wir einen starken wirtschaftlichen Aufstieg Frankreichs. (Dieser Aufstieg wird von der modernen Forschung für viel bedeutender gehalten als bisher, ebenso wie der Abstieg im 17. Jahrhundert.)

Man kann von einem parallelen Wachstum Frankreichs und Englands sprechen. Der französische Außenhandel wuchs sogar viel rascher als der englische. Um 1720 hatte er den halben Wert des englischen, kurz vor der Französischen Revolution war er etwa gleich, vielleicht überlegen, pro Kopf der Bevölkerung natürlich entsprechend kleiner. Dieser Außenhandel beherrschte unter Zurückdrängung Englands weite Teile Europas: Italien, Spanien, Spanisch-Amerika. Das ist eine Entwicklung des französischen Handels vor allem *vor* dem Siebenjährigen Krieg; nach diesem Krieg hat sich England schneller entwickelt, wir finden aber auch von Frankreich her neue Anläufe. In diesem Zusammenhang muß betont werden, daß der Verlust der französischen Kolonien für den französischen Export nur wenig Bedeutung hatte.

Auch die industrielle Produktion stieg ähnlich. In England verdreifachte sie sich, in Frankreich hat sie sich möglicherweise sogar vervierfacht (es war eine höhere totale Produktion, weniger pro Kopf). Erst in der entscheidenden Phase der Industriellen Revolution in den 1780er Jahren gibt es in England einen heftigen Anstieg, während in Frankreich nach 1770 die Textilindustrie zurückging.

Was die Landwirtschaft betrifft, so berechnet Crouzet die Produktionssteigerung in Frankreich vom 1. bis zum 9. Jahrzehnt des 18. Jahrhunderts mit 60%, d. h. etwas mehr als der Bevölkerungszuwachs; dadurch kam es nicht mehr zu so großen Hungersnöten wie im 17. Jahrhundert. In England ist im gleichen Zeitraum eine Produktionssteigerung von 35% festzustellen.

Wir werden später noch Gründe und Probleme der landwirtschaftlichen Produktionssteigerung sehen, aber zunächst kann man feststellen: Von langfristigem Niedergang der französischen Wirtschaft im 18. Jahrhundert, wie früher oft behauptet wurde, kann also nicht die Rede sein. Es handelt sich unstreitig im Großen um eine ökonomisch positive Entwicklung. Das zeigt auch die Bevölkerungszunahme von 20 auf 25 oder sogar 27 Millionen. Man sollte sich aber auch davor hüten, nun von einem glänzenden Aufstieg dieser Wirtschaft zu reden, der dann in der Französischen Revolution die alten politisch-gesellschaftlichen Fesseln gesprengt hätte. Dafür war es zu sehr ein „normaler" Aufstieg in „normalen" Zeiten in einem grundsätzlich wirtschaftlich begünstigten Land. Henri Sée hat schon 1931 in einem Aufsatz über die ökonomischen und sozialen Ursprünge der Französischen Revolution von dieser „langsamen Evolution" gesprochen, besonders langsam in der Landwirtschaft. Sie sei gut gewesen im kontinentalen Vergleich, nicht gegenüber England. Sée betont auch, daß die französische Industrie noch lange nicht den Punkt der Industriellen Revolution erreicht habe. Der Außenhandel sei allerdings sehr gestiegen, zugunsten der Schiffseigentümer, der reichen Kaufleute von Nantes und Bordeaux. Also nennen wir es insgesamt einen „normalen" Aufstieg. D. h. auch: Die Verhältnisse, die im 17. Jahrhundert die französische wirtschaftliche Initiative geschwächt hatten, waren nicht grundsätzlich anders geworden. Von den Neuerungen, die das Charakteristische der englischen Industriellen Revolution ausmachen, waren in Frankreich nur Ansätze da, etwa im Bergbau, bei der Seidenherstellung, in der Chemie, vor allem muß man betonen, daß es sich um keine *drängenden* Ansätze handelte. In Frankreich herrschte noch viel mehr die traditionelle Wirtschaftsform vor.

Ich will nicht auf alle Überlegungen eingehen, die vor allem Crouzet angestellt hat, woran es gelegen haben könnte, daß es nicht zu einer schnelleren industriellen Entwicklung wie ein England kam. Crouzet weist im Zuge des zunächst so erstaunlich gleichartigen wirtschaftlichen Wachstums Englands und Frankreichs im 18. Jahrhundert die meisten üblichen Erklärungsversuche als sekundär zurück, – also daß England freier gewesen sei, ohne Gilden, für wirtschaftliche individuelle Initiative aufgeschlossen, eine größere vertikale soziale Mobilität gehabt habe, mehr Profitsucht, mehr Aufklärung und neue Wissenschaft, Kapitalüberfluß, größere Nachfrage, während Frankreich durch den Verlust der Kolonien in Indien und Amerika enttäuscht gewesen sei. Soweit technische Erfindungen überhaupt erklärt werden können, so waren sie in England wohl nötig wegen des Rohstoffmangels und des Arbeitskräftemangels, und nicht in gleichem Maße in Frankreich. Und überhaupt wäre natürlich eher erforderlich, die exzeptionelle *englische* wirtschaftlich-industrielle Entwicklung zu erklären als die „normalere" französische.

Soweit also die *lang*fristige wirtschaftliche Entwicklung Frankreichs im Vergleich zu England. Frankreich erscheint als wirtschaftlich nicht besonders zurückgeblieben, aber auch nicht an der Spitze der Entwicklung. Wie ich früher schon ausführte, war das Bild bei Marx und Engels negativer: Frankreich erschien dort kapitalistisch-industriell als sehr zurückgeblieben gegenüber England (weshalb die Französische Revolution „nur" als politische Revolution begriffen wurde); bei Jaurès war das Bild demgegenüber viel positiver.

Für die Erklärung der Französischen Revolution gibt diese langfristige wirtschaftsgeschichtliche Beschreibung nur wenig her. Sie hat weder für die Motive und Interessen des Bürgertums, noch die der Bauern, noch die der unteren städtischen Schichten viel Erklärungskraft. Man hat sie deshalb meist auch nur für die Erklärung der langfristigen Weiterentwicklung herangezogen, über die Französische Revolution hinaus bis ins 19. Jahrhundert. Da heißt es etwa – wir müssen das hinsichtlich der Vorbedingungen *und* Folgen infragestellen – bei einem Autor wie Hans Haussherr: Frankreich sei am Vorabend der Französischen Revolution im wesentlichen noch auf dem Stande des vorindustriellen Gewerbes und der herkömmlichen Landwirtschaft gewesen. England habe währenddessen eine Umwälzung in der Landwirtschaft und der Industrie erlebt, die revolutionäre Möglichkeiten barg – Möglichkeiten, die dann politisch durch die bürgerliche Reform von 1832 (die Wahlreform) abgefangen wurden. Haussherr vergleicht, daß demgegenüber Frankreichs politische und gesellschaftliche Revolution die Schranken niedergerissen habe, „die einer späteren Industrialisierung hinderlich gewesen wären". Es handele sich um eine Verschiedenheit des Weges und um eine Ähnlichkeit des Ergebnisses.[99] Betont wird bei Haussherr jedenfalls die spätere Industrialisierung. Von einem für die Revolution bestimmenden Drang des industrialisierungswilligen Bürgertums ist bei ihm keine Rede. Woran sich hier wie immer zeigt, wie bedenklich es ist, von einer geschichtlichen Wirkung auf eine geschichtliche Ursache schließen zu wollen.

Wir werden später noch genauer erkennen, daß wir an dieser globalen Sicht nach der neueren Forschung zweierlei infragestellen müssen: erstens, daß Frankreich wirklich vor 1789 im wesentlichen vorindustriell, auf dem Stand der herkömmlichen Landwirtschaft war; und zweitens, daß durch die Revolution tatsächlich die Schranken für die spätere Entwicklung niedergerissen wurden. Zunächst ist nur festzuhalten: wenn Lefebvre (und in seinem Sinne ja viele sozialistische Historiker) schreibt: „Die Revolution ist nur die Krönung einer langen ökonomischen und sozialen Evolution, die das Bürgertum zum Beherrscher der Welt gemacht hat", – so läßt sich das jedenfalls für die *ökonomische* Evolution nicht sagen.[100] Es gibt sehr wohl ältere und moderne Wirtschaftsformen, aber sie lassen sich nicht nach Adel und Bürgertum, kaum nach Feudalismus und Kapitalismus aufteilen. Die ganze Vorstellung, daß das kapitalistische Bürgertum gegen die feudale

Wirtschaftsordnung, gegen die feudalen Strukturen und ihre Träger, den Adel, Sturm lief, findet im französischen vorrevolutionären 18. Jahrhundert, in der Vorgeschichte der Revolution, keine Bestätigung.

Dies wird sehr dezidiert von Alfred Cobban festgestellt, stärker ins Einzelne gehend von G. W. Taylor.[101] „Non-capitalistic" wealth, also das, was man mit dem Kampfbegriff feudalen Reichtum nannte, nennt Taylor lieber „proprietary wealth": festen, gesicherten Besitz, der Grundbesitz (auch städtischer) sein kann, ebenso gekaufte Beamtenstellen und auch regelmäßiges, rentenartiges Einkommen aus seigneurialen („feudalen") Rechten.

Man kann die Besitzer von proprietärem Reichtum zusammenfassen – das ist dann aber eine Gruppe, in der sich Adlige und Bürgerliche befinden. Etwa beim Ämterkauf, oder auch beim Grundbesitz, der von Kaufleuten in ihren späteren Jahren gern erworben wird, aus Sicherheit und aus Statusgründen. Es gibt juristische Unterschiede in dieser Gruppe, vor allem durch die Adelsprivilegien, aber keine wirtschaftlichen.

Und wie ist es beim „capitalistic wealth"? Handels-, Finanz- und Industriekapitalismus gibt es durchaus, in viel stärkerem Grade als etwa Hausscherr zugestehen wollte, aber er ist durchaus nicht einfach die Domäne der Bürgerlichen. Man klagte zwar, daß der Adlige nicht direkt kaufmännisch tätig sein konnte, – aber tatsächlich gab es „noblesse commerçante" im Handel, in der Industrie und in den Finanzen, es gab hier große aristokratische Geldgeber.

Die Grenze zwischen dem proprietären und kapitalistischen Reichtum ging also *vertikal* durch Bürgertum und Adel. Die ökonomische Grenze war vertikal, – horizontal war – nur – die legale, rechtliche Grenze.

Daran zeigt sich erneut und in differenzierterer Weise: Eine langfristige ökonomische Erklärung der Revolution, eine Erklärung von verschiedenen ökonomischen Strukturen und ihnen zugeordneten sozialen Schichten her ist nicht möglich. Der „Kapitalismus" war ja auch zunächst so wenig der Sieger der Revolution wie die Industrialisierung: vielmehr triumphierten zunächst die größeren und kleineren landbesitzenden Schichten, natürlich meist neureiche, aber eher proprietäre als kapitalistische; die gewisse ökonomische Rückständigkeit Frankreichs im 19. Jahrhundert ist daraus erklärbar, – wir kommen darauf noch.

Mittel- und kurzfristige ökonomische Krisen

Auf dem Gebiete der Wirtschaftsgeschichte bleibt es also hinsichtlich der Vorgeschichte, hinsichtlich der für die Ursachen brauchbaren Erscheinungen bei den kurzfristigen oder kürzerfristigen Krisen. Man kannte die zwei *ganz* kurzfristigen schon immer, wir haben sie auch schon erwähnt: 1786 führte ein neuer Handelsvertrag mit England zu heftiger Störung der französischen Textilindustrie, zur Arbeitslosigkeit; 1788 führte eine Mißernte zur Steigerung des Brotpreises. Ehemals schienen das Schlußsteine eines ökonomischen Niedergangs zu sein. Seit Tocqueville werden sie als Krisen kurzer Art bei langfristigem ökonomischem Aufstieg angesehen, mehr als Anlässe, kaum als Ursachen.

Hier brachte Ernest Labrousse Verwirrung und Neuordnung – Verwirrung so stark, daß man zunächst glaubte, die ganze These vom langsam ansteigenden Wohlstand sei wieder hin. Labrousse hat die entscheidenden preisgeschichtlichen Untersuchungen angestellt.[102] Er geht aus von langfristiger ökonomischer langsamer Evolution seit 1726, bis ins 19. Jahrhundert hinein. Freilich betont er, daß die Löhne und kleineren Einkommen hinter der Entwicklung der Konsumgüterpreise immer zurücklagen. Nach 1778 aber kam es zu einer Krise, zu einer Regression. Es gab Preisrückgänge. Zuerst traten sie bei den Weinpreisen auf, die durch katastrophal reiche Ernten bis auf die Hälfte zurückgingen und die Verdienste der Weinbauern zunichtemachten. Dann gingen die Kornpreise zurück und blieben bis 1787 sehr niedrig. Die Kaufkraft der Landbevölkerung war also seither schwer bedroht.

Taine hatte aus dem französischen 18. Jahrhundert Einzelbeispiele für ökonomisches Elend aufeinandergehäuft, Jaurès solche über den ökonomischen Aufstieg, allerdings besonders bei der Bourgeoisie: bei Labrousse und seinen genau ausgerechneten ökonomischen Zyklen – die den Zeitgenossen nicht bekannt waren – wirkt das alles nun wie geordnet und erklärt. Es gibt eben eine „Regression", es gibt mehr als zehn Jahre vor 1789 einen Rückgang. Das ist eine sozusagen mittelfristige Erscheinung zwischen langfristigem Aufstieg und den schon genannten kurzfristigen Wirtschaftskrisen. Diese werden aber so erst in ihrer Tiefenwirkung und Auswirkung erklärlich. Denn in dieser regressiven Situation wurde 1786 der Handelsvertrag mit England abgeschlossen. Hohe Zölle, die etwa 100 Jahre früher Frankreich auf die englische Wolle und England auf die französischen Weine geladen hatten und die immer schon abgebaut werden sollten, nie aber vorher im 18. Jahrhundert abgebaut wurden und geradezu eine Abschließung zweier Handelssysteme voneinander bedeuteten, sehr zum Ärger der Freihändler, – sie sollten *nun* abgebaut werden. Frankreich tat das zugunsten seiner Weinausfuhr. Die Weinbauern erholten sich auch. Das Land wurde aber überschwemmt mit Erzeugnissen der in der Industriellen Revolution gesteigerten englischen Textilproduktion. Das führte zu einer schweren Krise der französischen Textilindustrie.

Unter diesen Umständen ist die furchtbare Wirkung der Mißernte von 1788 mit der Steigerung des Brotpreises erklärbar, die Beschäftigungslosigkeit und die Hungersnot. Es waren keine Ressourcen da, und außerdem machte sich nun das Bevölkerungswachstum bemerkbar; im 18. Jahrhundert war, wie schon erwähnt, Frankreich von 20 auf etwa 26 Millionen gestiegen. (Wobei das Proletariat prozentual viel stärker anstieg.) Das war, wie wir bei der Betrachtung von 1789 schon gesehen haben, ein Stimulus zum Aufruhr und blieb das auch in der ganzen Französischen Revolution.

Gerade diese eben skizzierte mittel- und kurzfristige Krisenentwicklung ist wieder einmal ein Beispiel dafür, wie sehr es in der Geschichte meistens nicht auf ein einziges Motiv, sondern gerade auf die Art der Bündelung der Motive ankommt, – schon innerhalb der Wirtschaftsgeschichte!

Feudale Reaktion oder Modernisierung

In dieser Bündelung der Motive und Ursachen ist nun noch weiterzugehen. Besonders intensiv hat man nach Labrousse auf dem Gebiet der ,,mittelfristigen" Ursachen weitergearbeitet, also nach Fragestellungen, die die 30 bis 40 Jahre vor der Revolution in Betracht ziehen. Die sozioökonomischen Veränderungen nach 1750 werden nun als doch wichtiger und grundsätzlicher angesehen als man das bisher annahm, und das nicht nur hinsichtlich der von Labrousse aufgezeigten Linien. Es ist in dieser Zeit doch eine stärkere Modernisierung zu finden, eine stärkere Entwicklung des Kapitalismus, – nur daß dieser eben nicht so sehr Adel und Bürgertum voneinander trennt, sondern sozioökonomische Veränderungen mit sich bringt, die die zweite und dritte Revolution, die der Bauern und der städtischen Volksschichten erklären.[103]

Ausgehen kann man von der These einer sogen. ,,feudalen Reaktion" am Ende des 18. Jahrhunderts. Diese These entwickelte sich an Beobachtungen gewisser ,,Re-Aristokratisierungen" in dieser Zeit, einer neuen stärkeren Abschließung des Adels gegenüber dem Bürgertum; auch sichtbar bei der Haltung der Parlamente, die privilegienbewußter wird und schließlich zur Trennung der Interessen des Dritten Standes von denen der Parlamente führt. Das war natürlich eine gute Erklärungsmöglichkeit für die Revolution: Es ging, nach dieser These, nicht um einen uralten Gegensatz Adel-Bürgertum, der ,,zufällig" 1789 zur Revolution führte, sondern um einen neu betonten Gegensatz, der ,,unzeitgemäß" und entsprechend verbitternd wirkte.

Wir werden später noch darauf eingehen, in welcher Weise die Beobachtungen von Rearistokratisierungen eingeschränkt werden müssen. Hier kommt es nur darauf an, daß vor allem marxistische französische Historiker diese These auf die sozioökonomischen Verhältnisse übertragen haben. Um den sozioökonomischen Gegensatz Adel-Bürgertum zu zeigen, wurden die Revolutionsinteressen als blockartig eindeutig konstruiert. Das stimmt zu den Beschwerdeheften, zur Ideologie von Sieyès vom Dritten Stand, zum 4. August mit der Aufhebung des Feudalismus.

Auch das Reizwort ,,Feudalität" stammt aus diesem ideologischen Kampf des 18. Jahrhunderts. Eigentlich ist der Begriff Feudalsystem weniger zutreffend als es der Begriff ,,seigneuriales System" wäre, der das System der Lokalgewalten, des Partikularismus bezeichnet. Bei Feudalität oder Feudalsystem muß man, um wenigstens etwas Licht in die verwirrenden Verhältnisse zu bringen, jedenfalls zweierlei unterscheiden (wie es

Régine Robin tut):[104] Feudalität im engeren Sinne, als Rechtsterminus, heißt Herrschaftssystem, das sich auf das Lehnswesen und die Vasallität gründet, auf das Verhältnis von Lehnsherr und Vasall. Es ist ein herrschaftliches Rechtssystem. Feudalität im übertragenen Sinne ist ein sozioökonomisches System, ein Regierungstyp, ein Verfassungstyp. Es ist das System grundherrschaftlicher Verhältnisse, bei dem der grundbesitzende Herr, der meist zugleich Gerichtsherr ist, sich vom direkten Produzenten, d.h. dem auf verschiedene Weise abhängigen Bauern durch außerökonomischen Zwang ein Mehrprodukt oder eine Mehrarbeit aneignet. Das ist das „régime seigneurial" oder (nach Soboul), die „féodalité de l'ancien régime". Es geht dabei um seigneuriale oder feudale Rechte wie Abgaben, Frondienste, „Leibeigenschaft".

Hier hat man nun am Ende des Ancien Régime eine starke Wiedererwekkung, eine Neuinanspruchnahme dieser Rechte festgestellt, d.h. von Rechten, die schon als altmodisch in Vergessenheit geraten waren – einzelne davon jedenfalls. Es geht um das Wiederinkraftsetzen von Rechten, die auf Zinslehen lasteten: Maßnahmen hinsichtlich der Banngerechtsamen, das Recht des Herrn, landwirtschaftliche Erträge seiner Zinsbauern in seiner Mühle, in seinem Backofen, in seiner Kelter usw. gegen Gebühr verarbeiten zu lassen, Wälder-Wiederaneignung, Eingriffe in die Gemeinderechte. Soboul deutet es in der folgenden Weise: Der Adel (und der hohe Klerus) versuchten sich als herrschende Klasse zu stärken. Die feudale Reaktion in der 2. Hälfte des 18. Jahrhunderts wurde erleichtert, wenn nicht gefördert durch königliche Verwaltung. Das wird belegt durch die Edikte über die Aufteilung des Gemeindelands und über die Einhegungen."[105] Soboul sieht das zusammen mit neuer Exklusivität in den oberen Sphären des Staates und der Kirche, also mit einer dort stattfindenden Rearistokratisierung. Die kapitalistische Initiative des Bürgertums sei dadurch gelähmt oder auf traditionellere Bahnen geführt worden. All dies sei geschehen in Geldnot, gegen das Eindringen des Bürgertums, in Angriff gegen die physiokratischen Pläne der Regierung.

Das sind sicherlich zutreffende Einzelbeobachtungen. Die Frage ist nur, ob die Gesamtdeutung haltbar ist. Sie entspricht natürlich dem, was der Dritte Stand dem Feudalsystem in der Revolution vorgeworfen hat, um den Aufruhr der Bauern ausschließlich auf den Adel zu lenken; sie paßt nun auch ebensogut in die marxistische gesamtgeschichtliche Interpretation. Neuere Einzelforschungen haben aber zunächst einmal – wie das oft das erschwerende und enttäuschende Arbeitsergebnis von Historikern ist – die Kompliziertheit der Verhältnisse und die Unsicherheit aller verallgemeinernder Feststellungen sichtbar gemacht.

Die regionalen Unterschiede waren sehr stark. Im Norden und um Paris waren und blieben die Feudalrechte und entsprechenden Belastungen im 18. Jahrhundert unbedeutend; die Bauern haben hier bezeichnenderweise vor allem gegen die Jagdrechte protestiert. Auch im Süden, etwa im

Languedoc, sind die feudalen (genauer: die seigneurialen) Rechte bereits Anfang des 17. Jahrhunderts zurückgegangen. Die Regionen mit starker Feudalherrschaft befanden sich in einem breiten Landgürtel von der Bretagne über Anjou und Poitou bis zur Bourgogne und Franche-Comté.

Hier, aber verwirrenderweise auch in beinahe allen anderen Teilen Frankreichs, finden wir nun seit 1750 Erneuerungen der „terriers", der Grund- und Flurbücher, die den feudalen Grundbesitz auswiesen und darum die Basis für die Einforderung von Feudalabgaben bildeten. Wer erneuerte? Das war die meist sehr lukrative Tätigkeit der sogen. Feudisten, eines juristischen Berufszweiges, der damals großen Auftrieb erfuhr und sich vielen wirtschaftlich leidenden Seigneurs geradezu aufdrängte, um ihnen die verwahrlosten Archive nach alten, aber erneuerungsfähigen Rechtstiteln und Einkunftsmöglichkeiten zu durchstöbern. Babeuf war ein solcher *commissaire à terrier* gewesen, der allerdings bei diesem Geschäft um Entlohnung und Vermögen gebracht wurde.

Diese Reaktivierung von Feudalrechten nach inzwischen vollzogenen Bodenveränderungen und in einer Zeit zunehmender wirtschaftlicher und politischer Instabilität erzeugte viel Aufregung und Widerstand. Sie brachte den Seigneurs aber vergleichsweise weit weniger Gewinn als landwirtschaftliche Rationalisierungsmaßnahmen und sie brachte den Bauern weit weniger Belastung als die Veränderungen durch Einhegungen und andere agrarkapitalistische Maßnahmen.

Die „feudale Reaktion" auf dem Lande hat also nur wenig mit anderen Rearistokratisierungstendenzen zu tun, sie ist eigentlich nur ein Stück verschleierter Modernisierung. Die Entwicklung der seigneurialen Rechte geht in die Richtung der Kommerzialisierung der Landwirtschaft. Sie ist eine Integration in marktbezogene Produktion. Das läßt sich mit Tendenzen des englischen Landadels im 16. und 17. Jahrhundert oder auch der preußischen Landjunker vergleichen. P. de Saint-Jacob hat für die Bourgogne gezeigt, daß dies eine Eingliederung in die „physiokratische Revolution", in die Entwicklung des Kapitalismus auf dem Lande darstellte.[106] Man wäre also eher berechtigt, von einer Verbürgerlichung der Seigneurie zu sprechen. Die Reaktion der Bauern darauf ist, recht besehen, nicht eigentlich antifeudal, sondern antibürgerlich, antikapitalistisch.

Von einem Gegensatz des grundbesitzenden Adels gegen die Initiative des kapitalistischen Bürgertums kann also kaum die Rede sein. Im Norden und besonders im Süden Frankreichs war bereits im 18. Jahrhundert viel Landbesitz in bürgerlicher Hand, in Teilen Südwestfrankreichs, etwa um Bordeaux, über 50% des Bodens. Auch für solche bürgerlichen Landkäufer war der Besitz und die Ausübung von Feudalrechten verlockend, als Statussymbol, als Grundlage für den Anspruch auf Nobilitierung. Viel wichtiger ist aber auch hier der Agrarkapitalismus und viel drückender wurden von den Bauern die Besitzwechselrechte (lods et ventes), die Bodenspekulation und die dadurch steigenden Bodenpreise empfunden.

Man kann also von einer ökonomisch ähnlich gerichteten Entwicklung von Adel und Bürgertum auf dem Lande sprechen. Auch proprietären Reichtum konnten beide in kapitalistischer Absicht vermehren oder erwerben. Taylor unterscheidet vier Typen von Kapitalismus in dieser Zeit, vier Typen, die alle vom Industriekapitalismus abzuheben sind:

1) der traditionelle Handelskapitalismus (auch für Bankgeschäfte und Heimmanufaktur);
2) Finanz- oder Hofkapitalismus der Steuerpächter und Staatsbeleiher;
3) embryonale Formen des Industriekapitalismus in den Minen und einfachen Metallfabriken;
4) schließlich, am wichtigsten und verbreitetsten, Agrarkapitalismus: Kapitalismus des realen Eigentums, praktiziert von Eigentümern und Rentnern, die agrarischen und städtischen Grundbesitz ausbeuteten.[107]

Danach ist die „réaction seigneuriale“ de facto eine seigneuriale Modernisierung, d. h. Rationalisierung in der Bewirtschaftung und Verwaltung der grundherrlichen Domäne und der mit ihr verbundenen Rechte. Der Höhepunkt dieser Rationalisierung, die durchaus im Einklang mit den physiokratischen Lehren stand, war in den Jahrzehnten unmittelbar vor der Revolution. In mancher Beziehung war es ein schon längerer Prozeß – wie ja auch außerhalb Frankreichs –, aber es war doch spezifisch Neues dabei: Im Gebiet um Toulouse etwa findet man eine Anpassung des Grundbesitzes an die Nachfrage eines expandierenden Marktes, vor allem durch die neue Verwaltung der Domäne. Man findet Vergrößerung, Arrondierung der Domäne, Einhegungen, Anlage künstlicher Wiesen, Trokkenlegungen und Urbarmachungen, Usurpation von Allmenderechten, von „droits collectifs“ usw. Das bedeutete eine beschleunigte Zersetzung der traditionellen dörflichen Gemeinschaft. Es bedrohte die materielle Existenz vieler Armen und Kleinbauern. Zum Nachteil für diese kam es zu Neuverpachtungen an gros fermiers bürgerlicher Herkunft oder aus der Schicht der reicheren Bauern.

Bauern und städtische untere Schichten

Hiergegen richtete sich der bäuerliche Widerstand. Dieser Widerstand hatte lange vor 1789 begonnen. Die Forschung hat allmählich die Bauernkämpfe des 18. Jahrhunderts wiederentdeckt, ihre neuen Formen gegenüber früheren lauten, aufrührerischen Jacqueries, mit denen man schlechte Erfahrungen gemacht hatte. Es sind neue passive Widerstandsformen. Man „vergaß“ zu zahlen, man gab vor, nicht zu wissen, an wen und wieviel. Man führte Gerichtsprozesse, man spielte Besitzende gegeneinander aus, – das ist nicht uninteressant, weil man hieran sehen kann, daß auch die Bauern ihren Teil dazu beigetragen haben, wenn man den Gegensatz Adel-Bürgertum übertrieb. Die Dorfgemeinden waren der Hauptträger des Widerstandes. Die Bauern wehrten sich gerichtlich gegen Grundherren und neue Agrarunternehmer, sie rissen Hecken nieder, füllten Gräben um eingehegte Felder und Wiesen, sie übertraten systematisch die Rechte in den Wäldern und auf den Stoppelfeldern usw. Es kam zu einer Unzahl von Prozessen. Wenn man so oft sieht, daß die seigneurialen Rechte wiedererweckt werden, so ist das häufig eine Reaktion gegen solchen Bauernwiderstand. Wie Hunecke mit Recht sagt, wird man künftig untersuchen müssen, in welchem Umfang sich die Bauern der Zahlung der grundherrlichen Abgaben und Zinsen bereits entzogen hatten, bevor sie sie in der Revolution endgültig beseitigten.[108]

Es ist um des Zusammenhangs willen vielleicht ganz sinnvoll, hier an die Vorgeschichte der seigneurialen Modernisierung die weitere Entwicklung kurz anzuschließen, sinnvoll zum Verständnis des spezifischen Siegers auf diesem Gebiet. Als solcher läßt sich nämlich kaum der Bürger oder der Agrarkapitalist bezeichnen.

Wir haben die Dekrete vom 4. und 11. August 1789 über die Abschaffung des régime féodale bereits besprochen. Das Ausführungsgesetz vom 15. März 1790 enttäuschte die Bauern zutiefst wegen seiner rabulistischen Unterscheidungen von Feudalismen und Eigentum.[109] Im Sommer 1792 folgten unter veränderten politischen Verhältnissen radikalere Ablösungsgesetze. Am 17. Juli 1793 beschloß der Konvent die entschädigungslose Abschaffung aller einstigen feudalen und grundherrlichen Rechte, d. h. aber nur für die Bauern, die bereits im Ancien Régime Land besaßen und das von außerwirtschaftlichen Belastungen befreien wollten. Für die große Mehrheit der armen Landleute war das ohne Vorteile. Wir finden überhaupt jetzt eine strenge Sicherung der Eigentumsrechte. Das Dekret vom 2. Juni 1790 bestimmt: Wer das Volk aufstachelt, „sich die legislative Gewalt anzumaßen, indem sie irgendwelche Bestimmungen über den Preis und die Dauer der Pachten und die geheiligten Rechte des Eigentums vorschlügen", soll zum Verfassungsfeind erklärt werden. Nach dem Dekret vom 18. März 1793 wurden Befürworter eines *loi agraire* mit dem Tode bedroht. Das war alles günstig für die reichen Bauern und Bürger. Für die Armen waren nur Kollektivkäufe durch Dorfgemeinschaften möglich, bis sich dagegen das Dekret vom 24. April 1793 wendete. Für Ärmere blieben immerhin die Gemeinnutzungsrechte, die sie sich wieder aneignen konnten; die Allmende blieb.

Nach Hunecke lag das langfristig entscheidende Ergebnis der bäuerlichen Revolution in der festen Installierung des bäuerlichen Kleingrundbesitzes. Außerdem in der partiellen Wiederaneignung von Gütern und Gemeinnutzungsrechten durch Dorfgemeinschaften. Und schließlich in der Entmutigung derjenigen Agrarunternehmer, die zum Kapitalismus drängten. Man kann also sagen: Auf dem Wege über die Abschaffung der Feudalität war das ein Sieg über den Agrarkapitalismus. Schon Lefebvre erklärt: „Die Ereignisse vom Juli 1789 retteten den französischen Bauern; entgegen allem Anschein war ihr Einfluß ebenso konservativ wie revolutionär: sie haben das Feudalregime niedergeworfen, aber sie haben die Agrarstruktur Frankreichs konsolidiert."[110] Man kann hinzufügen: ohne die Revolution wäre die Weiterentwicklung auf dem Lande wahrscheinlich moderner, fortschrittlicher, kommerzieller gewesen – nach den Ansätzen kurz vor 1789 zu urteilen.

Das ist eine sehr bemerkenswerte, in manchem überraschende Folgeerscheinung. Sie ist nicht einfach aus der bürgerlichen Revolution herzuleiten und zeigt sehr deutlich die Besonderheit und Bedeutung der bäuerlichen Revolution. E. Hinrichs resümiert: Die französische Landwirtschaft blieb noch im 19. und selbst im 20. Jahrhundert von der Erbschaft des Ancien Régime geprägt. „Dieser ökonomische Tempoverlust, der etwa im Vergleich mit England deutlich wird, bedeutete freilich einen Gewinn auf sozialem Gebiet. Das Fortleben des kleinen ländlichen Produzenten schuf die Voraussetzung für die egalitäre und demokratische Tradition Frankreichs auf dem Lande, und es liegt sicher kein übersteigerter Patriotismus vor, wenn G. Lefebvre feststellt, daß die Agrarentwicklung in Frankreich menschlicher gewesen sei und weniger Leiden hervorgerufen habe als in anderen Ländern."[111]

Die positiven Züge dieser stabilisierenden Entwicklung, die etwa auch Barrington Moore hervorhebt,[112] werden noch deutlicher, wenn man die weniger günstige Entwicklung bei den städtischen Unterschichten vergleicht. Auch hier wird das Bild schärfer, seitdem man erkannt hat, welche Rolle doch schon die Kommerzialisierung der Landwirtschaft im späten Ancien Régime gespielt hat. Die Volksmassen, die mit ihren Aufruhren faktisch der verfassungsmäßigen Revolution des Dritten Standes 1789 helfen, stehen dann nicht einfach in der Kontinuität der üblichen Brotunruhen. Es steckt mehr dahinter: sie haben Grund, nicht nur gegen die Privilegierten zu rebellieren, sondern auch – oder noch mehr – gegen das kommerzielle Bürgertum. Die Ernährungskrise von 1788/89 war nicht nur besonders ausgedehnt, sondern hing auch in einer Weise von der modernen Kommerzialisierung der Getreidewirtschaft ab, die sie als geschäftlich manipulierte Krise erscheinen ließ.

Wir besprachen schon anhand von Labrousse die Krise bei den Weinbauern, dann bei den Textilarbeitern. Sie waren für die Ernährung auf die landwirtschaftliche Tätigkeit anderer angewiesen. Die verstärkte Arbeitsteilung begünstigte die Expansion des Getreidemarktes. Hinzu kam die Bevölkerungsvermehrung dieser Zeit. Man kann nicht nur von einer durch verbreitete und verbesserte Landwirtschaft vermehrten Bevölkerung sprechen, wie Dupaquier betont, sondern umgekehrt: durch den Druck der Bevölkerungsvermehrung verbessert und verkommerzialisiert sich die französische Landwirtschaft.[113] Woran die Bevölkerungsvermehrung nach 1750 eigentlich liegt, ist immer noch unklar; jedenfalls ist sie in Frankreich nicht besonders stark, viel stärker in England und Italien, noch viel mehr in Ungarn, Rußland und Irland. Sie ist aber heftig zu spüren durch die wilde

Einwanderung nach Paris ab 1780, eine Einwanderung „wie heute in die Städte der Dritten Welt". Jedenfalls ist dadurch (neben den bei Labrousse genannten Gründen) die Wirkung der Mißernten so katastrophal. Es kommt aber noch etwas hinzu: die vom Staat seit den 60er Jahren des 18. Jahrhunderts geförderte freie Getreidezirkulation. Sie bedeutete eine Überwindung der Zollgrenzen, Überwindung aber auch der althergebrachten Versorgungspolitik für die einzelnen Provinzen. Es war der Weg zum Wirtschaftsliberalismus, zur modernen Marktwirtschaft, zum Spiel von Angebot und Nachfrage. Im sogen. Mehlkrieg 1775 tat die Regierung, im Gegensatz zu früher, nichts gegen die steigenden Preise und gegen die Spekulanten. Turgot wollte den freien Handel erhalten, er mobilisierte die Polizei gegen die Unruhen und warnte vor widerrechtlicher Aneignung von Nahrungsmitteln. Zeitweilig wurde diese moderne Richtung wieder zurückgenommen, aber 1787 stellte Brienne die volle Freiheit des Getreidehandels (und der Ausfuhr!) wieder her. Die hungernde Bevölkerung sah das knappe Getreide zirkulieren, zurückgehalten werden, je nach Geschäft, – kurz: man sah in der Teuerung keine natürliche, sondern menschliche Ursache. Labrousse meinte noch, es sei ein ungeheurer Zuschreibungsirrtum, wenn daraus eine politische Krise entstand. Heute erkennt man deutlicher, daß der Protest des Volkes – so üblich die Verdächtigungen auch waren – doch eine neue Realität traf: „die, jetzt auch offiziell sanktionierte, Herrschaft des Marktes über das tägliche Brot des Volkes".[114]

Also auch hier finden wir eine Gegensatzbildung gegen die modernen wirtschaftlichen Entwicklungen seitens des Bürgertums und der kommerziellen Seigneurs.

Furets drei teleskopartig ineinandergeschobene Revolutionen kündigen sich auf dieser Ebene an. Insbesondere zeigt sich, wie wenig sie in die gleiche Interessenrichtung gehen, wie wenig sie ein Block sind. Bei den Bauern haben wir bereits die Gegensatzrichtung herauszuarbeiten versucht, die sogar zu einem langdauernden, gewissermaßen „antibürgerlichen" Ergebnis führte, – antibürgerlich in dem Sinne, daß sich Widerstand gegen den Agrarkapitalismus herausbildete, wobei aber die modernen Eigentumsvorstellungen befestigt wurden, und zwar durch Kontrastbildung zum Feudalismus. Es war, wie wir sahen, eine für die Bauern günstige, auch für die gesamte politisch-soziale Geschichte Frankreichs günstige Entwicklung. Die Volksrevolution, die mittel- und unterstädtische Revolution ist weniger günstig verlaufen, aber doch in der ganzen Revolutionszeit ständig virulent; sie ist der Hauptgrund, weswegen sich das Großbürgertum in diesen Jahren nie fest etablieren und sein Interesse vertreten kann; später hinderte daran dann die kaiserliche Politik, dann die Restaurationszeit. Es ist deshalb fragwürdig, vor 1830 von einem auch nur verschleierten Sieg der Bourgeoisie zu reden; auch im späteren 19. Jahrhundert geht die Auseinandersetzung weiter. Man kann also sagen, daß das *Gegeneinander* der „drei Revolutionen" durch die sozioökonomische Betrachtung deutlicher wird. Der Begriff „bürgerliche Revolution" wird fragwürdiger. Was die Bürger machten, war nicht im vollen Sinne Revolution. Was Revolution war, war z. T. gegen die Bürger gerichtet. Und deutlicher wird auch: die Gegensatzbildung der privilegierten Schichten zum Bürgertum bestand sozioökonomisch in keinem entscheidenden Grad. Dieser Gegensatz mußte also ideologisch um so stärker gebildet und formuliert werden. Es bestand kaum ein ökonomisches, es mußte also ein politisches Interesse bestehen, ihn zu behaupten. Zumindest kann man in dieser Hinsicht hier schon sagen: die Frontstellung des Dritten Standes gegen die Privilegierten ist gleichzeitig eine Verschleierung – manchmal wohl auch eine wirkliche Überwindung – sozioökonomischer Gegensätze zu Bauern und unteren städtischen Schichten.

Mit diesem Resultat gehen wir z. T. über die wirtschafts- und sozialgeschichtliche Fragestellung hinaus, mit Sicherheit jedenfalls über die rein wirtschaftliche. Um das hier noch einmal verdeutlichend zu resümieren: Auf der rein wirtschaftlichen Ebene können wir zu einem gewissen Teil den Ausbruch der städtischen Volksrevolution (Bastillesturm) und den der Bauernrevolution erklären, nicht die (vorangehende) revolutionäre Tätigkeit des Dritten Standes in Versailles. Die langfristige wirtschaftliche Entwicklung Frankreichs gibt, wie wir sahen, für die Erklärung der Revolution gar nichts her. Die kurzfristige (Textilkrise und Ernährungskrise), gekoppelt mit mittelfristigen Erscheinungen (Preisrückgänge bei Wein und Getreide, Agrarkommerzialisierung, Bevölkerungsvermehrung) erklärt Brotunruhen und Bauernaufstände, aber nicht die Einberufung der Generalstände und ihre Umbildung zur Nationalversammlung. Wie wir sahen, ergab ja die Kombination von Ernährungskrise und Einberufung der Generalstände den für die Französische Revolution so spezifischen Verlauf.

Für das Verhalten des Dritten Standes vor und seit der Einberufung der Generalstände kann nicht wirtschaftlicher Machtwille oder Emanzipationsbedürfnis des Bürgertums als kapitalistischer Unternehmerschicht verantwortlich gemacht werden. Man muß von einer Tendenz zur *politischen* Machtergreifung sprechen, einer Tendenz zur Überwindung der ständischen und staatlich-verfassungsmäßigen Struktur des Ancien Régime.

Welche Momente, wenn nicht rein wirtschaftliche, wirtschaftsformmäßige, können hier bei der seit Beginn der Revolution so stark betonten Frontstellung des Bürgertums – oder wie man sagte: des Volkes, der Nation – gegen die Aristokratie, gegen die Privilegierten, eine Rolle gespielt haben? Eine Rolle neben der bereits genannten Verschleierung sozioökonomischer Gegensätze zu den Bauern?

Soziale Stellung von Adel und Bürgertum

Sehen wir uns hierfür genauer, direkter die soziale, auch sozialökonomische, gesellschaftliche Stellung von Adel und Bürgertum im französischen 18. Jahrhundert an – von dem, was man Adel und Bürgertum nannte.[115]

Der Adel: Er ist in Frankreich herrschend, hinsichtlich seines Ansehens und auch seines Reichtums, in Politik und Verwaltung, – wie es in den meisten europäischen Staaten des 18. Jahrhunderts der Fall war. Es war eine Ausnahme, wenn ein Mann des Bürgertums wie Necker zu so hoher Regierungsverantwortung kam. Alle Intendanten waren Adlige, fast alle Bischöfe und Offiziere der Armee (weniger der Marine). Der Adel besaß den Löwenanteil am Reichtum des Landes: ein Viertel bis ein Drittel des Grundbesitzes, ein Viertel des Einkommens aus agrarischer Produktion. Sogar die meisten industriellen Unternehmungen (Minen, Metallverarbeitung usw.) wurden durch den Adel finanziert; das gilt auch für das Bankwesen: adlige Spekulanten und Unternehmer scheinen sogar meistens kühner gewesen zu sein als die vorsichtigen Bürger. Nur bei der Leinen- und Kleinwarenindustrie und beim Handel war es anders. Auch das kulturelle Leben beherrschte der Adel durch seine finanzielle Förderung von Künsten und Wissenschaften und – entsprechend – durch seinen Geschmacksstil. Verschiedene führende Vertreter des Kulturlebens waren Adlige: Montesquieu, Condorcet, Holbach.

Die Schätzungen über die Zahl der Adligen am Vorabend der Revolution schwanken zwischen 110000 und 400000, also zwischen 0,5 bis 1,4% der Gesamtbevölkerung. Die geringeren Schätzungen, die u. a. eine kleinere Durchschnittsfamilie (4–5 Mitglieder) zugrundelegen, sind neu und umstritten; man geht meistens von 20000 Angehörigen des Hofadels aus, 100000 des begüterten, 130000 des verarmten Provinzadels und 100000 des Amtsadels. 6500 bis 10000 Personen wurden im 18. Jahrhundert neu geadelt.

Bekannt ist die weitgehende Steuerfreiheit des Adels. Er war befreit von der *gabelle*, von der *corvée* und besonders von der *taille* (das waren aber auch manche Stadtbürger, z. B. die Pariser). Bis 1695 war überhaupt keine direkte Steuer vom Adel zu bezahlen, ab dann die Kopfsteuer, ab 1710 der Zehnte, ab 1749 der Zwanzigste; das war eine gewisse Durchbrechung des alten Privilegs, das sich auf die Wehrfähigkeit gegründet hatte.

Wegen seiner Privilegien ist der Adel von außen her, seitens der übrigen Bevölkerung und entsprechend lange Zeit auch in der historischen Betrachtung als eine viel geschlossenere Gemeinschaft angesehen worden, als sie in der eigenen Einschätzung und Lebensführung erscheint. Im 17. Jahrhundert stand vor allem der Gegensatz zwischen Schwertadel (noblesse d'épée) und Amtsadel (noblesse de robe) im Vordergrund, geprägt vom Groll des alten Adels, aus der Staatsverwaltung verdrängt zu werden, und vom Ehrgeiz des aus dem Bürgertum aufgestiegenen Amtsadels, trotz nichtadliger Einkommensquellen und Geldanlagen als Angehöriger des zweiten Standes anerkannt zu werden. Die Verhältnisse waren so heterogen, daß sich die Forscher, ähnlich wie bei der späteren Agrarbewirtschaftung, nicht recht einigen können, ob sie den Prozeß insgesamt als Feudalisierung des Bürgertums oder als Verbürgerlichung des Adels bezeichnen sollen.

Im 18. Jahrhundert verlor der genannte Hauptgegensatz an Schärfe. Der Parlamentsadel vergrößerte sich nicht mehr sehr, er wurde dadurch „älter", angesehener. Außerdem übernahm er eine gewisse Sprecherrolle für die Adelsinteressen insgesamt, er wurde z. T. ideologisch führend, wenn auch wohl weniger, als man in der früheren Forschung angenommen hatte. Denn wenn die Parlamente mit der Zentralregierung in Konflikte gerieten, fühlte sich nicht der Adel als Stand angegriffen und sollte es auch nicht werden. Von Regierungsseite wandte sich erst Calonne 1788 gegen den gesamten Stand, gegen das „Selbstinteresse" der von ihm so genannten privilegierten Klassen (wozu auch die Kirche gehörte).

In der Tat war auch die Geschlossenheit des Adels trotz der Annäherung von Schwert und Robe im 18. Jahrhundert noch weit geringer als früher. Ein Teil, besonders der Hofadel, kapselte sich ab, aber nicht nur gegen das Bürgertum, sondern auch gegen den zahlreicheren übrigen Adel, der von seinem geringeren Rang oder Alter, von seiner Betätigung oder seinem politischen und kulturellen Interesse her nun starke, offene Beziehungen und Verbindungen zum höheren Bürgertum pflegte. Besonders G. Chaussinand-Nogaret hat diese Vielfalt und Offenheit des französischen Adels im 18. Jahrhundert herausgearbeitet.[116] Die sog. „aristokratische Reaktion" war eigentlich eine Frontbildung innerhalb des Adels, wenn sie auch von der exklusiven Gruppe als Antagonismus zu Verbürgerlichungen aufgefaßt wurde. Die schon erwähnte Order von 1781, daß Armeeoffiziere wenigstens vier Generationen adlig sein sollten (ein Hauptbeispiel für die „aristokratische Reaktion"), empörte die neugeadelten Bürger. Man hielt höfischerseits altadlige Offiziere für fähiger und vertrauensvoller, übrigens ähnlich wie in Preußen.

Deutlich ist außerdem eine kulturelle Spaltung des Adels. Die Mehrheit war antiintellektuell, konservativ und fromm. Eine bedeutende Minorität aber war führend in den aufgeklärten Salons (etwa Lafayette, Liancourt).

Das Bürgertum: Es ist nicht entfernt so klar umgrenzbar und definierbar wie Adel und Klerus. Wenig Sinn hat es, den Staatsbürgerbegriff zugrundezulegen. Es gab gesetzlich definiertes Bürgertum (Bourgeoisie) in Paris und manchen anderen Städten – wobei auch oft Adlige Stadtbürgerrechte hatten –, aber das war verschieden und nicht überall.

Lefebvre unterscheidet fünf bürgerliche Gruppen: (1) Rentiers, mit proprietärem Reichtum, (2) Mitglieder der königlichen Verwaltung, (3) Juristen, (4) Freiberufliche, also Ärzte, Schriftsteller, Wissenschaftler, Künstler, (5) Tätige in Finanz und Handel, Schiffseigentümer und Unternehmer.

Hierbei kann man dann feststellen, daß Gruppe 5 im Aufstieg begriffen war, aber nicht die Revolution machte, z. B. kaum in der Nationalversammlung vertreten war. Gruppe 1 war natürlich auch nicht revolutionär. Mitglieder aus den Gruppen 2, 3 und 4 machten die Revolution, z. T. aber gegeneinander, besonders bei Gruppe 3 die Advokaten gegen die Beamten. Für eine einheitliche Klasse waren diese Gruppen also reichlich unterschiedlich. Natürlich hat es auch wenig Sinn, den aus dem Wahlrecht zu den Generalständen entwickelten weiten ideologischen Anspruch der Nationalversammlung zugrundezulegen, nach dem das Bürgertum mit dem Dritten Stand und damit mit der ganzen Nation minus der Privilegierten identisch sein sollte.

Doyle richtet sich nach einer Definition von 1789: Bürger seien diejenigen außerhalb der Privilegierten, die Einkommen haben ohne Handarbeit. Also nicht Bauern und handarbeitende städtische Schichten. Das waren, schätzt man, 1789 2300000 Personen, 8,4% der Gesamtbevölkerung. Vielleicht ist das zu hoch geschätzt. Um 1700 sollen es nur 7–800000 gewesen sein. Die Gruppe hätte sich also bis 1789 verdreifacht. Daß sie eine sehr ansteigende Gruppe war, ist aber sicher. Weniger deutlich ist zu sagen, wieweit der Anteil dieser Gruppe am Nationalreichtum gestiegen ist. Natürlich war sie keineswegs die reichste Gruppe, es waren nicht *die* reichen Franzosen. Sicher ist nur, daß beim Überseehandel der Anteil des Bürgertums am Nationalreichtum gestiegen ist. Dies war praktisch ein bürgerliches Monopol. (Wir sahen diese Entwicklung schon beim wirtschaftsgeschichtlichen Vergleich zwischen Frankreich und England.) Man hat berechnet, daß um 1780 80% des Werts von Privatvermögen in Frankreich proprietär waren, also vom Grundbesitz kamen; 20% vom Überseehandel, von Manufaktur- und Banktätigkeit. Selbst wenn dies letztere alles in bürgerlicher Hand gewesen wäre – was ja nicht der Fall war –, war das Bürgertum nicht die beherrschende wirtschaftliche Gruppe. Beim Grundbesitz hatte das Bürgertum einen Anteil von ungefähr 25%. Das ist aber nicht exakt zu schätzen, da reiche Bürger oft geadelt wurden.

Die Gruppe des Bürgertums war also eine sicherlich dynamische Gruppe – jedenfalls das wirtschaftlich tätige Bürgertum –, aber es war nicht eine Gruppe mit eigenem Klassenbewußtsein. Wie es auch sonst in Europa für wirtschaftlich tätiges Bürgertum meistens typisch war, wollte es nach Reichtumserwerb durch Handel usw. zu anderem übergehen, nämlich zu Grundbesitz oder Ämterkauf, man wollte Staatsgläubiger werden und den Adelstitel erwerben. Die Reichsten gingen sozusagen immer der Klasse verloren, in gewissem Sinne also auch die führenden Bürger. Es hängt hiermit zusammen, daß die Kluft zum Adel gerade für den erfolgreichen Bürger meistens viel geringer war als die Kluft zum ärmeren Bürger und Handwerker.

Allerdings ist festzustellen, daß diese übliche Karriere im Laufe des 18. Jahrhunderts schwieriger oder weniger attraktiv wurde. Nach 1730 gab es bei Parlaments- und sonstigen Gerichtsstellen nur noch wenigen Ämterkauf. Es ist in der Forschung noch nicht deutlich zu erkennen, ob das an weniger Angebot lag oder an weniger Interesse. Jedenfalls gab es bei den bereits etablierten Amtsinhabern im Laufe des 18. Jahrhunderts zunehmende Unzufriedenheit und offenbar sogar Verarmung, vielleicht wegen der Geldentwertung. Was die Tätigkeit als Staatsgläubiger betraf, so war das nach den Bankrotten von 1770/71 auch nicht mehr verlockend. Und die Landrenten stiegen im 18. Jahrhundert ständig. Insgesamt wurde wohl die soziale Mobilität in den 1780er Jahren schwieriger, und gleichzeitig befand man sich in einer handelsschädigenden ökonomischen Krise. Dadurch stieg zweifellos die Gereiztheit in dieser Lage und gegenüber neuen Restriktionen, etwa bei den Offizierspatenten.

Soviel zum wirtschaftlich tätigen bzw. interessierten Bürgertum. Was das übrige betrifft, also die Juristen, die nichtadligen Beamten, die Rentiers, so betonen alle neuen Studien über die verschiedenen Regionen Frankreichs den auffallenden sozialen und mentalitätsmäßigen Konservatismus des provinziellen Bürgertums. Sie weisen auch auf die damit zusammenhängende sehr verbreitete Zusammenarbeit mit dem Adel hin. Aber das nimmt ab. Die Unzufriedenheit nimmt zu. Am stärksten die zwischen Arm und Reich, also innerhalb des Bürgertums, – wie es dies ja auch innerhalb des Adels gibt. Aber auch die Streiterei zwischen Etablierten und Nichtetablierten nimmt zu – und beides führt auch zu Spannungen zum Adel. Am deutlichsten wohl auf juristischer Ebene. Es gab eine Advokatenschwemme und entsprechende Verarmungen. Die Streitereien zwischen den Advokaten einerseits und dem Magistrat und den Parlamenten andererseits werden brisant, und sie werden oft prinzipieller als früher geführt: als Auseinandersetzungen zwischen Privilegierten und Nichtprivilegierten. Die Artikulierung der Gegensätze entwickelte sich hier auch am deutlichsten.

Aber auch darüberhinaus war natürlich das Bürgertum im 18. Jahrhundert, wie wir noch später betonen werden, besser ausgebildet, belesener, aufgeklärter und politisierter. Immer vorhanden gewesene Spannungen zwischen Adel und Bürgertum wurden also mit stärkerem politischem Bewußtsein und größerer Artikulationsfähigkeit ausgetragen.

Soviel zur Stellung von Adel und Bürgertum im 18. Jahrhundert in Frankreich. Es läßt sich also sagen: Die gesellschaftlichen Spannungen nehmen im 18. Jahrhundert zu. Soweit es Spannungen ökonomischer Art sind (Spannungen zwischen Arm und Reich) und auch soweit es Spannungen kultureller Art sind (konservativ und fortschrittlich), nehmen sie mehr *innerhalb* der Stände zu. *Zwischen* den Ständen, zwischen Privilegierten einerseits und nichtprivilegierten Reichen und beruflich Ehrgeizigen andererseits nehmen sie mehr im nichtökonomischen Bereich zu, im gesellschaftlich-politisch-ideologischen Bereich.

Die antiständische Tendenz

Reicht nun dieser Befund für das Verständnis der politischen Machtergreifung des Bürgertums oder des Dritten Standes? Für seine Durchschlagskraft? Womit gleichzeitig gefragt ist: welchen Stellenwert hat diese 1789 zu findende politische Machtergreifung des Dritten Standes in der Vorgeschichte?

Zweifellos war diese Spannung zu den Privilegierten und die entsprechende politische Ideologie als eine zunehmende Tendenz im 18. Jahrhundert und in ganz Europa zu finden. Ich wies schon im einleitenden Teil auf die vergleichenden atlantischen Forschungen über die gesellschaftlichen Strukturen in den revolutionsanfälligen Staaten Europas und Amerikas hin. Wenn wir auch über die ideengeschichtliche Vorgeschichte später speziell handeln werden, so muß doch von dieser sozialgeschichtlichen Basis her hier schon auf diesen Erklärungsstrang hingewiesen werden.

Die auf dieser Struktur aufbauende gleichartige politische Tendenz des Bürgertums hat besonders Palmer für ganz Europa aufgezeigt.[117] Er nennt es die „demokratische Tendenz" gegenüber der monarchischen und aristokratischen. Es handelt sich um ein gestiegenes antiständisches Bewußtsein (weniger um ein Klassenbewußtsein) durch wirtschaftliche Macht, Aufklärung und amerikanische Erfahrung. Gerade wenn wir Palmers vergleichenden Beobachtungen folgen, zeigt sich allerdings, wie wichtig der jeweilige „Kontext", der Zusammenhang gesellschaftlicher Art, die Staatsstruktur für Stärke und Erfolg dieser Tendenz sind.

Palmer zeigt, daß in dieser Zeit in vielen Ländern Europas (und in Neu-England) gleiche politische Schlagwörter auftauchen: Aristokratie und Feudalismus bekamen einen pejorativen Sinn für alle diejenigen, die modern dachten, die an „Volkssouveränität", „Gleichheit", „natürliche Rechte" als etwas Positives glaubten. „Verfassung", „Gesetz", „Freiheit" waren Schlagwörter, die von allen positiv gebraucht wurden, aber in verschiedener Bedeutung, und einmal mehr gegen die Privilegierten, einmal gegen den Staat gerichtet. Mit diesen Schlagwörtern gab es im letzten Drittel des 18. Jahrhunderts Revolutionen und revolutionsartige Versuche nicht nur in Neu-England und in Frankreich, – allerdings nur hier erfolgreich –, sondern auch in Irland, Holland, in den österreichischen Niederlanden, in der Schweiz, in Polen, Ungarn, in italienischen Staaten. Außerdem gab es „Revolutionen von oben", also absolutistische Angriffe gegen die privilegierten Klassen in Österreich (Joseph II.) und Schweden (Gustav III., hier mit mehr Erfolg). Im Stadium der Meinung, d.h. einer mehr oder weniger starken Strömung in der öffentlichen Meinung, blieben diese Dinge in England und Deutschland.

Palmer sieht nun einen starken Unterschied zwischen den west- und den osteuropäischen Bewegungen (wobei er mit „osteuropäisch" östlich der Elbe meint). Der Unterschied liegt vor allem daran, daß im Osten weniger

Bürgertum, also weniger Städte vorhanden sind, weniger Handel, aber auch das monarchische Regiment schwächer ist (in Polen und in Ungarn). Die adligen Großgrundbesitzer sind dort dominierend, sie sind auch diejenigen, die, wenn sie wollen, kapitalistisch unternehmerisch tätig sind. 1790 rebellierten die ungarischen Magnaten gegen Leopold II. Das Bürgertum war zu schwach, um hier zu helfen. Die Bauern waren gegen die eigenen Magnaten eingestellt, und zwar in der Beeinflussung durch die Reformversuche Josephs II. Der Aufruhr wurde durch Truppen aus österreichischen Ländern unterdrückt. In Polen machten der König (Stanislaus Poniatowski) und der niedere Landadel eine Art Revolution gegen die herrschenden Magnaten und gleichzeitig gegen den russischen Einfluß: 1788–1792. Hierbei kam es zu der bekannten Verfassung von 1791. Das war gegen Rußland nicht zu halten, schützte also nicht vor der zweiten und dritten Teilung Polens 1793 und 1795. Es geschah aber auch in Ländern mit schwachem Bürgertum und passivem Bauerntum.

In den westeuropäischen Revolten waren demgegenüber die bürgerlichen, städtischen Schichten viel mehr im Vordergrund, z. T. führend. Hier zeigt sich aber nun, wie gering ihre Erfolgsmöglichkeit war, wenn sie von anderen Schichten nicht unterstützt wurden:

Die irischen „Freiwilligen" seit den 1770er Jahren machten Aufstandsversuche in direkter Nachfolge der amerikanischen, hatten aber kaum Unterstützung in den bäuerlichen katholischen Schichten.

In Holland kam es 1784–87 gegen den oranischen Statthalter Wilhelm V., der die Monarchie anstrebte, zu Widerstand, ebenfalls von Amerika beeinflußt, und zwar teils von der „altbürgerlichen" Regentenpartei, teils von „Patrioten", d. h. einer demokratischen, an Rousseau und ähnlichen Ideen begeisterten Adelsminorität und Bürgerpartei. Wahrscheinlich sind hierbei erstmals die Schlagwörter „Aristokraten", d. h. Anhänger der aristokratischen Regierungsform (nicht unbedingt Adlige) und „Demokraten" aufgekommen. Das Bauerntum blieb hierbei ruhig. Die städtischen Unterschichten waren calvinistisch-oranisch gesinnt, also gegenrevolutionär. Unterdrückt wurden die Patrioten durch preußisch-militärische Hilfe. Durch denselben Herzog von Braunschweig, der fünf Jahre später in Frankreich zu finden sein wird, retteten 1787 die Preußen die Oranier.

In den österreichischen Niederlanden gab es Widerstand gegen die absolutistisch-aufgeklärten Reformen Josephs II., angesteckt von Holland und dann am stärksten von diesen Bewegungen in den Sog der beginnenden Französischen Revolution geratend. (Andererseits kann man auch umgekehrt vom Einfluß dieses Widerstandes auf Frankreich sprechen: Desmoulins nannte seine Zeitung ‚Révolutions de France et de Brabant'). Als die Stände die Steuerzahlung verweigerten, vernichtete Joseph II. ihre Privilegien 1789. Es kam zu einem militärischen Aufstand der Patrioten, sie verjagten bis Anfang des Jahres 1790 die österreichischen Truppen, diese kamen aber im November 1790 zurück; die Revolution war damit zuende;

die belgischen Patrioten flohen nach Frankreich, Leopold II. führte eine intransigentere Politik durch. Dadurch entwickelte sich eine Trennung innerhalb des Bürgertums: zwischen den sogen. Statisten, d. h. den Anhängern der alten Ständeprivilegien, und den Patrioten. Die fanatisierten Bauern kämpften gegen die Demokraten.

Wie gesagt, Erfolg gehabt haben nur die Revolutionen in Amerika und Frankreich. Nur dort sind die alten Autoritäten wirklich gestürzt worden.

In Amerika findet die Befreiungsbewegung aktive Unterstützung in allen sozialen Schichten: nicht nur bei der Kaufmannschaft und der übrigen Geschäftswelt, sondern auch bei größeren und kleineren Landbesitzern und bei unteren städtischen Schichten. Ein eigentliches Bürgertum war ja gegenüber den Farmern noch relativ geringfügig ausgebildet. Die revolutionäre Befreiung gelang, wenn auch auswärtige Hilfe, die französische, einen großen, vielleicht entscheidenden Anteil daran hatte.

Frankreichs Revolution gelang aus eigener Kraft, sogar gegen außenpolitischen Gegendruck, sie war sogar eine weitergehende Revolution, weil es hier auch zu sozialen Wandlungen kam.

Der Vergleich mit den anderen, meist mißlungenen Aufständen lehrt, wie stark es hierbei nicht einfach auf das Bürgertum ankommt, sondern auf die Revolutionsbereitschaft *aller* Schichten. Wir haben diese Revolutionsbereitschaft vom Adel bis zu den unteren städtischen und ländlichen Schichten ja gesehen, – so unterschiedlich die Zielrichtungen sein mochten. Das Vereinheitlichende, Zusammenhängende und damit auch für den Revolutionserfolg Wichtige war, daß sich alle gegen den bestehenden Staat richteten. Man kann sagen, daß die Aktionen aller vier Schichten – nämlich auch die des Adels – entscheidend für die Französische Revolution waren. Keine war sekundär.

Aus dieser vergleichenden Betrachtung folgt zunächst wieder, daß man auch hier nicht von der Wirkung der Französischen Revolution, dem – grob gesagt – bürgerlich bestimmten 19. Jahrhundert, ohne weiteres auf ihre Ursache schließen darf. Einige andere Folgerungen sollen aber auch noch gezogen werden.

Man kann einwenden, daß eine solche vergleichende Betrachtung zu nichts führe, mindestens aber sehr ungenau sei, da sie viel Unvergleichbares vergleicht. Die geschichtlichen Voraussetzungen sind jeweils verschiedene: bei dem von Rußland und den anderen bedrängten Polen, bei dem von den magyarischen Magnaten beherrschten Ungarn, bei Holland (wo es seit je den Dualismus zwischen Regenten und Oranien gegeben hatte), der österreichischen Niederlande (die von fern regiert wurde) usw. Was als „Bürgertum" galt, war jeweils verschieden: holländische Patrizier, amerikanische Kaufleute, französische Advokaten in der Nationalversammlung. Manche moderne Historiker wie Rudé, Reinhard oder Soboul greifen deshalb die atlantische vergleichende Richtung an, und zwar mit dem Argument, das Eigentliche der Französischen Revolution geriete damit in den

Schatten. Vergleichbar sei nur die Zeit 1789–91, und hier nur die ideologisch-konstitutionelle Bewegung, nicht aber die Volksaufstände in Stadt und Land, die Wirtschaftskrise und die konstitutionellen Experimente von 1792–1794. Nun, man kann auch sagen, daß gerade das Besondere durch den Vergleich herauskommt. Ich hoffe das durch die Gegenüberstellung gezeigt zu haben. Und soweit der Einwand bedeuten soll, daß das französische Bürgertum mit dem anderen europäischen Bürgertum nicht vergleichbar sei, daß es also möglicherweise stärker sei, so haben Lefebvre und z. T. schon Mathiez (keineswegs erst Cobban) auch für Frankreich gezeigt, wie schwer dieser Stand als etwas Einheitliches zu fassen ist. Auch das haben wir schon ausgeführt.

Im übrigen ist die starke Unvergleichbarkeit der europäischen Länder natürlich ohne weiteres zuzugeben. Gerade sie läßt aber um so deutlicher das Phänomen hervortreten, wie stark man eine europäisch-amerikanische Gemeinsamkeit in den revolutionären Bewegungen schon seitens der Zeitgenossen selber sah, – ebenso auch in der Erhebung des Bürgertums gegen Absolutismus und privilegierte Schichten. Man sah es hoffnungsvoll von seiten der Revolutionäre, versuchte auch entsprechend die Entwicklung anderer Länder nachzuahmen, man sah es in Furcht von der anderen Seite (wie sich etwa an Burke zeigen läßt).

Daraus ist zweierlei zu erkennen. Zunächst ein allgemeines historisches Gesetz: es gibt trotz aller Verschiedenheit der Länder international mitreißende Bewegungen, die auf alle diese Länder einwirken. Ideologisch, d. h. den Schlagwortbegriffen nach, prätendieren sie von weit größerer Einheitlichkeit zu sein, als sie tatsächlich sind. Sie führen nicht zu den gleichen, sondern zu bestimmten, in jedem Land speziell anstehenden Veränderungen. Auch frühere geschichtliche Entwicklungen, etwa die Reformation, können in diesen Wirkungen verfolgt werden, ebenso der Absolutismus, und hier nun die Revolution. Man muß sich sowohl hüten, der verblüffend verschiedenen Ausprägungen wegen das „Einheitliche" als bloße Abstraktion, als ideologische Behauptung abzutun, als auch davor, die Ausprägungen einfach als verschieden starke – z. T. auch mißlungene oder gegenläufige – Verwirklichungen *einer* Fortschrittsentwicklung zu verstehen. Das genaue Verhältnis zwischen diesen beiden Extremmöglichkeiten jeweils zu erkennen und zu beschreiben, ist hier die eigentliche Aufgabe des Historikers.

Sodann ist direkt für unseren Fall zu erkennen: während der revolutionäre Impetus des Bürgertums in seiner Bedeutung, in seinem Stellenwert für die Verursachung und Durchführung der Revolution als sehr viel geringer angesehen werden muß, als es pauschal meistens geschieht, ist dagegen die beträchtliche historische Wirkung zu halten, die das Gemeinsamkeitsgefühl des – so verschiedenen – europäischen Bürgertums für die Revolution und für die Folgen der Revolution gehabt hat – inklusive ihrer Legende, ihres Mythos.

Zusammengefaßt: Eine größere politische Machtstellung gegenüber den privilegierten Ständen und, da sie in der Regierung auch herrschten, auch gegenüber dem Absolutismus, hat das Bürgertum gewünscht – im Namen der Freiheit und Gleichheit des ganzen Volkes. Es war dabei stark von der entsprechenden international verbreiteten Ideologie beeinflußt und hat sie noch stärker weiterverbreitet. Wie aus dem Ausbruch und dem Verlauf der Revolution zu ersehen, ist aber die faktische Leistung des Bürgertums für diese geschichtliche Tat nicht entscheidend größer gewesen – um es ganz vorsichtig auszudrücken – als die der anderen sozialen Schichten. Es ist wie bei der Wirtschaftskrise: die eigentliche Wirkung ist der Bündelung verschieden gerichteter Auflehnungen der einzelnen Schichten zuzuschreiben. Das führt uns dazu, für die Vorgeschichte der Französischen Revolution den wirtschaftlich-sozialen oder politischen Machtdrang einer bestimmten sozialen Schicht weniger wichtig zu nehmen. Wenn diese Schicht später weitgehend als Gewinnerin aus dem Kampf hervorging, so kann das andere Gründe haben, – beispielsweise auch den, daß sie sich erst angesichts der revolutionären Tätigkeit der anderen Schichten von diesen absetzt und zunehmend Selbstbewußtsein gewinnt. Als wichtiger erscheint angesichts der Revolutionsbereitschaft so vieler verschiedener Schichten die außergewöhnliche Funktionsunfähigkeit des Staatsapparates. Die Brüchigkeit des Alten, des Bestehenden, war weiter fortgeschritten als die Entschlossenheit des Neuen zur Machtübernahme. Wir stellten schon bei der Betrachtung der Wirtschaft fest und können es hier wiederholen: wichtiger als wirtschaftliche und soziale Wandlungen war das Versagen der Staatsverwaltung mit ihrem unglaublich veralteten und verdorbenen Beamtenapparat und Finanzwesen.

2. Zur Verfassungs- und Verwaltungsgeschichte des Ancien Régime

Der unvollendete Absolutismus

Wenn man an ein veraltetes Staatswesen des 18. Jahrhunderts denkt, so fällt einem wohl zunächst das spanische ein oder noch eher das Heilige Römische Reich. Aber Spanien war damals unter Karl III. sehr reformfähig, und in Deutschland findet sich eine moderne Weiterentwicklung in den einzelnen Territorialstaaten, besonders den großen. Es ist schwer, angesichts Frankreichs Macht und seines Glanzes unter Ludwig XIV. und noch im 18. Jahrhundert, sich vorzustellen, daß dort die innere Staatskrise nicht nur, wie die Wirtschaftskrise, eine kurzfristige war, etwa nur im drohenden Staatsbankrott nach dem amerikanischen Krieg bestand, sondern eine langfristige. Aber so war es. Das liegt vor allem am Verwaltungsaufbau und am Steuerwesen, – und daran, daß beides nicht zu reformieren war, da hierbei die Regierung von seiten der – wenn wir das so allgemein ausdrükken wollen – „Zwischengewalten“ des Staates wirksam gehemmt wurde. Während doch diese Zwischengewalten selber unfähig zu positiver Weiterentwicklung waren: die Parlamente, die Provinzialversammlungen ebenso wie der Klerus und die Hofaristokratie. Sie alle konnten strukturmäßig total blockieren und sie taten es.

Das hängt zusammen mit dem Zustand des französischen Absolutismus, dem Schwächerwerden eines im 17. Jahrhundert unter Richelieu und unter Ludwig XIV. lautstark proklamierten und weiter als anderswo, aber keineswegs voll durchgesetzten Absolutismus während des 18. Jahrhunderts. Frankreich war bekanntlich das Vorbild eines absolutistischen Landes. Es ist für den gesamten europäischen Absolutismus charakteristisch, daß er als System überall unfertig blieb. Er hatte seine anspruchsmäßig unumschränkte Macht mit einer Fülle von Gewalten zu teilen, denen zwar das Widerstandsrecht offiziell abgesprochen war, die sich jedoch vielfach bemerkbar machten. Man findet nur in der dänischen lex regia von 1665 einen förmlichen Verzicht der drei Stände auf ihre Rechte. Der französische Absolutismus des 17. Jahrhunderts hatte bestanden in machtmäßiger Überdeckung – kaum Veränderung – der bisherigen komplizierten Struktur des Landes: einer Überdeckung durch hochkultivierte höfische Prachtentfaltung, ideologischen Anspruch und außenpolitischen Kraftbeweis. Eigentliche innenpolitische Reformer waren weder Richelieu und Mazarin noch die Staatsmänner Ludwigs XIV., wenn wir von Colbert absehen, der seine Reformabsichten aber auch nicht in ausreichendem Umfang realisieren konnte. Im 18. Jahrhundert fehlten die außenpolitischen Erfolge, – so schlugen die höfische Pracht und der ideologische Anspruch des Absolutismus gegen ihn aus. Beides wurde vom Gegner übertrieben und gegen ihn benutzt.

Man kann vergleichen: In Deutschland lösten die „Zwischengewalten“ – wenn man die Territorialfürsten überhaupt noch so nennen kann – im 17./18. Jahrhundert das Heilige Römische Reich so gut wie ganz auf. In England einigte sich im Laufe des 17. Jahrhunderts die sehr viel einheitlichere Zwischengewalt des Parlaments mit dem König nach schwerem Bürgerkriegskampf auf einen konstruktiven Kompromiß in der Machtverteilung. In Frankreich gab es demgegenüber viel komplexere Zwischengewalten, teilweise, wie der hohe Klerus und die hohe Aristokratie, vom absolutistischen Herrscher „hofiert“, teilweise, wie die Parlamente und Provinzialstände, zurückgesetzt. Beide blieben aber bestehen und wurden verstärkt im 18. Jahrhundert politische Kontrollorgane, von denen die absolute Monarchie abhängig war und die zu ihrer Entmachtung beigetragen haben.

Es ist vielleicht gut, zunächst insgesamt die französische absolutistische Verwaltung zu charakterisieren, diese zentralistische Organisation, die andere Organisationen nur überlagerte, nicht etwa ersetzte oder erledigte.

Das königliche Ministerium in Versailles bestand aus dem Kanzler und vier Staatssekretären, von denen meist einer für Kriegswesen und Grenzprovinzen, einer für Marine und Kolonien, einer für auswärtige Angelegenheiten und einer für die königliche Hofhaltung, den Klerus, die Protestantenfrage und die Stadt Paris zuständig war. Daneben gab es den Generalkontrolleur der Finanzen. Die relative Wichtigkeit der Minister wechselte, vor allem zwischen Krieg und Diplomatie, aber der wahre Premier war immer der Generalkontrolleur. Ihm unterstanden die innere Verwaltung, die Landwirtschaft, die Industrie, Handel, Brücken und Straßen. Colbert hatte einst diese Funktion innegehabt und so ausgebaut.

Im 17. Jahrhundert wurde ganz Frankreich in Finanz- oder Steuerbezirke eingeteilt, in 34 généralités. Dies waren die Intendanten-Verwaltungsbezirke, und diese Intendanten unterstanden dem Generalkontrolleur. Es waren Intendanten der Justiz, der Polizei und der Finanzen. Sie waren als ernannte, bezahlte Beamten *die* modernen, absolutistischen, zentralistischen und funktionskräftigsten Diener des Staates, – ursprünglich nur eingesetzt als Bevollmächtigte des Königs, als Revisoren, die Stichproben zu machen hatten. Sie waren entsprechend verhaßt, aber eben keineswegs mit ihren généralités das einzige Verwaltungssystem, sondern nur das letzte.

Im 16. Jahrhundert hatte man nämlich Frankreich in gouvernements eingeteilt, in Militärbezirke, und diese Einteilung blieb, wenn auch die Gouverneure nach schlechten Erfahrungen vorsichtshalber zu ehrenamtlichen Würdenträgern gemacht wurden, im 18. Jahrhundert sich vorzugsweise in Versailles aufhielten, und ab 1750 sogar der Verordnung unterlagen, daß sie nur mit ausdrücklicher Ermächtigung des Königs in ihr Gouvernement gehen konnten. Statt ihrer waren dort die Generalstatthalter.

Die noch ältere Gliederung Frankreichs war die in Gerichtsbezirke, die es seit dem 13. Jahrhundert gab und wieder ganz andere Einteilungen aufwies. Im Norden hießen sie *baillages,* im Süden *sénéchaussées.* Hier finden wir die riesige juristisch tätige, aber darüberhinaus in die Verwaltung und Provinzialpolitik eingreifende Beamtenhierarchie mit den verschiedenen letztinstanzlichen Parlamenten. Die kirchliche Gliederung war wieder anders, sie folgte immer noch der Diözesaneinteilung aus dem spätrömischen Reich.

Bei alledem, bei aller für kontinentale europäische Verhältnisse relativ starken Kompaktheit des französischen Staates finden wir außerdem viele Sonderrechte in einzelnen Gebieten. Navarra war ein besonderes Königreich, in der Bretagne war der französische König Herzog, in der Provence Graf. Auch die Abgrenzung zum Deutschen Reich war durch die Überschneidung verschiedener partikularer Gewalten und Rechte unklar.

Es bestand also ein Wirrwarr von rechtlichen und herrschaftlichen Überlagerungen. Frühere Schichten verkrusteten sich, teils starben sie politisch ab, wurden Ehrentitel und Pfründen, wurden käuflich erwerbbar, bildeten aber auch Hemmungen oder entwickelten offenen Widerstand gegen neuere Organisationen.

Der Klerus

Blicken wir zunächst auf den Klerus, eine der stärksten, kompaktesten Sondergewalten. Die gallikanische Kirche, die Ludwig XIV. zur alleinigen Staatskirche hinaufstilisiert hatte, besaß einen gewaltigen Einfluß. Die Unterscheidung in drei Stände mag sehr schematisch und künstlich sein, aber wenn ein Stand der Struktur nach sich wirklich deutlich heraushob, dann war es der geistliche. Das war ein Staat im Staate. Seit der Stillegung der Generalstände 1614 gab es nur noch beim Klerus eine periodische Vertretung in den alle fünf Jahre stattfindenden Klerusversammlungen. Freilich war auch dieser „Staat" der sozialen Zusammensetzung nach ganz uneinheitlich. Es gab „in ihm" Adel und Dritten Stand, Privilegierte und Nichtprivilegierte.

Die Kirche kontrollierte die Erziehung, die Armenfürsorge, die Krankenhäuser. Sie hatte das alleinige Recht zur Registrierung von Geburten, Heiraten und Todesfällen. Sie hatte riesenhaften weltlichen Besitz. In der Zivilverwaltung der Pays d'état, also der Grenzprovinzen Flandern, Bretagne, Lothringen, Südfrankreich, war sie führend. Sie hatte ein eigenes Finanzsystem und eigene Rechtsprechung. Sie konnte nach dem Vertrag von 1516 nicht ohne eigene Zustimmung besteuert werden, es gab also nur freiwillige Zuwendungen *(dons gratuits)*. Der Adel war demgegenüber nur von der *taille* befreit, nicht von der Kopfsteuer und dem Zwanzigsten. Die *dons gratuits* wurden in den Kirchenversammlungen jeweils beschlossen. Sie machten nicht mehr als 2–3% der direkten Steuereinnahmen des Staates aus, – während das Jahreseinkommen der Kirche durch Grundbesitz und Zehnten fast so hoch war wie das Normaleinkommen des Staates aus direkten Steuern.

Ich brauche nicht auf die bekannte sehr weltliche Prachtentfaltung des hohen Klerus, meistens am Hofe, einzugehen. Eines der berüchtigtsten Beispiele ist ja der Kardinal Rohan, Bischof von Straßburg. Die wenigsten Bischöfe residierten am Ort, – am Hofe anwesend zu sein war schon deshalb notwendig, um allen Bestrebungen neuerer Kirchenbesteuerungen entgegenzutreten. Bedeutsam ist für die französische Kirche die direkte Bindung an den König, der seit 1516 die Bischofssitze und Abteien vergab. Er war als „Bischofskönig" mit priesterlichen Vorrechten versehen. Und, zeitlich direkter, ist die Re-Aristokratisierung des hohen Klerus im 18. Jahrhundert von großer Bedeutung. Noch unter Ludwig XIV. hatte es bürgerliche Bischöfe gegeben, am Ende des Ancien Régime gar nicht mehr.

Die auf Stellenkauf gegründete Beamtenhierarchie

Auf den Adel insgesamt bin ich schon bei den sozialgeschichtlichen Überlegungen eingegangen. Weit weniger als der Klerus war er eine geschlossene politische und administrative Institution.

Einzugehen ist aber auf ein besonderes strukturelles Merkmal der französischen Beamtenhierarchie: das vielbeklagte Prinzip der Ämterkäuflichkeit, auf dem in zunehmendem Maße die Verwaltung der französischen Monarchie beruhte. Dies war tatsächlich ein kritischer Kernpunkt. Schwierigkeiten mit der Entlohnung der Beamten hatten alle europäischen Monarchien bei zunehmender Zentralverwaltung, zunehmender Übernahme rechtsprechender Funktionen, zunehmenden Steuererhebungen. Es gab verschiedene Möglichkeiten, damit zurandezukommen. Möglich war etwa die ehrenamtliche Ausübung, wie wir sie bei den englischen Friedensrichtern finden, eine nicht besonders abhängige Form, abhängig höchstens insoweit, als der König die Amtsdauer verlängern oder nicht verlängern konnte. Möglich war Schenkung an Günstlinge, also an Leute, auf die man sich verlassen konnte. Möglich war Beamtengehalt, – oder eben Verkauf der Ämter. Von der zentralen monarchischen Verwaltung her gesehen war alles dieses besser als z. B. etwa Rechtsprechung und Verwaltung von lokalen Magnaten her. Alles – weitgehend auch die sparsame Beamtenbesoldung – war aber auch darauf gegründet, daß der Amtsinhaber in dem Amt hohe Ehre sah, Freude an der Machtausübung und vielleicht auch an der Befreiung von Steuern hatte und/oder Bereicherungsaussichten durch Steuereintreibung und Rechtsprechungsgebühren einkalkulierte, – von den erlaubten bis tief in die unerlaubten, bis tief in die Bestechungsgelder.

Es gab in Frankreich Ämterhandel unter der Hand schon seit dem Mittelalter, seit dem 13., 14. Jahrhundert. Unter Ludwig XII. wurde Anfang des 16. Jahrhunderts der offene Ämterverkauf als Legalisierung einer „Nationalsitte" eingeführt. Offen war er von da an für Ämter der Finanzverwaltung, unter der Hand auch für Justizämter; hier wurde er erst 1598 legalisiert. Man begründete das Vorgehen damit, daß es eine Rücksichtnahme auf das arme Volk darstelle, indem man es nicht mit neuen Steuern belaste, sondern lieber den Reichen diese sozusagen freiwillige *taille* auflud. Die Kaufsumme war hoch, dazu kam seit 1604, daß man zusätzlich jährlich 1/60 davon zu entrichten hatte, die sogen. *Paulette*. Es gab eine gewisse Rückkaufmöglichkeit durch den Staat. Hohe Ämter – wie etwa Ministerämter – konnten natürlich nur nach Aufforderung des Königs käuflich erworben werden. Hierbei gab es sogar die Fälle, daß, wenn ein geeigneter Mann dafür zu wenig Geld hatte, der König selber den Kaufpreis bezahlte.

Die Ämter wurden durch das reiche Bürgertum gekauft. Das bedeutete für den König eine willkommene Stärkung des Bürgertums gegen die *noblesse d'épée*. Wir finden das bei Ludwig XII., in den Religionskriegen in der zweiten Hälfte des 16. Jahrhunderts und auch noch bei Ludwig XIV. Über die Form der *survivances* gab es eine Entwicklung des Ämterbesitzes zur Erblichkeit hin. Der Erbe konnte beispielsweise das Verfügungsrecht über das Amt bekommen, oder der Amtsinhaber hatte ein Übertragungsrecht. Regelrechte Erblichkeit war gegeben, wenn ein Amt drei Generationen lang in derselben Familie war: dies war der sogen. Amtsadel, die noblesse de robe. Bei Ludwig XIV. wurde die Sache dann vereinfacht, indem mit sehr vielen Ämtern unmittelbarer erblicher Adel verbunden wurde.

Auf die Weise bildete sich eine riesige Beamtenhierarchie in Frankreich. Die Monarchie wurde, ähnlich wie im alten China, mit dem sich Frankreich im Ancien Régime auch gerne verglich, verbeamtet. Es gab auch, ähnlich wie in China, Prüfungen, aber diese Prüfungen standen nicht im Mittelpunkt des Systems, sie waren umgehbar, d. h. man konnte sich von einem Befähigungsnachweis durch besondere Dispense loskaufen. Die Hauptsache war das Geld. Daher kam auch die starke Korrumpierung des Systems.

Wenn man von den commissaires absieht, die es seit Beginn des 17. Jahrhunderts gab, vor allem den für den Absolutismus sehr wichtigen Intendanten, kam es in Frankreich nicht wie in anderen europäischen Staaten zum Übergang zur Beamtenbezahlung oder (wie in deutschen Territorialstaaten) zur Reaktivierung des niederen Adels im Regierungsdienst. Man fand es vielmehr bequemer für die schnelle Füllung der Staatskassen, das System der Ämterkäuflichkeit immer mehr zu erweitern. Bei Geldmangel erfand man ad hoc neue Ämter. Die Perückenkontrolleure wurden z. B. aus diesem Grunde erfunden. Schon Ludwig XII. hatte den italienischen Krieg mit solchen Mitteln finanziert. Nach Mousnier betrugen 1620–1634 dergleichen Einnahmen 23–52% der Staatseinnahmen überhaupt. Loyseau, ein Kritiker des 17. Jahrhunderts, charakterisiert den Zustand folgendermaßen: „Nachdem einmal von unseren Vätern das schöne Geheimnis entdeckt war, aus dem Ehrgeiz und der Narrheit der Reichen mittels der Ämter eine ungeheure und doch unmerkliche, ja freiwillige taille zu ziehen, bediente man sich täglich dieses Mittels nach Bedürfnis und auch ohne Bedürfnis. Das ist eine Quelle, aus der man ständig schöpft, ohne sie erschöpfen zu können. Der König mag Ämter schaffen soviel er will, er wird sie stets loswerden, denn die Narren werden nicht alle, und es ist sprichwörtlich geworden, daß es mehr Narren gibt als Ämter."[118]

Wenn das System von den Zeitgenossen fast einhellig kritisiert oder sogar abgelehnt wurde, so muß das noch nicht gegen seine Effizienz und gegen seine Vorzüge sprechen. Die Kritik seitens des alten Adels war stark, weil es die adlige Günstlingswirtschaft und den entsprechenden Stellenschacher verdarb. Die Krone mußte bei zunehmender Unabsetzbarkeit und Erblichkeit eine verminderte Beeinflußbarkeit der eigenen Beamtenschaft befürchten, – was man durchaus auch positiv bewerten kann. Beim Bürgertum spielte Neid auf die vermittels ihres Reichtums so bevorzugten Standesgenossen mit. Aber mochte das System auch jahrhundertelang erfolgreich funktionieren und andere Korruptionsformen hemmen, so war es praktisch doch selber ein korruptionssteigerndes System. So sah es schon Sully: „Mit Abscheu stellte ich fest, daß bei 30 Millionen, die in die Staatskasse flossen, aus den Taschen der Einzelnen – ich schäme mich fast, es auszusprechen – 150 Millionen gezogen wurden." Es war eine Korruption vom König gegenüber den Beamten, Korruption von denen gegenüber den Steuerzahlern, – dies pervertierte das System, zerstörte es aber nicht, obwohl es, wie aus dem Zitat von Sully zu ersehen, nicht einmal günstig für den Staat war. Colbert ließ jahrelang durch Sondergerichte Korruptionsfälle aburteilen und wollte überhaupt das System abschaffen, das allzuviel kapitalkräftige Unternehmer anreize, einen viel zu großen Beamtenapparat schaffe, dafür aber Geld und Arbeitssinn von wirtschaftlicher Betätigung ablenke. Über die Unmassen von Beamten sagt Loyseau: „Heute sind die Hälfte der Städter Beamte, der Handel ist vernachlässigt und die Arbeit den Bauern überlassen." Und ein Bericht über Bresse: „Die Bewohner dieser Stadt sind im allgemeinen wenig begütert. Sie beschäftigen sich in der Hauptsache mit der Ausübung der Rechtsprechung."[119] Man schätzt, daß es 200 Jahre lang fünf bis siebenmal mehr Beamte gab als nötig. Colberts Reformversuch gelang nicht. Im Gegenteil: in der Spätzeit Ludwigs XIV. wurden zur Erhöhung der Kaufsumme und des Anreizes immer mehr Chargen der oberen Gerichts- und Verwaltungshöfe sofort mit der Nobilitierung verknüpft (wie schon erwähnt), sie wurden damit erblich, also noblesse de robe. Auch alle städtischen Magistraturämter wurden um diese Zeit nicht mehr zur Wahl gestellt, sondern käuflich. Damit bekam der Staat stoßweise schnell Geld, aber die Zahl der Steuerpflichtigen (der Nichtprivilegierten) ging immer mehr zurück; es fielen gerade die aus, die am zahlungskräftigsten waren.

Der Mißstand war so offensichtlich – aber eben nun schwer abschaffbar –, daß sich kaum eine Stimme zu seinen Gunsten erhob. Die bekannte Ausnahme ist Montesquieu. Er betonte die Unabhängigkeit der richterlichen Gewalt, die auf der Unabsetzbarkeit der Beamten beruhe. (Der Staat hätte die Ämter zwar zurückkaufen können, aber das geschah schon wegen der hohen Kosten kaum.) Montesquieu fürchtete auch, wenn die Stellen nicht öffentlich verkauft würden, dann würden sie von den Höflingen unter der Hand verteilt. Er sah es als positiv an, daß durch den Ämterkauf bestimmte staatliche Pflichten gewissermaßen zum Familienberuf würden, – jeder erhalte so seine Pflicht angewiesen, und das gebe den Ständen im Staat mehr Stetigkeit.

Voltaire entlarvte den Standpunkt von Montesquieu mit seinem unvergleichlich subtilen Spott als den eines Interessenvertreters: „Verzeihen wir ihm! Sein Onkel hatte eine Präsidentencharge gekauft und sie ihm überlassen. Überall entdeckt man den Menschen; niemand ist ohne Schwächen."[120]

Trotz des offensichtlichen Mißstandes ist es nicht ganz leicht, die eigentlich zersetzende, gesellschaftsspaltende, revolutionierende Wirkung dieses Beamtensystems zu erkennen. Die Re-Aristokratisierung des 18. Jahrhunderts ist z. T. durch die vermehrte und beschleunigte Erblichkeit des Amtsadels erklärbar. Man sah jetzt die Parlamentssitze geradezu als persönliches Eigentum an. Es wurde nun viel mehr Amtsadel geerbt als gekauft. In der Tendenz des 18. Jahrhunderts, den Anspruch auf Staatsämter zu verewigen, sieht Palmer sogar eine Gemeinsamkeit der Republiken, des parlamentarischen Systems in England und der Zustände in Frankreich. Damit hängt die gleichzeitige Tendenz der gehobenen *noblesse de robe* zusammen, sich aus Schwertadelsschichten zu ergänzen, mehr hieraus als aus dem Bürgertum. 1762 beschloß das Parlament von Grenoble, neue Mitglieder nur aus von der Vaterseite her parlamentarischen Familien oder aus Familien mit vier Generationen Adel zu nehmen. Man machte sich also hier frei vom Gelde und übrigens auch frei vom Leistungsnachweis, denn gleichzeitig kam es zu starken Examenserleichterungen. (Manche Universitäten gingen so weit, die Prüfungsantworten im voraus mitzuteilen.) Wichtig ist auch die Feststellung von Palmer, daß erst jetzt, in der Mitte des 18. Jahrhunderts, die parlamentarische Aristokratie an Ansehen gewann und so etwas wie die Führungsschicht im Adel wurde; der ältere Adel wurde damit durch eine intelligente, beruflich geschulte Schicht bereichert.[121]

Kann man dies alles nun deuten als ein Sich-Abschließen gegenüber den neuen Neureichen, für die nun in dieser privilegierten Gesellschaft kein Platz mehr war? Die also wegen versperrter Aufstiegsmöglichkeit erbitterter und als Bürger selbstbewußter wurden als die früheren? Was also am stärksten für die nichtprivilegierten Juristen, die Advokaten gelten würde, die am meisten Einblick hatten und die Dinge am schärfsten formulieren konnten? Trotz aller Konflikte zwischen Parlamenten und Advokaten wäre insgesamt eine solche Analyse wohl kaum haltbar. Denn dann wäre der Gegensatz der Parlamente zum Bürgertum viel eher zum Ausbruch gekommen als erst 1788. Bis dahin fühlten sie sich ja in ihrer Zielrichtung ziemlich einig. Es gibt darüberhinaus einige Fakten, die gegen eine solche Analyse sprechen. Die Attraktivität des Ämterkaufens ließ nämlich seit Ludwig XIV. nach, der die Sache zweifellos auch für die zu Privilegierenden überzogen hatte. Man wurde nun doch nicht mehr alle Ämter los, es gab nicht länger „mehr Narren als Ämter". Das Angebot war höher als die Nachfrage. Das Bürgertum hatte seit Beginn des 18. Jahrhunderts keine Lust mehr, sich von der *taille* loszukaufen. Man kann daraus schließen, daß jetzt, in diesem Zeitpunkt, wirtschaftliches kapitalistisches Unternehmertum attraktiver wurde. Außerdem – das erklärt auch die Distanzierung der Parlamente vom Absolutismus – hatte schon Ludwig XIV. die Situation der Privilegierten allzuoft verunsichert. Mehrmals hatte er die Aufhebung von Nobilitierungen von einem bestimmten Jahr an verkündet, die nur durch beträchtliche Neuzahlungen wiederhergestellt werden konnten. Hierdurch und durch riesige Erweiterung (Verdoppelung) untergrub er Sicherheit und „Staatsbejahung" (d. h. Absolutismusbejahung) der Beamtenkörperschaften. Weniger denn je war diese Schicht eine staatstragende Schicht. Sie wurde eine Schicht, die nicht den Absolutismus verteidigte, sondern nur sich selber, vor allem ihre Privilegien in der finanziell unsicheren Lage. Sie verteidigte sie gegen jegliche Reformversuche der Regierung, die nun vom Ämterkaufsystem überhaupt keine Vorteile mehr hatte. Dadurch kam es zu den schweren Spannungen zwischen Absolutismus und Parlamenten, die den Parlamentsadel eher vom Hof als vom Bürgertum trennten. Die übrige Beamtenschaft war nicht so einheitlich, aber hier stand eine große alte Körperschaft mit ihrer traditionellen Idee der Verteidigung der Rechte gegenüber der Despotie. Es war zwar ein fraglicher Anspruch dieser Körperschaft, für die Allgemeinheit zu sprechen; er war fraglicher als etwa beim englischen Parlament, das man sich zum Vorbild nahm – erstmals übrigens schon 1648 bei der Fronde des Pariser Parlaments und des Hochadels –, aber gerade wegen des nicht ganz ungebrochenen Selbstbewußtseins pflegte man derlei Veredelungsversuche und Ideologie im englisch-parlamentarischen Stil. Die *noblesse de robe* wurde ernsthafter Gegner des königlichen Absolutismus. Sie blockierte zunächst scheinbar im Interesse des ganzen Landes, tatsächlich aber aus Selbstinteresse, alle Reformversuche. Das ist ein Kampf, der die ganze Zeit Ludwigs XV. und Ludwigs XVI. durchzieht. Er führte zum Sturz des Absolutismus *und* zu dem der Parlamente, als der Kampf nicht mehr zwischen König und „Zwischengewalten", sondern zwischen diesen beiden einerseits und dem Dritten Stand andererseits geführt wurde.

Wir sind auf den Amtsadel des Ancien Régime innerhalb der institutionellen Vorgeschichte der Französischen Revolution besonders genau eingegangen, innerhalb der Frage, wie die französische absolute Monarchie durch verschiedene Zwischengewalten kontrolliert und schließlich blokkiert wurde. Beim Ämterkauf und bei den Parlamenten ist die langfristige Staatskrise am offensichtlichsten. Hier lag wohl der Kern der Krise, wenn dies auch nicht alles war.

Die Provinzialstände

Eingehen muß man allerdings noch auf die Provinzialstände. Das waren ältere, auch schon viel schwächer gewordene Gegner des königlichen Zentralismus als die Parlements, aber Gegner, die z.T. im 18. Jahrhundert wieder an Aktivität zunahmen. Es gab sie nur in einigen *pays d'états,* nicht einmal in allen. Hierzu ist kurz darauf hinzuweisen, daß man im 17./18. Jahrhundert bei den 34 *géneralités* wie folgt unterschied:

20 *pays d'élections,* bei denen Intendanten alle Besteuerungs- und Verwaltungsbefugnisse ausübten. *(élection* heißt soviel wie Steuergerichtsbezirk.) An sich war es seit dem 16. Jahrhundert das Bestreben der französischen Könige, in sämtlichen Provinzen diese Verwaltung einzuführen. Aber es gab noch:

7 *pays annexées* mit älteren Sonderregelungen, in den neu erworbenen Gebieten wie Franche-Comté, Elsaß oder Korsika;

7 *pays d'états* mit Ständen, die Mitspracherecht über Steuern und Verwaltung hatten. Z.T. waren die Ständeversammlungen aber nicht mehr aktiv, in diesem Falle wurde das Mitspracherecht z.T. von den Parlamenten übernommen (in der Normandie oder der Dauphiné). Die neuen Forschungen sind darüber immer noch fließend, aber man kann sagen, daß die Stände im Languedoc und der Bretagne noch am aktivsten waren. Im Languedoc gab es eine jährliche Versammlung zur Steuerzustimmung. Die drei Stände waren mit 23+23+46 Vertretern vorhanden, der Dritte Stand also verdoppelt, und es gab Abstimmung nach Köpfen! Das führte allerdings nicht zur Bürgerherrschaft, da beim Dritten Stand adlige Bürgermeister und kirchlich gesinnte Vertreter der Diözesanstädte dabei waren; es kam auch nicht zur Adelsherrschaft, da die Vertreter des Adels vom König ernannt wurden, sondern es kam zur Herrschaft des administrativ begabten Klerus unter dem Erzbischof von Narbonne, im Einvernehmen mit dem Intendanten. In der Bretagne versammelte man sich alle zwei Jahre, es gab drei Kammern, die Abstimmung geschah nach der Kammer. Hier war der gesamte Adel anwesend, sehr beherrschend, sehr abgeneigt, Steuern zu zahlen, zumal er verarmter Adel war, in ständigem Kampf mit den Intendanten. Man findet, daß in der Bretagne die Provinzialstände zunehmend organisatorische Aufgaben an sich reißen, wie Straßenbau und Post. In beiden Fällen, Languedoc und Bretagne, erkennt man nach den neuen Forschungen eine *Weiter*bildung der Institution, nicht einen Verfall. Das sind Sonderentwicklungen im Vergleich zu der der Parlements, aber die Aufsässigkeit des bretonischen Adels wurde für den Beginn der Revolution nicht unwichtig. Es ist kein Zufall, daß der „Bretonische Klub" in Versailles 1789 der revolutionärste war, eine Vorform des späteren Jakobinerklubs. Er brach schon der Adelsrevolte von 1788 die Bahn, – allerdings für die Erhaltung der ständischen Vorrechte und Freiheiten.[122]

Das Steuersystem

Die Empfindlichkeit und Aufsässigkeit der Angehörigen der „Zwischengewalten" war sicherlich kein Zeichen von überfließendem Reichtum und von unbedrohter Macht, sondern von Unsicherheit und Zukunftssorgen. Aber natürlich litten sie wirtschaftlich nicht schwer, – genausowenig wie das Bürgertum finanziell darunter litt, wenn es nicht nobilitiert wurde. Wenn jemand unter diesen korrupten institutionellen Verhältnissen litt, so waren es die Bauern und daneben die unteren städtischen Schichten. Die Bauern litten an der Ausbeutung durch Eintreibung der Steuern, der Gerichtskosten, dazu der Feudallasten. Das ist deutlich zu betonen. Die Wehrlosigkeit ist hier weitaus am größten. Dem Bauern blieben zur Wehr nur die Mittel des Wehrlosen: z.B. sich noch ärmer zu stellen, als er eigentlich war (was zuweilen, wie Lefebvre betont, das Bild noch dunkler macht, als es sowieso schon ist). Gerade wegen dieser verheerenden Folgen für die Landbevölkerung lag der Regierung an Reformen, – deswegen und natürlich auch wegen der Ineffektivität und wegen der verwirrenden und ungerechten Ungleichheit des Systems und wegen des steigenden staatlichen Defizits, das sich daraus und aus außenpolitischen Gründen ergab.

Man hat neuerdings betont, daß die Ungleichheiten der Besteuerung das eigentlich Aufreizende waren, nicht etwa ihre besondere Höhe. P. C. Hartmann hat ausgerechnet, daß England prozentual viel höhere Staatseinkünfte durch Steuern hatte.[123] 1760 hatte es bei 8 Millionen Einwohnern Steuereinkünfte von 8,5 Millionen £ = 200 Millionen livres tournois. Frankreich hatte 1768 Steuereinkünfte von 318 Millionen livres tournois, trotz einer zweieinhalb bis dreimal höheren Bevölkerungszahl. 1789 war das pro-Kopf-Aufkommen in England 36 livres, in Frankreich 15 livres. In England war es also über das Doppelte pro Kopf. Hier wurden nach Holland die höchsten Steuern in Europa erhoben – weswegen England ja auch über die steuerunwilligen Amerikaner so verärgert war.

Trotzdem gab es in Frankreich viel mehr Unzufriedenheit über die Steuern. Und zwar schon über indirekte Steuern, obwohl gerade diese in Frankreich weit geringer waren. Die indirekten Steuern und Zölle machten bei den Gesamteinkünften des Staates in Frankreich etwa 40% aus, in England 70–80%. (Allein die Verbrauchssteuer, die Akzise, machte hier zwischen 43 und 50% aus.) Die französische Unzufriedenheit ist z. T. aus der verschiedenartigen Administration zu erklären. Seit 1680 waren alle indirekten Steuern und Zölle in Generalpacht vergeben (an *fermiers généraux* mit ihren zusätzlichen „Unkostenforderungen“ bei den Eintreibungen). In England wurden sie in Staatsregie durch staatliche Kommissare verwaltet. Es wurden zwar etwa die gleichen Konsumgüter versteuert (Getränke, Lebensmittel, Luxusgüter), aber in Frankreich gab es krasse Ungleichheiten bei der Verteilung, z. B. der *gabelle,* der Salzsteuer.

Direkte Steuern machten in Frankreich 50% der Gesamteinnahmen aus, in England 17–28%. Aber selbst hier war die pro-Kopf-Belastung in Frankreich meistens niedriger als in England. Auch hier liegt die französische Unzufriedenheit an Ungleichheiten, solchen von Provinz zu Provinz, von Stand zu Stand. In dem meisten *pays d'élections* gab es die *taille personelle* (Einschätzung des Vermögens des Steuerpflichtigen, in sehr willkürlicher Weise). In den *pays d'états* gab es die *taille réelle* nach Grundbesitz mit Katastergrundlage. Und außerdem waren die meisten Städte „villes franches“ und damit die Stadtbürger von der *taille* befreit, sie zahlten nur die *capitation.* Die Ungleichheiten führten auch dazu, daß in der Region um Paris höhere Steuern gezahlt worden sein sollen als sonst irgendwo in Europa. Dazu kamen die vielen Exemtionen in Frankreich. Klerus und Adel waren exemt, sie zahlten keine *taille,* der Klerus nur den *don gratuit,* der Adel geringe direkte Steuern. Demgegenüber gab es in England keine Exemtion für Personen, sondern nur z. B. für Colleges in Oxford und Cambridge, für Schulen und Hospitäler.

Es ist von daher kein Wunder, daß der französische Staat dringend an einer Steuerreform interessiert war, nicht aber die Zwischengewalten, während in England im Parlament das Unterhaus das Steuerbewilligungsrecht hatte und Motor der hohen Steuern geworden war.

Die Reformversuche des Staates

Nun zu den Reformversuchen des Staates. Man müßte sie einzeln durchgehen, um zu zeigen, wie völlig klar sich die leitenden Minister über die Hauptprobleme und -gefahren des Staates waren, ohne durchgreifend helfen zu können. Ich kann hier nur kurze Hinweise geben.

Das Problem zeigt sich schon unter Ludwig XV. bei dem Generalkontrolleur der Finanzen Jean Baptiste de Machault (ab 1745), der ein neues Steuersystem zunächst gegen die Provinzialstände durchzubringen schien, aber am Widerstand des Klerus scheiterte, obwohl er die Öffentlichkeit, auch Voltaire, gegen die Kirche aufwiegelte. Der Versuch von 1751 wurde zum Signal für den Widerstand nicht nur des Klerus, sondern auch der anderen Zwischengewalten gegen absolutistische Neuerungen. Die Parlamente machten Obstruktion gegen alle Bemühungen um steuerliche Gleichheit. Sie hatten schon sofort nach 1715, als sie wieder demonstrieren durften, eine große Öffentlichkeitstätigkeit begonnen. Nur sie, nicht die Regierung, klärten über die innenpolitischen Maßnahmen auf, durch Veröffentlichung der Remonstranzen. Sie „erzogen politisch" sozusagen durch „krassen Ungehorsam" gegen die Monarchie.[124]

1763–1774 kam es zu der von Palmer so genannten „Scheinrevolution". Der Anlaß war ein königlicher Erlaß zur Fortsetzung der Abgabe des Zwanzigsten, also einer Kriegssteuer, über den Krieg hinaus. Es widersetzten sich Paris, Grenoble, Toulouse, Rouen. Die Pariser Remonstranz enthielt eine Schlußabhandlung über die französische Verfassung: Gesetze seien erst gültig, wenn sie durch das Parlament inkraftgesetzt worden wären. Der Gouverneur des Languedoc sollte mit Gewalt die Steuererlasse durchsetzen, er wurde vom Parlament von Toulouse eingesperrt. Es gab große Verwirrung, in der sich das Parlament von Paris auf eine angebliche alte Organisation berief, nach der alle Parlamente Teile *einer* Korporation seien, bei der Paris übergeordnet sei. Das Pariser Parlament wollte sich also quasi zum britischen Parlament, zur Nation, zur repräsentativen Volksvertretung verwandeln.

Es ging dann weiter anläßlich der „Affaire de Bretagne", – wobei es sich immer um Kleinigkeiten handelte, hier etwa um den Protest der Stände und des Parlaments in Rennes gegen den Straßenbau des königlichen Gouverneurs. Als sich das Pariser Parlament hier wieder entsprechend verlauten ließ, wurde Ludwig XV. im März 1766 endlich einmal aktiv; er kam zur sogenannten „séance de la flagellation" und erklärte: „Ich werde nicht zulassen, daß in meinem Reich eine association gebildet wird, die die natürlichen Bande von Verpflichtungen und Verbindlichkeiten in ein Widerstandsbündnis umwandelt. Auch werde ich nicht dulden, daß in meinem Reich eine Scheinkörperschaft geschaffen wird, die seine Harmonie stört. Das Richteramt ist weder eine Körperschaft noch ein eigener Stand neben den drei Ständen des Königreichs. Die Richter sind meine Beamten, verpflichtet, über meine Untertanen Recht zu sprechen."[125]

Das änderte nichts an der parlamentarischen Obstruktion. 1771 schritt der neue Kanzler Maupeou daraufhin zur „Scheingegenrevolution" (könnte man sagen), zu der kühnen Tat nämlich, die Parlamente einfach abzuschaffen. Statt ihrer wurden neue Appellationsgerichtshöfe mit rein juristischen Vollmachten eingerichtet, Richter mit festem Gehalt, von der Krone ernannt. Woraufhin dann der neue Generalkontrolleur der Finanzen, der Abbé Terray, eine Finanzreform versuchte.

Voltaire setzte sich für Maupeou ein (in der Histoire du Parlement de Paris, 1769, „par Abbé Big", d.h. Voltaire tat so, als habe er diese Schrift nur herausgegeben). Der gesamte Juristenstand lehnte aber diese Reform ab. Es war schwer, geeignete Richter zu finden. Die Öffentlichkeit war empört. Fatalerweise starb Ludwig XV. bald darauf, 1774, und der junge, unerfahrene Ludwig XVI., verwirrt vom „Mehlkrieg" März–Mai 1775, beeinflußt von der Kirche zur religiösen Umkehr nach dem so weltlichen Ludwig XV. und nach der zunehmend herrschenden Aufklärungsphilosophie, suchte das Sakralkönigtum zu erneuern (nach der Krönung berührte er nach alter Weise zwei Stunden lang 2400 Skrofelnkranke zu Heilzwekken), suchte den Staat aus älteren Traditionen heraus zu erneuern und blies deshalb die staatliche Scheinrevolution ab. Er entließ Maupeou und Terray und stellte die alten Parlamente wieder her. Diese waren nun um so revolutionärer bzw. gegenrevolutionärer gestimmt. 1776, vier Monate vor der amerikanischen Unabhängigkeitserklärung, verkündeten sie eine Erklärung, die Palmer als Unabhängigkeitserklärung des französischen Adelsstandes bezeichnet. Aus Furcht vor Neuerungen, besonders vor Steuergleichheit, pochten sie auf ihre Privilegien, auf die schützenden Standesverschiedenheiten innerhalb der französischen Nation.

Die Zentralregierung versuchte neue Reformen mit einem neuen Generalkontrolleur der Finanzen, mit Turgot, der ein freilich mehr wissenschaftlich als politisch begabter Physiokrat war, ein Liebling der aufgeklärten Philosophen, eine europäische Berühmtheit. Er wollte den aufgeklärten Absolutismus in Frankreich begründen. Es kam zu umfassenden, systematischen Reformversuchen, die aber immer nur durch *lits de justice* möglich waren. Nach zwei Jahren wurde er durch Hofintrigen gestürzt, die ihn des Vertrauens des Königs beraubten. Das war 1776. Die Sache muß eigentlich eine gewisse Abneigung der Aufklärer gegen die Parlamente hervorgerufen haben (die Öffentlichkeitsreaktion scheint mir für diese Zeit nicht klar untersucht zu sein), sicherlich konnte aber die Hauptschuld an dieser Entwicklung auf den Hof geschoben werden.

Es folgte der Schweizer Bankier Necker als Generalkontrolleur. Er war ein Antiphysiokrat, er verstand es, durch Auslandsanleihen den amerikanischen Krieg zu finanzieren, während Turgot gegen ein dortiges Eingreifen Frankreichs plädiert hatte. Neckers Methode war oberflächlicher als die von Turgot. Er wollte den Kredit des Staates erhöhen und veröffentlichte deshalb 1781 erstmals in der französischen Geschichte ein Staatsbudget. Daraus ging hervor, daß die Staatseinnahmen in diesem Jahre 264, die Staatsausgaben 254 Millionen livres betrugen. Die Aufstellung war falsch: 237 Millionen wurden eingenommen und 283 ausgegeben. Necker wollte unter diesem Kredit ruhiger an der Entmachtung der Parlamente arbeiten. Das gelang nicht. Man las nur empört in der Aufstellung des Staatsbudgets die hohen Ausgaben des Hofes, vor allem die Pensionen für den Hofadel. Auf Drängen von Hof und Parlament wurde Necker vom König 1781 entlassen.

Nach zwei unwichtigen Zwischenministern folgte dann Calonne: der Favorit vor allem neuerer amerikanischer und englischer Historiker (A. Goodwin), weil er auf dem Reformwege deutlicher als die früheren gegen *alle* Privilegierten vorgehen wollte. Er strebte eine Verwaltungsvereinheitlichung an, er hätte, wenn er durchgekommen wäre, viele Neuerungen der Nationalversammlung vorweggenommen. Zunächst, 1783–87, machte er neue Anleihen und steigerte die öffentlichen Ausgaben für deutlich sichtbare Neuerungen (und Arbeitsbeschaffungen), z.B. durch Bau des neuen Hafens in Cherbourg. Währenddessen suchte er die eigentlichen Probleme des Staatshaushalts zu erkennen. Am 20. August 1786 war er soweit, um nach zweijähriger Untersuchung festzustellen und den König darüber zu informieren, daß der Staat vor dem finanziellen Kollaps stehe. Neuere Historiker wie etwa William Doyle erklären geradezu, daß mit diesem Datum, nicht mit dem 14. Juli 1789, die Ereigniskette der Französischen Revolution begann. Calonne erklärte nach rechnerisch viel umfassenderer Aufstellung, als sie Necker geleistet hatte, das Einkommen würde 1786 475 Millionen livres betragen, die Ausgaben des Staates 587. Es gäbe also ein Staatsdefizit von 112 Millionen, d.h. ein Viertel des jährlichen Einkommens. Und das war sehr viel. 1774 waren es 40 Millionen gewesen, seit 1777 sei es immer gestiegen. Als Hauptausgaben wurden die Schuldenabzahlung und die Militärausgaben festgestellt.

Was tun? Angesichts der Gefahr des Staatsbankrotts waren Anleihen schwierig und neue Steuern auch. Calonne schlug eine totale Staatsreform vor, eine umfassende Verbesserung der Steuerstruktur und der gesamten Maschinerie der Staatsverwaltung, die Bildung einer nationalen Repräsentantenversammlung, sowie Provinzialversammlungen ohne Ständeschranken. Im einzelnen schlug er zunächst Landsteuer vor, Abschaffung von Zöllen, mehr Anleihen. Hierfür aber, um es öffentlich durchsetzbar zu machen, um Sicherheit und Vertrauen zu erwecken, riet er davon ab, die Parlamente zu befragen. Genügend schlechte Erfahrungen mit diesen Gremien lagen ja vor. Gerade damals, Ende Mai 1786, hatte obendrein das Pariser Parlament in der Halsbandaffäre den Kardinal Rohan freigesprochen und damit den König und besonders die Königin öffentlich sichtbar gedemütigt, denn auf deren Betreiben war er im August 1785 in die Bastille gebracht worden.

Die Halsbandaffäre war eine skandalöse Geschichte, die in diesen Monaten das ganze Land dank reichlicher Flugschriftenliteratur in Erregung versetzte und erschreckend einhellig gegen den Hof aufbrachte, speziell gegen Marie Antoinette, die popularitätssuchende, aber unbeliebte Königin. Die Geschichte ist in Kürze gar nicht zu erzählen. Nur soviel: Der prunksüchtige und ehrgeizige, von der Königin strikt gemiedene Kardinal hatte sich unbedingt in ihre Gunst einschmeicheln wollen. Er hatte darum für sie ein – wie er meinte, von ihr heimlich gewünschtes – maßlos teures Halsband auf Kredit erworben und ihr zugeschickt. Dabei war er aber einer raffinierten Betrügerin, der verarmten Gräfin de la Motte-Valois, aufgesessen, die sich als Vermittlerin dieses angeblichen königlichen Wunsches ausgegeben hatte und nun das Halsband stückweise für sich selber zu Geld machte. Als die Königin den Sachverhalt von den zahlungsfordernden Juwelieren erfuhr, glaubte sie, der Kardinal habe sich auf ihre Kosten betrügerisch bereichern wollen. Daher die Verhaftung. Der verwickelte Tatbestand, bei dem auch der spiritistische Großschwindler Cagliostro eine Rolle spielte, kam durch den Prozeß heraus, die Gräfin wurde verurteilt – konnte dann allerdings entfliehen –, aber für die Öffentlichkeit stand die allgemeine Korruption des Hofes im Vordergrund und so wurde die Königin hartnäckig der Mittäterschaft verdächtigt. Der Freispruch des Kardinals durch das Parlament trug dazu bei; noch mehr die Tagespresse und die Pamphletliteratur. Für viele zeitgenössische Beobachter, auch ausländische, wie Goethe, war dieser Autoritätsverlust die sichtbarste Ankündigung kommender schwerer Unruhen.

Zweifellos hat das dazu beigetragen, die Reformbemühungen von Calonne zu vereiteln. Wie gesagt, er riet im Interesse der Durchsetzung seiner Vorschläge davon ab, die Parlamente zu befragen. Er riet auch davon ab, die Etats Généraux einzuberufen. Vielmehr sollte eine Notabelnversammlung zusammengestellt werden. Eine solche Versammlung von durch den König ausgewählten prominenten Untertanen, denen bestimmte Fragen zur Beratung vorgelegt wurden, hatte es letztmals 1626 gegeben. Nun wurden also 144 handverlesene Persönlichkeiten einberufen, fast nur Adel.

Calonne glaubte nicht, daß angesichts der öffentlichen Meinung – die er entsprechend unterrichtete, was in dieser Form erstmals seitens der Regierung geschah – die Notabeln es sich leisten könnten, wie die Parlamente zu reagieren und in dieser Notlage auf dem Privilegieninteresse zu beharren. Sie schafften es aber doch. Sie verwiesen auf die Parlamente oder, was noch populärer war, auf die hierfür, für umfassende Reformen zuständige Versammlung der ganzen Nation, die Generalstände.

Calonne wandte sich wiederum an die Öffentlichkeit; es half nichts, im April 1787 wurde er entlassen. Im Mai 1787 löste sein Nachfolger Brienne die Notabelnversammlung auf. Neue Steuergesetze wurden durch *lit de justice* durchgesetzt, das Parlament von Paris protestierte gegen den Willkürakt öffentlich, – hier beginnt die sogen. Pré-Révolution (Egret). Das Parlament wurde nach Troyes verbannt. Daraufhin ereigneten sich in Paris Aufstände, Streiks und Plünderungen, aufgehetzt von den Parlamenten, in Furcht vor „despotischer" Steuererhöhung. Es folgte Erregung im ganzen Land. Die Regierung gab nach, das Parlament durfte nach Paris zurück. Das Spiel wiederholte sich aber 1788. Ludwig XVI. versuchte dann im Mai 1788 unter viel ungünstigeren Umständen das, was Maupeou 1771 getan hatte: Abschaffung der Parlamente, durch Justizumbau. Das führte wieder zum Entrüstungssturm im ganzen Land. Nur $1/10$ der damals publizierten Flugschriften verteidigten die Regierung. In den Provinzen kam es zu Ständeversammlungen, auch in solchen, in denen es das lange nicht mehr gegeben hatte, z.B. in der Provence (seit 1639 nicht mehr). Man rief nach den Generalständen. Im August 1788 wurde die Einberufung ausgesprochen und Necker zurückgerufen, im September wurden die Mai-Edikte widerrufen.

Wir kennen den Fortgang. Ich erinnere nur noch einmal daran, daß jetzt, nach dieser Pré-Révolution, der „révolution aristocratique" (Lefebvre), die Träger der Opposition gegen die Krone, die Parlamente, das Bürgertum nicht mehr hinter sich hatten. Ihre rückschrittlichen, allein der Rettung der Privilegien dienenden Motive wurden nunmehr von weiten Kreisen durchschaut. Das geschah erstaunlich spät. Ganz deutlich war es tatsächlich erst seit dem Bekanntwerden, daß die Generalstände in alter Form, nach Ständen, abstimmen sollten. Überholt geglaubte ständische Schranken wurden wieder aufgerichtet, die Nichtprivilegierten sahen sich von den Privilegierten getrennt, und zu diesen gehörte beim Zweiten Stand der Parlamentsadel genauso wie der exklusive Hofadel. Nun wurde der Dritte Stand, das Bürgertum, politisch selbständig, es bildete zusammen mit reformfreudigen Angehörigen des Adels und des Klerus eine dritte Partei zwischen Absolutismus und den Parlamenten. Man nannte sie die nationale oder Patriotenpartei. Sie stand unter dem Einfluß der Revolutionen in Amerika, Holland und Belgien; in den beiden Nachbarländern gab es ja ähnliche Unterscheidungen zu den älteren, privilegierten Patriziern. Hier dringen nun die Ideen der philosophischen Salons, der Leseklubs ein, die Erfahrungen aus dem Erlebnis des amerikanischen Unabhängigkeitskrieges, auch die Erfahrungen aus der Praxis der französischen Verwaltung und Justiz. Der Hauptkampf richtete sich nun nicht mehr gegen die königliche Regierung, sondern gegen Privilegien und Privilegierte.

Bei dieser Wendung hat sicherlich die Politisierung durch die neue Provinzialverwaltung eine starke, wenn auch noch nicht voll erforschte Rolle gespielt. Wir wiesen schon auf die neuen Ständeversammlungen in den

Provinzen hin. Neue regionalgeschichtliche Forschungen für die unmittelbar vorrevolutionäre Zeit zeigen, wie wichtig 1787 der Versuch von Brienne, dem Nachfolger von Calonne, war, provinziale Selbstverwaltungskörperschaften in den meisten *Pays d'élections* einzuführen.[126] Sie haben eine verblüffende Ähnlichkeit mit der Departementsverwaltung von 1790, die von der Nationalversammlung als so neu, als aus dem Nichts entstanden dargestellt wurde. Der Unterschied bestand eigentlich vor allem darin, daß sie 1790 ohne Intendanten und ohne Parlamente errichtet wurde und dadurch tatsächlich erst damals, nicht schon vor der Revolution arbeitsfähig wurde. Der verwaltungsmäßige Reformversuch von Brienne war also auch wieder ein Fehlschlag des Ancien Régime. Trotzdem, trotz der administrativen Ineffektivität 1787, hat er eine politische Bedeutung und erinnert in seiner politisch vorbereitenden Wirkung an gewisse ähnliche amerikanische Verhältnisse: Von hier aus ging nämlich der Ruf nach den *Etats provinciaux*, hier begann die Hoffnung, eine Vorstufe der Nationalrepräsentation zu bilden. Außerdem kann man hier die politische Ausbildung, die Bewußtseinsbildung vieler liberaler Adliger, auch vieler Bürgerlicher feststellen, die hier Hoffnungen und Enttäuschungen erleben konnten: Hoffnungen auf die Zusammenarbeit mit dem liberalen Adel, Enttäuschungen hinsichtlich des Privilegienbewußtseins von Adel und Parlamenten und hinsichtlich der Unterrepräsentation des Dritten Standes. Nach vorläufigen Rechnungen sind mindestens 210 Mitglieder der Constituante vorher in provinzialen Selbstverwaltungskörperschaften tätig gewesen; das sind immerhin 18%; sie kamen aus allen drei Ständen, meistens wohl aus dem Adel. Insofern kann man mit Reichardt sagen, daß von der Provinzverwaltung her der revolutionäre Einschnitt weniger 1789 als 1787 festzustellen ist, und dann ein neuer tiefer Bruch 1792 kam.

Damit sind meine skizzenhaften Ausführungen zur Verfassungs- und Verwaltungsgeschichte, zum inneren Aufbau des Ancien Régime beendet. Die französische moderne Forschung hatte sich bisher damit weniger befaßt als mit den Institutionen der Revolution selber. Aber die Pré-Révolution des Adels bei noch nicht von den Privilegierten emanzipiertem Bürgertum hat sie längst deutlich herausgestellt. Die Notwendigkeit und gleichzeitig die Unmöglichkeit, die nahezu automatische Hemmung von Strukturreformen wurde der Forschung allzu evident. Man hat zwar festgestellt, daß das Ancien Régime durchaus humanitäre, soziale Reformen geschaffen hat, schon vor den diesbezüglichen Schriften der Philosophen.[127] Das bezieht sich auf Krankenhaus- und Armenwesen, Hilfs- und Vorsichtsmaßnahmen bei Seuchen (Impfung), Schutz vor Überschwemmungen, Feuer und Mißernten, auf ein großes Unterstützungssystem für ehemalige Soldaten und Notleidende aller Art. In den 80er Jahren kam es zu einer Humanisierung des Strafrechts. Meistens sind es freilich Reformen, die nicht weiter gehen als diejenigen in deutschen oder italienischen Staaten oder in Spanien. Und eine grundlegende Besteuerungs- und

Verwaltungsreform jedenfalls wurde überhaupt nicht zustande gebracht. Sicherlich waren es schwache Könige, unter denen all dies geschah oder vielmehr nicht geschah. Es gab aber so viele gute, verschiedenartige, zielbewußte Reformpolitiker, daß das wiederholte Versagen nicht einfach an der Regierung liegen konnte. Es hatte sich eben, nach den Worten Ludwigs XV., eine große „Scheinkörperschaft" gebildet, die in Eigennutz und Hemmkraft nahezu unüberwindlich war. Sie bildete einen lähmenden Mechanismus, eine Blockade für die Staatsverwaltung. Es war eine Scheinkörperschaft, die andererseits – sonst könnte man diese Geschichte erzählen wie die des englischen Parlaments – selber politisch zukunftsunfähig war. Die sich aber – anhand des englischen Beispiels – sogar den Anschein einer notwendigen gesunden Gegenkraft geben konnte. Die also die öffentliche Meinung erstaunlich für sich hatte – und dadurch die Regierung *auch* hemmte. Insofern war sie durchaus nicht das Zeichen eines zurückgebliebenen Landes. Man kann mit dem Historiker Sagnac vermuten, daß ein Land mit so ausgebildeter öffentlicher Meinung überhaupt nicht durch ein absolutistisches Staatssystem zu reformieren war.[128]

3. Zur Ideen- und Mentalitätsgeschichte

Mit dem Hinweis von Sagnac ist schon einiges über den Stellenwert der Ideengeschichte in der Ursachenforschung zur Französischen Revolution gesagt: über den Einfluß der „Philosophen" oder der neuerungssüchtigen Gesellschaften, sei es allgemeine geistige Einwirkung, sei es direktes ideologisches Komplott. Für den reformfreudigen Adel und das Bürgertum, dann für die Patriotenpartei waren die Ideen der Aufklärung von großer Bedeutung, außerdem hatten sie große internationale Ausstrahlungskraft. Deshalb kann man sie leicht überschätzen. Das ist schon immer geschehen, immer aber eher bei Gegnern der Aufklärung und der Revolution, ganz ausführlich erstmals bei Taine.

Taine weiß es ganz genau. Er unterscheidet zwei Elemente des revolutionären Geistes. Erstes Element: das wissenschaftliche. Zum ersten Mal in der Geschichte – so sieht er es – dehnen sich die Wissenschaften aus und befestigen sich derartig, daß nicht wie bei Galilei oder Descartes Fragmente oder provisorische Gerüste dastehen, sondern ein definitives und erwiesenes Weltsystem existiert: das Newtonsche. Fast alle anderen Entdeckungen des Jahrhunderts in der Mathematik, Astronomie, Optik, Mineralogie usw. sind Ergänzungen oder Fortsetzungen davon. So finden wir es großartig in der Natur- und Erdgeschichte von Buffon zusammengefaßt. Die Fortschrittsideen sind damit verbunden. Alles das, die ganze Naturwissenschaft, ist gesellschaftsfähig, ist ein Gesellschaftsspiel.

Zweites und schädlicheres Element des revolutionären Geistes: der *esprit classique*. Darunter versteht Taine eine bestimmte Form von Intelligenz, den vornehm-oberflächlichen Stil der Konversation, das, was man ,,gesunden Menschenverstand" nannte und was seit dem 17. Jahrundert akademisch verbreitet wurde.

Das Schlimme war nach Taine: die Vereinigung beider Elemente. Sie führte zu einer neuen Offenbarung, zu einer Quasi-Religion, zum ,,Jahrhundert der Aufklärung", zum ,,Zeitalter der Vernunft". Die Autorität der Tradition wird zerstört, die der Vernunft besetzt alles. Es kommt zur Modephilosophie des naturwissenschaftlichen Materialismus. Der Mensch gilt als Tier oder als Maschine (La Mettrie). Alles ,,Höhere" wird auf Lust- und Schmerzmechanismen zurückgeführt. Nach Helvetius sei der Mensch moralisch neutral und gehorche nur seinen Interessen: ,,Seid Bürger, weil das Vaterland für eure Sicherheit und euer Wohlergehen notwendig ist. Verteidigt euer Land, weil dasselbe euch glücklich macht und weil es euer Besitztum enthält."[129]

Taine beschrieb diese geistigen Strömungen virtuos, aber als ihr Gegner, als einer, der klar zu sehen meinte, daß sie die Französische Revolution angerichtet haben, der also zeigen wollte, *was* sie angerichtet haben. Ein neuerer, noch ausführlicherer, ebenso brillanter Darsteller dieser geistigen Strömungen war der französische Literaturhistoriker Paul Hazard, der sie im europäischen Rahmen faßte: ,,Die Herrschaft der Vernunft. Das europäische Denken im 18. Jahrhundert von Montesquieu bis Lessing". Dieses Werk ist unvollendet und seinem Buch, das den Anfang dieser Richtung an der Wende vom 17. zum 18. Jahrhundert schildert, nicht ebenbürtig.[130] Auch Hazard schildert die Entwicklung nicht als herrlichen Siegeszug, sondern übernimmt viel von Taines Bedenklichkeit gegenüber dieser allzu religions- und gefühlsfeindlichen Vernunftrichtung. Wie schon Lefebvre kritisiert hat, löst sich seine ästhetische Betrachtungsweise oft allzusehr von Sozialgeschichte und Politik ab.

Schon vor Hazard geschrieben und noch heute grundlegend ist Daniel Mornets Buch über die geistigen Ursprünge der Revolution. Das ist eine positive Beschreibung des langsamen Prozesses der Ausbreitung der „philosophischen", aufgeklärten Gedanken, die dann 1770 in der öffentlichen Meinung die Macht gewinnen. Der Hauptton liegt auf der Menge der vielen minderwertigen, aber häufiger gelesenen Schriften, auf der Popularisierung der Ideen. Den tatsächlichen Einfluß auf die Revolution hält Mornet aber für sehr begrenzt, im Vergleich zu den politisch-sozialen Zuständen. Ebenso positiv, aber weniger begrenzend hinsichtlich der Bewertung des Einflusses ist Philippe Sagnac.[131] Nach seiner Vorstellung wäre die Revolution eigentlich schon 1715 fällig gewesen; sie sei damals ausgeblieben, weil die öffentliche Meinung eben noch nicht genügend weit ausgebildet gewesen sei. Erst nach 1715 begann die Ausbildung des Interesses für die „allgemeine Wohlfahrt", und als dann nach 1770 die Instabilität hinzukam, wurde die aufklärerische Idee der Regeneration der Gesellschaft zu einer „neuen Religion".

Man kann auf viele weitere neuere Werke hinweisen (Groethuysen, Peter Gay, Michel Vovelle, Darnton)[132] – empfehlenswerter ist es für die Beurteilung immer, die großartigen Philosophen selber zu lesen: Voltaire, etwa seine Bemerkungen zu den Pensées von Pascal oder ‚Candide' oder die historischen Werke; Montesquieu, die ‚Persischen Briefe', oder den ‚Geist der Gesetze'; Rousseaus ‚Emile' oder den ‚Contrat social'; bei Diderot etwa besonders die Darlegung seines diffizilen Materialismus in dem Dialog ‚Der Traum des d'Alembert'.

Langfristige Einwirkung. Die Aufklärungsphilosophen

In dieser reichen, oft mit kühnem, mitreißendem Schwung und mit bestechender Klarheit geschriebenen Literatur, in der „Verstandesreligion" und dem Materialismus, den sie vertrat, ist fraglos eine gewaltige Aufwühlung, eine Zerstörung traditioneller Autoritäten zu sehen. Ihre Wirkung ist vor allem nach 1770 mit Händen zu greifen, aber sie ist im ganzen Jahrhundert da. Nur ist nicht möglich, über die allgemeinen Anstöße hinaus eine deutliche und einheitliche politische Richtung auszumachen. Es gibt Warnungen vor monarchischem Despotismus, besonders vor seiner religiösen Intoleranz und seiner militärischen Aggressivität nach außen, es gibt Erinnerungen an die Generalstände schon seit der Spätzeit Ludwigs XIV., etwa bei Fénelon in seinem „Télémaque" von 1699. Aber selten wird in dieser Literatur ein direktes politisches Ziel angesprochen, noch seltener ein politisch-revolutionäres. Das ist schon wegen der Bücherzensur nicht zu erwarten, die bis 1770 sehr wirksam war und Autoren, Drucker und Verleger empfindlich bestrafte, etwa mit Haft in der Bastille. So wurde anonym, posthum und – oft nur scheinbar – im Ausland publiziert. Die scharfe Religions- und Gesellschaftskritik des katholischen Priesters Jean Meslier, der schon in den 20er Jahren des 18. Jahrhunderts gestorben war, machte Voltaire 1762 in Auszügen bekannt. Die ‚Considérations sur le gouvernement ancien et présent de la France' des auch als Minister tätigen Marquis d'Argenson, in denen die Aufhebung der adligen Privilegien und die Einschränkung der königlichen Macht gefordert wurden, erschienen erst 1765, acht Jahre nach seinem Tode. Wegen der Zensurverhältnisse war das Publikum geübt, zwischen den Zeilen zu lesen. Auch das erschwert es, den Einfluß zu messen. Schwache, abstrakte Andeutungen konnten höchst wirksam sein. Und natürlich verstärkte schon der beständige Kampf der Aufklärung gegen die kirchlich-parlamentarische Zensur bis zu deren schließlicher Überwindung um 1770 das öffentliche Interesse an dieser Literatur. Aber sie wurde nun nach 1770 nur radikaler, vielfältiger und diffuser, nicht einheitlicher und konkreter.

Schon Tocqueville hat sich darüber in einem Kapitel seines Buches ‚Das Ancien Régime und die Revolution' kluge Gedanken gemacht: „Wie die Schriftsteller um die Mitte des 18. Jahrhunderts die ersten Politiker des

Landes wurden und welche Wirkungen daraus hervorgingen." Er bringt diese Frage relativ spät (im 1. Kapitel des 3. Buches) als einen Revolutionsgrund neben vielen anderen und wichtigeren. Er betont die außergewöhnliche Stellung der Schriftsteller, die besondere Art ihres „politischen Erziehens": kennzeichnend sei die Kluft zwischen den Herrschenden und den Schriftstellern, den Verwaltern und den Theoretikern: „Während sich in England die über die Regierung Schreibenden mit den Regierenden mischten, wobei die einen die neuen Ideen in die Praxis einführten, die anderen aber die Theorien mit Hilfe der Fakten verbesserten und einschränkten, blieb in Frankreich die politische Welt gleichsam in zwei getrennte, miteinander nicht verkehrende Provinzen geteilt, in der ersten wurde verwaltet, in der zweiten stellte man abstrakte Prinzipien auf, auf die sich alle Verwaltung hätte gründen sollen. Hier ergriff man einzelne Maßregeln, die die Routine bestimmte; dort proklamierte man allgemeine Gesetze, ohne je an die Mittel zu ihrer Ausführung zu denken; den einen gehörte die Führung der Geschäfte, den anderen die Leitung der Geister."[133] Schuld an dieser Kluft gibt Tocqueville der regierenden, privilegierten Schicht. Die Folge seien die allzu abstrakten Ideen und Vorhaben der Revolution selber.

Mit Tocqueville kann man den gemeinsamen Nenner der Meinungen der Literaten in der folgenden Anschauung sehen: „Man solle an die Stelle der komplizierten traditionellen Gebräuche und Vorschriften, welche die damalige Gesellschaft regierten, schlichte und einfache, aus der Vernunft und dem Naturrecht abgeleitete Gesetze treten lassen." Im einzelnen sind aber die politischen Meinungen der Schriftsteller sehr unterschiedlich. Schon das muß davor hüten, die direkte politische Stoßkraft dieser geistigen Bewegung zu hochzuschätzen.

Vergegenwärtigen wir uns zunächst die bedeutendsten Denker:

Voltaire: Er war für Toleranz und geistige Freiheit, für persönliche Sicherheit, vor allem gegenüber der Macht der katholischen Kirche, die unter Ludwig XIV. wieder so enorm zugenommen hatte, – alles das nach englischem Vorbild. Freiere politische Formen wünschte er für höhere Geister, nicht für das „Volk", über dessen Erziehbarkeit er skeptisch dachte. Er war eigentlich kein „Demokrat", so wie sich ehemals die Humanisten des 15./16. Jahrhunderts selber größere religiöse Freiheit zugestehen wollten als der „Menge". Sein Ideal war der aufgeklärte absolute, also von der Kirche und Aristokratie freie Monarch. Ein zeitgenössisches Vorbild für ihn war etwa Friedrich der Große. Berlin erschien ihm zunächst als das „Athen des Nordens", wurde dann aber, in den Kriegen, das „Sparta des Nordens". Ein früheres französisches Vorbild war für ihn Heinrich IV., nicht ganz so stark der frühe Ludwig XIV. Aber auch bei Ludwig XV. und Ludwig XVI. erhoffte er eine aufgeklärte Richtung. Erst als Ludwig XVI. 1776 Turgot entließ, gab Voltaire seine „thèse royale" auf. Aber immer war er ein Feind der Parlamente. Er wollte „lieber einem schönen Löwen aus gutem Hause gehorchen als hundert Ratten seiner Gattung".[134] In diesem Sinne wandte er sich streng gegen die anderen Aufklärer, die sich nur über Absurditäten lustig machten, aber nicht den Irrglauben und die Macht der Kirche und der Parlamente zerstören wollten. Er selber setzte sich in Justizskandalen (dem Fall Calas und anderen) persönlich mit all seiner Autorität ein. Zweifellos hat er dadurch zur Verantwortung des Bürgers für öffentliche Dinge erzogen. Er hat ihnen beigebracht, ihre Vernunft anzuwenden, ihrer Vernunft zu trauen. In diesem Sinne sagte der Revolutionär Rabaut Saint-Etienne: „Er hat uns alle denken gelehrt."

Ihm ähnlich in der Unterstützung eines starken Königtums waren die Physiokraten mit ihren Ideen über die Befreiung der Wirtschaft und des Gewerbes von herkömmlichen Fesseln. Hier kann man auch – anders, als es Tocqueville akzentuiert – eine gewisse Praxisnähe des aufklärerischen Denkens feststellen. Turgot ist nur das sichtbarste Beispiel.

Ganz anders *Montesquieu*, der zur *noblesse de robe* gehörte. 1748 erschien sein ‚Esprit des Lois'. Er hatte auch von England gelernt, aber anders: gegen den Absolutismus und gegen die Gefahr der Volksherrschaft wünschte er die Stärkung der Zwischengewalten, d. h. der Legislative und der Jurisdiktion. Insofern nimmt er eine Zwitterstellung ein. Er war ein Theoretiker der aristokratischen Opposition gegen den König und gegen den Machtanspruch des Dritten Standes, und er ist modern als Theoretiker der Gewaltenteilung, nach dessen Prinzipien 1787 die Verfassung der USA geschaffen wurde. Er dachte aufgeklärt als Gegner des Despotismus, aber er dachte für einen Aufklärer untypisch stark historisch, und er erklärte die verschiedenen Gesetze mehr, als daß er sich wie Voltaire über ihre Absurdität aufregte. Als einem Theoretiker von Politik, Verfassung und Gesetzgebung kann man ihm über diese Zwitterstellung hinaus eine überzeitliche Bedeutung zuerkennen.

Als dritten Denker pflegt man neben Voltaire und Montesquieu dann Rousseau zu nennen, der in origineller und extremer Form für die Souveränität des Volkes eintrat. Man sollte aber *Diderot* und die Enzyklopädisten vorschalten. Diderot hat Rousseau stark beeinflußt. Schon seine Betonung des ursprünglichen „contrat social" und die Begriffe *volonté générale, volonté particulière, volonté de tous* zeigen die Vorläuferschaft. Im Gegensatz zu Rousseau und – in anderem Gegensatz – zu Voltaire und Montesquieu wünschten aber Diderot und die Enzyklopädisten eine Evolution der bestehenden französischen Monarchie zu einer *monarchie limitée.* Sie waren allerdings schwankend in der Einschätzung der Gegenmittel für den Absolutismus. Als junger Mann fand Diderot Voltaires Parlamentskritik noch zu schwach. Aber als Maupeou 1771 die Parlamente vertrieb, schwenkte er um und sah dies als Angriff auf die „Freiheit" und damit als einen Angriff auf den „Geist unseres Jahrhunderts" an. Schutz gegen absolutistische Willkür schienen ihm aber dann weniger die aristokratischen Zwischengewalten zu versprechen als vielmehr die Generalstände mit ihrem Übergewicht des Dritten Standes und mit ihrer Mitwirkung an der

Gesetzgebung. (So wie es dann der Zeit der Constituante entsprach.) Durch die Enzyklopädie wurden darüberhinaus die Ideen über die Gleichheit vor dem Gesetz und über den Zugang aller Bürger zu Ämtern vertreten, außerdem nicht Besitzesgleichheit, aber Freiheit des Unternehmertums, staatliche Erziehung, Entmachtung der Kirche und aller anderen Korporationen im Staate, Säkularisierung des Kirchengutes.

Man kann sagen, daß diese Meinungen der Enzyklopädisten den Kurs der Nationalversammlung mehr bestimmt haben als diejenigen einzelner großer Denker, – soviel Überschneidungen es dabei natürlich auch gab. Wie ja die Enzyklopädie überhaupt das große Popularisierungsinstrument der Aufklärung war. Sie wurde bis 1789 immer kleinformatiger und billiger gedruckt, und bis zu diesem Zeitpunkt in 14–16000 Exemplaren verbreitet.

Extrem einsam und bei aller Berühmtheit zunächst politisch einflußlos steht daneben *Rousseau.* Er wurde angesehen als originalitätssüchtiger Bürgerschreck, der nur provozieren wollte. Denn er stand distanziert zur Tradition *und* zur Aufklärungskultur. Als politischer Denker hatte er vor der Französischen Revolution keine große Bedeutung, im Vergleich zu seinem kulturkritischen Einfluß. Vom ‚Contrat social' gab es zwar 1762/63 dreizehn französische Ausgaben, danach aber vor der Revolution nur noch eine einzige; 1789–99 erschienen dann 32 Ausgaben. So daß man mit Palmer sagen kann, daß nicht das Buch die Revolution, sondern die Revolution das Buch gemacht habe.

Rousseau wurde wirksam für die radikale Periode der Französischen Revolution – und weit darüber hinaus –, aber es war eine zwiespältige Wirksamkeit, weil er ein widerspruchsvolles, nicht leicht interpretierbares Denken produzierte. Rousseau forderte, alle Gewalt ungeteilt in die Hände des Volkes zu legen. Als Staat sah er erstmals allein die Bürger an, deren Wille die Gesetze gibt. So wurde er der klassische Vertreter der radikalen Volkssouveränität, der „direkten Demokratie", der Identität von Regierenden und Regierten. Die vollkommene Verwirklichung seines Ideals sah er darin, daß das Volk direkt in großen Volksversammlungen über alle Fragen der Gesetzgebung, der Verwaltung und Rechtsprechung entschied. In größeren politischen Gemeinwesen könne die Ausführung der Beschlüsse und die Rechtsprechung, aber nicht die Gesetzgebung auf jederzeit abberufbare Vertreter delegiert werden, die strikt an das Mandat der Auftraggeber gebunden sein müßten. Der Auftraggeber ist letztlich das Volk und sein Gesamtwille, seine *volonté générale,* die nicht identisch zu sein braucht mit der Summe der Einzelwillen der Bürger (der *volonté de tous*); denn „Wille" ist bei Rousseau soviel wie Interesse, und die Einzelinteressen werden bei der Gründung der Gesellschaft im contrat social nicht etwa als Grundrechte geschützt, sondern aufgegeben. Rousseau meinte, eine kollektive Vertretung von Sonderinteressen und Partikularwillen führe zur Zerstörung des Gemeinwesens, während die *volonté générale* u. a. das Recht und die Pflicht habe, großen Reichtum zu verhindern und eine annähernde wirtschaftliche Gleichheit zwischen den Bürgern zu erreichen. All das ist nach Rousseau in der Realität nicht so, es sollte nur so sein: der Mensch sollte erzogen werden, seinen Einzelwillen wie einen Feind der Gesellschaft in sich zu unterdrücken zugunsten des Gesamtwillens; so soll er tugendhaft werden. (Wir würden statt Gesamtwille eher Gesamtinteresse sagen. Man nimmt an, daß Rousseau diesen Begriff vermieden hat, weil Interesse mehr ein statischer Begriff ist, er aber der Meinung war, daß sich der Gesamtwille jederzeit ändern können solle, ohne doch damit die Identität des Wollenden zu vernichten.)

Man hat inzwischen natürlich die gefährlichen Konsequenzen dieser Theorie erkannt. Hannah Arendt etwa betont, Rousseau habe auf diese Weise die Unzuverlässigkeit der revolutionären Regierungen antizipiert, obendrein auch die verhängnisvolle nationalstaatliche Überzeugung, Verträge seien nur solange gültig, solange sie im Interesse der Nation seien. J. L. Talmon in seiner ‚Geschichte der totalitären Demokratie' zeigt den Weg von Rousseau zum politischen Messianismus des 19. Jahrhunderts und zum Totalitarismus des 20. Jahrhunderts, – im Gegensatz zu der pluralistisch-repräsentativen Demokratie mit ihrem Mehrparteiensystem. Tatsächlich ist es ein gefährlicher Weg, den Rousseau vorschlägt, um zu dem Idealzustand der Gesellschaft zu kommen, in dem Freiheit und Gleichheit herrschen, d. h. in dem allein der Allgemeinwille, das Handeln nach Einsicht in das allgemeine Beste herrschen kann. Bei dem Weg dahin schützt Rousseau vor Rechtsungleichheit, vor den verderblichen zivilisatorischen, geschichtlich gewordenen Vorrechten Einzelner und einzelner Schichten, aber er schützt nicht vor Demagogie und Tyrannis solcher Einzelner und solcher Gruppen, die den allgemeinen Willen zu vertreten glauben: Denn in Rousseaus Vorstellung war nur frei, war nur zum Volke zugehörig, wer moralisch gut war, wer Tugend (vertu) besaß. Der politische Gegner ist dann demgegenüber moralisch korrupt, – denn nur so ist seine Gegnerschaft zu erklären, d. h. die Gegnerschaft gegen das allgemeine Beste. Ist sogar die Mehrheit „korrupt" – ein sehr wahrscheinlicher Fall! – so kann die tugendhafte Minderheit alle Gewalt anwenden, um der Tugend zum Sieg zu verhelfen. Der Zwang, den sie ausübt, ist nur das Mittel, dem unfreien Egoisten zu seinem wahren eigenen Willen zu verhelfen, den Bürger (citoyen) in ihm zu wecken. Darauf wird sich später die Schrekkensherrschaft Robespierres gründen. Und vieles davon findet sich in modernen totalitären Systemen, diesen Zerrbildern Rousseauscher Ideen, die den Denker selber in Mißkredit gebracht haben.

Man darf und muß diesen Konsequenzen nachgehen, da sie ja geschichtlich wirksam geworden sind. Man muß aber dabei betonen, daß man damit Rousseaus Intentionen nicht gerecht wird; daß man ihn zum Urheber von Entwicklungen stempelt, die seinen Intentionen gerade entgegengesetzt sind, wie man das von dem modernen totalitären Staat mit Sicherheit sagen kann. Streiten über Rousseaus Intentionen kann man eigentlich nur, wenn man von ihm nichts anderes als den ‚Contrat social' liest. In der wissenschaftlichen Forschung besteht aber Übereinstimmung, daß eine solche isolierte Interpretation nicht möglich ist, daß also seine politischen Ideen aus dem ‚Contrat social' nur im Zusammenhang mit den nichtpolitischen Schriften und Briefen interpretiert werden können.

Rousseau sah die Forderungen des ‚Contrat social' selber als Idealfall und Utopie an, er nannte sie die Quadratur des Kreises. Es war ein Ideal, das nach einem konkreten Vorbild geformt worden war: dem des Genfer Stadtstaates (was er, der Genfer Bürger, den Genfern gegenüber selber betont hat). Auch die tugendhafte Minderheit ist ja hier zu finden. Stadler stellt sehr richtig fest: „Löst man freilich Rousseaus Staatslehre von diesem städtisch-bürgerlichen Rahmen ab, dann weitet sie sich zu neuen, ungeheuren Umrissen. Dann ist die volonté générale nicht mehr eine Versammlung aller Bürger – der wohlbekannte Conseil général Genfs, um dessen Wiederherstellung es im 18. Jahrhunderts zu tun war –, sondern ein mystisch-überindividuelles Volksganzes, das den Menschen", wie Rousseau sagt, „zwingt, frei zu sein."[135] Vor dem Großstaat hat Rousseau zeitlebens gewarnt, auch vor zu weit getriebener Zentralisation. Auch die Möglichkeit eines Neuanfangs, d. h. die Möglichkeit einer Revolution, hat er skeptisch eingeschätzt, die ja Voraussetzung für die Verwirklichung seiner Ideen war. Deutlich zeigte sich sein ganz anders, realistisch reagierender politischer Geist, als er für Polen (1772), dann für Korsika Verfassungspläne machen sollte. Sie wurden realistisch an den politischen Voraussetzungen orientiert. Er riet den Polen, zuerst und in allem Polen zu sein, sich auf ihr Polentum zu besinnen, in Sprache, Sitte und geschichtlicher Erinnerung; selbst im Heerwesen sollten sie das Muster fremder Staaten nicht nachahmen, selbst dann nicht, wenn es an sich, abstrakt, das bessere sein sollte. Ihre alte angestammte, „bizarre" Verfassung sollten sie, so schwere Mängel sie auch habe, nur vorsichtig und behutsam, nur nach reiflicher Überlegung und nur möglichst wenig verändern: „Verachtet nicht sie, die euch zu dem gemacht haben, was ihr seid." Es zeigt sich hier, ein wie erstaunlich starker Nationalist er eigentlich war. Das war er ja auch als Genfer, und es paßt dazu, daß seine Ideen in der Schweiz selber wesentlich zur Weiterentwicklung der Demokratie (zur Referendumsdemokratie) beigetragen haben.

Soviel zu Rousseau und überhaupt zu den politischen Ideen der großen Aufklärungsphilosophen. Palmer sagt einmal vorsichtig, die Französische Revolution habe sich nicht im ökonomisch-sozial fortschrittlichsten Land der damaligen Zeit entwickelt, wohl aber in „einem der fortgeschrittensten Kulturzentren",[136] – ich würde hinzufügen: an Umfang, Vielseitigkeit und Ansehen wohl überhaupt im fortgeschrittensten Kulturzentrum, trotz der englischen nationalökonomischen Denkleistungen und der beginnenden deutschen hohen Leistungen in Literatur und Philosophie. Geistiger Mittelpunkt dieses Kulturzentrums ist zweifellos die Aufklärungsphilosophie.

Insofern ist ein großer Einfluß ihrer Literatur auf die Revolution anzunehmen und von den Gegnern und Anhängern auch immer angenommen worden, – wenn auch, wie wir sahen, ein selten direkter und ein in unterschiedliche Einzelrichtungen gehender Einfluß.

Um dies genauer aufzuzeigen, kann man, ähnlich wie bei der Wirtschaftsgeschichte, lang-, mittel- und kurzfristige Einwirkungen unterscheiden. Die langfristigen sind die der Aufklärungsphilosophen selber, wie wir sie eben skizziert haben, die fortschreitende Ausbreitung ihrer Ideen bis zur Popularisierung um 1770. Wir sahen, es gibt deutliche politische Unterschiede in der Reformrichtung:

1. Aufgeklärter reformierender Absolutismus bei Voltaire, bei den Physiokraten;
2. Restaurierung der älteren, bestehenden „Zwischengewalten": Montesquieu, die Anhänger der Parlamente; das steht zwischen Ansprüchen des absoluten Monarchen und des aufstrebenden Bürgertums;
3. Entwicklung zur beschränkten Monarchie durch Mitwirkung des Dritten Standes an der Gesetzgebung: Generalstände als Nationalversammlung, wie es Diderot und die Enzyklopädisten vertreten;
4. Volksherrschaft, direkte Demokratie, volonté générale gegen alle Einzelinteressen nach Rousseaus contrat social.

Man kann sagen, die erste Richtung wirkte auf absolutistische Reformversuche (Turgot), die zweite auf den Parlamentswiderstand, die dritte wurde 1789 bei der Constituante wirksam, die vierte erst in der zweiten Phase der Revolution 1792–94.

Mittelfristige Einwirkung. Die Ausbreitung in Akademien und Gesellschaftszirkeln

Davon läßt sich eine „mittelfristige" Einwirkung in den 70er, z.T. schon 60er, und 80er Jahren absetzen. Sie steht im Zeichen der literarisch herrschenden „philosophes" und der entsprechend diskutierenden Öffentlichkeit. Bei Taine wurde das die „Ausbreitung der Doktrin" genannt. Hierauf ist nun einzugehen.

In der zweiten Hälfte des 18. Jahrhunderts wird das ältere gesellschaftliche Ideal des „honnête homme" durch ein neues verdrängt: das des „philosophe". Er ist keineswegs ein weltabgewandter Denker, sondern versteht sich als Anwalt des Volkes, als Fachmann für Reformfragen. (Als solcher war etwa Turgot in der Regierung tätig.) Der Philosoph lebt in der Stadt, in den Cafés, er tritt im Plural auf. Es bildet sich die feste Gemeinschaft der „Société des gens de lettres". Führungsgruppe sind die 144 Mitarbeiter der Encyclopédie, die 1751–72 erschien. Diese Mitarbeiter stammten meistens aus dem mittleren gebildeten Bürgertum; 40 Literaten und Künstler, 40 Wissenschaftler und 20 Ärzte waren dabei, kein Hochadel und kein höherer Klerus. Dank ihrer Propaganda und dem Echo der französischen und internationalen öffentlichen Meinung herrschte seit den Siebzigerjahren praktisch Pressefreiheit. Das war ein durchaus neuer Zustand. Die Philosophen hatten bei Hof einflußreiche Gönner; hier bestand also nicht viel Gefahr für die neuen Ideen, eher drohte sie durch das Pariser Parlament, das zwischen 1775 und 1789 65 Schriften nach ihrem Erscheinen verbot; darunter war z. B. das Buch von Boncerf über die Feudalrechte. Die praktisch vorhandene Pressefreiheit war also mit einer gewissen Rechtsunsicherheit verbunden, die aber die Publikationen nur interessanter machte.

Diese aufklärende Literatur wurde nun verbreitet durch Lese- und Diskussionszirkel, dann in den Salons und Freimaurerlogen. Neben den Salons, also der Versammlung aller Großen des Kulturlebens bei adligen oder bürgerlichen Damen, sind außerdem die Provinzialakademien zu nennen. Wichtig ist hier überall, daß die Standesunterschiede zwischen den Teilnehmern ausgelöscht waren, – ein Zustand, der noch zu Beginn des Jahrhunderts undenkbar gewesen wäre. Nebenbei bemerkt findet man diese Angleichung in der Zeit Ludwigs XVI. ja auch äußerlich, etwa in dem einfacheren, schlichteren Wohnstil. Die Kleider werden bequemer, die Perücken beginnen zu verschwinden, die Lebensweise wird naturnäher, man hat weniger Diener. 1789 soll es schon schwierig gewesen sein, die Klassenzugehörigkeit eines Mannes nach seiner Kleidung zu bestimmen. Man ging gern „à la Franklin". Young schrieb damals: „Diese Revolution der französischen Lebensweise ist bestimmt etwas vom Besten, was von England übernommen wurde. Ihre Einführung war leichter wegen der Zauberkraft von Rousseaus Schriften."[137]

Akademien, literarische Gesellschaften und Lesekabinette sowie die Logen faßt man als „Sociétés de pensée" zusammen. Zu ihnen und ihrer Bedeutung seien nur folgende Einzelheiten bemerkt.[138]

Akademien. Die Hauptausdehnung der akademischen Zirkel fand schon zwischen 1680 und 1760 statt. Insgesamt gab es im 18. Jahrhundert etwa 40 Gründungen mit 6000 Mitgliedern. Nach 1760 nahm die Zahl ab, man schätzte am Vorabend der Revolution 2500–3000 Mitglieder. Akademien wurden zunächst (1680/1715) staatlich gefördert, nach dem Modell der großen wissenschaftlichen Akademien unter Ludwig XIV., das auf diese Weise auf die Provinzen übertragen wurde. Sie stellten gewissermaßen ein Bündnis zwischen Monarchie und geistiger Elite in den Provinzen dar. Der Kultur und der Sprache der Pariser wurde auf diese Weise nachgeeifert. Um 1760 hatte die Akademiebewegung fast alle Provinzen erfaßt. Damit zusammenhängend war aber auch ein stärkeres provinzielles Selbstbewußtsein entstanden. Außerdem ein starker Enzyklopädismus. Man sah sich als Rat der Weisen für eine aufgeklärte Verwaltung an, die Nützlichkeit triumphierte über die reine Gelehrsamkeit, die Naturwissenschaften traten vor die Humanwissenschaften. Nach 1760 fällt dann der Versuch auf, Verbindungen zwischen den Akademien zu schaffen, organisierte Beziehungen aufzubauen. Condorcet, der Generalsekretär der Académie des sciences, versuchte alle Sozietäten der Gebildeten zu einer Einheit zusammenzuschließen. Das sollte geschehen bei Ebenbürtigkeit, nicht etwa bei Vorherrschaft von Paris.

Mitgliedermäßig waren die Akademien begrenzt. Sie stellten eine Stätte der Begegnung zwischen professionellen Gelehrten und Amateuren der Bildung dar. Bei den Pariser Akademien war bis 1750 der Klerus (die Bischöfe) sehr aktiv, noch mehr der Adel. Weit über die Hälfte der Mitglieder kam aus diesen beiden Ständen. Die 1750/60 erfolgende Eroberung der Pariser Akademien durch die „philosophes" war ein Werk des Bürgertums. „Eroberung" soll nicht heißen, daß seither dann nicht ständige heftige Auseinandersetzungen zwischen den Anhängern und Gegnern der Aufklärung in den Akademien stattgefunden hätten. Bei den Provinzialakademien findet man etwa 20% Geistliche, 37% Adlige, 43% Bürgerliche. Keine Gruppe hatte also ein eindeutiges Übergewicht. Indem hier der Adel mitwirkte, bedeutete dies dessen Kultivierung, dessen Verwissenschaftlichung, Vernützlichung, Bekundung einer neuen Lebensart, also „Zivilisation". Bei den Bürgerlichen finden wir hier meistens Staats- und Verwaltungsbeamte, Grundbesitzer, Rentiers, Ärzte, auffallend wenig Kaufleute und Bankiers. Diese galten als zusehr von den Geschäften beansprucht und waren es sicherlich auch, während Akademietätigkeit mehr als „Muße" galt, wenn es auch Muße für der Menschheit nützliche Beschäftigung sein sollte. Insofern kann man in den Akademien – und übrigens auch in den Lesegesellschaften – einen Bruch zu früheren Formen der Geselligkeit feststellen. Statt fröhlicher Festivitäten finden wir hier streng organisierte Sitzungen, freilich umrahmt mit Banketten und Konzerten. Man kann darin eine gewisse Gesittungs-Entwicklung sehen, eine Entwicklung zur geregelten Lebensordnung. Auch die Aussparung aller Themen, die zu Streit führen konnten, also politischer und religiöser Themen, gehörte in gewissem Sinne zur Gesittung.

Literarische Gesellschaften und Lesezirkel. Sie waren meist dort verbreitet, wo es keine Akademien gab. Sie brachten also auch kleinere Städte in einen neuen kulturellen Austausch. Im allgemeinen waren sie nicht so stark organisiert wie die Akademien. Sie gingen manchmal aus von Vergnügungsvereinen oder von Lesezimmern im hinteren Teil einer Buchhandlung oder von spontanen Diskussionen über Bücher und Zeitungen. Die Richtung geht von literarischen Zirkeln in der zweiten Hälfte des 18. Jahrhunderts zu patriotischen, enzyklopädischen, ökonomischen und manchmal auch politischen Gesellschaften.

Man kann in diesen Gesellschaften und Zirkeln nicht eigentlich eine Nachahmung der Akademien sehen, sondern deren Weiterentwicklung und Weiterverbreitung in quantitativ und qualitativ neue Dimensionen. Die Politisierung war hier stärker als bei den Akademien. Die Zusammensetzung war heterogener. Sicherlich gab es mehr Bürgerliche als in den Akademien, so schwierig und vorläufig auch die Erforschung bisher noch ist. Hier sind wohl weniger bestimmte Ideen und Meinungen verbreitet worden als vielmehr neue Handlungsweisen und Praktiken, neue Formen gesellschaftlich-politischen Miteinanderverkehrens. Insofern waren sie, wie schon Cochin betonte, Vorbilder für die politischen Debattierklubs der Revolution, – hierdurch, durch ihre Formen, nicht so sehr durch bestimmte Ideen. Umfangmäßig und organisationsmäßig waren sie allerdings nicht vergleichbar mit den Logen.

Logen. Die Freimaurerische Bewegung war, im Gegensatz zu Akademien und vielen anderen Sozietäten, offen und ohne einschränkende Bedingungen für die Mitgliedzahl. Der größte Zuwachs war nach 1750, hier finden wir eine steigende Zahl von Logen in allen Provinzstädten. Es gibt im 18. Jahrhundert über 20000 nachgewiesene Freimaurer in Frankreich, neben nur 6000 Akademiemitgliedern. Von vornherein bestand ein enges Beziehungsgeflecht über ganz Frankreich. 1777 waren mehr als 300 Logen aktiv, 1789 über 700, durch die Reorganisation des „Grand Orient"; wenn man die Logen anderer Obedienz hinzurechnet, waren es vielleicht doppelt soviel. Die einzelnen Logen hatten etwa 50 Mitglieder, höchstens 100. Trotz der größeren Zahl von Logen war die Mitgliedschaft ein Ausweis der Zugehörigkeit zu einem auserwählten Kreis von Eingeweihten. Hierzu trugen auch die genauen, geheimnisvollen Aufnahmekriterien bei. Insgesamt finden wir aber dank der größeren sozialen Öffnung eine andere Ständezusammensetzung als in den Akademien. Der Dritte Stand dominierte in den Logen unumschränkt. Der Adel hatte einen wichtigen Anteil: 22% in Paris, 15% in den Provinzen. Der Klerus war kaum vertreten: 4%. Es waren also nahezu Laiengesellschaften. Beim Adel gab es viel Militär (es gab reine Offizierslogen). Bei den Bürgerlichen gab es „geballte Logeneintritte" von Geschäftsleuten, Ladenbesitzern und Handwerkern. 36% der bürgerlichen Logenbrüder in den Provinzen waren Unternehmer oder Bankiers, 17% in Paris. Auffallend ist – wie schon bei den Offizieren zu sehen war – die Spezialisierung der Logen auf bestimmte Gesellschaftsgruppen. Das örtliche Nebeneinander mehrerer Logen brachte Absonderungen bei ansonsten egalitärem Verhalten. Die esoterischen Rituale, die Geheimhaltungen schlossen die Logen außerdem nach außen ab und produzierten Verdächtigungen. Im Vergleich zu den Nützlichkeitsvorstellungen der Akademien stand bei den Logen die ethische Erziehung im Vordergrund, oft nach einer der Haupttugenden der Aufklärung: Treue, Klugheit, Gleichmut, Menschlichkeit, Gleichheit. Die sittliche Wandlung des Individuums war insgesamt das Hauptziel der Logen.

Die Logen waren keineswegs Vereinigungen, die bewußt auf den Umsturz der staatlichen und gesellschaftlichen Ordnung gezielt hätten. Es gab zwei Logenrichtungen, beide erkannten seit 1771 Philipp, den späteren Herzog von Orléans als gemeinsamen Großmeister an. Das förderte die politischen Verdächtigungen sozusagen wechselseitig: die des Herzogs und die der Logen. Zweifellos waren sie wichtige Medien für die Verbreitung der Ideen der Aufklärungsphilosophie, aber es ist eine absurde Behauptung, die immer wieder geäußert wird, die Französische Revolution sei das Werk eines freimaurerischen Komplotts gewesen. (Die Verdächtigung war so verbreitet, daß noch im 19. Jahrhundert liberale, konstitutionelle, aufklärerische Ideen oft einfach als freimaurerisch bezeichnet wurden; später sprach man gerne von der „Weltverschwörung" der Freimaurer; das kann man noch bei den Nazis und noch in Franco-Spanien finden.) Bei den Generalständen finden wir besonders viele Maurer, aber das liegt eben daran, daß die politisch Interessierten vom Adel und vom gebildeten Bürgertum (teilweise auch vom Klerus) die Haupttruppe der Logen bildete. Im allgemeinen sympathisierten die Freimaurer anfangs mit der Revolution, seit 1790 kommt es zur Spaltung: die Hälfte lehnte die Revolution ab und emigrierte großenteils. Seit 1792 wagten sich die Logen nicht mehr zu versammeln.

Insgesamt sind alle diese *Sociétés de pensée* trotz ihrer Verbreitung nicht Organisationen aller Gebildeten oder Intellektuellen, sondern elitär. Um 1760 umfassen sie, wenn wir die Lesezirkel nicht mitrechnen, 23 000 Personen. Das ist eine geringe Zahl bei 25 Millionen Franzosen, bei ca. 10 Millionen Lesefähigen. Insofern ist es doch eine geschlossene, auserwählte Gesellschaft. Die Aufklärung „existiert nur an der Spitze der Gesellschaftshierarchie". Wichtig ist das Erlebnis dieser Mitglieder *innerhalb* der Gesellschaften, nämlich das Erlebnis von der dort herrschenden Ständegleichheit (bzw. der ganz anderen hierarchischen Ordnungen in den Logen). Es war ein „Spiel der Gleichheit hinter verschlossenen Türen", außerhalb der „gewöhnlichen Welt", und nur für geschlossene Gesellschaftsgruppen.[139] Insofern ist es nicht untypisch, daß in den letzten Jahren vor der Revolution die Provinzakademien ihren Elan verloren, die Logen viele Mitglieder einbüßten. Darum sind dies auch eher „mittelfristige" Phänomene als kurzfristige, von ihrer Bedeutung für die Revolution her gesehen. Nur die rein politischen Klubs können auch zu den kurzfristigen Phänomenen gerechnet werden.

Alle diese Gruppen sind schon seit längerem erforscht. Eine weitgehende Neuentdeckung der Forschung ist demgegenüber, daß es in dieser Zeit auch in den Städten eine Art intellektuelle Unterwelt oder Subkultur gab.[140] Voltaire nannte sie die „canaille de la littérature". Angesichts der vollbesetzten Berufe, der besetzten Posten in den Akademien und bei den Pensionen, gab es ein junges intellektuelles Proletariat ohne Mäzene. Es stellte eine Opposition gegen die etablierten Akademien dar. Diese Leute mußten ein jämmerliches Leben als Kopisten führen: so fingen Hébert, Marat, Mercier an; auch andere Personen, die später in der Revolution aggressive Rollen spielen sollten; Brissot verdiente sogar als Polizeispitzel. Sie konnten kaum Politisches drucken lassen, sie ernährten sich eher durch Skandalgeschichten und Pornographie. Aber hier konnten sie doch politisch wirken, indem sie ausführlich, jedoch unter streng moralisierenden

Vorzeichen das Lotterleben der höheren Schichten, die Verfilzung von politischer und sexueller Korruption bei Hof und Adel zur Schau stellten und damit zu deren Autoritätsminderung beitrugen. Besonders scharf wurden hier auch der König und seine Familie „enthüllt": das amouröse Privatleben Ludwigs XV. war ein beliebter Stoff, dann die Impotenz Ludwigs XVI. Der Höhepunkt oder Tiefpunkt war die hemmungslose Diffamierung der Königin Marie Antoinette in der Halsbandaffäre 1785/86, die man schon zu den kurzfristigen Einwirkungen rechnen kann.

Man kann sagen, daß die Aufklärung in der zweiten Hälfte des 18. Jahrhunderts eine enorme Verbreitung fand. Es gibt gewissermaßen eine stufenweise absteigende Nachahmung vom Großbürgertum bis zu Teilen der Unterschichten. Man hat statistisch errechnet, daß die Titel der Bücher seit 1770 eine starke Tendenz zur Säkularisierung und Politisierung hatten. Auch in anderen Forschungen (vor allem denen von Vovelle) wird eine Zunahme religiöser Gleichgültigkeit ab 1770 festgestellt, eine „Dechristianisierung". Eigentlich läßt sich nur in dieser zunehmenden Areligiosität (die schon früher Groethuysen für das bessere Bürgertum festgestellt hatte) ein Mentalitätswandel in den mittleren und unteren nichtschreibenden Schichten feststellen. Man kann hier gegenüber dem „besseren" Bürgertum von einer zeitlich verschobenen Dechristianisierungsentwicklung sprechen. Auf andere Weise läßt sich vorläufig ein Mentalitätswandel in diesen nichtschreibenden Schichten nicht feststellen. Zweifellos hat aber diese weitere Dechristianisierung große Bedeutung für die Möglichkeit der Zerstörung der kirchlichen Autorität während der Revolution.

All diese Verbreitung der Aufklärung ist also unter „mittelfristig" zu subsumieren. In dieser Denkweise wurden die gesellschaftlichen Verhältnisse und die politischen Ereignisse – vor allem der Kampf Absolutismus-Parlamente – besprochen.

Die Erfahrung Amerika

Wichtig bei dieser mittelfristigen Einwirkung ist nach meiner Ansicht aber noch etwas anderes, wenn es auch bei den französischen Autoren nicht so gern betont wird. Es ist die Erfahrung, daß politisch-gesellschaftliche Ideen, über die man abstrakt diskutierte, anderswo tatsächlich verwirklicht wurden; daß sie Prinzipien einer gelungenen Revolution wurden: nämlich der amerikanischen. Die Emanzipation der amerikanischen Kolonien von England wurde fast in ganz Europa begeistert verfolgt, entweder aus Sympathie für Freiheitsideale oder einfach aus Freude an der Machteinbuße des meerbeherrschenden England. In Frankreich war man besonders schadenfroh, nachdem man kurz vorher die eigenen Kolonien dort an England verloren hatte. Die französische Regierung war zwar gar nicht republikanisch gesinnt, aber sie unterstützte die seit 1776 erscheinende Zeitschrift ‚Affaires de l'Angleterre et de l'Amérique' mit ihren Kriegsberichten, mit

Abdruck der Unabhängigkeitserklärung und der Verfassungsdokumente. Die Amerikaner schickten als ihren besten Propagandisten Benjamin Franklin nach Frankreich, 1776 als „nicht anerkannten Beauftragten von nicht anerkannten Revolutionären".[141] Er war der einzige Amerikaner, den man damals bereits in ganz Europa kannte, und zwar wegen seiner elektrischen und naturwissenschaftlichen Experimente. Man bewunderte in ihm den wissenschaftlichen Autodidakten, den Patrioten, den schlichten Weisen mit einem Hauch von Quäkertum – als solcher war er eine Sehenswürdigkeit in Versailles, wo er bis 1785 als allseits beliebter amerikanischer Gesandter lebte. In den Salons begegnete er Turgot, Condorcet, Brissot, dem Dr. Guillotin, und 1778 fand die berühmte Begegnung mit Voltaire in der Akademie der Wissenschaften statt, bei der sie einander unter dem Beifall der Umstehenden umarmten. Kurz vorher war der französisch-amerikanische Vertrag unterzeichnet worden, Frankreich trat trotz schlechter Finanzen in den Krieg gegen England ein, der bis 1783 dauerte. Viele Freiwillige aus ganz Europa kämpften ja auf seiten der Amerikaner mit: nicht nur Lafayette, sondern auch der Pole Kosciuszko (der 1794 dann Anführer in der polnischen Revolution werden sollte), der Deutsche Gneisenau (der in Amerika die Kraft einer patriotischen begeisterten Miliz erfahren sollte), allerdings auch der antirevolutionär werdende schwedische Graf Fersen. Man hat übrigens sogar nachgewiesen, daß ein hoher Prozentsatz der französischen Armee in Amerika aus denjenigen ländlichen Gebieten stammte, in denen ein Jahrzehnt später die Bauernrevolution am heftigsten war. Brissot gründete 1787 eine gallo-amerikanische Gesellschaft und machte schon damals einen Revolutionsplan. Auch die Bewegung der holländischen Patrioten 1784–87 ist deutlich vom amerikanischen Krieg ausgelöst worden. Linguet gab, zeitweise unter Mitwirkung von Brissot, die Zeitschrift ‚Annales politiques, civiles et littéraires' heraus, die 1777–92 über die revolutionären Ereignisse in Amerika und Europa berichtete und eine Riesenleserschaft hatte; Linguet selber wurde wegen dieser Zeitschrift oft verfolgt, war mal in Paris, mal in London oder in Brüssel, manchmal auch in der Bastille. Anhand dieser Zeitschrift läßt sich besonders gut zeigen, wieviel aktivierender für die Französische Revolution diese *realisierten* politischen Ideen waren. Insofern kann man in der amerikanischen Erfahrung wohl die wichtigste, anderes auslösende mittelfristige Wirkung sehen. Es war eine revolutionär aktivierende Wirkung, während dem französischen Staat durch den amerikanischen Krieg das verhängnisvolle Defizit beschert wurde.

Kurzfristige Einwirkung. Die politischen Klubs. Die Patrioten

Als „kurzfristige" Wirksamkeiten könnte man daneben die aktiven politischen Klubs stellen, die sich in ganz Frankreich seit 1785 bildeten, aber eben mit der genannten amerikanischen Erfahrung zusammenhingen. Sie sind insofern von den Salons und den Freimaurerlogen deutlich zu unterscheiden. Ihre Hauptbedeutung erhielten sie, als 1788 die Parlamente als oppositionelle Führer für das Bürgertum ausfielen. Die politischen Klubs waren Zellen der vorwiegend bürgerlichen Patriotenpartei. Egret betont, die bürgerlichen, gegenparlamentarischen Aktionen seien das Werk einer entschlossenen, vor Drohung und Gewalt nicht zurückschreckenden Minderheit gewesen, die aus den politischen Lesezirkeln gekommen sei, während dabei die Freimaurer keine wesentliche Rolle gespielt hätten. Ihr Wirken zeigt sich ja auch 1789 im Palais Royal und im Bretonischen Club in Versailles sehr deutlich. Wir haben gesehen, daß dann später die Klubbildung für den Verlauf der Revolution sehr wichtig wurde, besonders der Jakobinerklub. Demgegenüber ist die Wirkung der Philosophen und der politischen Theoretiker als viel geringer anzusehen. Die größeren der Aufklärer lebten 1789 gar nicht mehr: Rousseau und Voltaire starben 1778, Turgot 1781, d'Alembert 1783, Diderot 1784.

Sehr deutlich lassen sich die lang- bis kurzfristigen Wirksamkeiten abschließend an einem Stück Begriffsgeschichte aufzeigen.[142] Die revolutionsbereiten bürgerlichen Gegner von Absolutismus und Parlamenten nannten sich nationale oder Patriotenpartei. Bezeichnungen, die eine große und veränderte Bedeutung erlangen sollten. „Nation" war im vorrevolutionären 18. Jahrhundert ein nicht weiter herausgehobenes Wort für Volk; „patrie" verband man mit einer freiheitlichen Verfassung: im Despotismus, heißt es bei La Bruyère 1688, gibt es kein Vaterland. (Mit einem modernen Begriff könnte man das Verfassungspatriotismus nennen.) Um die Mitte des Jahrhunderts hatten Voltaire und Rousseau über die Bedeutung von „patrie" gestritten. Der kosmopolitische Voltaire vertrat den Standpunkt: ubi bene ibi patria. Rousseau hielt die kosmopolitische, allgemeineuropäische Tendenz für zersetzend, während die Vaterlandsliebe tugendhaft, frei und glücklich mache – also auch fähig, läßt sich ergänzen, das Vaterland vom Despotismus zu befreien. Das Wort „Patriot" kam auf, in Amerika, Irland und den Niederlanden, und bezeichnete auch in Frankreich zunehmend den Revolutionär, der für die Freiheit kämpft. Es war eher mit Republikanismus als mit einer Nation verbunden. Brissot erklärte in der ersten Nummer seines ‚Patriote français' 1789, der französische Patriot müsse ein universaler, vor allem ein amerikanischer sein.

Aber „national" konnte man sich nun auch nennen, von der „Nation" war nun auch emphatisch die Rede. Besonders in den Cahiers 1788. Hier bedeutet sie das Volk, den gesamten Dritten Stand. Indem dieser Stand zum allgemeinen werden wollte und in der Nationalversammlung am 17. Juni 1789 auch wurde, steigerte sich die Bedeutung des Wortes Nation. Der Revolutionsverlauf bedingte dann die weiteren Bedeutungsveränderungen. Wir können die großen, zum Teil verhängnisvollen Perspektiven hier nur andeuten: Nicht alle Patrioten identifizierten sich mit dem fanatischen Patriotismus und dem Gleichheitsprinzip der Republik von 1793, also unterschied man (nach dem Thermidor) die Patrioten von 1789 und von 1793; man verkürzte das Wort auf die Bedeutung von Verfassungsanhänger. Demgegenüber weitete sich die „Nation“ aus. Sie wurde im Krieg und in der erfolgreichen Verteidigung zur „Grande Nation“, und 1797 nannte ein Gegenrevolutionär, der Abbé Barruel, die entsprechende selbstbezogene, aggressive Haltung erstmals „nationalisme“.

4. Zwischenbilanz

Unsere vorgeschichtlichen Betrachtungen im eigentlichen Sinne lassen sich hiermit abschließen. Fassen wir sie schematisch zusammen, so können wir also im Frankreich des 18. Jahrhunderts (langfristig) sprechen von einer günstigen – wenn auch nicht sehr schnellen – wirtschaftlichen Entwicklung; einem entsprechenden Bevölkerungszuwachs; von einer ungünstigen, schwer veränderbaren Entwicklung der Staatsverfassung und -verwaltung; von einer vielseitigen, ziemlich schnellen Entwicklung moderner, aufklärender, nicht direkt politisch revolutionärer Ideen.

In den 70er Jahren kommt dann (mittelfristig) hinzu eine ökonomische Krise, im Erscheinungsbild durch agrarkapitalistische Ansätze verändert; eine alarmierende Steigerung des Staatsdefizits durch Kriegsausgaben; die Erfahrung der Realisierung von Reformideen in Amerika. Die Aufklärungsideen finden eine entsprechende Verbreitung und Politisierung, wobei die antikirchliche Richtung zunächst stärker ist als die antiaristokratische.

Angesichts dieser kritischen Konstellation finden wir in den späten 80er Jahren (kurzfristig): die privilegierten Schichten suchen sich abzusichern und zu retten, politisch durch die resistente Tätigkeit der Parlamente, gesellschaftlich durch eine gewisse Re-Aristokratisierungstendenz; das nichtprivilegierte Bürgertum aktiviert sich politisch in den politischen Klubs; die unteren städtischen Schichten leiden unter Textilkrise und Mißernte (Brotmangel); die Bauern leiden unter beginnendem Agrarkapitalismus und ebenfalls unter Mißernte; auf die Staatsleitung konzentrieren sich die Auswirkungen der Krisen einerseits tatsächlich und andererseits durch die anklagende Öffentlichkeit verbal. Der Staat wird manövrierunfähig, er erleidet starken Autoritätsschwund, was sich äußerlich am sichtbarsten, symptomatischsten am Ansehensverlust des Königs und besonders der Königin, etwa 1785 bei der sog. Halsbandaffäre, zeigt. Außerdem trennen sich 1788 angesichts der Haltung der Parlamente die Nichtprivilegierten, der „Dritte Stand“, nun programmatisch von den Privilegierten. Damit kommt es zur Elitenspaltung und zu einer deutlichen Kluft innerhalb der besitzenden Schichten. Die Nichtprivilegierten lenken dadurch den Aufruhr gegen Reichtum und ökonomische Modernisierung allein gegen die Privilegierten, d. h. gegen Kirche und Adel.

Unter allen diesen Umständen wurde die Einberufung der Generalstände revolutionsauslösend.

Diese Zwischenbilanz wäre kaum verständlich, wenn ich mich dabei nicht jeweils auf die bisherigen Ausführungen und Erklärungen beziehen würde. Man sieht aber an der Zusammenfassung, daß in dieser Weise, bei einigem Mut für komplexe, vielseitige Sichtweise, die Revolution sehr wohl verständlich zu machen ist. Bei weiteren Vereinfachungen allerdings nicht mehr.

5. Außenpolitik. Europäisches Echo

Die Frage, ob auf dem Gebiet der Außenpolitik eine Erklärung für die Französische Revolution zu finden ist – was nach den bisherigen Ergebnissen unserer vorgeschichtlichen Erörterungen nur noch zusätzlich der Fall sein könnte –, ist schnell zu beantworten. Über dasjenige hinaus, was schon zu Amerika gesagt worden ist, kann man einen eigentlichen außenpolitischen Einfluß für den *Beginn* der Revolution nicht verantwortlich machen, sondern nur für ihren *Fortgang*. Man kann auf die außenpolitische Konstellation nur als auf eine solche hinweisen, die die Revolution nicht verhindert hat. Deshalb wird hier, am Ende des vorgeschichtlichen Teiles, jetzt kurz davon die Rede sein, im Zusammenhang mit der Bedeutung der Außenpolitik für den Fortgang der Revolution. Auf diese Weise werde ich dann überleiten zum Ende des Jahres 1792.

Frankreich hat nach 1763 im übrigen Europa angesichts des Verlustes seiner Kolonien und durch seine internen regierungstechnischen und finanziellen Schwierigkeiten eine Reputationseinbuße erlitten. Diese Einbuße traf die bedeutendste kontinentale Großmacht Europas, sie ist also relativ zu nehmen, d.h. sie war nicht irgendwie für Frankreich gefährdend. 1789 reagierte man dann im übrigen Europa ähnlich wie bei der amerikanischen Unabhängigkeitsbewegung in den 70er Jahren: die Öffentlichkeit, das bürgerliche Publikum, war begeistert für die Revolution aus Sympathie für die Freiheitsideale, – die Regierungen registrierten die Revolution fast gar nicht als Gefährdung für sich selber, sondern als angenehme (weitere) außenpolitische Schwächung Frankreichs. Das war immer so: Wenn jemand eine innere Staatskrise durchmachte, konnte er bei außenpolitischen Berechnungen eine Zeitlang außer Betracht bleiben; man konnte sich entsprechende diplomatische Vorteile ausdenken. Bei einem sonst so drückenden Großstaat wie Frankreich war das besonders willkommen.

Wir haben auf beides nacheinander einzugehen, auf die öffentliche Wirkung und dann auf die eigentlich außenpolitische.

Hinsichtlich der öffentlichen Wirkung habe ich schon auf die Gleichartigkeit der Schlagworte in ganz Europa und Amerika hingewiesen. Monarchische Despotie, Aristokratie, Demokraten und Patrioten gab es allenthalben; der Kampf gegen aristokratische Privilegien wurde teils von bürgerlichen Patrioten (wie in Holland), teils von aufgeklärten Monarchen (wie von Joseph II. in Belgien) geführt. Wenn nun im kulturell maßgebenden Großstaat Europas gegen die Privilegienherrschaft für die konstitutionelle Monarchie gekämpft wurde, so war die öffentliche Meinung Europas fast einhellig dafür. August Schlözer, ein Staatsrechtler und Publizist an der Universität Göttingen, der damals modernsten Universität Deutschlands, schrieb in seinen „Staatsanzeigen" im Dezember 1789: „Eine der größten Nationen in der Welt, die erste in allgemeiner Kultur wirft das Joch der Tyrannei, das sie anderthalb Jahrhunderte lang komisch-tragisch getragen hatte, endlich einmal ab. Zweifelsohne haben Gottes Engel im Himmel ein Te Deum laudamus darüber angestimmt."[143] Dies charakterisiert die enorm optimistische Anfangsstimmung bei der Emanzipation vom absolutistischen Ständestaat, – wobei der Ton je verschieden gelegt werden konnte, entweder mehr auf Absolutismus oder mehr auf Ständestaat. Mit dieser Begeisterung ist nur das entsprechende Gefühl bei der Emanzipation von Papsttum, Bischofskirche und Mönchstum in der Reformationszeit vergleichbar. Aber bald, zu verschiedenen Zeitpunkten und aus verschiedenen Gründen, ging diese Stimmung zurück und schlug um. Schlözer selber beurteilte bereits Anfang 1790 die Entwicklung skeptisch als zu antimonarchisch. Das ist typisch für ihn als Göttinger Professor. Hannover, mit England verbunden, wurde in Deutschland zur Hochburg von frühem revolutionsfeindlichem Schrifttum. August Wilhelm Rehberg schrieb 1793 die bedeutendste deutsche antirevolutionäre Schrift: ‚Untersuchungen über die Französische Revolution'. Er führte dabei alles nüchtern auf das Finanzproblem zurück.

In England selber, dem Land mit der damals am stärksten ausgebildeten Öffentlichkeit, finden wir beste Information, in erster Linie durch den verständnisvollen ökonomischen Frankreichkenner Arthur Young, und anfangs weite Zustimmung, besonders bei den Dissentern und anderen Minoritäten, die an Rechtsgleichheit interessiert waren, eine Zustimmung, die 1789 bis zur Gründung einer Revolutionsgesellschaft ging. Richard Price erklärte, die Französische Revolution sei der natürliche Nachfolger der Glorreichen Revolution. Dann folgten in London jakobinerklubartige Gebilde. Alles dies trug aber zu innenpolitischen Auseinandersetzungen bei, etwa zum Kampf der radikalen Whigs (Fox) für die Parlamentswahlreform; außerdem hatte es schon eine ganze Menge kleinerer Unruhen in England gegeben. Deshalb schwang sich Burke 1790 zur Kritik der englischen Revolutionsgesellschaften und gleichzeitig der Französischen Revolution auf. Er trennte diese traditionsfeindliche Französische Revolution von der englischen Glorreichen, die organisch, d. h. kompromißlerisch, konservative und liberale Kräfte verbunden hatte. An sich war aber Burke mit seiner Position innerhalb der englischen öffentlichen Meinung in diesem frühen Zeitpunkt zunächst in der Defensive und Minderheit. Er gewann erst Verbreitung und nahezu prophetisches Ansehen, als die weitere Entwicklung seinen Pessimismus bestätigte.

Auch in Deutschland. Dort hatte Friedrich Gentz als guter Schüler des revolutionsbegeisterten Kant noch im Dezember 1790 prinzipienfest, aber schon mit bangen Ahnungen geschrieben: „Überhaupt bin ich noch nichts weniger als geneigt, an der guten Sache zu verzweifeln. Das Scheitern dieser Revolution würde ich für einen der härtesten Unfälle halten, die je das menschliche Geschlecht betroffen haben. Sie ist der erste praktische Triumph der Philosophie, das erste Beispiel einer Regierungsform, die auf Prinzipien und auf ein zusammenhängendes konsequentes System gegründet wird."[144] Dann las er 1791 Burke, zunächst widerwillig, dann immermehr überzeugt. 1793 erschien seine frei bearbeitete deutsche Übersetzung, mindestens so wirkungsvoll wie das englische Original.

Das deutsche Bürgertum war nicht so selbstbewußt und von so altem politischen Freiheitsbewußtsein wie das englische oder so staats- und gesellschaftskritisch wie das französische, aber seit den 70er Jahren gab es zunehmend öffentliche Reformdiskussionen über staatliche, administrative und gesellschaftliche Fragen. Schon die amerikanische Unabhängigkeitsbewegung und Verfassungsbildung hatte man mit großer Anteilnahme verfolgt und sah nun die Französische Revolution als deren Fortsetzung. Durch Zeitungen und Reiseberichte – etwa die begeisterten ‚Briefe aus Paris' von Joachim Heinrich Campe, die schon 1790 erschienen – war man genau und regelmäßig über die Ereignisse informiert. Aber Institutionen wie die Parlamente oder die Generalstände waren doch fremd; das deutsche Bürgertum war ohne Hauptstadt und durch die Aufteilung des Reiches in einzelne Territorien uneinheitlicher, es stand in den kleineren Verhältnissen dem Adel und dem Fürstentum näher und wurde von ihm oft persönlich deutlich gefördert. Das zeigt sich in den Reaktionen auf die Französische Revolution. Klopstock, damals nicht mehr der führende, aber der große alte Mann der deutschen Dichter, stark getragen vom Hamburger selbstbewußten Bürgertum, ließ sich folgendermaßen vernehmen: „Frankreich schuf sich frei. Des Jahrhunderts edelste Tat hub / Da sich zu dem Olympos empor ... / Und wir? / Ach, ich frag umsonst. Ihr verstummet, Deutsche!"[145] Er schickte sogar dem Herzog von Braunschweig, als er 1792 die Preußen nach Frankreich führte, ein paar Oden, um ihn davon abzuhalten.

Im damaligen Zentrum deutscher Dichter und Denker, im kleinen Weimar, reagierte man von Anfang an unterschiedlich. Wieland, ohnehin politisch am stärksten interessiert, verfolgte genau das französische Geschehen und besprach es in Dialogform in seinem ‚Teutschen Merkur', betont unparteilich, aber zunächst wohlwollend, etwa wie es Voltaire getan hätte, mehr aufgeklärt als antiabsolutistisch; er war Mirabeau und seiner Richtung freundlich gesinnt, den Emigranten und Burke feindlich, aber dann auch pöbelfeindlich, wurde also zunehmend kritisch.

Herder war hingerissen von der großen Menschheitsbewegung. Er riskierte den Zorn der ganzen Weimarer Herzogsfamilie, als er das gegenrevolutionäre Manifest des Herzogs von Braunschweig in einer Predigt kritisierte. Nach der Hinrichtung Ludwigs XVI. sah er ein, daß er positive Ansichten zur Revolution nicht mehr drucken lassen konnte, und war auch zunehmend verbittert über die entsetzliche Weiterentwicklung, die ihm seine anfängliche Begeisterung verdarb.

Von vornherein antirevolutionär eingestellt waren Goethe und Schiller, trotz ihrer früheren Dramen ‚Egmont' und ‚Räuber' und obwohl Schiller aufgrund seiner drei Jugenddramen (Räuber, Kabale und Liebe, Fiesko) neben Klopstock zum Ehrenbürger der Revolution erkoren worden war. Beide veröffentlichten überhaupt keine politischen Reflexionen zu diesem Thema, sondern versuchten es ästhetisch-dichterisch zu bewältigen. Goethe tat das in vielen, immer wiederholten, mißlingenden dramatischen Versuchen, zunächst possenhaft verkleinernd im ‚Großkophta', im ‚Bürger General', in den ‚Aufgeregten', auch im ‚Reineke Fuchs', dann idyllisierend in ‚Hermann und Dorothea' und späteren Werken. Schiller tat es zunächst philosophisch-ästhetisch, nämlich in seinen Briefen ‚Über die ästhetische Erziehung des Menschen' (1795). Er versuchte aus der Französischen Revolution und ihrem Terror zu erkennen, daß eine verstandesmäßige Aufklärung nicht genügte, sondern, gewissermaßen statt der kirchlichen Erziehung, eine den ganzen Menschen bildende bzw. umbildende Erziehung durch die Kunst. Viel später hat er dann eine dichterische Gestaltung im ‚Tell' versucht.[146] Beide, Goethe wie Schiller, waren von vornherein angewidert von der entwürdigenden Art, in welcher der Monarch und der Adel behandelt wurden. Diese Auflösung aller gesellschaftlichen Ordnung war beiden fremd oder fremd geworden durch die positiven Erfahrungen, die sie in Weimar im Zusammenwirken fürstlicher (also hier herzoglicher), adliger und bürgerlicher führender Schichten zur Wohlfahrt und Kultivierung eines kleinen Territoriums gemacht hatten, – zur Wohlfahrt und Veredelung, Versittlichung aller anderen Schichten. Die Französische Revolution schien demgegenüber Kultur und Sittlichkeit zu zerstören.

Zunehmend seit den Septembermorden von 1792, der Hinrichtung des Königs im Januar 1793 und der Schreckensherrschaft finden wir ähnliche Abwendungen beim größeren Teil der geistig führenden Schicht in Deutschland. Radikale demokratische Schriftsteller wie Georg Friedrich Rebmann (‚Kosmopolitische Wanderungen', 1793) oder Konrad Engelbert Oelsner (Aufsätze in ‚Minerva' 1792/93, ‚Luzifer' 1797/99) und radikalere Philosophen hielten noch stand. So Johann Gottlieb Fichte, der zunächst vor allem durch seine Revolutionsschriften berühmt geworden ist, wenn man das auch später vergessen hat. 1793 schrieb er eine „Zurückforderung der Denkfreiheit von den Fürsten Europens, die sie bisher unterdrückten" und einen großangelegten, nicht ganz durchgeführten ‚Beitrag zur Berichtigung der Urteile des Publikums über die Französische Revolution', als Schrift gegen Rehberg. Weltfremd, wie er auch später immer war, kam es ihm freilich mehr auf die Prinzipien als auf die französische Realität an. Wie er überhaupt seine philosophischen Taten mit der Revolution parallelisierte. „Mein System", schrieb er 1795, „ist das erste System der Freiheit; wie jene Nation von den äußeren Ketten den Menschen losreißt, reißt mein System ihn von den Fesseln der Dinge an sich, des äußeren Einflusses los und stellt ihn in seinem ersten Grundsatz als selbständiges Wesen hin."[147] Damit ist aber schon ein Abgehen von dem eigentlichen Phänomen der Französischen Revolution verbunden. Deutsche geistige Taten werden ihr gleichgestellt, wenn nicht übergeordnet. Die Frühromantiker taten das besonders deutlich. Friedrich Schlegel schrieb 1798 im Athenäum: „Die Französische Revolution, Fichtes Wissenschaftslehre, und Goethes Meister sind die größten Tendenzen des Zeitalters." Der Schwerpunkt liegt hier keineswegs auf der Anerkennung der Französischen Revolution, wie der folgende Satz zeigt: „Wer an dieser Zusammensetzung Anstoß nimmt, wem keine Revolution wichtig scheinen kann, die nicht laut und materiell ist, der hat sich noch nicht auf den hohen, weiten Standpunkt der Geschichte der Menschheit erhoben."[148] Das führte zu der deutschen Vergeistigung und schließt im Grunde an Goethes und Schillers Vorstellungen von der wichtigeren Bildung, Versittlichung und Veredelung an. Hölderlin schrieb 1797: „Ich glaube an eine künftige Revolution der Gesinnungen und Vorstellungsarten, die alles bisherige schaamroth machen wird."[149]

Von diesen „Vergeistigungen" sind abzuheben die weit über 1792/93 hinaus tätigen „deutschen Jakobiner", in westdeutschen Territorien, die den französischen und niederländischen bürgerlichen Verhältnissen ähnlicher waren als die übrigen deutschen. Wir finden sie in Hamburg, in Mainz, Würzburg, im ganzen Rheinland, immer freilich nur in sehr geringer Zahl. Jakobiner bedeutete soviel wie Demokraten, es wird nahezu synonym benutzt. Georg Forster, der erstmals 1790 mit Alexander von Humboldt Paris erlebt hatte, war der berühmteste und noch heute mitreißendste Repräsentant. Obwohl er bald merkte, daß die Revolution „nichts rein Intellektuelles, nichts rein Vernünftiges", also nicht einfach praktizierte Philosophie war und daß „die Erscheinungen unter dem Joche des Despotismus ... denen, die sich während einer republikanischen Revolution ereignen, sehr ähnlich sehen" können, versuchte er ihr treu zu bleiben und für sie praktisch zu arbeiten.[150] Er war in der Mainzer ‚Gesellschaft der Freunde der Freiheit und Gleichheit' tätig, also beim Versuch einer Mainzer Republik 1792/93. Als ihr Abgeordneter ging er nach Paris, wo er 1794 starb.

Der deutsche Westen lernte seit 1792, ebenso wie die Niederlande und Savoyen, die Französische Revolution in ganz andersartiger und direkterer Form kennen: militärisch. Man kann nicht sagen, daß dies sofort ähnlich desillusionierend gewirkt hätte wie die innere Revolutionsentwicklung.

Das bunt zusammengewürfelte, undressierte, aber energiegeladene Revolutionsheer faszinierte die deutschen Berichterstatter durch seinen Fanatismus, seine Einsatzbereitschaft und seinen Opfermut. Man sah eine Nation in Waffen, ein Heer, das ein neues Freiheitsideal über die Grenzen trug. Antik gebildet, wie man war, fand man, daß sich Frankreich aus dem „üppigen Corinth" in ein „Sparta" verwandelt habe.[151] Aber bald hatte man auch wieder, wie in früheren Zeiten, Barbarei und Plünderungen zu beklagen.

Die deutschen Jakobiner kamen durch die Kriegsereignisse mehr und mehr in den Konflikt zwischen moderner, freiheitlicher Staatsform und Unterordnung unter die französische Militärherrschaft. Das hat ihre Würdigung erschwert, die eigentlich erst in den letzten Jahren vorangebracht worden ist, im Zuge der Bemühungen, Deutschlands Verhältnis zur Französischen Revolution genauer und möglichst auch positiver zu deuten.

All dies, soweit es nicht, wie bei den rheinländischen Jakobinern, eine Bedeutung für die französische Beherrschung dieser Gebiete gespielt hat, hat als öffentliche Meinung natürlich mit der Politik, der Außenpolitik der deutschen Staaten so gut wie nichts zu tun. Diese europäische Außenpolitik unter dem Eindruck der Französischen Revolution ist also nun daneben zu behandeln.

Wie schon gesagt, war die Französische Revolution für die anderen Staaten eine ihnen angenehme außenpolitische Schwächung Frankreichs. Angst vor ideologischer Infizierung bestand nicht oder kaum. Die Sache wurde bei Burke, aber sonst kaum sofort als große ideologische Auseinandersetzung gesehen. Am ehesten spielen bei der englischen Haltung innenpolitische Gründe eine Rolle, und bei Österreich das Problem der niederländischen Unruhen. Aber noch im November 1791 betitelte der alte Kaunitz eine amtliche Denkschrift: „Erwägungen über die angebliche Ansteckungsgefahr, mit der die neue französische Verfassung alle anderen souveränen Staaten Europas bedroht."

Außerdem waren die kontinentalen Staaten anderweitig verwickelt und dadurch in gemeinsamen Handlungen gegenüber Frankreich geschwächt. Das gilt vor allem für die Jahre 1789 bis 1792, zum großen, nicht zu unterschätzenden Teil auch noch 1792 bis 1794.

1789 befand sich Österreich zusammen mit Rußland seit einem Jahr im Krieg gegen die Türkei. Das Fernziel war dabei, wie dann praktisch im ganzen 19. Jahrhundert, eine Aufteilung des großen, schwachgewordenen türkischen Reiches. 1789 hatte Österreich gerade Belgrad besetzt, befand sich aber finanziell nicht zum Besten, zumal es gleichzeitig auch Aufruhr in den österreichischen Niederlanden und ähnliche Bewegungen in Ungarn und Böhmen gab.

Preußen beschäftigte sich mit diplomatischen Finessen. Es hatte eine Allianz mit Polen und mit der Türkei und bedrohte Österreich von dieser Position aus. Es überlegte auch, ob man das verwirrte Frankreich nicht vom österreichischen Bündnis abziehen und/oder einen Dreibund mit England und Holland schließen könnte. Das gelang nicht. Immerhin schaffte die preußische Diplomatie aber nach dem Tode Josephs II. 1790, daß Österreich mit der Türkei Frieden schloß (1791).

Rußland führte nicht nur in der Türkei Krieg, sondern auch gegen Schweden. Hier hatte Gustav III. einen absolutistischen Staatsstreich gegen seine eigene Aristokratie im Ritterhaus geführt, die sich zu ihrer Stärkung an Rußland angelehnt hatte, – daher dieser Krieg. Später, 1791, suchte sich dieser Gustav mehr als damals ein anderer als gekröntes Haupt der Opposition gegen die Revolution zu gerieren, sozusagen in der „Vereinigung aller Absolutisten Europas". Das gelang nicht. Gustav III. wurde im März 1792 von einem Agenten des schwedischen Adels ermordet. Das geschah im gleichen Monat, in dem Leopold II. in Österreich starb.

Wie man sieht, weitere Schwächungen in Schweden und Österreich. Tatsächlich muß man aber betonen, daß die europäischen Mächte sowieso keine Lust hatten, in Frankreich einzugreifen. Nach der Gefangennahme Ludwigs XVI. in Varennes im Sommer 1792 veröffentlichten zwar die Österreicher und die Preußen die von Frankreich so hektisch aufgenommene Pillnitzer Erklärung; darin hieß es aber, eingreifen wolle man, falls alle europäischen Mächte zustimmen würden. Und das war nicht zu befürchten. Man spielte also nur wieder im altmodischen Stil mit außenpolitischen Tauschüberlegungen. Österreich hätte sich schon immer gern Bayern einverleibt; vielleicht konnte man jetzt den Wittelsbacher im Tauschverfahren in die schwierigen österreichischen Niederlande verpflanzen oder vielleicht auch in das Frankreich abzunehmende Elsaß, – reizvolle, aber ganz unrealistische Perspektiven.

Das eigentliche Opfer dieser halben und spielerischen Einstellungen, das eigentliche Opfer der europäischen Haltung zur Französischen Revolution, und zwar der ideologischen und der politischen Haltung, war Polen. Dort hatte im Oktober 1788 im Windschatten des russisch-österreichisch-türkischen Krieges, also etwas freier vom russischen Druck, der sogen. Vierjährige Reichstag begonnen, Reformvorstellungen unter Mitwirkung des polnischen Königs Stanislaus Poniatowski zu erörtern. Diese Debatten gerieten dann zweifellos mit in Schwung durch die Entwicklung der Französischen Revolution. Das sieht man an der Zurückdrängung des Adels und an der stärkeren Vertretung der Städte. Am 3. Mai 1791, also vor der französischen Verfassung, wurde die neue polnische Verfassung angenommen. Es war eine Erbmonarchie mit Gewaltentrennung und Mehrheitsbeschlüssen. Frankreich war zunächst begeistert über den polnischen König, der so viel intensiver mitmachte als ihr eigener. Burke und der polnische König selber betonten aber eher den Gegensatz dieser neuen Monarchie zu den französischen Tendenzen; denn sie sollte stärker und nicht etwa beschränkter als früher sein. Das nützte aber dem polnischen König nichts. Katharina die Große erklärte 1792, sie werde das „Jakobinertum" bekämpfen und es in Polen schlagen. Sie nahm sich also aus den polnischen Ähnlichkeiten zur Französischen Revolution die Rechtfertigung zum Eingreifen in Polen, und hatte damit obendrein auch noch einen guten Grund, die anderen europäischen Mächte von Polen auf das „richtige" Jakobinertum in Frankreich abzulenken.

In diesem Rahmen, den ich hier nur skizzieren konnte, muß man die europäische Politik 1792–94 sehen.

Österreich und Preußen waren zwischen Frankreich und Polen hin- und hergerissen. Frankreich hatte im April 1792 die Kriegserklärung gegen Österreich ausgesprochen. Preußen hatte im Februar vorher eine Defensivallianz mit Österreich geschlossen. Nun drangen die Franzosen seit Mai 1792 in die österreichischen Niederlande ein, im August suspendierten sie ihren König, die alliierte Invasion unter dem Herzog von Braunschweig wurde nach der Kanonade von Valmy im September 1792 zurückgedrängt, die Franzosen stießen nach Savoyen, an den Rhein, weiter nach Belgien vor – also hier war man nun unübersehbar in die neuen französischen Verhältnisse verwickelt. Gleichzeitig fiel im April 1792 Katharina in Polen ein und Österreich und Preußen wollten ihren Einfluß dort nicht verlieren. Preußen hatte hier zunächst mit Polen gegen Rußland agieren wollen, widerrief aber sein Bündnis mit Polen und machte einen Geheimteilvertrag mit Rußland im Januar 1793. Preußen fand es nämlich leichter, Polen anzugreifen, als Rußland, es schickte also preußische Truppen, die in Frankreich vielleicht den Ausschlag gegeben hätten, nach Thorn und Posen.

Das führte dann – wir greifen zeitlich voraus – im September 1793 zur sogen. „stummen Sitzung" des polnischen Reichstags, in der dieser in die zweite Teilung Polens einwilligte. Man behielt noch ein Restpolen, aber hier wurde die neue Verfassung wieder außer Kraft gesetzt. Es folgte dann im März 1794 der polnische Aufstand, gegen den die Kämpfe acht Monate dauerten, bis zum Januar 1795. Das führte zur dritten, zur vollständigen Aufteilung Polens.

Dies alles gehört mehr in eine europäische Geschichte zur Zeit der Französischen Revolution. Für uns ist nur wichtig zu erkennen, wie stark hierdurch Frankreich nicht nur bis 1792, sondern mindestens noch bis 1794 „gewann". Es bestand kein voller Widerstand der kontinentalen Staaten gegen Frankreich; und ohne England, das möglichst spät eingriff, wäre er noch wesentlich schwächer gewesen.

4. Teil

Die Revolution vom September 1792 bis 1799

> Die Zukunft zieht wie ein schweres Gewitter auf. Ich wünschte, nie nach Frankreich gekommen zu sein, aber ich will bleiben, ohngeachtet mich kein unmittelbarer Beruf hält, weil ich der Französischen Revolution die schönsten Freuden meines Geistes verdanke, weil es wider meinen Charakter ist, einen Freund im Unglücke zu verlassen, und ich lieber mit der Freiheit sterben als nach ihrem Untergange leben will.
>
> Konrad Engelbert Oelsner 28. August 1792[152]

Girondisten, Montagnards, Sansculotten

Am geeignetsten läßt sich dieser Teil mit Bemerkungen über die drei führenden Revolutionäre einleiten, die jetzt einen Einfluß gewannen, wie ihn vorher als einzelner niemand, nicht einmal Lafayette oder Mirabeau gehabt hat. Die Einzelpersönlichkeit hat ja in der Französischen Revolution keinen leichten Stand gehabt, man betrachtete einen entsprechenden Machteinfluß immer mißtrauisch, in sehr viel stärkerem Grade als beispielsweise während der englischen Revolution vorher (wie man an Cromwell sehen kann) oder in der späteren russischen Revolution (Lenin). Trotzdem wurden 1792 drei Männer besonders wichtig: Danton, Marat und Robespierre. Der Barbar, der Narr und der Pedant, wie sie von Taine genannt wurden. Auch Aulard geht gegen seine sonstige Gewohnheit auf diese Einzelpersonen ein und charakterisiert sie genau. Mathiez tut es nur durch kurze Einzelanmerkungen, hinter denen aber eine starke Umwertung von Danton und Robespierre steht.

Danton, von Beruf Anwalt, wird im Charakter immer gern mit Mirabeau verglichen, gewissermaßen als der Mirabeau der Straße. Er war ein ähnlicher Koloß, führte ein ähnliches unordentliches, ausschweifendes Leben, beide hatten hohe Schulden, waren also bezahlbar, aber nicht käuflich, beide waren kühne Realpolitiker, Opportunisten im guten Sinne. Danton sah furchtbar aus und hatte eine gewaltige Stimme, wirkte aber brutaler und grausamer als er eigentlich war. Er war der große kurzfristige Volksheld für kritische Tage, besonders bei Kriegsgefahr. Hier wußte er anzutreiben: „Was wir brauchen, ist Kühnheit, Kühnheit und nochmals Kühnheit, und das Vaterland ist gerettet!“, – mit diesen Vorstellungen war er im

September 1792 die Seele des Widerstandes.[153] Er verkündete in solchen Momenten auch jeweils politisch-ideologische Ziele, z.B. die natürlichen Grenzen Frankreichs. Solche Ziele waren aber für ihn eigentlich sekundär, er konnte auch anders. Im Grunde mißtraute er Ideologien. Das kritisiert Mathiez, der ihn nicht nur deshalb für korrupt hält. Man kann aber sagen, daß das Vaterland, die Nation für Danton einfach das wichtigste war, er war der große Patriot. (Michelet sah Frankreich in ihm getötet, als er hingerichtet wurde, aber das sah man wohl 1794 nicht so.) Wenn eine Krise nicht vorhanden war, Kühnheit nicht gefragt war, sondern zähe kleine, sachliche Politik, wirkte Danton apathisch. Er bemühte sich auch nicht bewußt um Popularität, er arbeitete nicht an seiner Volkstümlichkeit, obwohl er aus den Volksgesellschaften, von den Cordeliers her aufgestiegen war. Sein Luxusleben wurde offen angegriffen, er änderte es deswegen nicht. Der Amerikaner Morris, der ihn persönlich kannte, sagt von ihm: „Danton glaubte stets und sprach es auch ... offen aus, daß ein demokratisches Regierungssystem für dieses Land absurd sei; daß das Volk zu unwissend, zu unbeständig und zu verderbt sei, um eine gesetzmäßige Selbstverwaltung zu vertragen; daß es an Gehorsam gewöhnt sei und einen Herrn brauche."[154]

Ganz anders Marat, der Journalist. Von anderem, aber auch auffallend erschreckendem Äußeren: hager, gelblich, hypernervös, immer Pistolen um den Leib, einen Turban gegen die Migräne um den Kopf, schwer hautkrank. Zuweilen wird er als wahnsinning geschildert, als leidend unter Verfolgungswahn, und an der Grenze dazu war er wohl auch. Er hatte ein überstarkes Geltungsbedürfnis, das er zunächst vergeblich durch naturwissenschaftliche „Entdeckungen" zu befriedigen gesucht hatte und das dann in tiefen Haß auf die etablierten Wissenschaften umgeschlagen war. Das gleiche Geltungsbedürfnis trieb ihn nun in der Politik. Es ist schwer, ihn nicht einfach entsetzlich zu finden, als eine Ausgeburt, eine „schwarze Kehrseite" der Revolution zu bezeichnen, wie es Göhring tut.[155] Aulard wird ihm wohl gerechter, wenn er schreibt: „Seine Heftigkeit geht bisweilen bis zum Delirium, aber was ihn rasend macht, ist das Gefühl des Unrechts. Mitleid, nicht Furcht macht ihn grausam."[156] Gemeint ist das Unrecht durch Herrschende und Reiche. Es machte ihn allerdings sehr grausam – oder vielleicht ist es korrekter, wie sein Freund Fabre d'Eglantine zu sagen: er war „vielleicht der einzige, der den Mut hatte, alles zu sagen, was er dachte".[157] In seiner Zeitung ‚Ami du Peuple' trieb er hemmungslose Mordhetze. Schon im Juli 1790 schrieb er: „500 oder 600 abgeschlagene Köpfe würden Ruhe, Freiheit und Glück verbürgen. Eine falsche Humanität hat euren Arm gehemmt. Das wird Millionen eurer Brüder das Leben kosten."[158] Am Anfang seien nur wenige Köpfe nötig gewesen, jetzt würden es immer mehr. Marat war einer der Initiatoren der Septembermorde. Im Vordergrund stand für ihn die Zerstörung, nicht das System eines sozialen Staates. Ein solches hatte er gar nicht.

Er war ein Befürworter der radikalen Revolution und hat durch seine leidenschaftliche Parteinahme für die Passivbürger viel zur Weckung ihres Klassenbewußtseins getan. Seine Vorstellung war, daß in dieser Revolution die niederen, ungebildeten Klassen der Nation gegen die oberen stünden, nicht nur gegen König und privilegierte Stände. So drückte er es am 7. Juli 1792 aus, also noch vor dem Sturz des Königtums. „Denn es ist nicht wahr, daß sich die ganze Nation gegen den Despoten erhoben hat, um den sich ja stets seine Helfershelfer, Adel, Geistlichkeit, Richter, Geldleute, Kapitalisten, Gelehrte, Literaten und ihre Kreaturen scharten. Wenn auch anfangs die gebildeten, wohlhabenden und intrigierenden Angehörigen der niederen Klassen gegen den Despoten Partei ergriffen, so taten sie es nur, um sich gegen das Volk zu wenden, nachdem sie sich mit seinem Vertrauen umgeben und sich seiner Kräfte bedient hatten, um sich den Platz der privilegierten Stände, die sie abgeschafft haben, zu sichern. Auf diese Weise also wurde die Revolution nur durchgeführt und getragen von den unteren Klassen der Gesellschaft, von den Arbeitern, den Handwerkern, den Kleinhändlern, den Bauern, der Plebs, von jenen Unglücklichen, die die unverschämten Reichen mit Kanaille bezeichnen und die römischer Übermut einst Proletarier nannte. Aber daß sich die Revolution einzig zugunsten der Grundbesitzer, der Juristen und Rechtsverdreher auswirken würde, hätte man nie gedacht."[159] Hiergegen kämpfte er an, aber mit wenig Hoffnung auf Erfolg. Denn ebensowenig wie Danton glaubte er an eine mögliche Führung durch das ungebildete, ungeschickte, mittellose Volk selber. Im Grunde verachtete er es. Stärker und offener als andere glaubte er an eine Diktatur und wünschte sie: einen starken ehrbaren Mann, der das Volk führen würde, nicht etwa eine Diktatur des Proletariats.

Es ist immer schwer, die genaue politische Leistung eines antreibenden Journalisten einzuschätzen, aber seit Oktober 1789 war sein aggressiver Einfluß da. Im Juni 1793 stieg er selber, um die Volksmassen gegen die Girondisten aufzubringen, aufs Rathaus und läutete die Sturmglocke. Marat war in Paris, nicht etwa in ganz Frankreich, populär. Diese Pariser Popularität wurde dann durch seine Ermordung gewaltig gesteigert und verbreitet.

In ganz Frankreich der populärste war Robespierre. Als Waisenkind mit seinen jüngeren Geschwistern und als ehrgeiziger Musterschüler aufgewachsen, war er in seiner Heimatstadt Arras als gewissenhafter Anwalt und Lokaldichter bekannt geworden. Er war ein asketischer Junggeselle, der sich lebenslang gepflegt kleidete. Sein großes Idol war Rousseau, zu dem er auch wallfahrtete. Als Zierde der bürgerlichen Gesellschaft in Arras kam er zu den Generalständen, dort hielt er sorgfältig ausgearbeitete Manuskriptreden, genau und prinzipienstreng neben den überschäumenden Ergüssen der anderen Redner. Lange blieb er im Hintergrund. Er war kein Führertyp. Mathiez merkt positiv an, daß er nicht herrschen und niemandem schmeicheln konnte. An Mirabeau, Barnave und die anderen reichte er zunächst nicht heran –: ,,Doch die Zeit arbeitet für ihn. Die anderen nutzen sich ab, geben sich Blößen, schwächen sich gegenseitig." (Göhring).[160] Dabei wuchs die Sicherheit und das Ansehen Robespierres.

Aulard hat vielleicht recht, wenn er meint, daß die unrevolutionäre äußere Erscheinung stark zu Robespierres Volkstümlichkeit beitrug. Er trug immer culottes, gepudertes Haar, war von strenger Eleganz und setzte sich niemals eine Jakobinermütze auf. Das Volk liebte und achtete diese seine Kleidung, die ihn als kleinen Rentner des Ancien Régime erscheinen ließ, es bewunderte seine Ernsthaftigkeit und seinen akademischen Stil. Auch seine persönliche Undurchsichtigkeit und Andersartigkeit führte zu viel Respekt vor ihm. Und dieser Mann vertrat das Volk anders als die anderen, – seitdem er im April 1791 das allgemeine Stimmrecht beantragt hatte. ,,Das Volk hatte noch andere Fürsprecher und Freunde, aber keinen, der eine so lebhafte, so unerschütterliche Hochachtung für die Tugenden des Volkes hatte. Der Demokrat Condorcet glaubte, das Volk werde gut sein, wenn man es bilde; der Demokrat Marat hielt das Volk für leichtfertig und behandelte es wie ein Kind. Robespierre hielt das Volk für mündig, vernünftig, tugendhaft. Er sagte sogar, alle Vernunft, alle Tugend läge im Volke. Er proklamierte, daß das Volk niemals Unrecht habe ... Und er war aufrichtig und sah das Volk wirklich so, denn er wohnte bei unbescholtenen, gebildeten, hochherzigen Arbeitern, der Familie (des Schreiners) Duplay. Diese Aufrichtigkeit, seine völlige Redlichkeit und Sittenstrenge machten ihn in den Augen des Volkes zum Unbestechlichen."[161] Weil er das Volk so viel idealistischer, so viel weniger realistisch als die anderen sah, war er also so beliebt. Sein Idealismus war strengster Rousseau.

Zu sehen ist das an seiner Einstellung nach der Errichtung der Republik September/Oktober 1792. Der Girondist Brissot hatte gesagt, die Revolution müsse nun abgeschlossen sein. ,,Vor dem 10. August waren die Zerstörer wirkliche Revolutionäre, – denn jeder Revolutionär muß zuerst Zerstörer sein. Heute aber sind die Zerstörer wirkliche Gegenrevolutionäre. Sie sind Anarchisten und Gleichmacher."[162] Brissot war also nur bedingt demokratisch, er verteidigte die Notwendigkeit einer sozialen Hierarchie.

Robespierre sagte hingegen: Nun sei das Königtum vernichtet, Adel und Klerus seien verschwunden, das Reich der Gerechtigkeit beginne. ,,Aber es genügt nicht, den Thron umgestürzt zu haben. Nicht ein leeres Wort ist es, was die Republik ausmacht, sondern die Gesinnung der Bürger. Die Seele der Republik ist die Tugend, d.h. die hochherzige Hingabe, die alle Sonderinteressen hinter das Gemeininteresse zurücktreten läßt. Die Feinde der Republik sind die Egoisten, die Ehrgeizigen, die Verderbten. Ihr habt die Könige vertrieben, aber habt ihr auch die Laster vertrieben? Bald werdet ihr sehen, wie sich die Männer, die man heute unterschiedslos Patrioten nennt, in zwei Klassen scheiden: die einen wollen die Republik für sich selbst, die anderen wollen sie für das Volk. Die einen werden sich bemühen, die Regierungsform nach aristokratischen Prinzipien und im Interesse der Reichen abzuändern; die anderen werden versuchen, sie auf dem Grundsatz der Gleichheit und des Gemeinwohls aufzubauen. Es gibt in der Republik nur noch zwei Parteien: die Partei der guten und der schlechten Bürger, die Gewinnsüchtigen und Ehrgeizigen und die Männer des französischen Volkes." So wurde, wie Göhring sagt, die Mystifizierung des Volkes zu einem aktiven Element der Tagespolitik gemacht.[163] Die *volonté générale* ist nach Rousseau der Wille des tugendhaften Volkes: er wird vertreten durch die tugendhafte Minderheit.

Auch die Brissotisten sahen sich gewissermaßen als tugendhafte Minderheit, als eine tugendhafte Elite, die deshalb die Gleichmacherei mit dem ungebildeten Volk nicht zulassen konnte. Brissot nannte alle diejenigen Anarchisten, „die alles nivellieren wollen: den Besitz, den Wohlstand, die Preise, die der Gesellschaft erwiesenen Dienste", diejenigen, „die dem Arbeitenden den gleichen Lohn zubilligen wie dem Gesetzgeber, das Talent verkennen, den Wert des Wissens und der Tugend leugnen, weil sie dies alles nicht besitzen" (wie z. B. Marat).[164] In dieser Weise wollten die Brissotisten nun sofort die Normalität einführen, normal regieren, ohne daß weiter geändert werden mußte.

Robespierre hat besonders deutlich in seiner späteren Rede am 5. Februar 1794, die gern sein politisches Testament genannt wird, erklärt, Tugend sei die natürliche Eigenschaft des Volkes, und eine weise Regierung werde sich auf das Volk stützen. Aber dieses tugendhafte Volk ist eigentlich eine Zukunftsvision: der Weg dorthin führt durch den Kampf gegen das Böse. Eine Republik, die noch nicht im Frieden ist, die von inneren und äußeren Feinden umgeben ist, bedürfe des Zwanges. Der Zwang, d. h. der Schrekken, sei die Begleiterscheinung der Revolution. Tugend sei machtlos ohne Schrecken, Schrecken ohne Tugend allerdings sei unmoralisch.

Diese Rechtfertigung einer schrecklichen republikanischen Regierung heißt also: sie ist auf Veränderung, auf ein Ziel gerichtet, in der Gegenwart ist sie darum so unmenschlich und gewalttätig wie nur irgendeine Despotie. Auf die Folgen werden wir noch eingehen. Hier waren nur Robespierres Prinzipien zu chrakterisieren. Er konnte, ja eigentlich mußte er aus Prinzip grausam sein. Selbstverständlich verbirgt sich in einer so sicheren Prinzips-Verkörperung eine eminente Selbstgerechtigkeit und tiefer Ehrgeiz. Das ist nicht eine Herrschsucht äußerer Art. Wir werden noch darauf zu kommen haben, wieweit Robespierre tatsächlich als Diktator gelten kann (etwa in der Zeit zwischen Juli 1793 und Juli 1794), wieweit er wirklich führte und nicht nur dozierte. Auffallend ist jedenfalls, daß er nach dem Sturz der Girondisten, der Hebertisten und Danton-Anhänger, also nach dem Sturz aller anderen Parteien, weniger diktatorisch als vielmehr wunderlich wurde, sich nämlich hauptsächlich in seine neue Religionsschöpfung vergrub.

Nun kurz einiges zu der neuen Verfassunggebenden Versammlung, zum Konvent.

Er hatte 754 Abgeordnete und zusätzlich 28 Mitglieder aus den Kolonien. Das waren keineswegs lauter Radikale. Der Konvent war nach dem allgemeinen Wahlrecht (ab 21 Jahre, inklusive Dienstpersonal) gewählt worden: das hat seine Radikalität eher gemindert. Aber er stellte doch einen deutlichen Linksruck gegenüber der Legislative dar, so wie diese einen solchen gegenüber der Constituante gebildet hatte, nämlich durch jeweiliges Verschwinden der Rechten, durch Bildung einer jeweils neuen gemäßigteren Rechten. Damals waren es nach dem Verschwinden des liberalen Adels die Feuillants gewesen, jetzt sind es nach deren Verschwinden, also nach dem Verschwinden der letzten Monarchenanhänger, die gemäßigten Jakobiner, nämlich die Girondisten. Ganz links war der ,,Berg“: Robespierre, Danton, Marat und die Gefolgsleute der drei Großen, also etwa Desmoulins, sonst viele neue, zwielichtigere Gestalten, darunter bemerkenswerterweise einige Schauspieler (Collot d'Herbois, Fabre d'Eglantine, beides sind Künstlernamen). Dazwischen waren die Männer der Mitte, die Ebene, der Sumpf, der Bauch, die sog. Unabhängigen. Die Ausdrükke sind teils von der verschiedenen Höhe der Sitzplätze abgeleitet, teils drücken sie die Verachtung von seiten derjenigen Mitglieder aus, die sich deutlicher exponierten.

Hauptgeschäft war die neue Verfassung. Es wurde ein Verfassungsausschuß gebildet, in dem auch Condorcet tätig war. Man wurde mit dieser Verfassung auch noch bis zum 24. Juni 1793 fertig, aber diese erste republikanische französische Verfassung hat etwas sehr Irreales. Ihre Besprechung ist nicht zu vergleichen mit den Diskussionen in der Versammlung und der Öffentlichkeit während der Verfassungsschöpfung der Constituante. Es bestand weitgehendes Desinteresse, schon wegen des Krieges und der Unruhen. Eigentlich genügte die alte Verfassung, nur eben ohne Monarch und bei erweitertem Wahlrecht. Sonst gab es nur den Streit zwischen Föderalismus und Zentralismus. Die Girondisten waren vor allem föderalistische Anhänger der Verfassung der USA, wogegen schon im September 1792 die Formel von der ,,einen und unteilbaren Republik“ gefunden worden war. Die neue republikanische Verfassung war denn auch im Juni 1793 mehr fragmentarisch da, mehr als Ideal. Der historische Betrachter hat darum das Problem, ob er sie als Utopie, als ,,demokratischste“ oder ,,klassisch-demokratische“ Verfassung Frankreichs interpretieren soll oder als Taktik, als Propaganda. In Kraft trat sie nie. Das wurde sofort bis Kriegsende verschoben. Dadurch konnte auch der Konvent bestehenbleiben.

Regiert wurde also provisorisch. Man tat es durch Ausschüsse, anfangs auch durch Minister, später, seit Oktober 1793, nannte man dies Verfahren ,,Revolutionsregierung“. ,,Die vorläufige Regierung Frankreichs ist bis zum Frieden revolutionär“, hieß es. Aulard sagt mit einem gewissen Recht, daß man diesen Ausdruck aber schon ab August 1792 verwenden könnte. Es kam zu ad hoc-Bildungen von Gremien. Revolutionär war die Regierung im Sinne von anormal, den Grundsätzen zuwider, weil nämlich die gesetzgebende mit der vollziehenden Gewalt verschmolzen war. Der sogen. „Vorläufige Exekutivrat" bestand aus Ministern, die ausführende Organe des Konvents waren. Zwischen ihnen und dem Konvent gab es die Ausschüsse. Neben dem Verfassungsausschuß besonders den Sicherheitsausschuß. Ab April 1793 gab es den Wohlfahrtsausschuß (Comité de Salut public), ein neuer, verschleiernder Name des Exekutivrates. Hier war von April bis Juli 1793 Danton führend, dann für ein Jahr Robespierre.

In dieser Staatsführung durch Konvent, Ausschüsse und Minister, an die sich mehr und mehr eine vielfältige Bürokratie angliederte, kam es 1793 zum Machtwechsel von den anfangs überwiegenden Girondisten – überwiegend waren sie, seitdem die „Linksjakobiner" durch die Septembermorde an Ruf verloren hatten – zu den Montagnards. Dann kam es ab Ende 1793 sukzessive zur Ausschaltung weiterer radikaler und gemäßigter Gruppen durch die Gruppe um Robespierre. Das sind die offenen, in der Presse besprochenen Kämpfe. Sie erscheinen deshalb überdeutlich neben den „unerlaubten" konservativen, royalistischen Kämpfen im Lande und neben den Pariser Sansculottenbewegungen.

Wie sind diese offenen Kämpfe zu verstehen? Wie schon früher erwähnt, handelt es sich bei der Bezeichnung „Girondisten" zwar um eine zeitgenössische, aber ein einheitlicher Sammelbegriff ist sie erst durch die Geschichtsschreibung geworden. In der Legislative wurden sie Brissotins genannt oder die Bordeaux-Gruppe. Im Konvent wurden sie u. a. auch Rolandisten genannt, – und das wäre wohl auch der treffendste Sammelname, wenn man einen neuen anwenden dürfte; denn um den Minister Roland und vor allem um Madame Roland und ihren Salon konzentrierte sich alles. Manon Roland war eine große Republikanerin geradezu im antiken Stile, die tatsächlich, wenn irgendjemand, diese Partei führte. Insofern war sie wohl die bedeutendste Frau in der Französischen Revolution. Von den Gegnern wurde sie gerne mit der Pompadour und deren Einfluß verglichen. Man sprach auch in der Konventszeit von „Girondisten", den Männern des Departements Gironde, trennte sie oft aber, auch noch ganz am Schluß, von der Brissot-Gruppe. Erst Thiers nahm den Begriff „Girondisten" als Sammelnamen und Lamartine machte diese Bezeichnung 1847 durch seine romanhafte Geschichte der Girondisten volkstümlich. Wenn die Gegner der Girondisten sie zusammenhängend charakterisieren wollten, sprachen sie wie Marat von „hommes d'état" (womit nur spöttisch dasselbe gemeint sein kann wie die Statisten, die Etatisten in Belgien, die sich von den Patrioten absonderten und aus Staatsräson kaiserfreundlich wurden) oder, nach dem Hauptstreitpunkt, von den Föderalisten.

War dies wirklich der Hauptstreitpunkt, die Hauptdifferenz zwischen Girondisten und Bergpartei? Aulard sah sich jedenfalls nicht imstande, darüberhinaus große Gegensätze zwischen diesen beiden zu finden. Der von Lamartine hervorgehobene Unterschied zwischen den Girondisten als milden, edlen liberalen Parlamentariern zu den brutalen Gewaltmenschen des „Berg" ist nicht haltbar, denn die Girondisten waren Kriegstreiber, sie waren vielleicht als erste für die Guillotine und sie waren nur mehr aus Taktik gegen die Septembermorde; sie waren allerdings im Benehmen, äußerlich, feiner, moralischer, römischgebildeter, nicht im Programm.

Aulard fragt aber in seiner pedantisch-positivistischen Art, ob es tatsächlich als Föderalismus zu bezeichnen sei, was die Girondisten wollten. Sie hätten es strikt abgestritten, die amerikanische Regierungsform in Frankreich einzubürgern, sie seien für die Einheitsrepublik gewesen. So weit geht Aulard nach seinen Quellen, bringt dann aber den feineren Unterschied, den für ihn einzigen wirklichen Unterschied zwischen Bergpartei und Girondisten: der Berg wollte, daß Paris vorläufig, während des Krieges, an der Spitze dieser Einheit als führende Hauptstadt bliebe, während die Girondisten dagegen wollten, daß Paris selbst in Kriegszeiten keine Vorherrschaft über die Departements ausübte. In diesem Sinne erklärten sie im September 1792: „Paris muß auf den 83. Teil des Einflusses herabgesetzt werden wie die übrigen Departements."[165]

Wenn man an die mehr national-patriotisch ausgerichtete Gesinnung der Föderierten denkt und an die viel weitergehenden sozial-revolutionären Bestrebungen von Paris, läßt sich vermuten, daß mit einem solchen Gegensatz auch ein sozialer verbunden war, – so sehr das auch von Aulard geleugnet wird, da die Mitglieder aus den gleichen Schichten kommen. Mathiez hat gegen Aulard denn auch mit aller Schärfe die These aufgestellt, daß es sich beim Streit Girondisten-Montagnards um einen deutlichen Klassenkampf handelte. Die Girondisten bestanden, wie er sagt, zum großen Teil aus aufgeklärten, wohlhabenden Bürgern, sie wollten die soziale Hierarchie bewahren, sie hatten eine instinktive Abneigung gegen das „ungeschlachte Volk". Alles, was Eigentum und Handelsfreiheit des besitzenden Bürgertums zu behindern drohte, galt ihnen als übel. Sie waren für wirtschaftlichen Liberalismus, für *laissez-faire.* Als fanatische Verteidiger der Unverletzlichkeit des Privateigentums vertraten sie die Idee der Dezentralisation, weil sie jedem Eingriff des Staates in das Wirtschaftsleben mißtrauten.

Die Bergpartei charakterisiert Mathiez nicht ohne deutliche eigene Anteilnahme so: „Die Bergpartei hingegen vertrat die kleinen Leute, alle diejenigen, die unter dem Kriege litten, die den Thron umgestürzt, alle, die durch den Aufstand die politischen Rechte errungen hatten. Weniger in Theorien verliebt als die Girondisten, realistischer, weil der Wirklichkeit näher, begriffen sie, daß die schreckliche Lage, durch die Frankreich hindurchging, außerordentliche Mittel forderte. Dem Recht auf Eigentum stellten sie ohne weiteres das Recht zu leben, dem Interesse des Einzelnen das der Allgemeinheit entgegen. Sie verstanden nicht, wie man aus Respekt vor Grundsätzen eine Klasse gegen das Vaterland ausspielen könne."[166]

Diese Gegenüberstellung der bürgerlichen, interessengebundenen Girondisten zu den sozial denkenden Montagnards verfälscht die tatsächliche

Konkurrenz beider Richtungen in ihren republikanischen Reformbemühungen. Wie schon früher erwähnt, stammten die führenden Girondisten wie Brissot, Condorcet und die beiden Rolands aus dem „Cercle social" und der „Conféderation des Amis de la Vérité". Dort vertraten sie schon 1790/91 so radikale republikanische und soziale Ideen über Demokratie, Religion, Landreform und Frauenrechte, daß die Conféderation im Juli 1791 verboten wurde. Sie lebte aber als Verlag weiter, der Zeitschriften und Tageszeitungen für alle Volksschichten vertrieb, in denen die Girondisten ihren Einfluß über ganz Frankreich und darüberhinaus ausübten, in deutlicher, ja überlegener Konkurrenz zu Danton und Marat.

So kann man also nach weiteren Forschungen und neuen Überlegungen heute sagen: Die Mitglieder der Bergpartei sind gutbürgerlicher Herkunft gewesen, wie die anderen, und die bürgerliche Führung wollten sich sämtliche Konventsmitglieder nicht aus der Hand nehmen lassen, auch die Mittel zu dieser Führung, die verfassungspolitischen Errungenschaften nicht; das parlamentarische System sollte also nicht der direkten Demokratie weichen. Die Girondisten glaubten aber angesichts der Radikalisierung und Verrohung von Taten und Forderungen seit dem Herbst 1792, die Pariser Massenbewegungen entschieden eindämmen zu müssen und auch zu können: im Interesse eines würdigen und gut funktionierenden republikanischen Staates. Dafür erschien es ihnen günstig, Hilfe aus den anderen Teilen Frankreichs in Anspruch zu nehmen, nötigenfalls auch Hilfe von weniger bürgerlich-demokratischen Kräften. Auch die Liberalisierung der Wirtschaft erschien ihnen ein geeignetes Mittel, um das subventionierte Pariser Versorgungssystem zu überwinden und damit die Bevorzugung der Hauptstadt zu mindern, – wobei sie freilich die Gefahren der Ernährungskrise unterschätzten. Demgegenüber waren die Montagnards wirtschaftspolitisch weniger prinzipienstreng und verhielten sich vor allem aufgeschlossener zu den Forderungen und Nöten der städtischen Bevölkerung; sie nahmen sie ernster, teils aus Überzeugung, teils in dem Bewußtsein, daß das Vertrauen des aufgewühlten, materiell leidenden Volkes in die neue und zugleich gefährdete Republik honoriert werden mußte; denn, wie man andernorts in Frankreich sah, die Enttäuschten konnten in die Arme der Gegenrevolution getrieben werden. Also neigten die Montagnards zu echten oder taktischen Konzessionen und gingen damit das Risiko ein, daß der Regierungsapparat und die parlamentarische Verfassung aufs äußerste gefährdet wurden. Daß der Terror real, der politische Machtkampf 1793/94 tödlich wurde, hängt damit auch zusammen, aber nur zum Teil.

Durch die neueren Forschungen ist man vor allem zu dem Ergebnis gekommen, daß die Sansculottenbewegung viel autonomer gesehen werden muß. Dies betont zu haben, ist vor allem das Verdienst von Soboul, der der Meinung ist, daß sie seit je, vor allem seit dem Frühjahr 1793 eine autonome Bedeutung hatte. *Wenn* es einen Klassenkampf gab, dann bestand er zwischen dem Konvent und den Sansculotten. Die Bergpartei hat sich viel weniger der Sansculotten „bedient", sie aufgestachelt oder gewisse „Schleusen geöffnet", im Interesse eigener Übermacht gegen die Girondisten, vielmehr hat sie gegenüber der revolutionären Eigenkraft der Sansculotten, etwa der Enragés, der Cordeliers und der von ihnen ausgehenden Radikalisierung der meisten Pariser Sektionen, kompromißbereit, kompromisseschließend reagiert, so weit wie es nötig war, wobei sie selber auf jeden Fall die Führung behalten wollte.

Hier ist nun die Frage zu stellen: wer waren die Sansculotten? Einer von ihnen hat es im April 1793 so ausgedrückt: „Ein Sansculotte, Ihr Herren Schufte? Das ist einer, der immer zu Fuß geht, der keine Millionen besitzt, wie Ihr sie alle gern hättet, ... der mit seiner Frau und seinen Kindern ganz schlicht im 4. oder 5. Stock wohnt. Er ist nützlich, denn er versteht ein Feld zu pflügen, zu schmieden, zu sägen ..., ein Dach zu decken, Schuhe zu machen und bis zum letzten Tropfen sein Blut für das Wohl der Republik zu vergießen. Und da er arbeitet, kann man sicher sein, weder im Café Chartres auf ihn zu stoßen, noch in den Spielhöllen, wo man konspiriert. Am Abend tritt er vor seine Sektion, nicht etwa mit einer hübschen Larve, gepudert und gestiefelt, in der Hoffnung, daß ihn alle Bürgerinnen auf den Tribünen beachten, sondern vielmehr, um mit all seiner Kraft die aufrichtigen Anträge zu unterstützen und jene zunichte zu machen, die von der erbärmlichen Clique der regierenden Politikaster stammen. Übrigens: Ein Sansculotte hat immer seinen Säbel blank, um allen Feinden der Revolution die Ohren abzuschneiden."[167]

Der Gegensatz zu den Sansculotten waren die „honnêtes hommes", die „muscadins", gegen die sie eine instinktive Abneigung hegten. Sozial gesehen waren die Sansculotten Kleinhändler, Handwerksmeister, Handwerker und ihre Gesellen, Manufakturarbeiter, Tagelöhner, Arme, Landstreicher. Es waren nicht nur Habenichtse, sondern auch kleine Eigentümer: das „niedere Volk". Insofern war es also eine „Koalition verschiedenartiger Elemente" (Soboul). In manufakturenreichen Städten wie in Lyon oder Paris waren die Arbeiter eine starke, wenn nicht die stärkste Gruppe, wobei man nur darauf achten muß, daß die Zeitgenossen auch unabhängige Handwerker als „Arbeiter" bezeichnen. Insgesamt hatten sie weniger ein gemeinsames berufliches Tätigkeitsinteresse als ein gemeinsames Konsumenteninteresse. Der Hunger vereinigte sie gewissermaßen am meisten.

Man kann nun nicht einfach alle diese Schichten als Sansculotten bezeichnen. Die Sansculotterie war die Politisierung dieser Schichten, waren diese Schichten, soweit sie revolutionär aktiv waren. Das begann seit Juli 1789: viele waren dadurch wie in den früheren Stadtrevolutionen politisch vereinigt und militarisiert. Sie waren politisiert ohne feste politische Ziele im engeren Sinne. Sie waren gegen den Hof, gegen die Aristokratie, gegen Reichtum (entsprechend gegen das Zensuswahlrecht), gegen Handel und Kapital, für Egalité. Sie waren die wahren Leveller, die der Meinung waren, daß jeder dieselbe Sorte Brot essen sollte. Sie waren für offene, direkte

Demokratie, für allgemeines Mitspracherecht, für Permanenz der Sektionen, möglichst auch ihrer Sitzungen, für Widerstandsrecht. Alles dies war verbunden und wurde zeitweise gesteigert durch Ernährungs- und Teuerungsprobleme. Besonders die Brotversorgung in der Hauptstadt war seit September 1792 gefährdet. Die Ernte war schlechter als in den beiden Vorjahren gewesen, zusätzlich aber gab es Geldwertverfall, Preissteigerung (der Getreidepreis war 40% höher als 1791), Transport- und Verteilungsprobleme. Darum haßten die Sansculotten die Assignatenwirtschaft, forderten die amtliche Beschlagnahme der – zurückgehaltenen – Lebensmittel und Höchstpreisfestsetzung (Maximum) für Getreide. In Petitionen und Schmähschriften besonders im November 1792 wurde die „neue Aristokratie", die Koalition der „riches capitalistes" angeklagt, die Lebensmittel horte, um die Preise in die Höhe zu treiben.[168] Es war eine schwere Enttäuschung, daß der Innenminister Roland trotzdem wieder das moderne Freihandelsprinzip durchsetzte, das schon die Constituante 1789 eingeführt hatte, und am 8. Dezember 1792 der Konvent den Getreidehandel für frei erklärte.

Trotz der relativen Einigkeit über die soziale Zusammensetzung der Sansculotten ist ihre Position in der Französischen Revolution in der wissenschaftlichen Literatur immer noch umstritten, unter starken ideologischen Voreingenommenheiten. Für Guérin sind sie der Embryo der proletarischen Revolution. Auch nach der sowjetmarxistischen Auffassung handelt es sich bei ihnen um ein Vorproletariat. Soboul sieht in ihnen die wohl politisch fortschrittlichste Gruppe (angesichts ihrer Demokratieforderungen), diejenige, die für wahre Volkssouveränität eintrat, gleichzeitig aber eine in ihrer Mehrheit ökonomisch traditionelle Gruppe. Sie war gebunden an das alte Produktions- und Handelssystem, an das Ideal der kleinen, unabhängigen Produzenten gegen den aufkommenden Kapitalismus; die Sansculotten waren in der Mehrheit nicht Vorläufer des Sozialismus. In späteren Veröffentlichungen hat allerdings Soboul auch wieder das *wirtschaftlich* Fortschrittliche dieser Gruppe betont. Ganz anders Furet/Richet. Nach ihnen hatten die Sansculotten weder politisch noch wirtschaftlich ein fortschrittliches Ziel. Ihre Gleichmacherei und ihre permanente direkte demokratische Tätigkeit sehen diese Autoren nur als Stück des utopischen Idealbildes einer Gesellschaftsordnung, „in der alle Besitz haben, aber nur zur Erfüllung ihrer persönlichen Bedürfnisse".[169]

Wie man sieht, ist die Frage stark von politisch-sozialen Voreingenommenheiten der Autoren abhängig; da es sich um immer unsichere statistische Schätzungen innerhalb einer sehr vielfältigen Schicht handelt, kann hier nichts Abschließendes dazu gesagt werden. Die Frage muß offenbleiben.

Zusammenhaltend ist beim demonstrativen Vorgehen der Sansculotten sehr oft das Versorgungsproblem, die Höchstpreisfestsetzung für das Grundnahrungsmittel Brot. Als eine wirtschaftliche Forderung aus den

Lebensnotwendigkeiten heraus. Von dieser Forderung her können die Aktiven der Sektionen, die normalerweise nicht sehr zahlreich sind, tatsächlich Massenbewegungen zustandebringen, die den Konvent – nämlich seine zunächst girondistische Mehrheit und deren Politik – gefährlich bedrohen. Die Bergpartei hat das nicht aufgeputscht, sondern zu kanalisieren verstanden und schließlich überwunden. Insofern, könnte man sagen, bildeten die Bergpartei und die Sansculotten keine „Volksfront", keine ehrliche jedenfalls. Typisch ist dafür eine Äußerung von Robespierre, den das Konsumenteninteresse etwas in seinem Volksidealismus irritierte. Er sagte am 25. Februar 1793, nachdem in einer überraschenden, spontanen Aktion Tausende von Pariser Bürgern die Kolonialwarenläden gestürmt und die Waren zu selbstbestimmten Preisen verteilt hatten: „Ich sage nicht, daß sich das Volk schuldig gemacht hat. . Aber wenn das Volk schon aufsteht, sollte es dann nicht ein seiner Bemühung würdigeres Ziel haben, als sich nur nach jämmerlichen Nahrungsmitteln gelüsten lassen?"[170] Aber sein Rousseau'scher Volksidealismus hinderte ihn nicht, sondern half ihm geradezu, dank seines entsprechenden Image, die Konventsregierung 1793/94 – wenn auch in der Krise unter schweren Opfern – aufrechtzuerhalten.

Nach diesen allgemeinen Bemerkungen zu Girondisten, Montagnards und Sansculotten ist nun auf die Einzelheiten der Entwicklung Ende 1792 bis 1793 genauer einzugehen. Die besonderen Kombinationen, die zu der katastrophalen Krise der Revolution führten, sind sonst nicht zu begreifen.

Im Streit zwischen den Girondisten und den Montagnards waren, wie gesagt, die ersteren zunächst in der Überzahl. Als die Mäßigeren hatten sie aber einen schwierigen Stand. Das zeigte sich zuerst im Prozeß gegen Ludwig XVI. Man hatte seine Korrespondenz mit den Emigranten und mit den feindlichen Mächten gefunden und wollte ihn deshalb als einen Verräter zur Rechenschaft ziehen. Am 20. November 1792 wurde dann noch in den Tuilerien ein eiserner Geheimschrank entdeckt, aus dessen Papieren sich die Verbindung des Königs mit Mirabeau und anderen ergab, u. a. auch das Verzeichnis der Pressebestechungsgelder. Der Konvent sollte sich nun als Gerichtshof konstituieren. Die Girondisten waren aus juristischen, menschlichen und außenpolitischen Gründen eigentlich dafür, dem König „das letzte zu ersparen". Die Bergpartei argumentierte demgegenüber gar nicht juristisch, sondern rein politisch. Saint-Just erklärte: „Cäsar wurde mitten im Senat geopfert, und die ganze Formalität bestand lediglich in 23 Dolchstößen. Es geschah nach keinem anderen Gesetz als im Namen der Freiheit Roms."[171] Robespierre sprach ähnlich: „Ihr habt keineswegs ein Urteil für oder gegen einen Menschen zu fällen, sondern eine Maßnahme des öffentlichen Wohles zu treffen, einen Akt der nationalen Vorsehung zu vollziehen." Die Haltung Ludwig gegenüber ist für ihn gleichbedeutend mit der Stellung zur Revolution. „Er war König und die Republik ist begründet." Damit ist für ihn alles schon ohne Gerichtsprozeß entschieden. Das Volk, das der König als Rebellen ansah, hat gesiegt. So ist Ludwig bereits verurteilt, „oder die Republik ist nicht freigesprochen". Ludwig den Prozeß machen, heiße, die Revolution in Frage stellen. Denn „wenn das Schicksal noch zum Gegenstand einer Gerichtsverhandlung gemacht werden kann, dann kann er freigesprochen werden, kann er unschuldig sein." In dem Falle seien dann aber die Föderierten, das Volk von Paris, alle Patrioten Frankreichs schuldig. Ludwig könne sich auf nichts berufen, auf keinen Vertrag, keine Verfassung; ein entthronter König sei eine dauernde Bedrohung der Republik. „Mit Schmerz spreche ich die fatale Wahrheit aus: Es ist besser, daß Ludwig stirbt, als daß 100000 tugendhafte Bürger umkommen. Ludwig muß sterben, weil das Vaterland leben soll!"[172]

Da sich die Girondisten gegen diese Argumentation sperrten, wurden sie aus der Liste der Jakobiner gestrichen. Sie wagten von da an nur noch bewaffnet auszugehen. Der Konvent stand nun deutlich wegen dieser Prozeßfrage unter dem Druck der Pariser Straße.

Dies und Ludwigs wenig großartiges Verhalten – er berief sich gerne auf Unwissen, er neigte dazu, auch in kleinen Fällen seine Unterschrift nicht anzuerkennen – kosteten ihm das Leben. Wie man so gern, aber verkürzt sagt, wurde das Todesurteil mit einer Stimme Mehrheit gefällt. Genaugenommen war es so: am 15. Januar 1793 wurde über seine Schuld abgestimmt: von 718 bejahten sie 673. Am 16. Januar wurde 24 Stunden lang namentlich über die Strafe abgestimmt, mit der Abgabe von einzelnen Voten. Von 721 waren 387 für die Todesstrafe, 334 dagegen. 26 der Zustimmenden für die Todesstrafe hatten sich aber für Aufschub ausgesprochen. Insofern waren also 361 für den sofortigen Strafvollzug, 360 sozusagen dagegen. Es wurde aber am 19. Januar wegen des Strafaufschubs noch einmal abgestimmt, und da waren 383 gegen, 310 für den Strafaufschub.

Am 21. Januar 1793 war die Hinrichtung durch die Guillotine auf dem dichtgefüllten Platz, der früher nach Ludwig XV., nun nach der Revolution benannt war und zwei Jahre später Place de la Concorde hieß. Der deutsche Journalist Oelsner hat die bedrückende Szene miterlebt: „In der gezwungenen Stellung, welche ihn des Gebrauchs der Arme beraubte, mußte es seinem natürlich schwerfälligen Gange Mühe kosten, die Treppe des Schafotts zu ersteigen. Welch ein Anblick! Den Enkel Ludwigs XIV., vor kurzem den Mächtigsten der Könige, in einem Wamse, mit gefesselten Händen, in der Gebärde eines Missetäters, vor einem unerbittlichen Volke dastehen zu sehn! Welch ein Anblick, welche Lehre für seinesgleichen! Leider war keiner von ihnen zugegen. – Als sich Ludwig auf dem Schafotte sah, betrachtete er die Maschine, trat zwei Schritte vorwärts bei ihr vorbei, in der Absicht, wie man aus der Bewegung seines Kopfes sah, zu sprechen. Sogleich verstummte die Musik. Man hat ihn darauf mit starker Stimme äußern gehört, daß er unschuldig und mit der Überzeugung sterbe, nicht das französische Volk wolle seinen Tod, sondern seine persönlichen Feinde. Er verzeihe ihnen. Mehr hielt Santerre nicht für gut, verständlich werden zu lassen, er schrie: ‚Man muß ihn nicht hören, das ist gar nicht der Augenblick zu sprechen!' und befahl den Trommeln und Pfeifen, von neuem zu spielen. (...) Der König behielt seine Stellung wie einer, der, was vorgeht, nicht zu deuten weiß. Einer der Scharfrichter packte ihn nun und zog ihn. Der König folgte nach einem leichten Widerstande ganz gelassen, stellte sich der Maschine gegenüber, schien die Distanz zu messen und legte sich hinein. Das Messer fiel. Der Kopf blieb mit der Unterhaut des Halses am Rumpfe hängen und mußte abgerissen werden, welches aber dem Sterbenden durchaus keine Empfindung mehr erregen konnte, weil das Genick vollkommen durchgeschnitten war. Der abgeschlagene Kopf, bei den Haaren emporgehalten, wurde dem Volke vorgewiesen. Sogleich erscholl unter Waffengeklirre das Jubelgeschrei: ‚Es lebe die Nation, es lebe die Republik!', während welchem die blutigen Reste auf einen Karren gelegt, nach St. Madeleine gebracht und in ein zwölf Fuß tiefes, mit Kalk bedecktes Grab geworfen worden sind." Es war ein Massengrab, Louis Capet lag zwischen den 130 Schaulustigen, die bei seiner Hochzeitsfeier 1770 einer Panik zum Opfer gefallen, und den 600 Schweizergardisten, die im August 1792 beim Sturm auf die Tuilerien getötet worden waren. Oelsner fährt fort: „Nach vollzogenem Streiche wurden mit dem Blute des Gerichteten, das in ein unter der Guillotine befindliches Gefäß zusammengelaufen war, widersittliches Unwesen getrieben. Die Henkersknechte, oder waren es vielleicht Liebhaber, machten den Neugierigen damit Schnurrbärte. Ich weiß nicht, ob es Außerordentlichkeit oder politischer Aberglaube war? Die Weiber wollten Königsblut auf ihren Fingern, die Männer auf ihren Säbeln haben, einige füllten die Scheiden damit an. Die Kleider des Delinquenten wurden in die ersinnlich kleinsten Fetzen geteilt, die Haare des Catogans büschelweise und sehr teuer verkauft. Am Ende ist die Karmagnole ums Schafott getanzt worden."[173]

Vielleicht ist es unangemessen, einen Bericht über diese Szene ausführlich zu zitieren und über so viele andere, gewaltigere Szenen der Französischen Revolution nicht. Aber immerhin handelt es sich um das schreckliche Ende eines beinahe tausendjährigen Königtums, und es ist schon bemerkenswert, wie darauf reagiert wurde: mit welchen Verdrehungen und Verstopfungen eines gefürchteten Andenkenkultes unmittelbar danach, und mit welcher langandauernden Teilnahmslosigkeit. Alle Anhänger der Monarchie waren wie gelähmt, teils aus Furcht, teils wegen der so offensichtlichen Unbedeutendheit dieses letzten Königs, teils wegen der aussichtslosen Zukunft. Im fernen Hauptquartier in Villingen erklärten die Royalisten den Dauphin zum Nachfolger, aber das war ein siebenjähriges gefangengehaltenes Kind, das in diesem Elend nur noch zweieinhalb Jahre lebte.

Krieg, Bürgerkrieg und Terreur 1793/94

Die Hinrichtung Ludwigs XVI. war der Anfang der vielleicht greulichsten anderthalb Jahre der französischen Geschichte. Wie die Girondisten gefürchtet hatten, brachte der Königsmord die europäischen Kabinette in Bewegung. Dies war wohl nicht die Ursache, aber ein geeigneter Anlaß zur europäischen Koalition, vor allem zur Mitwirkung Englands gegen die revolutionäre Republik. Die ersten Monate dieses neuen Staates hatten im Zeichen großer Siege gestanden. Nach der Kanonade von Valmy im September 1792 war Preußen ausgeschieden. Die Franzosen waren gegen Nizza und nach Savoyen vorgestoßen, vom Elsaß aus nach Trier, Speyer, Worms und Mainz (Oktober 1792). Dann stießen sie in Richtung Belgien vor, im November wurden die Österreicher bei Jemappes geschlagen.

Was sollte man mit den eroberten Gebieten tun? Ursprünglich sprach man von der Befreiung aller Völker. Aber nun kam man doch vom kosmopolitischen Ideal zum nationalen Machtgedanken. Man dachte mehr an eine Annexion als an Befreiung, – etwa mit dem Argument: wer soll denn die Kosten für die Befreiung der Völker tragen?

Die politische Form nach der Eroberung war die folgende: im Dezember 1792 wurde eine Weisung des Konvents an die Generäle verschickt, in den besetzten Gebieten die Souveränität des Volkes zu verkünden und die feudalen Privilegien abzuschaffen. Die bestehenden Gewalten seien aufzulösen, provisorische Regierungen aus dem Volk zu bilden. Nehme das Volk die Freiheit nicht an, halte es seinem Fürsten die Treue, dann sei es als feindlich zu behandeln. Andernfalls werde Brüderschaft und Schutz gewährt, Schutz gegen die Fürsten. Dieser Schutz bedeutete aber eigentlich, daß man Besatzungsmacht wurde, die beschwerlich war und im Guten oder Schlechten zur Annexion führte. So „boten“ die Mainzer Klubisten im März 1793 dem Pariser Konvent die Rheinlande „an“. Lüttich „stimmte“ für den Anschluß an Frankreich. Danton war dann dafür, auf einigen Umwegen ganz Belgien einzuverleiben: „Frankreichs Grenzen sind von der Natur gegeben, nämlich durch das Meer, den Rhein und die Alpen bestimmt. Wir werden sie erreichen.“[174]

Der Historiker Sorel hat die These aufgestellt, daß damit die Revolution die Tradition der französischen Monarchie wiederaufgenommen habe. Im Grunde sei das nur eine neue, anders als hundert Jahre zuvor begründete Hegemonialdrohung Frankreichs gewesen. Solche Erkenntnisse sind ja immer die Wonne der realpolitischen Betrachter: daß nämlich die Ziele sich gleich bleiben und die Ideologien wechseln; ähnlich wurde die Übereinstimmung später von Panslavismus und Stalinismus behauptet. Sehr oft sind das vereinfachende Behauptungen, nicht selten in polemischer Absicht. Das Veränderungspotential einer neuen Ideologie wird dabei unterschätzt. Aber Danton hat hier durch die Gleichsetzung von Staats- und

Naturgrenzen tatsächlich alte Eroberungspolitik und neuen Nationalismus gefährlich verknüpft.

Die europäischen Kabinette reagierten entsprechend. Wieder wie einst gegen Ludwig XIV. wurde eine große Koalition gegen Frankreich unter der Führung Englands gebildet, das sich seit der Schlacht von Jemappes am Kanal bedroht fühlte. Frankreich hatte ja jetzt Antwerpen und öffnete die Scheldemündung. Die Hinrichtung Ludwigs XVI. war insofern nur ein geeigneter Vorwand. Pitt erklärte, man müsse das rächen und brach die diplomatischen Beziehungen ab. Darauf erklärte der Konvent am 1. Februar 1793 England den Krieg. Gleichzeitig wurde der Krieg auch Holland erklärt, das man erobern wollte. In einer gewissen Rabiatheit, in großer Siegesgewißheit wegen des schönen Mittels der „Volksbefreiung" wurde auch Spanien der Krieg erklärt. Pitt machte daraufhin Verträge mit Rußland, den deutschen Staaten, Neapel, Sardinien und Portugal. Plötzlich hatte sich das alles zu einer riesenhaften Bedrohung Frankreichs entwikkelt. Die Wirtschaftskrise wurde verschärft durch die englische Blockade, der französische Handel weitgehend lahmgelegt. Hierdurch kam es zur Radikalisierung Frankreichs, wie schon einmal kurz im August 1792, und damit zur Schwächung der Girondisten.

Ende Februar 1793 wurde das Gesetz erlassen, 300000 Mann auszuheben. Jedes Departement hatte ein gewisses, seiner Bevölkerung entsprechendes Kontingent zu stellen. Es war also noch nicht das Prinzip der allgemeinen Wehrpflicht. Dieses Aushebungsgesetz führte zu großen Streitereien, denn es meldeten sich nicht genügend Freiwillige. In der Vendée war es das Signal zum allgemeinen Aufstand.

Die Vendée ist ein westfranzösisches Departement, südlich der Loire, nördlich von La Rochelle, ein Stück des alten Poitou. Der dortige Aufstand kann, wie man sieht, nicht von vornherein, jedenfalls nicht von der unmittelbaren Veranlassung her als ein royalistischer und klerikaler betrachtet werden, wenn es auch wohl „Adelsknechte" waren, die diesen Aufstand anführten, also solche, denen es in der aristokratischen Ordnung gutgegangen war, wie Fuhrleute, Jagdhüter, Gutsverwalter. Es gab in der Vendée schwere Teuerungen, wie auch in Paris und anderen Gegenden, in die nun das Rekrutierungsgesetz hineinplatzte – als Folge des Krieges, und dieser war die Folge der Hinrichtung Ludwigs XVI., wie man deutlich zeigen konnte. So stand der Aufstand im März unter dem Schlagwort: „Keine Miliz!" Die gegenrevolutionären Motive waren aber dann eine entscheidende, weitertreibende Ergänzung der bisherigen Bewegung. Unter den genannten Umständen hatten die Aufwiegelungen durch die alten Pfarrer eine Riesenwirkung. Man verlangte diese Pfarrer in ihr Amt zurück, sie schürten den Unwillen, sie leiteten erste Bürgerkriegshandlungen und erste Niedermetzelungen von Republikanern. In vier Wochen soll es zu etwa 500 Opfern gekommen sein. Die aufständische Vendée-Armee wurde „christliche Armee" oder „römisch-katholische Armee" genannt. Anfangs war von Wiedereinsetzung der Monarchie nicht die Rede, aber dann kamen Royalisten hinzu, – dies war also dann eine weitere Ergänzung. Nun sprach man von den „katholischen und königlichen Heeren". Dadurch ist übrigens auch die neue Frömmigkeit des Adels, die Klerikalisierung der Royalisten zu erklären. Es kam zur Entwaffnung von Nationalgarden, zur Hinrichtung von verfassungsmäßigen Priestern und Gemeindebehörden ohne Urteil, zu entsetzlichem Morden. „Der Bauer in der Vendée mordete mit Lust den revolutionären Bürger..., den Herrn, dessen lässige Verachtung er empfand, den Ungläubigen, der den satanischen Klub besuchte, den Ketzer, der an den falschen Messen teilnahm."[175] Der Aufstand dauerte lange, bis in den Dezember 1793, und er trug die Gefahr der Ausbreitung über ganz Frankreich in sich.

Dabei war nun die äußere Kriegslage schlecht. Im März 1793 ging ganz Belgien wieder verloren. Danton mußte wieder die inneren Streitereien bremsen: „Schlagen wir den Feind, nachher können wir uns wieder zanken." Der Feind war aber eben auch der innere, und damit er nicht in den Rücken fiel und andererseits das Volk nicht wieder zur Justiz der Septembermorde griff, wurde das Revolutionstribunal dekretiert. Es bestand aus einem Präsidenten, fünf Richtern, einem öffentlichen Ankläger und zwölf Geschworenen unter Aufsicht des Konvents, bei öffentlichen Verhandlungen. Danton erklärte: „Seien wir schrecklich, damit das Volk es nicht zu sein braucht. Dies ist ein Gebot der Humanität!"[176] Es gab nun Terrorgesetze gegen Unruhestifter. In allen Gemeinden und Städtesektionen gab es zur Überwachung der Staatsfeinde Überwachungsausschüsse. Verdächtige waren zu entwaffnen, wie etwa ehemalige Adlige, Grundherren, eidverweigernde Priester.

Zu allem Überfluß kam es noch zur Verschärfung der Krise durch den Verrat von Dumouriez, der in Belgien stand, als Hauptfeind nun den Pariser Konvent ansah und die Monarchie wiedereinführen wollte. Dumouriez scheiterte allerdings am Widerstand der Soldaten und ging zu den Österreichern über.

Um alldem zu widerstehen, kam es zur Gründung des schon genannten Wohlfahrtsausschusses am 6. April 1793. Danton stand an der Spitze der Exekutive für drei Monate.

Alle Mitschuldigen am Verrat von Dumouriez sollten zur Verantwortung gezogen werden. D.h. es wurde zum Sturm gegen die Girondisten geblasen. Sie versuchten einen Gegenangriff gegen den verhaßten Marat und klagten ihn an. Das führte aber nur zu seinem Freispruch im Revolutionstribunal und zu übelsten Diffamierungen der Girondisten im Konvent. Ihre von den Sansculotten immer bekämpfte Freihandelspolitik wurde nun entschieden beschränkt: am 11. April führte der Konvent den Zwangskurs für die Assignaten ein, am 4. Mai Höchstpreise für Getreide. Der Machtkampf war nun deutlich sichtbar. Am 15. April 1793 brachten 35 Pariser Sektionen eine Petition gegen die führenden Girondisten ein.

Man kann sagen, in diesem Monat beginnt die große politische Zeit der Sansculotten.

Sofort kam es zur Gegenaktion der Girondisten. Sie richteten einen Brief an die Pariser Bürger und warnten sie vor den Sansculotten: ,,Euer Eigentum ist bedroht, und ihr verschließt die Augen vor der Gefahr. Man schürt den Krieg zwischen den Besitzenden und den Nichtbesitzenden, und ihr tut nichts, um ihn zu verhindern. Ihr wagt es nicht einmal, in euren Sektionen aufzutreten!"[177]

Tatsächlich kam es darauf zu Aktivitäten jedenfalls einiger Gemäßigter in Paris. Vor allem aber wurden sie in den Provinzen aktiv, zusammen mit den Royalisten. In Marseille wurden die Jakobiner durch die Sektionen – also eigentlich durch Antisansculotten, könnte man sagen – aufs Schafott geschickt. In Lyon verjagten Gemäßigte und Aristokraten die jakobinische Stadtverwaltung. Die Girondisten lösten also ungewollt den allgemeinen, über die Vendée hinausgehenden Bürgerkrieg aus.

Um so entschiedener traten die Pariser Sansculotten auf. Es kam zur ,,Dritten Revolution" (Mathiez). Trotz der Bremsversuche durch die Bergpartei wurde am 31. Mai 1793 der Nationalkonvent durch bewaffnete Sansculotten umstellt. Sie forderten u. a. die Verhaftung von 22 Girondisten. Das schlug fehl, die Aktion wurde daraufhin am 2. Juni mit Kanonen wiederholt. Der Konvent war praktisch gefangen. Unter diesem Druck stellte er die 29 Girondisten und zwei Minister, die ausgeliefert werden sollten, unter Hausarrest. Dieser Regierungswechsel war aber weit mehr als der Anfang vom Ende der Girondisten. Der Montagnard Levasseur hat in seinen Memoiren gesagt: ,,Eine Art Betäubung lag über der Versammlung. Selbst wir, die Abgeordneten des Berges, erlebten nicht ohne Schmerzen, wie der Aufstand des Volkes das einzige Gremium bedrohte, das überhaupt das Vaterland noch retten konnte."[178]

Es war ein schwerer Schlag, eine schwere Erfahrung für das repräsentative System, das die bürgerliche Revolution aufgrund der politischen Theorien des 18. Jahrhunderts geschaffen hatte. Durch Drohungen von der Straße war die Nationalversammlung und auch die Legislative schon öfters beeinflußt worden. Aber dies hier war mehr. Mit bewaffneter Macht war die Vertretung der Nation eingeschüchtert worden. Schon Michelet hat gesagt, der 2. Juni 1793 zeige den gleichen Mechanismus, nach dem dann 1797 das Direktorium seinen Staatsstreich machte und 1799 Bonaparte den seinen. ,,So gesehen ist dieser Tag nicht nur eine Niederlage der Gironde, sondern eine Niederlage der Revolution."[179]

Die Folge war eine Zunahme der föderalistischen Erhebungen in ganz Frankreich gegen Paris. Zwei Drittel des Landes nahmen Stellung gegen die Hauptstadt, hoben Truppen aus, um sie gegen Paris marschieren zu lassen. Viele Girondisten – 20 von 29 – hatten aus dem Hausarrest entweichen können und stellten sich in den Departements an die Spitze dieser Bewegung. So kam es zur weiten Ausbreitung des schon vorher begonnenen Bürgerkrieges. Girondisten, Katholiken, Royalisten kämpften gegen die Pariser Regierung und gegen örtliche Jakobiner. Der Rumpfkonvent wurde in dieser fast tödlichen Krise um so geschlossener und strenger republikanisch. Es ist der „Beginn der Jakobinerherrschaft".

Damals wurde der Schlußstrich unter die Neuordnung der bäuerlichen Verhältnisse gezogen. Nach einem Gesetz vom 3. Juni wurde der Grundbesitz der Emigranten mit langen Zahlungsfristen zum Verkauf gestellt. Am 10. Juni wurde die Allmende auf die einzelnen Bauern aufgeteilt, – allerdings nur auf dem Papier; die Sache wurde kaum durchgeführt. Am 17. Juli kam es zur entschädigungslosen Abschaffung aller noch bestehenden Herrenrechte. Man kann feststellen, daß dies alles eine feste Verankerung des bäuerlichen Grundbesitzes bedeutete und darüberhinaus eine Hauptbedingung für die Stabilität der französischen agrarischen Verhältnisse bei gleichzeitiger Rückständigkeit der Landwirtschaft darstellte, wie sie typisch für das ganze französische 19. Jahrhundert werden sollte. Von einer Augenblickswirkung dieser Maßnahme läßt sich aber nicht sprechen, nicht einmal von einer emotionellen. Außerdem wurde in diesem Moment die schon besprochene Verfassung endgültig formuliert und verkündet. Sie stellte vor allem mit ihrer Betonung der „einen und unteilbaren Republik Frankreich" große politische Propaganda dar.

Im Augenblick wirksamer als all dies war aber, daß die Pariser Regierung einen leuchtenden Märtyrer erhielt: Marat wurde am Vorabend des 14. Juli 1793 von der 25jährigen Jungfrau Charlotte Corday d'Armont aus der Normandie erstochen. Sie stammte aus altem Adel, war eine Nachkommin Corneilles, schien aus dessen römischen Tragödien entstiegen. Sie war nicht Monarchistin, sondern Republikanerin im Sinne der rombegeisterten Girondisten: *diese* wollte sie rächen an dem Friedensstörer der Republik und dem einzigen Feinde, den sie nach ihrer Meinung hatten. Georg Forster, bekümmert über die unglückliche Entwicklung der Revolution, war tief beeindruckt von dieser menschlichen Größe: „Die fanatische Überzeugung der Mörderin Marats tut hier nichts zur Sache, sie mag Irrtum oder Wahrheit zum Grunde haben, wohl aber die Reinheit ihrer Seele, die von ihrem Zweck so ganz erfüllt war und mit so schöner Heldenstärke alle Folgen der Tat hinnahm. Sie war blühend von Gesundheit, reizend schön, am meisten durch den Reiz der Unverdorbenheit, der sie umschwebte. Ihr schwarzbraunes, kurz abgeschnittenes Haar machte einen antiken Kopf auf der schönen Büste. Ihre Heiterkeit blieb bis zum letzten Augenblick auf dem Blutgerüste, wo ich sie hinrichten sah. Ihr Tod tat mir wohl für sie. Du hast schnell ausgelitten, dachte ich."[180]

Der Juli 1793 war die kritischste Zeit der Französischen Revolution überhaupt. Die Österreicher drangen von Belgien her in Frankreich ein. Die Rheinfront brach nach dem Verlust von Mainz. In Savoyen drangen die sardinischen Truppen vor, über die Pyrenäen die Spanier. Es ist kaum zu erklären, daß Frankreich damals nicht zusammenbrach. Zum großen

Teil kann man es zurückführen auf zu zögernde Kriegsführung der Koalition.

Dabei war die revolutionäre Führung, also der Wohlfahrtsausschuß unter Danton, auch relativ zögernd. Über Dantons rätselhafte Haltung gibt es große wissenschaftliche Kontroversen. Die Lage war verheerend, vielleicht war ein engerer Zusammenschluß des Schreckensregimentes jetzt noch gar nicht möglich, vielleicht war aber auch Danton für diese Aufgabe überfordert. Er suchte ganz Frankreich gegen den äußeren Feind zusammenzuschließen, er wollte innerlich zusammenführen, versöhnen, nicht entschieden bekämpfen und verfeinden. Die Revolutionstribunale arbeiteten zögernd und langsam. Vielleicht war er überhaupt nicht der Mann für längere, ausdauernde Politik. Übermäßiges Gewicht hat möglicherweise ein ganz anderer Grund, der kennzeichnend für ihn wäre: Danton war seit Februar untröstlicher Witwer, er heiratete vier Monate später, im Juni, ein 16jähriges Mädchen, wobei er auf deren Wunsch typischerweise in eine kirchliche Trauung bei einem eidverweigernden Priester einwilligte. Danach erklärte er, Flitterwochen seien schöner als alle Politik.

Ob das nun ein Vorwand war oder der Hauptgrund, jedenfalls wurde Danton am 10. Juli nicht im Amte des Wohlfahrtsausschusses bestätigt. 17 Tage später trat Robespierre ein. Man rechnet von hier an die „Schreckenszeit", wenn sie auch zunächst langsam begann, stärker erst im September 1793 wurde. Immerhin: das eine Jahr Terreur begann. Es begann also die Zeit, die die Französische Revolution für später furchtbar gemacht hat und die so gern in den Mittelpunkt ihrer Beurteilung gerückt wird.

Was schon für die Girondistenbekämpfung gilt, gilt noch mehr für die Terreur: es ist sicherlich immer wichtig und weiterführend, neue Gründe und Hintergründe für diese Zeit zu suchen und zu finden, etwa wirtschaftliche Gründe (Mathiez), agrarische (Lefebvre) oder sansculottische (Soboul): Wenn man sich aber nicht das Zusammenwirken der Zeitumstände und Ereignisse klarmacht, wie wir es deshalb eben getan haben, schwebt alles im luftleeren Raum und ist nur eine theoretische Be- und Verurteilung möglich. Die Terreur ist nur zu verstehen als Antwort auf innere und äußere Bedrohung der Revolution. Es war eine schreckliche Antwort. Man mußte schon stark an den Sinn der Revolution glauben, sich in sie hineinfanatisieren, wenn man diese Antwort geben konnte. Aber die Krise war 1793 so, daß jede andere Antwort das Scheitern der Revolution bedeutet hätte. Es ist natürlich nicht leicht zu sagen, was dieses Scheitern mit sich gebracht und wieweit es die späteren Entwicklungen verhindert hätte. Für Frankreich hätte dieses Scheitern vielleicht weniger bedeutet als für Europa. Es hätte für Frankreich möglicherweise zur Vorwegnahme der Restauration von 1815 geführt. Aber die Umwälzungen in den deutschen und italienischen kleineren Staaten hätten in ganz anderer Weise geschehen müssen. Der europäische Nationalismus wäre vielleicht schwächer gewesen ohne Napoleon. Aber das sei dahingestellt. Ich möchte nur betonen, daß der revolutionäre Gedanke keinesfalls völlig gescheitert wäre. Andererseits ist einzukalkulieren, daß die endgültige, dauerhafte Republik auch ohne dieses Scheitern bis nach 1871 verschoben worden ist.

Soboul betont für die Entstehung der Terreur mit Recht die unablässige Aktivität der Sansculotten. Das beginnt vom gesamten Lande her im August mit einer Petition der Delegierten aus den Departements, die zur Feier des 10. August nach Paris gekommen waren, an den Konvent: „Der Augenblick ist gekommen, der Welt ein großes Beispiel zu geben. Möge das Volk sich in Massen erheben. Seid schrecklich, aber rettet die Republik!"[181] Es kommt also zur großen *Levée en masse:* alle sollen das Vaterland retten, wenn auch nicht alle militärisch mobilisiert werden können, und erhalten ihre entsprechenden Aufgaben. Im Beschluß des Konvents am 23. August 1793 hieß es: „Die jungen Männer werden in den Kampf ziehen, die verheirateten werden Waffen schmieden, das Heer versorgen und den Unterhalt der Nation sichern. Die Frauen werden Uniformen und Zelte nähen und in den Krankenhäusern Dienst tun. Die Kinder werden Leinen zupfen und ihre reinen Hände zum Himmel erheben, die Greise werden das Beispiel der alten Völker nachahmen, sich auf die öffentlichen Plätze tragen lassen, um den Kriegern Mut und Haß gegen die Könige zu predigen. Die Republik ist nur noch eine belagerte Festung. Frankreich darf nur noch ein einziges Zeltlager sein"[182] Es wurde also ein allgemeiner Volkskrieg verkündet. Erstmals in der neueren Geschichte wurde eine ganze Nation bedingungslos, uneingeschränkt in den Dienst der Landesverteidigung gestellt. Wodurch ja ganz neue Möglichkeiten der Kriegsführung eröffnet wurden.

Zwangsläufig ist eine solche Totalisierung verknüpft mit der Vernichtung des inneren Feindes: also der Royalisten, der Gegenrevolutionäre, aber nicht nur dieser, sondern auch der verschleierten Feinde: der Defätisten, der Hamsterer, der Kriegsspekulanten. Die Hungersnot in den Städten reizte dazu.

In dieser Zeit liegt die kurzfristige Tätigkeit der Erben Marats: der sehr wenigen „Enragés", vor allem des Pfarrers Jacques Roux, und der Cordeliers-Gruppe mit Jacques-René Hébert. Dieser Journalist übertraf noch die publizistische Aufputschwirkung von Marats ‚Ami du Peuple' durch seinen ‚Père Duchesne', genannt nach einer populären Figur des damaligen Volkstheaters, – einer hemmungslos aggressiven patriotischen Zeitung in Massenauflage, zeitweise in 600000 Exemplaren verbreitet, da sie in der Armee kostenlos verteilt wurde, dem eigentlichen Hetzblatt der Terrorzeit.

Am 5. September 1793 wurde nach Hungerunruhen des Vortages wieder der Konvent umstellt, weil noch immer nicht genug geschah. Man rief: „Gesetzgeber! Setzt den Terror auf die Tagesordnung!" Man verlangte die Verhaftung der Verdächtigen und die Säuberung der Ausschüsse. Der Konvent folgte diesem Aufruf, er machte Schreckensherrschaft, um die

Volksunruhen zu befriedigen, er konnte sich damit aber auch leisten, Aufwiegler zum Schweigen zu bringen. Jacques Roux wurde am 5. September verhaftet, er gab sich (im Februar 1794) vor dem Revolutionsgerichtshof den Tod, zwei Wochen später ist die politische Rolle der Enragés zu Ende gespielt.

Die Schreckensherrschaft war nicht einfach nur als Mittel gedacht, die Führung zu behalten, sondern als Bürgerkriegsersatz in höchst kritischer Zeit, als kanalisierter, kontrollierter Bürgerkrieg. Man kann nicht sagen, daß dieser Versuch ganz mißlungen wäre. Im Grunde bildeten sich schon hier die reinen Machttechniker und Organisatoren vom Schlage eines Carnot aus, die ohne bürgerlichen Idealismus (wie er die Girondisten erfüllt hatte) und ohne Volksidealisierung (wie er von Robespierre vertreten wurde) arbeiteten und die nach dem Thermidor das Feld behielten. In gewisser Weise begann hiermit auch der jakobinische Staatszentralismus.

Neue Terrorgesetze wurden verkündet. Die Bürger sollten überwacht werden, ihre politische Haltung sollte überprüft werden. Man erfand die Kategorie der „Verdächtigen" (also etwa ehemalige Offiziere, Föderalisten usw.). Das neue, am 29. September 1793 erlassene Gesetz über ein Allgemeines Maximum bedeutete eine Notdiktatur auf wirtschaftlichem Gebiet. Schon seit Juli wurde für Hamsterer die Todesstrafe eingeführt. Für alle wichtigen Verbrauchsgüter wurden Höchstpreise festgesetzt, einheitlich in ganz Frankreich für Getreide, Salz, Seife usw., die übrigen waren von den Distriktsbehörden in bestimmten Grenzen festzulegen. Zuwiderhandelnde und Verdächtige wurden bestraft. Es wurden aber auch Festsetzungen der Löhne vorgenommen. Für das alles benötigte man einen riesenhaften Polizeiapparat mit zentraler Führung. Diese Aufgabe hatte der Sicherheitsausschuß, aber der stand unter der Kontrolle des Wohlfahrtsausschusses, dem der Konvent in der Krise praktisch Diktaturrechte gab, damit die Gesetze tatsächlich durchgeführt werden konnten. Saint-Just, eines seiner offensten und härtesten Mitglieder, erklärte: „Es ist auf kein Glück zu hoffen, solange der letzte Feind der Freiheit atmet, man muß nicht nur die Verräter bestrafen, sondern auch die Gleichgültigen, jeden, der passiv ist und nichts für die Revolution tut." Er verlangte vollen Einsatz aller Vertreter und Kommissare des Ausschusses und des Konvents: „Wer Revolutionen machen, wer Großes vollbringen will, darf nur im Grabe schlafen." Der Ausschuß ging sicherlich mit gutem Beispiel voran: er arbeitete 15–16 Stunden täglich, er beriet, er war unterwegs im Land und beim Heer. Diese Ausschüsse bekamen allmählich einen riesenhaften Arbeitsstab, eine moderne Bürokratie, – obwohl diese von demselben Saint-Just bereits als große Gefahr erkannt und angeprangert wurde: „Ihr müßt überall die Anzahl der Beamten verringern, damit auch die höchsten Beamten arbeiten und ihren Kopf gebrauchen. (...) Die Aufblähung des Schriftverkehrs und der Erlasse einer Regierung ist ein Merkmal ihrer Trägheit. Es ist unmöglich, anders zu regieren als mittels gedrängter Kürze. (...) Die Kanzleien sind an die Stelle des Monarchismus getreten. Der Schreibteufel führt Krieg gegen uns, und es wird nicht regiert."[183]

Der Wohlfahrtsausschuß besetzte auch das Revolutionstribunal neu. Ab Oktober 1793 begannen die großen Prozesse. Es waren Schauprozesse, in denen von den Anklägern und der Volksmenge mit Brutalität und großer psychischer Grausamkeit agiert wurde, aber, wie es scheint, ohne physische Folterungen. Die Angeklagten reagierten z. T. mit großer menschlicher Würde, z. T. auch mit theatralischem Pathos, als ständen sie auf einer Bühne, oder gar mit dem Ehrgeiz, mit geistreichen Bonmots zu brillieren, um ihre Kühle und Unabhängigkeit zu zeigen. In diesem Zusammenhang kam es auch zum Prozeß gegen die Königin Marie Antoinette. Um sie möglichst tief zu beleidigen, wurde ihr, außer den politischen Anschuldigungen, auch der Vorwurf der Unzucht mit ihrem achtjährigen Sohne gemacht.

Es kam nun auch zu den Prozessen gegen die Girondisten, soweit man diese gefaßt hatte. „Die Revolution, gleich Saturn, frißt ihre eigenen Kinder", sagte Vergniaud vor der Hinrichtung;[184] in der Tat waren die Girondisten die ersten dieser Kinder. Sie wurden als Royalisten diffamiert und sollten darum geächtet werden. Als 75 Konventsmitglieder dagegen protestierten, wurden diese selber aus dem Konvent ausgestoßen und gefangengesetzt. Die Girondisten verteidigten sich mit enormer Verve, dank ihrer berühmten Eloquenz. Damit die Verteidigungsreden nicht bis ins Endlose hingezogen wurden, machte der Konvent ein neues Gesetz: Verhandlungen über einen Fall konnten nun nach drei Tagen abgeschlossen werden, wenn die Geschworenen erklärten, daß ihr Gewissen genügend erleuchtet sei. Als Argument für dieses Gesetz wurde angeführt, daß es sowieso schwierig sei, Verschwörern nachzuweisen, daß sie solche sind; das hinge mit der Heimlichkeit ihres Metiers zusammen. Sicherlich steht hinter diesem Gesetz die Erfahrung der Hinauszögerung von Prozessen während des Sommers 1793; aber es war ein verheerendes Gesetz, das den Massenhinrichtungen Tür und Tor öffnete.

In diesem Falle wirkte es sofort. Die Geschworenen erklärten ihr Gewissen für erleuchtet. Den Girondisten wurde das Wort abgeschnitten und es kam zu den Todesurteilen. Einer rief den Richtern zu: „Ich sterbe in dem Augenblick, wo das Volk die Vernunft verliert. Und ihr werdet sterben, wenn es sie wiedererlangt!"[185] Manon Roland, seit Juni 1793 im Gefängnis, hatte dort in ihrer hinreißenden Mischung von Idealismus und Aufrichtigkeit ihre Lebenserinnerungen geschrieben, unterbrochen von Betrachtungen zur Situation: „O Brutus! dessen kühne Hand vergeblich die korrumpierten Römer befreite, wir haben uns geirrt wie du. Diese lauteren Männer, deren glühendes Streben der Freiheit galt, die ihr dienten, indem sie sich in strenger Zurückgezogenheit philosophischen Studien widmeten, diese Männer haben sich wie du vorgegaukelt, der Sturz der Tyrannei werde die Herrschaft der Gerechtigkeit und des Friedens einleiten; doch er war nichts als das Signal für den Ausbruch haßerfüllter Leidenschaften und für Auswüchse der scheußlichsten Sittenlosigkeit. (...) Wird die Geschichte jemals die Schrecken dieser entsetzlichen Zeiten und die abscheulichen Menschen, die sie mit ihren Freveltaten erfüllten, schildern? (...) Womit läßt sich die Herrschaft der Heuchler vergleichen, die, immer mit der Maske der Gerechtigkeit vor dem Gesicht, immer die Sprache des Gesetzes im Munde führend, ein Tribunal geschaffen haben, das ihrer Rache dient, und die, in rechtlich unhaltbaren Verfahren, alle aufs Schafott schicken, deren Tugend sie beleidigt, deren Begabung sie in den Schatten stellt oder deren Wohlhabenheit ihre Begehrlichkeit weckt? (...) Welches Volk hat je seine Sittlichkeit und seinen Instinkt so weit verkommen lassen, daß es das Bedürfnis verspürt, Hinrichtungen beizuwohnen, daß es bebt vor Zorn, wenn sie aufgeschoben werden, und daß es jederzeit bereit ist, seine Grausamkeit an dem auszulassen, der versucht, sie zu mildern oder zu besänftigen?"[186] Am 8. November 1793 bestieg sie das Schafott, durchdrungen und aufrechtgehalten von dem sicheren Bewußtsein, daß sie für die Nachwelt so unsterblich wäre wie ihre antiken Vorbilder. Mit Blick auf die kolossale Freiheitsstatue sagte sie die gültigsten letzten Worte eines Revolutionsopfers: „O Freiheit, was für Verbrechen werden in deinem Namen begangen!"

Außer ihr wurden in Paris Brissot, Vergniaud, Rabaut Saint-Etienne und viele andere hingerichtet. Weitere in den Departements. Roland und Condorcet begingen Selbstmord. Philippe Egalité wurde als Gönner von Dumouriez ebenfalls hingerichtet. Mit den Girondisten wurde die ganze „föderalistische" Bewegung zerstört. Am blutigsten geschah das in den Städten Marseille, Bordeaux, Lyon, wo die Bewegung am stärksten war. Das sind Städte mit reichem Bürgertum und großen Massen von Handwerkern und Arbeitern, die weniger organisiert und politisiert waren als die Pariser Sansculotten, aber doch diese Städte daran hinderten, geschlossen gegen die Pariser Jakobinerherrschaft zu agieren. Schon im August hatte Marseille die Engländer zu Hilfe gerufen, diese landeten in Toulon, wurden aber von regierungstreuen Truppen schnell überwältigt. Marseille wurde unter der Aufsicht von fünf Konventskommissaren entwaffnet. Etwa 800 Personen wurden guillotiniert. Ihr bisheriger Name wurde der Stadt geraubt, sie sollte nun nur noch „Stadt ohne Namen" heißen.

Bordeaux mußte sich Ende September unterwerfen. 3–4000 Bürger wurden verhaftet. Die Strafaktionen geschahen unter widerwärtigen Begleiterscheinungen. 300 Todesurteile wurden vollstreckt. Im Falle von Lyon war es noch weit schlimmer. Hier war das Zentrum des Bürgerkrieges im südlichen Frankreich. 66 Tage mußte es belagert und beschossen werden wie eine feindliche Festung. Anfang Oktober 1793 ergab es sich. In den folgenden sechs Monaten wurden 1962 Todesurteile vollstreckt. Das geschah unter Collot d'Herbois und unter Fouché. Die Guillotine war nicht schnell genug. Darum erfand man Füsilladen und Mitrailladen: die Opfer wurden zwischen selbstgeschaufelte Gräber gestellt, aneinandergefesselt und mit Kanonen niedergeschossen. Danach waren noch ein Drittel der Unglücklichen mit Gewehrschüssen zu töten. Der Konvent erließ ein Dekret, nach dem die Stadt zu zerstören war: „Alles, was von den Reichen bewohnt wurde, ist abzureißen. Es werden nur die Häuser der Armen, die Wohnstätten der irregeleiteten oder geächteten Patrioten, die ausdrücklich zu Gewerbezwecken genutzten Gebäude und die den humanitären Anliegen oder dem Erziehungswesen dienenden Bauwerke erhalten bleiben. Der Name Lyon wird aus dem Städteverzeichnis der Republik getilgt. Die Gesamtheit der erhaltenen Häuser trägt künftig den Namen ‚Befreite Stadt'."[187]

Die Niederschlagung des Vendée-Aufstandes dauerte insgesamt über ein Jahr und war am grausamsten. Es war der schwierigste und für die Revolutionsregierung gefährlichste Teil des Bürgerkrieges. Die anfänglichen Erfolge der „großen katholischen und königlichen Armee" in Saumur, vor Nantes und Angers und die Niedermetzelungen von Republikanhängern wurden furchtbar gerächt. Am 1. August 1793 beschloß der Konvent die Zerstörung der Vendée: „Wir werden die Wälder abhauen, die Behausungen der Banditen abbrechen, die Felder abernten und das Korn hinter die Linien der Armee schaffen, das Vieh wegtreiben. Frauen, Kinder und Greise werden in das Innere Frankreichs verbracht werden."[188] Zwischen Mitte Oktober und Mitte Dezember 1793 wurde die „Armee der Banditen" weitgehend zerschlagen. In Angers kam es zu Füsilladen wie in Lyon. Die Verurteilten wurden von den Behörden mit großer Uniform und Musik zur Richtstätte gebracht. In Nantes ging es unter Carrier noch greulicher zu, gesteigert durch die Angst vor versteckten Rebellen und durch Typhus und Cholera in den vollgestopften Gefängnissen. Die Hinrichtungen wurden ohne vorheriges Urteil vorgenommen, durch „Nojaden", d.h. Massenertränkungen in der Loire, zunächst nachts, dann auch am hellen Tag. Fortgesetzt und geradezu systematisiert wurden diese Greueltaten durch die Behandlung der besiegten Vendée in den ersten Monaten des Jahres 1794. „Es gibt die Vendée nicht mehr, Bürger der Republik", hatte der General Westermann bereits Ende 1793 an den Wohlfahrtsausschuß geschrieben, „unser freies Schwert hat sie getötet mit ihren Frauen und Kindern."[189] Das war schon großenteils – wurde aber noch weitergehend – Wirklichkeit. Die Generäle der republikanischen Armee erhielten von Paris die Genehmigung für das, was sie seit Monaten beantragt hatten: alle Städte und Dörfer abzubrennen, „qui ne sont pas dans le sens de la Révolution".[190] Mitte Januar wurden die „colonnes infernales" gebildet, Truppen, die nach Plan nebeneinander in sechs gleichzeitigen Kolonnen in die Vendée eindrangen, alle Wälder und Hecken, alle Ortschaften und Höfe anzündeten und alle bewaffneten Leute sofort töteten; die nichtbewaffneten nur nach Anordnung durch den General. Diese Aktion dauerte, wenn auch nicht in dieser Planmäßigkeit, bis in den Mai 1794.

Insgesamt sind das Verbrechen, die viele Revolutionsgeschichten verschwiegen oder nur vage angedeutet haben, die aber nun von Reynald Secher genauer untersucht und als „frankofranzösisches Genozid" bezeichnet worden sind. Pierre Chaunu sieht sie als Höhepunkt des jakobinischen Terrors und diesen ganzen Terror nicht nur als einen der großen Massenmorde der französischen Geschichte zwischen denen der Religionskriege im 16. Jahrhundert und des Commune-Aufstandes 1871, sondern als erstes ideologisches Genozid, dem im 20. Jahrhundert eine ganze Serie gefolgt sei: der Völkermord an den Armeniern, der Holocaust, der Gulag, die Aktion der Roten Khmer in Kambodscha.[191] Solche Vergleiche und Verbindungskonstruktionen sind uns bekannt und verdächtig seit den Versuchen, die Verbrechen des Nationalsozialismus durch „historische Einordnung" zu relativieren. Es ist immer zu fragen, ob dergleichen Verknüpfungen die historische Erkenntnis fördern oder ob sie sie verdunkeln wollen. Im Falle von Chaunu geht es nicht um Entlastung einer problematischen Phase der Geschichte, sondern um das Gegenteil. Wie berechtigt ist seine Sicht der Terreur in einer Abfolge von ideologischem Völkermord?

Zahlen von Toten sind etwas Abstraktes, ganz abgesehen von ihrer unterschiedlichen Verläßlichkeit. Aber sie können doch etwas über Umfang und Zielgerichtetheit des Terrors aussagen. Donald Greer hat schon 1935 eine Statistik des Schreckens in der Französischen Revolution zu geben versucht. Danach sind von März 1793 bis August 1794 im ganzen 16594 Menschen hingerichtet worden. Die erwähnten Massenhinrichtungen in Lyon und anderswo sind dabei nicht berücksichtigt, da sie kaum zu errechnen sind; mit ihnen wären es noch mehrere Tausend. Außerdem kamen in den überfüllten Gefängnissen oder zu diesem Zweck verwendeten Schlössern, Klöstern, Kirchen und Rathäusern, in denen während dieser Monate vielleicht eine halbe Million Menschen zusammengetrieben wurden, Tausende an Seuchen und Unterernährung um. Unberücksichtigt bleiben auch die unsicheren, aber noch weit höheren Zahlen der Todesopfer während der Bürgerkriegskämpfe, besonders in der Vendée.

Bei den Hinrichtungen steigt die monatliche Zahl ab November 1793 an. Bis dahin sind es durchschnittlich monatlich 100, dann im November 1793 fast 500, im Dezember 3300. Wichtig ist es, sich die Verteilung auf die Bevölkerungsschichten klarzumachen. Der Adel stand alles andere als vornean: 878 Adlige wurden hingerichtet, d.h. 6,25%; dazu kann man vielleicht noch 280 Angehörige der noblesse de robe, also weitere 2% rechnen. Vom Klerus wurden etwa genausoviel hingerichtet: 920, d.h. 6,5%. Vom oberen Bürgertum waren es 1964 (14%), von den mittleren Klassen 1488 (10,5%), von den arbeitenden Schichten 4389 (31,25%), von den Bauern 3961 (28%), Berufslose: 200 (1,5%). 84% der Hingerichteten gehörten also dem Dritten Stand im weitesten Sinne an.[192]

So ergänzbar solche Berechnungen auch sein mögen, – es handelte sich hier also nicht um eine Vernichtung der oberen Klassen. Es konnte sich schon deshalb nicht darum handeln, weil ein großer Teil von ihnen emigriert war. Auch hierüber hat Greer später eine Statistik vorgelegt. Der Adel steht übrigens auch hier nur in der ersten Phase, vor der Terrorzeit, an erster Stelle, nachher sind es Bürgerliche und Bauern. Im ganzen befanden sich unter den ermittelten Emigranten 17% Adlige und 25% vom Klerus.

Deutlich wird also hieraus einerseits der politisch bedingte Charakter der Hinrichtungen, indem sie vor allem in Zentren der Aufstände geschahen, und andererseits der sozial-wirtschaftlich bedingte Charakter, indem Bauern und arbeitende Schichten den Hauptprozentsatz stellten. Unverhältnismäßig viele Hinrichtungen wurden wegen Vergehens gegen das Maximumgesetz vollzogen. Einen direkten ideologischen Charakter erhielt der Terror dann allerdings, wie schon Taine feststellte, in seiner letzten Phase. In den letzten sieben Wochen des Regimes, bis zum Thermidor 1794, wurden über 2500 Menschen guillotiniert, während weder von politischer noch von wirtschaftlicher Not geredet werden konnte. In dem Moment, in dem der Terror tatsächlich ausschließlich ideologisch wurde, wurde er dann aber auch überwunden.

Wie schon gesagt, fehlen bei diesen Berechnungen die weit höheren Zahlen der Todesopfer während der verheerenden Bürgerkriegskämpfe. Der General Hoche hat im Februar 1796 geschätzt, die Kämpfe in der Vendée hätten seit Beginn des Aufstandes im März 1793 insgesamt, also auf beiden Seiten, 600000 Menschen das Leben gekostet. Das erscheint als enorm hohe Schätzung; Secher berechnet, daß 1792–1802 von der Bevölkerung der Vendée 117000 „verschwunden" sind: Männer, Frauen und Kinder.[193]

Immer sind für Terror und Massenmord der Jakobinerherrschaft tiefer verborgene Antriebskräfte gesucht worden, als sei es vor allem ein Machtkampf von Paris gegen die anderen Städte gewesen oder Haß zwischen Städtern und Bauern oder eine Auseinandersetzung zwischen zwei Volksschichten. Im letzteren Falle sprach man dann von einer „Ausrottung" des französischen Adels, die später rassisch gedeutet wurde: Ausrottung also der blonden nordischen Herrenschicht durch mediterrane Unterschichten. Das ist besonders in der Nazizeit gern verbreitet worden, die es ja nötig hatte, auf Massenvernichtungen anderer Zeiten hinzuweisen. Wie schon die Zahlenverhältnisse zeigen, ist das eine falsche, viel zu sehr auf den Adel verengte Deutung. Rassenideologie gab es in der Französischen Revolution nicht. Im Zentrum steht eindeutig der politisch-ideologische Kampf zwischen Revolutionären und Gegenrevolutionären. Insofern hat Chaunu recht. Nicht aber mit der Kennzeichnung als „Genozid". Es handelt sich um Bürgerkrieg, es handelt sich trotz der Ansätze in der Vendée nicht um planmäßigen Völkermord wie bei den meisten Beispielen des 20. Jahrhunderts oder solchen aus der Kolonialzeit auch schon der früheren Jahrhunderte.

Die Jakobinerdiktatur mit ihrem Terror und ihren Massentötungen läßt sich teilweise mit der Herrschaftsausübung in modernen totalitären Diktaturen vergleichen. Dafür muß man aber generell unterscheiden zwischen Opfern im Bürgerkrieg und Mord und Massenmord durch totalitären diktatorischen Staat. Das erstere gibt es in allen Revolutionen. In Rußland nach 1917 finden wir beide Formen: im Bürgerkrieg während der Revolutionszeit selber und im Stalinismus. Beim NS-Staat handelt es sich um das zweite, in bisher nie dagewesenem Ausmaß und nie dagewesener Planmäßigkeit. (Denn der Zweite Weltkrieg war kein Grund und hat das Vorgehen nur erleichtert.) In der Französischen Revolution gibt es eine gewisse Sonderform, indem der Bürgerkrieg 1793 angesichts der äußeren Not eingedämmt, möglichst kanalisiert wurde. Der Konvent nahm den ,,Schrekken" auf sich, damit das Volk nicht schrecklich wurde. Kennzeichnend war also der Schauprozeß, der offene, abschreckende Terror, nicht die heimliche Massenvernichtung. Man wollte nicht Bürgerkriegsopfer, sondern staatliche Aburteilungen. Dadurch bekam aber die Jakobinerherrschaft den Charakter eines offen brutalen, diktatorischen Staates. Sie konnte außerdem Massenmord wie in der Vendée nicht verhindern, und sie steigerte den Terror weit über die Zeit hinaus, in der er situationsbedingt war.

Denn man kann sagen, daß die eigentliche Gefahr für die Revolutionsregierung schon im Spätherbst 1793 gebannt war. Es gab noch zahlreiche Gruppen innerer Opposition, aber sie waren für den Bestand der Republik ungefährlich. Gleichzeitig war damals auch die äußere Gefahr im wesentlichen überwunden. Die *Levée en masse* rettete die Republik tatsächlich. Junge bürgerliche Offiziere stiegen zu leitenden Posten auf, zu Generälen, – viele von denen, die dann neben Bonaparte oder später unter Napoleon berühmt werden sollten: Hoche, Pichegru, Masséna, Davout. Sie wurden übrigens während der Terrorzeit selber, nach den Erfahrungen mit Dumouriez, streng von den Politikern beaufsichtigt, besonders von Saint-Just. Immer fürchtete man einen Cromwell oder einen Monck.

Im September 1793 wurden schon die Engländer besiegt, bei Hondschoote in der Nähe von Dünkirchen, ohne daß dieser Sieg damals ausgenutzt werden konnte. Im Dezember begann die Rückeroberung des Elsaß. Die großen Erfolge kamen im nächsten Frühjahr: Pichegru siegte bei Tournay im Mai 1794 (im Hennegau, an der Schelde), Jourdan im Juni bei Fleurus (in den östlichen Niederlanden, nicht weit von Namur), Belgien wurde wiedererobert, die Alliierten wurden bis an die Grenze Hollands zurückgedrängt, im Dezember 1794 wurde dann Holland eingenommen. Schon Ende Juni 1794 konnte Frankreich als militärisch endgültig gesichert gelten, während ja die entsprechende Gefährdung die Rechtfertigung des Terrors gewesen war.

Diese kriegerische Entwicklung stellte einen Epocheneinschnitt im Charakter von Staat, Nation, Krieg und Heerwesen dar, der weit über Frankreich hinaus die ganze folgende Geschichte prägte. Durch diese nationale Verteidigung wurde die Revolution „nationalisiert". Zum ersten Mal wirkten sich die neuen Ressourcen aus, die der nationale Staat im modernen Krieg entwickeln kann. Frankreich hat damals erstmals an die Mitwirkung des ganzen Volkes im Kriege appelliert. Es kam zur großen neuen Mobilmachung. Durch das Massenaufgebot der *Levée en masse* erlangte der revolutionäre Staat trotz schwerster innerer Krisen die zahlenmäßige und außerdem die moralische Überlegenheit über die Heere der europäischen Koalition. Elf Armeen stellte die Republik auf, bis zu einer Million Mann. Der Konvent erzwang eine revolutionäre Verjüngung der militärischen Führung durch den Grundsatz der Gleichheit der Beförderung („la carrière ouverte aux talents") und durch den Druck auf die Generalität: ein System kontrollierender Kommissare wurde bei den Armeen eingerichtet; erfolglose militärische Führer wurden hingerichtet. Lazare Carnot war der geniale Organisator dieser Militärmacht. Er entwickelte neue Formen von Taktik und Strategie in Zusammenarbeit von vorbereitendem Schützenschleier (Tirailleurs), Angriffsstoß der Infanterie in Tiefenkolonne, geschützt durch Artillerieeinsatz. Alles wurde dadurch ermöglicht, daß die militärische Führung weniger Scheu vor Verlusten haben mußte. Jetzt erst war der Tod fürs Vaterland süß. („Dir ist, Liebes, nicht Einer zuviel gefallen" hätte man vorher nicht dichten können.) Die nationale Triebfeder läßt die frühere ängstliche Bewachung gegen Desertion entbehrlich erscheinen. Alles dies sind wichtige Voraussetzungen für die Strategie Napoleons.

Welche Folge hatten nun diese militärischen Leistungen, diese Gefahrenüberwindung und Krisenbannung, für die innere politische Entwicklung Frankreichs 1793/94? Zusammen mit den Erfolgen gegenüber dem „inneren Feind"? Man konnte sich „wieder zanken" (Danton). Die Parteien, die jetzt im Jakobinerklub zusammensaßen, traten wieder mehr auseinander. Es gab die Gruppe um Danton, die um Robespierre, die um Hébert. Im November/Dezember 1793 war es vor allem ein Streit auf religiösem Gebiet. Darum soll hier auf die interessante Weiterentwicklung der Kirchenfrage eingegangen werden.

Die Kirche war ja kultmäßig beibehalten und konstitutionell umorganisiert worden, um mitzuhelfen, den neuen Staat zu formen. Sie sollte auch für ihn, kaum anders als im Ancien Régime, ein Grundelement bilden. Durch die eidverweigernden Priester war es zur Kirchenspaltung gekommen und die ganze „konstitutionelle" Kirche in schwere Krise geraten.

Die Politik des Konventes bestand in schärfstem Kampf gegen die Eidverweigerer. Seit Sommer 1792, vor allem dann 1793 verließen wegen der neuen Gesetze Tausende von ihnen das Land (vielleicht 40000). Viele kamen vors Revolutionstribunal.

Demgegenüber sollten die konstitutionellen Priester patriotische Moral predigen, sie sollten helfen, Aberglauben und Fanatismus zu überwinden. Die Priesterehe wurde erlaubt, und etwa 7000 Pfarrer heirateten. Beim

Vendée-Aufstand hatten, wie wir sahen, viele Eidverweigerer mitgearbeitet, – bei dem föderalistischen Aufstand standen aber auch viele konstitutionelle Geistliche auf seiten der Girondisten. Die Folge war nun, daß *alle* Pfarrer als Staatsfeinde angesehen wurden. Die gesamte Kirche, das Christentum wurde zum Feind. Eine republikanische, jakobinische, patriotische „Religion" trennte sich von der christlichen.

Dabei gingen viele konstitutionelle Pfarrer, die zum Konvent hielten, voran. Es kam zu Abschwörungen. Im November 1793 kam der Bischof Gobel von Paris mit den Domvikaren in den Konvent und erklärte: „Als Plebejer geboren, wohnten in meiner Seele von Jugend an die Prinzipien der Freiheit und Gleichheit." Der Kult dürfe nur diesen dienen. Seine Mission sei also zu Ende. Er legte die Zeichen seiner Würde ab und schmückte sich mit der Freiheitsmütze. Das steckte an. Die Geistlichen im Konvent ahmten es nach. Einer erklärte: „Ich bin Priester... das heißt ein Scharlatan; bisher war ich gutgläubig... Jetzt ist der Rost weg."[194]

Dann, am 10. November 1793, wurde in Notre Dame im Beisein des Konvents der neue Kult eröffnet. Die Kathedrale wurde zum Tempel der Vernunft. Das Ballett der Oper wirkte mit, eine Schauspielerin mimte die Göttin der Vernunft. Auch das wurde im Lande wiederholt, – war es in Paris eher fröhlich und oberflächlich zugegangen, so nahm man es in den Provinzen, provinziell beschränkt, z.T. ernster: schon weil es an Schauspielerinnen fehlte. Die Vernunftsgöttinnen waren hier schöne tugendhafte Jungfrauen aus dem besten Bürgertum. In anderen Orten geschah die Zerstörung der christlichen Kirche bewußt niederziehend und beleidigend, etwa durch parodistische Prozessionen mit Betrunkenen in Priestergewändern, mit Kühen, Ziegen und Schweinen, die mit kirchlichen Insignien geschmückt waren. Es kam zu massenhaften Abschwörungen, zur Verhöhnung des Christentums in einem Ausmaß wie nie zuvor, wie erst wieder während der russischen Revolution nach 1917.

Vielleicht glaubte der Konvent, er könne die Kirche auf dem Wege der Entchristlichung stillschweigend liquidieren. Am 8. Dezember 1793 wurde ein Dekret erlassen, nach dem die Bürger das Recht hatten, denjenigen Kult anzunehmen, der ihnen paßte, und diejenigen religiösen Einrichtungen aufzuheben, die ihnen mißfielen. All das hängt natürlich mit dem Kampf gegen föderalistische Aufstände zusammen. In den Provinzen wurde auch oft aus dem abstrakten Vernunftkult ein Vaterlandskult gemacht. Statt der Philosophenbüsten im Vernunfttempel wurden die Büsten revolutionärer Märtyrer wie diejenige Marats aufgestellt.

Es waren Hébert und seine Anhänger, die sich im Konvent für alles dieses einsetzten. Es gab aber hier auch ernsthafte Gegner einer solchen Religionsauflösung. Dazu gehörte vor allem Robespierre. Er war für freie Religionsausübung, solange die Geistlichen ihr Amt nicht zur Störung der öffentlichen Ordnung mißbrauchten. Er betonte die Kultfreiheit und erklärte, wer einen Priester verfolge, der die Messe lese, sei fanatischer als dieser. Er meinte auch, der Vernunftkult werde von unmoralischen Leuten verbreitet; solche persönlichen Meinungen könnten nicht zum Lehrsystem des Staates werden. ,,Der Konvent ist kein Bücherschreiber, kein Verfasser metaphysischer Systeme" – hier redet Robespierre beinahe wie die Gegner der Revolution! –, ,,sondern ein politisches, volkstümliches Gebilde, das damit beauftragt ist, nicht nur die Rechte, sondern auch die Wesensart des französischen Volkes zu wahren. Nicht umsonst hat es die Erklärung der Menschenrechte angesichts des Höchsten Wesens verkündet. Vielleicht wird man sagen, ich sei ein enger Geist, ein vorurteilsvoller Mensch, was weiß ich? vielleicht ein Fanatiker. Wie schon gesagt, ich habe nicht als Privatmann noch als systematischer Philosoph gesprochen, sondern als Volksvertreter. Der Atheismus ist aristokratisch. Der Gedanke eines Höchsten Wesens, das über die bedrückte Unschuld wacht und das siegreiche Verbrechen straft, ist ganz volkstümlich." Hier erhielt Robespierre Beifall. ,,Das Volk, die Unglücklichen, zollen mir Beifall. Kritiker fände ich nur unter den Reichen und den Schuldigen. Ich war seit der Schule ein ziemlich schlechter Katholik, aber nie war ich ein ungetreuer Verteidiger der Humanität. Ich bin darum den moralischen und politischen Gedanken, die ich soeben darlegte, nur um so mehr ergeben. Gäbe es keinen Gott, so müßte man ihn erfinden."[195]

Robespierre war als Rousseau-Anhänger Deist. Er bekämpfte hier seine politischen Gegner, die radikaler sein wollten als er. Hébert sah sich bedroht und beeilte sich zu erwidern, er habe nie etwas gegen Jesus sagen wollen, den er vielmehr als den ersten Jakobiner betrachte. Daraufhin setzte Robespierre seinen gemäßigten Standpunkt in der Religionsfrage durch. Wohin das dann führte, werden wir gleich, nach dem Bericht über die Besiegung der anderen Gruppen des Jakobinerklubs, sehen.

Die Parteienspaltung seit 1793, über die wir reden, ging natürlich weit über religiös-kultische Fragen hinaus. Auf weltlichem, politischem Gebiet waren die Anhänger Dantons extreme Gegner der radikalen Hébertisten. Danton und seine Gruppe glaubten, nun nach dem Terror eine Politik der Milde zur Wiederversöhnung des Landes einführen zu sollen. Hierfür trat auf publizistischem Gebiet vor allem Desmoulins ein, der die Brissotins vorher so angeprangert hatte. Nun brachte er im Dezember 1793 eine neue Zeitschrift unter dem Titel ‚Le Vieux Cordelier' heraus. Die Bezeichnung richtete sich gegen die Hébertisten, die sich jetzt gern als die wahren Cordeliers ansahen; ähnlich hatte sich in England Burke als „old whig" bezeichnet, im Gegensatz zu den anderen Whigs, die ihm zu revolutionsfreundlich geworden waren. Der Parteienstreit wurde also öffentlich als Zeitungskampf zwischen dem ‚Vieux Cordelier' und Héberts ‚Père Duchesne' geführt. Desmoulins wandte sich wortgewaltig gegen die Auswüchse des Terrorregimes: „Was Tacitus vor zwölf Jahrhunderten Despotismus und die schlechteste der Regierungsformen genannt hat, das kann man heute nicht Freiheit und die beste aller möglichen Welten nennen."[196]

Die Gruppe um Robespierre im Wohlfahrtsausschuß war aber auch weiter für Terror. Sie war weder für die darüber hinausgehende sozialpolitische Radikalität der Hébertisten noch für die Milde der Dantonisten. Robespierre hat hierzu die schon erwähnte Rede vom 5. Februar gehalten, in der er darüber sprach, daß Zwang weiter von einer tugendhaften Regierung ausgeübt werden müsse; die Gefahr für die Republik sei noch nicht vorüber; das Vaterland sei von zwei Faktionen bedroht: die eine dränge zu schwächlicher Nachsicht, die andere zu gefährlicher Tollkühnheit, die eine wolle Freiheit in Bacchantentum verwandeln, die andere sie prostituieren.

Der sozialrevolutionären Komponente der Hébertisten wurde durch neue soziale Gesetze, die sogen. Ventôse-Gesetze, der Wind aus den Segeln genommen. Das war wohl vor allem die Tat von Saint-Just. Er erklärte, Eigentum sei heilig nur bei den Patrioten; die Güter der Verschwörer hingegen seien für die Unglücklichen da.

Dann wurden die Parteien kurz nacheinander vernichtet. Mitte März 1794 wurden die Hébertisten verhaftet und hingerichtet, Anfang April Danton und seine Anhänger.

Der erste dieser Germinal-Prozesse – aufgrund vager Verdächtigungen hinsichtlich einer vom Ausland gesteuerten Verschwörung – war in der Wirkung weitreichender. Das hat vor allem Furet betont: Indem der Wohlfahrtsausschuß es fertigbrachte, die Hébertisten als Führungsgruppe der Cordeliers aufs Schafott zu bringen, gelang es ihm, den Konvent, also „das Parlament der Nation vom Druck der Straße zu befreien, der seit dem 10. August 1792 die bürgerliche Revolution aus der Bahn gebracht hatte." Insofern begann schon jetzt „die Rückkehr zu den Normen des bürgerlichen Liberalismus, die man sehr zu Unrecht nur den Männern des Nach-Thermidor zugute gehalten oder angelastet hat."[197]

Verunklärt wurde das aber durch den sensationeller wirkenden Prozeß gegen die Dantonisten, aufgrund eines Korruptionsskandales um die Ostindienkompanie. Danton und Desmoulins machten das Tribunal zum Theater. Büchner brauchte kaum noch etwas hinzuzufügen. Auf die Frage nach seinem Wohnort antwortete Danton geschichtsbewußt, wie diese Revolutionäre waren: „Meine Wohnung? Bis jetzt rue Marat. Bald wird sie im Nichts sein. Und dann im Pantheon der Geschichte." Desmoulins antwortete auf die Frage nach seinem Alter: „33 Jahre, das Alter des Sansculotten Jesus, als er starb. Das kritische Alter der Patrioten." Und Danton dann zum Henker: „Du wirst meinen Kopf dem Volke zeigen. Er ist es wert."[198]

Das war am 5. April 1794. Die Zeit danach nennt man gern die Diktatur Robespierres. Mathiez hat sich gegen diese Charakterisierung gewandt, aber er ist voreingenommen. Überzeugender sind die Einwände bei R. R. Palmer.[199] Er spricht von kollektiver Diktatur mit gemeinsamer Verantwortung ihrer Mitglieder. Schon immer ist aufgefallen, wie wenige der unzähligen Anweisungen des Wohlfahrtsausschusses von Robespierre unterschrieben worden sind. In vieler Beziehung war er das ideologische Aushängeschild für die politischen Praktiker im Ausschuß, – ohne selber eine solche Schwäche seiner Stellung zu bemerken, da er mit seinen Reden hier, im Klub und im Konvent immer Respekt einflößte.

Tatsächlich hat Robespierre seine eigene Richtung durch die Opferung Héberts und Dantons nicht retten können. Es ist kennzeichnend, daß er seine Tätigkeit nach der Vernichtung der Parteien vor allem auf die Schaffung eines neuen religiösen Kultes richtete. Seine Idee war, dadurch Volk und Staat zusammenzufassen, – man kann beinahe sagen, wie es Ludwig XIV. durch den Katholizismus zu tun unternahm. Schon immer hatte er ja, wie schon erwähnt, seinen gemäßigten Standpunkt in der Religionsfrage durchgesetzt. Für ihn war das aber natürlich noch kein konstruktives Ergebnis. Sein Ideal war, eine Staatsreligion als rein bürgerliche Religion aufzustellen, die die moralischen Werte sicherte und den Staatsbürger tugendhaft machte, so daß eine wahre Demokratie möglich wäre. Nachdem also nun alle Gegner rechts und links neben ihm vernichtet waren, sah er es als sein Hauptgeschäft an, nicht irgendeine Politik, sondern diese Religion einzuführen. Nicht Katholizismus und nicht Kult der Vernunft, sondern Kult des Höchsten Wesens (Être suprême).

Am 7. Mai 1794 griff er vor dem Konvent den Atheismus an, und zwar nicht als Philosoph, sondern als Staatsmann. „In den Augen des Gesetzgebers ist alles wahr, was der Welt nützlich und in der Praxis gut ist. Der Gedanke des Höchsten Wesens und der Unsterblichkeit der Seele ist eine stete Mahnung zur Gerechtigkeit, er ist somit sozial und republikanisch.“[200] Alle Verschwörer (d. h. alle seine Feinde) seien Atheisten. Der deistische Kult solle national sein, die ganze Erziehung solle daraufhin ausgerichtet werden. Die Gottheit müsse durch offizielle Volksfeste verherrlicht werden. Die Frauen sollten es wollen. Neben diesem Deismus wurde alles andere von Robespierre verdammt: religiöse Freiheit sollte nicht mehr existieren.

Im Rahmen eines großen Nationalfestes sollte der neue Kult die Weihe erhalten. Der Konvent setzte dieses Fest auf den 8. Juni an. Es wurde wohl das berühmteste aller Revolutionsfeste. Robespierre leitete es – gewissermaßen als moralischer Diktator, ja beinahe als Papst. Wahrscheinlich ist es außerordentlich bezeichnend für ihn, daß er im Moment der ungehinderten Diktatur keine weltliche Machtvergrößerung erstrebte – wie später Napoleon –, sondern eine überirdische Erhöhung, eine Apotheose, eine Herbeisehnung, Vorwegnahme des tugendhaften idealen Endzustandes des contrat social von Rousseau. Bezeichnend auch, weil er politisch inmitten der politischen Praktiker und Militärs, die ihn als Machtfaktor fürchteten, aber geistig kaum noch ernstnahmen, nicht weiterwußte.

Die Feier bestand aus zwei Festakten. Der erste fand vor den Tuilerien statt. Dort standen allegorische Figuren, der Ehrgeiz, die Selbstsucht, die Uneinigkeit; die größte Figur war der Atheismus. Robespierre setzte sie alle mit einer Fackel in Brand. Großer Theatereffekt: in der Atheismus-Statue war das Bild der Weisheit verborgen, welches nun durch den Brand sichtbar wurde, wenn auch, wie die Spötter unter den Beobachtern feststellten, arg rauchgeschwärzt. Zum zweiten Festakt ging man aufs Marsfeld. Acht Ochsen zogen einen Wagen mit symbolischen Gaben, jeder Konventsabgeordnete trug einen Blumenstrauß und Ähren. Es gab Trompeter und Trommler, am Schluß – unheimlich sentimental – einen Wagen voll blinder Kinder, die Hymnen auf die Gottheit sangen. Auf dem Marsfeld wurden Aufführungen gezeigt, Mütter beteten zum Höchsten Wesen um Fruchtbarkeit, Jungfrauen gelobten, nur gute Republikaner zu heiraten, es folgten Gesänge, Artilleriesalven, abends sportliche Veranstaltungen.

Es ist keine Frage, daß diese Feier die Position Robespierres mehr schwächte als stärkte. Gleichzeitig gab es nämlich eine Krise des Wohlfahrtsausschusses. Der Terror schien nun deutlich nicht mehr notwendig zu sein angesichts der Vernichtung des inneren Feindes und der großen Siege über den äußeren Feind. Wenn der Terror jetzt noch fortgeführt werden sollte, dann schien das nur zur Aufrechterhaltung der Diktatur des Wohlfahrtsausschusses zu geschehen, und wer war dann noch vor dem Terror sicher? Robespierre, der Unbestechliche, sah immer wieder Korruption um sich herum und wollte sie ausrotten wie die der Dantonisten. Er ließ sich also zu weiterer Steigerung der Terrorgesetzgebung und Terrorausübung hinreißen, zwei Tage nach dem Fest des Höchsten Wesens. In Paris hatte es in der ganzen Zeit vorher insgesamt 1220 Verurteilungen gegeben: jetzt, in 49 Tagen, bis zum 9. Thermidor, gab es 1376. Vom 10. Juni bis zum 27. Juli 1794 rechnet man „La Grande Terreur". In dieser Überdrehung des Terrors wurde Robespierres Gruppe vernichtet. Es ist gar nicht leicht zu sagen, wodurch; zumal vielen Historikern diese allgemeine Erklärung genügt. Ich meine, es dürfte etwa folgendermaßen gewesen sein: Der Wohlfahrtsausschuß verlor gegenüber der zunehmenden Grande Terreur die Nerven. Man war ja selber vor dieser Maschinerie nicht mehr sicher, und gerade Robespierre und seine Leute hatten bewiesen, daß sie gegen ihre eigenen Genossen unbestechlich vorgehen konnten. Robespierre selber suchte nun, wie üblich, den Terror einzuschränken, zu kanalisieren: nach seiner Art durch Anschuldigung korrupter Terroristen. Er unterschied also guten und schlechten Terror. Er war sozusagen für den Terror gegen die Terroristen. In den Wohlfahrtsausschuß ging er nicht mehr und machte seine Anklagen, noch ohne Namensnennung, im Konvent. Wie üblich stellte er sich selber als die personifizierte Tugend hin, nun aber in melancholischem Tonfall: „Noch nicht mein Herz, aber mein Verstand fängt an, an der Republik der Tugend zu zweifeln, die ich vorgezeichnet habe." Er beschimpfte die Spitzen der Verwaltung als Brissotisten, als Feuillantisten, Aristokraten und allbekannte Schelme. „Ich selbst aber bin nicht zum Regieren geschaffen, sondern kann nur das Verbrechen bekämpfen, und die Zeit ist noch nicht gekommen, wo gute Menschen ihrem Vaterlande dienen können, ohne zu leiden." Das war eine deutliche Bankrotterklärung des ideologischen Revolutionärs. Robespierre verband sie mit richtigen Voraussagen für die Zukunft: „Laßt nur einen Augenblick die Zügel der Revolution locker, und ihr werdet den militärischen Despotismus sich ihrer bemächtigen sehen; wir werden zugrundegehen, weil wir in der Geschichte der Menschen einen gewissen Zeitpunkt versäumten, die Freiheit zu begründen."[201]

Daraufhin schrien ihn seine Gegner aus dem Wohlfahrtsausschuß nieder und inszenierten dann die Verhaftung im Konvent. Nach außen geschah das unter der Begründung, Robespierre rücke von dem notwendigen Terror ab, tatsächlich geschah es, um den Terror zu beenden. Noch einmal zeigte sich daraufhin die Sympathie der Sansculotten, der Pariser Sektionen, für die Robespierre-Gruppe, aber auch, wie schwach diese Aufständischen inzwischen geworden waren. Die verhafteten Anhänger Robespierres wurden befreit, sie kamen aber nur zögernd zur Organisation des Aufstandes ins Rathaus. Der Konvent mit seinen Truppen überwältigte sie. Robespierre schaffte den Selbstmord nicht. Am nächsten Tag, am 28. Juli 1794, dem 10. Thermidor, wurde er mit 21 Anhängern ohne Verhandlung und ohne Urteil hingerichtet. In den nächsten Tagen folgten weitere 81 Anhänger, vor allem aus den Pariser Sektionen.

Nicht schlagartig, aber doch deutlich kann man in dieser Terrormaßnahme das Ende des Terrorsystems sehen. Oft ist sie als Ende der Revolution überhaupt angesehen worden, jedenfalls der revolutionären Weiterentwicklung. Das ist eine Frage des Standpunktes. Seit Ende 1794 unterschied man zwei Arten von Patrioten: die von 1789, die Freiheit und Rechtsgleichheit wiederherstellen und im Sinne der republikanischen Girondisten weiterführen wollten, und die von 1793, die sich für die soziale Gleichheit und ihre Fortentwicklung einsetzten. Da diese mit der Jakobinerdiktatur verbunden waren, waren sie mit ihr zunächst einmal am Ende.

Zur Kulturgeschichte der Revolution

In einem berühmten Kunstwerk hat die Jakobinerzeit für eine Gewaltherrschaft Modell gestanden, ohne daß man das deutlich merkt: in der großen Revolutions- oder Befreiungsoper „Fidelio" von Beethoven. Es handelt sich hier um die Befreiung eines widerrechtlich Eingekerkerten aus einem Staatsgefängnis, aber keineswegs einem Gefängnis des Absolutismus. Florestan ist auch kein Demokrat oder Patriot, er äußert keine modern-freiheitlichen Parolen (und nicht nur deshalb nicht, weil das in Österreich damals unmöglich war), er äußert nur den persönlichen Wunsch, befreit zu werden. Die Geschichte spielt scheinbar in Spanien, tatsächlich fand sie im Frankreich der jakobinischen Schreckensherrschaft 1794 statt; ein Graf aus der Vendée wurde so vor Carrier gerettet. 1798 war eine Oper dieses Inhalts von Gaveaux uraufgeführt worden. Als die freie erlösende Zeit erschien also die *Nach*thermidor-Zeit. Diese Charakterisierung ist, jedenfalls für die ersten Jahre, bis Anfang 1796, sicherlich nicht richtig, denn es gab nun ungedämmten Gegenbürgerkrieg. Darauf wird bald einzugehen sein. Zunächst ist aber noch etwas anderes zu behandeln. Ich meine nicht das, was man, an die Fidelio-Geschichte anknüpfend, eigentlich für diese Zeit auch behandeln müßte, die riesige Leidensgeschichte in der Französischen Revolution, – Verstörung, Angst und Leiden in allen Schichten, das Herausgerissenwerden eines großen Teils der Bevölkerung aus ihrer „Normalität"; sondern etwas anderes.

Neben den sensationellen politischen (und militärischen) Hauptereignissen wird oft vergessen, was es durch Revolution und Republikanisierung an Veränderungen im Alltagsleben gegeben hat, vor allem seit 1792, auch in der schlimmsten Terreur-Zeit. Das ist das Riesengebiet einer Kulturgeschichte der Französischen Revolution. Vovelle würde es „Mentalitätsgeschichte" nennen, aber meiner Ansicht nach ist das hier ein einschränkender und nicht ganz zutreffender Begriff, denn es handelt sich in hohem Maße um eine gelenkte Kulturgeschichte. In den meisten Darstellungen wird darauf kaum eingegangen, auch bei Vovelle nur mehr programmatisch, obwohl es sich nicht nur um Augenblicksblüten handelt, sondern z. T. um längerfristige oder sogar dauerhafte Veränderungen. Ich kann auch nur Andeutungen geben, vor allem nach Crane Brinton.

Die Französische Revolution hat besonders in ihrer zweiten Phase seit 1792 Neuerungen eingeführt, wie sich das in dieser Radikalität und diesem Ausmaß keine frühere Revolution ausgedacht hat. Es sind geradezu Sichtbarmachungen ihres Neuigkeitsanspruches. Am deutlichsten zeigt das zunächst die Kalenderveränderung. Alles sollte hier anders werden, denn der bestehende Kalender verewigte ja die ganze Tradition, er verewigte vor allem die „Betrügereien" der christlichen Kirche. Im September 1792 wurde verlangt, man wolle einen neuen Anfang der Zeitrechnung, dies sollte das Jahr I der französischen Republik sein. Es gab Streit, ob man nicht bereits ab 14. Juli 1789 neu rechnen sollte, also jetzt das Jahr IV der Freiheit habe, aber im Oktober 1793 wurde diese Republikrechnung angenommen. Das Jahr begann nun mit dem 22. September, es zerfiel in zwölf Monate zu je 30 Tagen. Die restlichen fünf Tage (oder im Schaltjahr sechs Tage) wurden am Ende des letzten Monats angehängt: das waren die sog. „sansculottides", eine Reihe von nationalen Feiertagen im September. Dafür gab es aber viel weniger Sonntage. Jeder Monat hatte drei Wochen zu zehn Tagen, d. h. Dekaden, der letzte Tag der Dekade war Ruhetag. Die Monate wurden nach den Jahreszeiten in vier Dreiergruppen zusammengefaßt und erhielten von Fabre d'Eglantine nach altgermanischem Vorbild erfundene „natürliche" Namen: Vendémiaire, Brumaire, Frimaire usw. Die Wochentage hatten schlichte Zahlennamen: primidi, duodi bis décadi.

Anstelle der alten Heiligentage wurde jeder Tag einer passenden Frucht, einer Pflanze, einem Tier oder landwirtschaftlichem Gerät gewidmet. Von den sansculottides war die erste dem Genie, die zweite der Arbeit, die dritte den edlen Handlungen, die vierte den Auszeichnungen, die fünfte der Meinungsfreiheit, die sechste im Schaltjahr der Revolution gewidmet. Robespierre verkündete dann im Sommer 1794 noch die Dekadenfeste: das Fest des Höchsten Wesens und der Natur; das der Menschheit; das des französischen Volkes; das der Wahrheit; der Gerechtigkeit und vieler anderer Tugenden, auch der Gattenliebe, Mutterliebe, Kindesliebe usw.

Es war schwer, auf dem Lande weitgehend aussichtslos, den neuen Kalender durchzusetzen; besonders hinsichtlich der verschobenen Sonn- und Feiertage. Briefe datierte man oft vorsichtshalber doppelt, wie der Bauernsohn und Soldat Joliclerc: ,,8. Pluviôse, drittes Jahr der französischen Republik, oder 27. Januar 1795 des Sklavenstils.“[202] Nach dem 4. September 1797, dem antiroyalistischen Staatsstreich des 18. Fructidor, wurde neben vielen anderen Wiederauffrischungen des radikalen Republikanismus auch die Beachtung des revolutionären Kalenders und seiner Feste noch einmal forciert. Erst im Jahre XIV, also 1805, am 31. Dezember, gab ihn Napoleon amtlich auf; die Dekaden schon 1802. Seither ist er verschwunden und nur noch für Historiker und ihre Leser eine Beschwerlichkeit bei der Datierung ereignisreicher Jahre.

Weniger streng, aber viel haltbarer war die Änderung der Kleidermode. In dieser Beziehung sind wir Männer alle seither Sansculotten. Die Sansculotten trugen nicht die culotte, die Kniehose der Aristokraten, sondern die lange, nicht eng anliegende Hose, das bequeme Kleidungsstück von Bauern, Handwerkern und Seeleuten (wie sie früher etwa schon bei den Figuren der comedia dell'arte zu sehen sind), dazu das offene, jabotlose Hemd, die kurze Jacke (carmagnole) statt des Rockes, die rote phrygische Kappe (die Kopfbedeckung der freigelassenen Sklaven in der Antike, also ein Zeichen der Freiheit), Holzpantinen, um Leder für die Soldaten zu sparen, natürliches ungepudertes, wüstes Haar, z. T. Schnurrbärte. Im Ernstfall – manchmal auch sonst – trug man außerdem die Pike mit sich herum. Das ganze mußte einen flotten, betont nachlässigen, unsauberen Eindruck machen, also nicht geckenhaft wirken. Die Farben waren meistens gedämpft. Nicht nur das revolutionäre, sondern auch das sonstige Bürgertum nahm diese Mode an, damit man nicht als ,,Aristokrat“ auffiel. Man kann sagen, in diesen Grundzügen ist das seither für die Herrenmode maßgebend geworden, in entrevolutionierter und stilisierter Weise, die durch die englische, vom Puritanismus beeinflußte Modeentwicklung im 19. Jahrhundert weitergeführt worden ist (allerdings hier und anderswo auf dem Umweg über hohe Stiefel). Das bedeutete einen enormen Schwund des Fantasie- und Spielelements in der Herrenmode, das seit dem burgundischen Spätmittelalter sehr stark gewesen war. Der Kulturhistoriker Huizinga hat mit Recht gesagt: ,,Man schätze diesen Nivellierungs- und Erstarrungsprozeß des Männerkostüms als Kulturerscheinung nicht gering ein. Die ganze geistige und gesellschaftliche Umstellung seit der Französischen Revolution liegt darin ausgedrückt."[203] Wie gesagt, es war kein Modezwang. Robespierre etwa blieb streng bei der alten Mode. Aus dem Modezwang wollte man ja gerade heraus. Das Motto war, jeder könne tragen, was er wolle.

Bei der Damenmode war die Freiheit noch deutlicher. Wir finden hier den Trend zum „natürlicheren", reifrocklosen Kleid schon vor der Revolution, auch zum Abbau der hochgetürmten Rokokofrisur. Man trug nun wieder antik, also die fließenden weißen Gewänder der tugendhaften Frauen des republikanischen Rom, die allerdings in der Direktoriumszeit nach dem Grade ihrer Durchsichtigkeit auch ins Verführerische umschlagen konnten und umschlugen. Insofern war mit dieser Mode eine Wiederentdeckung des Körpers der Frau verbunden.

Die Kunst und das ganze Kunstgewerbe wurden in den Dienst der Revolution gestellt. Es kam zur großen Entfaltung des revolutionären Kitsches. Man konnte Steine aus der Bastille als Briefbeschwerer kaufen oder Büsten von Brutus, Washington, Voltaire und Marat. Es gab Tabakspfeifen und Geschirr mit revolutionären Sprüchen. Miniaturguillotinen wurden als Andenken oder Spielzeug hergestellt. Bei den Möbeln hatte es klassizistischen Stil schon als „Louis-Seize" gegeben, in zarter, schlichter Weise, jetzt wurde er streng, klobig und monumental. Es gab „patriotische Betten", „fest auf den mit Rutenbündeln geschmückten Beinen stehend, während ihre Pfosten in Freiheitsmützen ausliefen und in die Bettdecken revolutionäre Symbole eingestickt waren. Unité, indivisibilité de la république, liberté, fraternité ou la mort! und ähnliche Sprüche wurden gemalt oder gestickt in der Guten Stube aufgehängt."[204] In der Malerei herrschten nun nach dem Rokoko die antikisierenden moralischen Bilder eines David vor, der auch neue Amtstrachten nach römischem Muster entwarf. Entsprechend war die schwerfällige Revolutionsarchitektur nach reinen geometrischen Formen oder ägyptisierend gestaltet.

Das Theaterleben veränderte und vervielfachte sich schnell. Hunderte neuer Theater und Tausende neuer Dramen wurden in der Revolutionszeit für das nun nicht mehr adlig-großbürgerlich, sondern groß- und kleinbürgerlich gemischte Publikum geschaffen. Schon im Ancien Régime war die Bühne trotz aller Zensur ein Spiegelbild gesellschaftlicher Veränderungen und Veränderungswünsche gewesen. Mitte des 18. Jahrhunderts wurde die sogenannte Ständeklausel überwunden, nach der es Stoff für Tragödien nur bei Fürsten und hohen Standespersonen gab, während das Bürgertum und das gemeine Volk nur in Komödien vorkamen. Diderot förderte das bürgerliche Drama, in dem die Sorgen eines Kaufmannes und die Nöte eines einfachen, aber würdigen Familienvaters ernstgenommen wurden. Beaumarchais, der noch 1775 im ‚Barbier von Sevilla' einen sympathischen adligen Draufgänger dargestellt hatte, steigerte 1784 in dem Fortsetzungsstück ‚Die Hochzeit des Figaro' den Diener so frech zum Gegner und Kritiker des Grafen, daß dieses Stück zunächst verboten wurde, – um dann um so durchschlagender zu wirken. „C'est déjà la révolution en action", war später Napoleons Urteil. 1792 schrieb Beaumarchais eine weitere Fortsetzung, ‚Der andere Tartuffe', in welcher rührseligerweise der ruinierte Graf durch Figaro gerettet und verbürgerlicht wird.

Sentimentale Stücke dieser Art, die dann zum musikunterlegten Melodrama führten, waren in der Revolutionszeit die beliebtesten. Aber daneben gab es auch die Wiedererweckungen hoher historischer Vorbilder, besonders antiker Freiheitshelden, die theatralischen Wiederholungen revolutionären Zeitgeschehens wie des Bastillesturms oder der „Banditen der Vendée" und die antiklerikalen und antimonarchistischen Farcen. Eine früher verbotene Tragödie über die Bartholomäusnacht, Marie-Joseph Chéniers ‚Karl IX.', wurde im November 1789 demonstrativ aufgeführt, und Danton hoffte, daß sie das Königtum töten werde, so wie ‚Figaro' die Aristokratie getötet habe. Talma, der größte und revolutionärste Schauspieler dieser Zeit, erklärte, der Weg sei nun frei für echte nationale Dramen; die Bühne werde, was sie immer hätte sein sollen: eine Schule für Moralität und Freiheit.[205] Die „Schaubühne" wurde also, mit Schiller zu reden, zur „moralischen Anstalt", sie sollte patriotisch erziehen. In der Terrorzeit führte das zur Unterdrückung oder Veränderung von Stücken, die als republikfeindlich oder auch nur girondistenfreundlich galten. Der Konvent verordnete in einem Dekret vom 2. August 1793, daß auf bestimmten Pariser Bühnen einmal wöchentlich „die Tragödien von Brutus, Wilhelm Tell, Caius Gracchus und andere Dramen gespielt würden, die die ruhmreichen Ereignisse der Revolution und die Tugenden der Freiheitskämpfer behandelten", auf Staatskosten.[206]

Nach den zeitgenössischen Berichten waren die vielen neuen Theater oft überfüllt. Das Publikum, dessen kleinbürgerlicher Teil vor der Revolution kaum eine Aufführung gesehen hatte, war begeistert und gerührt, warf den Schauspielern Zettel mit politischen Sprüchen zu, die sie zwischendurch vortragen sollten, und sang patriotische Lieder. Es benahm sich ähnlich wie bei den Sitzungen der Nationalversammlung und des Konvents, – mit einigem Recht, denn auch dort gab es ja viel theatralische Rhetorik und Demonstration. Überhaupt hatten die Revolutionsereignisse, besonders die großen Journées, viele Züge eines großartigen und schrecklichen Straßentheaters. Girondisten und Dantonisten waren bis in den Höhepunkt des letzten Aktes publikumswirksame Selbstschauspieler. Man hat festgestellt, daß das Theater während der Terrorzeit eher maßvoll in Sprache und Bühnengeschehen war – wer blutige Szenen wünschte, konnte auf den Revolutionsplatz gehen. Außerdem gab es für die Masse des Volkes noch eine Darbietungsform zwischen Theater und dramatischer Realität, bei der sie schauen, mitwirken und sich selbst überhöht erleben konnte: das revolutionäre Fest unter freiem Himmel. Vovelle nennt es „das wichtigste Ereignis, in dem der Traum einer neuen Gesellschaft und einer idealen Welt sich artikuliert hat", das „von Rousseau inspirierte staatsbürgerliche oder nationale Fest als ideale Begegnung, bei der es keinen Unterschied mehr zwischen Akteuren und Zuschauern gibt und der Genuß eines jeden die Freude aller ist".[207]

Wir haben von diesen Inszenierungen schon gesprochen, etwa bei der Konföderationsfeier am 14. Juli 1790. Jubiläen, große Umzüge, Trauerprozessionen für tote revolutionäre Führer wie Mirabeau oder längstverstorbene Vorbilder wie Voltaire wurden dekorationsmäßig und musikalisch reich ausgestattet und genau programmiert. Im November 1793 gründete der Konvent ein „Institut national de musique", das nicht nur für Unterricht, sondern auch für die Organisation nationaler Feste und für die Produktion von Militärmusik zuständig war. Große Hymnen (an die Freiheit, an die Natur, an Voltaire), meist von Gossec mit großer Bläserbegleitung komponiert, waren die charakteristischste musikalische Neuerung der Revolutionszeit, – wenn sie auch nie die Popularität von Liedern wie der Marseillaise, der Carmagnole und des „Ça ira" erreichten. Das berühmteste Fest, das des Höchsten Wesens am 8. Juni 1794 mit Robespierre als Oberpriester, kann geradezu als kulturgeschichtlicher Höhepunkt der Revolution mitten im Terror bezeichnet werden. Robespierre verlangte ausdrücklich, die Hymne an das Höchste Wesen so einfach zu komponieren, daß sie vom ganzen anwesenden Volk gesungen werden konnte.[208]

Es gab nicht nur die großen Feste, sondern einen erstaunlichen Erfindungsreichtum an kleinen Fest- und Symbolhandlungen. Crane Brinton weist bei den rituellen Festbräuchen auf vier Hauptquellen hin: die erste ist das Volksbrauchtum und geht bis in die vorkapetingische Zeit zurück. Überall pflanzten die Jakobiner Freiheitsbäume, und wenn sie durch böse Feinde beschmutzt oder abgehackt wurden, mußten sie durch besonderes Ritual wieder „entsühnt" werden. Um diese Bäume wurde auch getanzt. Die zweite Quelle ist das klassische Altertum. Man erinnerte sich wieder der Helden Plutarchs und der Schmucksymbole der römischen Republik, auch der Kernsätze der Stoa und antiker Allegorien. Man kann sagen, daß die Antike sehr weitgehend als Ersatzreligion fungierte. Die dritte Quelle sind Gebräuche und Formen protestantischer Sekten. Bei offiziellen Sitzungen des Jakobinerklubs wurden Choräle gesungen und aus ihren heiligen Schriften (also aus Rousseau und aus der Verfassung) vorgelesen. Auch in den Volksgesellschaften findet man das. Die vierte Quelle schließlich sind die katholischen Bräuche, wie man an der Nachahmung, z. T. Parodierung sehen kann. Altäre in beschlagnahmten Kirchen wurden zu Altären Marats oder anderer revolutionärer Märtyrer.

Entsprechende Umformungen sind etwa auch bei den vielen Umtaufen zu sehen. Leute, die Leroy, Lévêques oder Saint-Pierre hießen, nannten sich nun Laloy, Laliberté, oder ließen das Saint im Namen wegfallen. Sehr beliebt waren als neue Vornamen Brutus, Gracchus, Spartacus, auch Constitution, Montagne oder Marat. Ortsnamen wurden umgeändert: Versailles hieß nun Berceau-de-la-Liberté, Montmartre – kaum verändert – Montmarat. St. Maximin wurde in Maximum (Höchstpreis) umgetauft.

All das gehört zu der für notwendig gehaltenen Umerziehung des Volkes. Man sah die Hauptschwierigkeit bei der Durchsetzung der Republik, besonders angesichts der gegenrevolutionären Widerstände 1793, darin, daß das Volk mit schlechten Gewohnheiten aufgewachsen war, abergläubisch und unwissend blieb und entsprechend geändert werden mußte.

Etwa auch durch die neue Anredeform sollte erzogen werden: Man redete sich nicht mehr mit dem alten Plural ‹vous› an, sondern mit dem brüderlichen ‹tu›. Statt monsieur und madame mußte man citoyen und citoyenne sagen. Das wurde seit Ende 1790 gefordert und im Herbst 1793 durchgesetzt, und zwar vor allem durch die Volksgesellschaften. Der Konvent machte es trotz starken Druckes aber nicht zum Gesetz (ebensowenig wie das Tragen der roten Mütze).

Zunehmend kam man freilich zu der Meinung, daß die Alten doch nicht mehr umlernen könnten, daß man also eine Generation abwarten und die Jugend zu Bürgern der Republik erziehen müsse. Darum wurde großer Wert auf Erziehungsreformen gelegt. Das alte höhere Erziehungswesen hatte weitgehend in den Händen der Kirche gelegen und war auf den Adel und das höhere Bürgertum beschränkt gewesen. Von der Aufklärungsphilosophie war es noch weitgehend unberührt geblieben. Dieses alte System von den Universitäten bis hinunter zu den Kloster- und Dorfschulen wurde durch die Säkularisation weitgehend zerstört. Es gelang aber trotz aller Pläne in der Revolutionszeit selber nicht, ein vollständiges nationales Erziehungssystem zu schaffen, das es ersetzt hätte. Während der Wirtschaftskrise konnte das Elementarschulwesen über das ganze Land hin kaum vorangebracht werden; es gab stattdessen Privatschulen und man klagte über die vielen konservativen alten Jungfern, die dort lehrten. Nur die Grundsätze für den kostenlosen, obligatorischen, von Konfessionen unabhängigen Volksschulunterricht wurden bereits festgelegt. Auch während des Direktoriums kam man hier nicht weiter, sondern schloß sogar viele Volksschulen (petites écoles), zeigte sich also an der Erziehung der ärmeren Bevölkerung weniger interessiert. Viel wichtiger erschien das höhere Schulwesen für die 12- bis 18jährigen Kinder des neureichen Bürgertums. Statt der kirchlich beaufsichtigten *collèges* sollte es ab 1795 in jedem Departement mindestens eine *école centrale* geben; bis zum Ende des Direktoriums wurden etwa 100 errichtet. Neben, sogar vor den alten philosophischen und rhetorischen Fächern wurden hier Mathematik und möglichst empirische Realitätserfassung gelehrt: Zeichnen und Naturwissenschaften. Die Freiheit bei der Fächerwahl ging zunächst erstaunlich weit und wurde dann erst durch die napoleonische Bürokratie abgeschafft.

Aus den Universitäten wurden Fachschulen: die École Polytechnique, die École Normale 1795 zur Erziehung von Professoren und Lehrern im

Geiste des neuen Glaubens. Alles überwölbte das Institut de France, das vom Konvent noch im Oktober 1795 als letztes gegründet wurde, fast so etwas wie die „Dritte geistige Gewalt“ (Furet/Richet) neben der Exekutive und Legislative. Hier schuf man eine Institution für die Vereinheitlichung von Wissenschaften und Künsten, für die Tradierung der Philosophie der Aufklärung, für die Ideenarbeit im Sinne der Revolution. Nach dem Fortfall vergleichbarer kirchlicher und monarchischer Institutionen zur Förderung, aber auch Einbindung von Philosophie, Wissenschaften und Künsten sollte hier die neue revolutionär-republikanische Staats- und Gesellschaftsordnung ihr geistiges Fundament vorzeigen, pflegen und nicht eigentlich dogmatisieren, sondern weiterentwickeln. Man hatte ja schon anfangs, seit 1789, im Jakobinerklub und manchmal auch in der Nationalversammlung philosophiert; im Konvent und Wohlfahrtsausschuß war dann die Revolutionsideologie direkt und schrecklich in die Tat umgesetzt worden: nun versuchte man also, die „geistige Gewalt“ zu verselbständigen.

Das Institut umfaßte 144 Mitglieder und schloß die früheren Akademien ein: in der ersten Klasse die physikalischen und mathematischen Wissenschaften (sciences), in der dritten Literatur und Künste. Die zweite Klasse umfaßte in neuer Weise moralische und politische Wissenschaften (sciences morales et politiques). In ihr gab es Unterabteilungen wie Moral, Geographie, Sozialwissenschaften, Gesetzgebung, politische Ökonomie (mit Sieyès und Talleyrand als Mitgliedern). Besonders interessant und neu war die Unterabteilung, in der die Analyse von Sinneswahrnehmungen und Ideen im Mittelpunkt stand. Hier wurde „Ideologie“ gelehrt, vor allem von Destutt de Tracy, der den Begriff prägte und diese Ideenkunde als analytische Wissenschaft von den Ideen definierte, die den Zweck habe, Vorurteile durch Aufklärung zu beseitigen. Man kann das als eine besonders kennzeichnende Verwissenschaftlichung von Aufklärungsideen bezeichnen, die nur wenig mit dem heutigen Ideologiebegriff zu tun hat. Destutt de Tracy wollte die Menschen zur objektiven Sicht der Realität führen – also Ideologie im heutigen Sinne gerade beseitigen. Diese Realität sollte aber auch, da sie die Sinneseindrücke und damit das Glück der Menschen bestimmt, zweckentsprechend geändert, verbessert werden: durch Gesetzgebung, Politik und Erziehung. Darum wollten die „Ideologen“ hierauf einwirken, und es bestand ein gewisses Wechselverhältnis zwischen Diagnose und Therapie, Wissenschaft und Politik. Das ganze revolutionäre Vorgehen seit 1789 erschien in dieser Weise teils wissenschaftlich gerechtfertigt, teils kritisch reflektiert, um es für die Zukunft zu perfektionieren.

Das Institut de France war insgesamt geradezu ein Konservatorium der Aufklärungstradition, wichtig für die metaphysikfreien Naturwissenschaften und auch als Brücke zum späteren Positivismus. Der politische Einfluß war in der Direktoriumszeit enorm, besonders derjenige der Ideologen, die eine Stellung einnahmen, wie sie sich die Aufklärungsphilosophen erträumt hatten. Im Zusammenhang mit Erziehungsfragen, gleichsam auch in Nachfolge des früheren kirchlichen Einflusses auf Politiker, versuchten die Ideologen auch an Ersatzreligionen, an Ersatzkulten zu bosseln. Insofern fand Robespierres mißglückter Kult des Höchsten Wesens seine Fortsetzung im Dekaden-Kult von 1795 und in der an Freimaurertraditionen anknüpfenden „Theophilantropie", für die 1797 fünfzehn Pariser Kirchen beschlagnahmt wurden, – eine Mischung von Natur- und Nationalreligion, die aber für den Geschmack der Ideologen allzu stark in die Hände eines jakobinischen Pseudoklerus geriet und bald zur Sekte verfiel. Trotz des verbreiteten leidenschaftlichen Patriotismus war eine Nationalreligion nicht durchzusetzen. Wirksamer war der weltlich-politische Einfluß der Ideologen, der weniger in Richtung einer Staats- oder Nationalideologie ging als in Richtung von Aufklärung, Liberalismus und konservativem Republikanismus. Diese Wirkung findet sich in politischen Clubs, etwa im *circle constitutionnel,* in dem Benjamin Constant Sekretär wurde. An den politischen Diskussionen und Veränderungsplänen am Ende des Direktoriums waren die Ideologen so stark beteiligt, daß man den Brumaire 1799 sogar als „Staatsstreich des Instituts" bezeichnet hat.

Damit sind wir um des Zusammenhanges willen über Kulturgeschichte und Zeitraum weit hinausgegangen. Wir könnten noch auf manches andere Kulturgeschichtliche hinweisen, etwa auf die große Entwicklung des Konzertwesens oder auf die Erfindung des öffentlichen Museums, wobei festzustellen wäre, daß ausgerechnet der Beruf des Konservators eine Schöpfung der Revolution war. Manches ist von langfristiger Bedeutung, manches schon in der Thermidorianer- und Direktoriumszeit wieder verändert worden. Da wir nun schon mehrfach über das Jahr 1794 hinausgegangen sind, wollen wir aber bereits jetzt auf einige solcher kennzeichnenden kulturgeschichtlichen Veränderungen nach 1794 aufmerksam machen.

Das streng Republikanisch-Tugendhafte und die demokratische Brüderlichkeit gingen nach 1794 bald zurück, sie wurden geradezu angegriffen. Statt großer erzieherischer Revolutionsfeiern finden wir die Pariser „Hüpfseuche", die aufwendigen Tanzunternehmen der Neureichen.

Bereits kurz nach dem Thermidor ist der Antiterrorismus die große Mode. Man greift die Terroristen an. „Sansculotte" und auch „Jakobiner" werden Schimpfwörter, Feindbegriffe. Das Duzen fremder Personen hört auf. Die rote Mütze verschwindet aus dem Straßenbild ab Anfang 1795. Das ist vor allem auf die Angriffslust der Frérons jeunesse dorée zurückzuführen. Fréron war ein zur Reaktion übergelaufener ehemaliger Terrorist, das Idol der jungen Leute der neuen oberen Schichten der Pariser Gesellschaft, die sich mit der neuen Künstler-Bohème und mit Kriegsdienstflüchtigen mischten und alle den Sansculotten die Straße streitig machten. Diese Leute trugen nun Stiefel und Koteletten und später, vor allem die Royalisten unter ihnen, kurzen Haarschnitt „nach Art der Opfer", also Tituskopf, ausrasierten Nacken, manchmal sogar ein feines rotes Band um den Hals. Man trug außerdem den eckigen, z.T. hochgestellten Mantelaufschlag nach Vorbild der Chouans, also der Aufständischen aus Westfrankreich. Die Gegen-Marseillaise („das Erwachen des Volkes") wurde erfunden. Man zwang jakobinerverdächtige Schauspieler, sie auf offener Bühne zu singen und Selbstkritik zu üben. Die unzähligen Marat-Büsten auf den Straßen schmiß man in die Abwässerkanäle.

Vermischt war das alles mit viel Lebensgenuß. Das war nicht unbedingt antirevolutionär, es war nur eine Reaktion auf zu viel Schrecken und wohl auch zu viel Tugenderziehung. Man war nun durch die Revolution aufgestiegen, man wollte das genießen wie früher die Privilegierten genossen hatten. Es gab also große Feste in den vielen neuen Tanz-Etablissements. Die Demimonde, die Halbwelt entwickelte sich jetzt für das neureiche Bürgertum.

Talleyrand, von dem man immer nur den Ausspruch zitiert, wer nicht um 1780 gelebt habe, der habe den *plaisir de vivre* nicht kennengelernt, fand 1797, als er aus Amerika zurückkam: „Wie wenig Ähnlichkeit hat dieses Paris... mit dem der Revolution! Bälle, Schauspiele und Feuerwerke sind an die Stelle der Gefängnisse und Revolutionsausschüsse getreten... Die Damen des Hofes sind nicht mehr da, aber die Damen der Neureichen haben sie abgelöst; ihr Gefolge bilden wie einst die leichtfertigeren Geschöpfe, die in Luxus und extravaganter Kleidung mit ihnen wetteifern. Rund um diese Sirenen summt der Schwarm der gescheiten jungen Herren, die... beim Tanz von Politik plaudern und nach der Rückkehr der Monarchie seufzen, indem sie Eis löffeln oder gähnend einem Feuerwerk beiwohnen."[209]

Das war im Juli 1797, in der Direktoriumszeit, einer Zeit voller royalistischer Stimmungen. Aber bereits 1794/95 finden wir dieses Leben, in starker Diskrepanz zu den schweren Notzeiten nach den Mißernten von 1794 und 1795. Von einem Notariatsschreiber (Georges Duval) gibt es den Bericht, daß damals, im Winter 1794/95, oft das Brot zu 3 Sous gefehlt habe: dann habe er eben für 100 Francs ein Stück Kuchen gekauft. „Die Bälle gingen weiter und die Hungersnot auch. Wenn man um Mitternacht oder um 1 Uhr aus dem Tanzsaal kam, erblickte man als erstes die schon vollzählig angetretenen Schlangen vor den Bäckerläden."[210]

Soviel zur Kulturgeschichte der Revolutionszeit. Über das Wesen der kommenden Jahre, 1794–1799, ist damit auch schon einiges gesagt. Wir wenden uns nun der politischen Geschichte dieser Zeit zu.

Die Zeit der Thermidorianer und des Direktoriums 1794–1799

Das zweite Jahrfünft der Französischen Revolution, die ganze, ebensolange zweite Hälfte, wenn man im Brumaire (9. November 1799) das Ende der Revolution sieht, ist vergleichsweise uninteressanter und darum auch unbekannter. In den Revolutionsdarstellungen wird sie meistens vernachlässigt, außer von den Verfassungshistorikern; oft wird sogar behauptet, die Revolution sei mit dem Thermidor zuende, weil es keine weiter fortschreitende revolutionäre Entwicklung gäbe. Das hängt damit zusammen, daß die sog. Thermidorianer, vor allem aber das Direktorium, das von Herbst 1795 bis Herbst 1799 regierte, praktisch von links und von rechts verachtet werden. Von links wegen der Reaktion des Bürgertums gegen die radikale Revolution, etwa gegen Babeuf, also wegen der zunehmenden konservativen Neigungen. Von rechts, weil es eine destruktive Zeit ohne feste Ordnung und ohne handlungsfähige Staatsmänner war und die ganze Sache dann von dem Machtpolitiker Bonaparte gerettet werden mußte. In jedem Falle ist das Schwunglose, das Halbe dieser Zeit auffallend. Seit dem Thermidor ist die (jakobinische) Verstiegenheit der Revolution weg und der Durchschnitt da. So sieht es innenpolitisch aus, während zu gleicher Zeit, jedenfalls seit 1796, das Kriegsglück im Vordergrund steht, vor allem Bonaparte in Italien und Ägypten. In dieser Mischung liegt das Verworrene, Unzusammenhängende dieser zweiten fünf Revolutionsjahre.

Verwirrend ist diese Phase aber auch darum, weil man mit guten Gründen infragestellen kann, ob der Thermidor 1794 tatsächlich einen starken Einschnitt bildet. Verfassungsmäßig ist er ja keiner, denn der Konvent existiert noch während der Regierung der „Thermidor-Männer", also ein weiteres Jahr, und es besteht außerdem viel personeller Zusammenhang zu den nachfolgenden politischen Gremien. Der Terror ist in seiner spezifischen Form zwar zuende, lebt aber weiter in den Massendeportationen der nächsten Jahre und im Gegenterror, im „Weißen Terror" der Royalisten. Hier zeigt sich der Nachteil, daß es in der Geschichtsschreibung der Französischen Revolution nicht üblich ist, Revolution von Bürgerkrieg zu unterscheiden (aus schon genannten Gründen, wegen der „Kanalisierung" im Terror). Sehr viel deutlicher geschieht das etwa bei der Geschichtsschreibung über die englische oder über die russische Revolution. Wenn man die Zeit des großen inneren Krieges, des eigentlichen Bürgerkrieges herausheben wollte, müßte man die Jahre 1793 bis zur Wende 1795/96 nennen, also eine Zeit, die den Thermidor-Einschnitt überwölbt. Auch vorher und nachher gibt es Aufstände und deren Niederschlagung (beispielsweise den Bauernaufstand im Juli 1789), aber in diesen Jahren sind sie stärker und weit ausgedehnter. Sie beginnen in den Vendée im März 1793, dann kommen Lyon, Bordeaux usw.,das geht nach dem Thermidor als Reaktion gegen den Jakobinerterror weiter, in den gleichen Gegenden (vor allem durch die Chouans), in den Städten bei der rebellischen reaktionären *jeunesse dorée,* wozu dann auch noch das Emigrantenexpeditionsheer an der Südküste der Bretagne kommt. Dieses Heer wurde im Juli 1795 durch Hoche vernichtet, der daraufhin bis zum Winter 1795/96 weiter „befriedete", vor allem die Vendée unterwarf.

Würde man diese Bürgerkriegsperiode stärker betonen, so träte die Direktoriumszeit zwischen ihr und der späteren Militärherrschaft deutlicher hervor: wegen der dann sichtbaren Ähnlichkeit dieser Phasen zu solchen der englischen Revolution. Dort war der Bürgerkrieg mit der Hinrichtung des Königs im Januar 1649 zuende – während er in Frankreich damit anfing –, es folgte in England die Zeit des Commonwealth bis zur Einrichtung des Protektorats unter Cromwell 1653. Man hat auch dort die „Zwischenzeit" erst langsam in den Griff bekommen, vorher oft schon als von Cromwell beherrschte Zeit betrachtet oder einfach als korrupte und unbedingt abschaffungsbedürftige Zeit charakterisiert: neuerdings erkennt man, wie stark sie Cromwells Leistungen vorgearbeitet hat und wie stark schon kommerziell-bürgerliche Zustände in ihr zu sehen sind, die später der Whigismus vertritt. Ähnlich ist es beim Direktorium. Wir finden innen- und verfassungspolitische Vorwegnahmen der Leistungen der Konsulatszeit und wir finden eine durchschnittliche, großbürgerliche Regierung oder eine das neue Großbürgertum begünstigende Regierung wie dann im 19. Jahrhundert. Die Beurteilung der Lebens- und Entwicklungsfähigkeit ist in beiden Fällen schwer, weil sie deutlich auf militärischen Erfolgen und deren Ausbeutung beruhen, ja darauf angewiesen erscheinen: im Falle Englands sind es Cromwells Unterwerfungen Irlands und Schottlands und die Seesiege von Blake, im Falle Frankreichs sind es die Befreiung und Ausbeutung der Tochterrepubliken Holland, Italien und der Schweiz. Beide Republiken scheitern daran, daß sie sich dann schon bei einer nur geringen Krise nicht vor der Militärherrschaft retten können.

Wie gesagt, es ist in Frankreich eine Zeit auffallender Ernüchterung im Vergleich zur vorhergehenden Zeit. Mit den Girondisten ist der Idealismus des Bürgertums fort, mit der Gruppe Robespierres die Idealisierung des Volkes. Das stellte schon Mignet fest: „Anfangs triumphierte die Idee von der Freiheit und der konstitutionellen Monarchie, zuletzt die Idee von der Gleichheit, der Brüderlichkeit und der Republik, doch zu Beginn des Direktoriums glaubte man an nichts mehr."[211] Was nun noch bleibt, ist das Klasseninteresse, die Bürokratie, die militärischen Aktionen, das innenpolitische taktische Lavieren. Der „Putz ist ab", 20 Jahre lang ist „Glanz" nur noch bei der Armee.

Furet/Richet betonen, daß die Direktorialzeit in Frankreich immerhin den ersten Versuch darstellt, „eine Republik auf das normale Funktionieren von repräsentativen Institutionen zu gründen."[212] Eine normale Republik war diese Zeit aber deshalb noch nicht. Das sieht man daran, wie wenig es zu normaler Parteienbildung, zu normalem Parteienverhalten, zu parlamentarischer Einstellung gegenüber gegnerischen Parteien kommt. Es blieb immer ein unsicherer Zwischenzustand zwischen Bürgerkrieg und Parlamentarismus. Die Parteien wurden – mit Recht oder mit Unrecht – mit ihren Extremen identifiziert. Die Konservativen wurden mit den Anhängern einer konstitutionellen Monarchie, mit reaktionär absolutistischen Monarchisten und mit militanten Reaktionären in einen Topf geworfen. Die „Linken", die Nachfolger der Jakobiner, mit Terroristen, Sansculotten und Volksaufrührern. Anormal war eben auch die Abhängigkeit der Republik vom Militär. Wenn früher für die revolutionären Regierungen die Stadt Paris eine „zwingende Faust" war, so jetzt das Militär. Das lag daran, daß für die Republik der Krieg, die Fortsetzung des Krieges die „beste Absicherung nach rechts" darstellte, – und außerdem das „ungefährlichste Mittel, um von links keine Bedrohungen befürchten zu müssen".[213] Richtiger wäre: das zunächst ungefährliche Mittel. Denn am Ende hat dieses Mittel die Republik überwältigt.

Sehen wir uns zunächst die Nachthermidorzeit an. Hier stellen wir große Milderungen fest, vor allem durch die Abschaffung der Terror- und Guillotinegesetze. All das kann man kaum primär als Politik der Robespierre-Gegner oder des Konvents bezeichnen, denn es geschah unter dem Druck einer nun aus der „totalitären" Zeit befreiten, nicht mehr durch Pressekontrolle gesteuerten öffentlichen Meinung. Wir sahen schon die Reaktion gegen den Zwang im Umschlag der Mode und der Gesellschaftssitten, eine Reaktion, die oft erst für die Direktorialzeit als typisch angesehen wird, tatsächlich aber sofort im Herbst 1794 zu finden ist.

Die öffentliche Meinung und die politischen Maßnahmen richteten sich scharf, kampfbereit und erstmals wirkungsvoll gegen die Jakobiner, wie es schon die Girondisten 1793 versucht hatten. Das führte nicht nur zu weitgehenden Gefangenenbefreiungen, etwa Amnestie für die Girondisten, sondern auch zu Veröffentlichungen über die Terror-Ausschreitungen, Anklagen und Verurteilungen der entsprechenden Verantwortlichen. Etwa Carrier, der in Nantes gewütet hatte, erhielt Ende November 1794 vor dem Revolutionstribunal einen Prozeß und wurde Mitte Dezember guillotiniert. (Daher erfuhr man auch damals in ganz Europa so viel über diese Dinge.) Der Jakobinerklub wurde geschlossen. Die Montagnards im Konvent schmolzen zusammen. Im Laufe eines Monats demissionierten alle Mitglieder des Wohlfahrtsausschusses, also auch diejenigen, die sich gegen Robespierre gestellt hatten.

Es kam zum Weißen Terror, zu Straßenkämpfen der *jeunesse dorée,* in Westfrankreich zum Kleinkrieg der Chouans. Besonders in Lyon wurde im Februar 1795 furchtbare Rache geübt. Im Juni in Marseille, Jakobiner wurden z. T. gefoltert, getötet, man ging auch gegen die „Patrioten von 1789" vor, auch gegen Käufer von Nationalgütern. Manchmal gab es sogar Solidarisierungen mit den Sansculotten gegen die Terroristen, vor allem gegen die immer noch im Konvent befindlichen; das gelang deshalb, weil man die Regierung für die fühlbare Verschlechterung der Ernährungslage verantwortlich machen konnte. Im Kampf gegen die Terrorzeit hatte der Konvent auch das Höchstpreisgesetz im Dezember 1794 abgeschafft – die Grundlage so vieler Verurteilungen. Der Erfolg war eine starke Verschlechterung des Zustandes, eine Währungskrise, die für die ganze Zeit bestimmend ist (Assignateninflation), riesige Preissteigerungen. Es gab nun wieder offene Spekulation, Börse, statt Staatswirtschaft. Das war zugunsten der Händler, zugunsten eines Großbürgertums – zum großen Teil Neureiche –, von dem der Staat Kredite brauchte, aber zuungunsten der Armen. Im strengen Winter 1794/95 gab es Brotkarten, aber man erhielt dafür auch nicht immer etwas. Daher kam es hier zum Haß auf die Reichen, zur Karikatur der Wohllebenden und zu projakobinischer, z. T. Robespierre verherrlichender Stimmung. An sich war das schlecht mit der *jeunesse dorée* vereinbar, es gab nur die gemeinsame Richtung gegen die Regierung. Die Sansculotten sehnten sich nach 1793 zurück: „Unter Robespierres Herrschaft floß Blut, aber es fehlte nicht an Brot; heute fließt kein Blut mehr und es fehlt an Brot; also müßte wieder Blut fließen, damit es Brot gibt.“[214]

Aus diesen Gründen kam es zu den Aufständen des „Germinal“ und des „Prairial“. Beidemale, am 1. April und am 20.–22. Mai 1795, drang eine große Volksmenge in den Konvent ein, wegen Brot und wegen der Verfassung von 1793, deren Veränderung nun zur Debatte stand. Der Konvent verteidigte sich durch das Militär und durch die Entwaffnung der aufständischen Pariser Sektionen. Das war das letzte geschichtliche Auftreten der Sansculotten, man kann sagen: ihr Ende. Es wird daran sehr deutlich, daß, sobald ein mit dem Volk sympathisierendes demokratisches Bürgertum fehlte, wie das seit dem Tode Robespierres der Fall war, die Volksaufstände eben nicht mehr funktionierten. Lefebvre erklärt dazu: „Die Geschehnisse dieser Tage waren von entscheidender Bedeutung. Zum ersten Mal seit 1789 hatte die Regierung im offenen Kampf die Volkserhebung niedergeschlagen und damit die Triebkräfte der Revolution gebrochen.“ (Hier vergißt Lefebvre allerdings die Maßnahmen von Lafayette im Sommer 1791.) „Zum ersten Mal war die Armee ihrem Aufruf gefolgt und hatte den stillen Pakt, der sie seit dem 14. Juli 1789 mit dem aufständischen Volk verband, zerrissen. Die Kluft zwischen ihnen wird von da ab immer breiter. Bis 1830 rührt sich das Volk nicht mehr, und die Armee legt Schritt für Schritt zum Vorteil der Generale ihre Hand auf die Republik.“[215] (Hier übersieht Lefebvre, wieviel „Volk“ nun, seit dem ersten nationalen Heer der französischen Republik in dieser Armee steckt.)

So wurde nun also das reiche Bürgertum bestimmend, das schon in der Constituante, in Teilen der Legislative und bei den Girondisten so einflußreich gewesen war. Es sah sich in seinem Prestige und seinen materiellen Interessen nicht mehr wie bisher durch den Radikalismus und Fanatismus der Jakobiner gehindert, der verstiegen gewesen sein mochte, aber ohne den zweifellos die ganze Revolution gar nicht in Gang gekommen und dann zeitweise geschützt worden wäre. Die regierende und verwaltende Schicht, die sogenannten Notabeln, sicherten nun Eigentum und freie wirtschaftliche Entwicklung der Reichen und konnten die Bedürfnisse der ärmeren Bevölkerung vernachlässigen. Diese durch die Revolution aufgestiegenen und vermögend gewordenen Notabeln, auf die später noch hingewiesen werden soll, stabilisierten auch die republikanischen Errungenschaften und gaben damit dem Bürgertum ein festeres politisch-ideologisches Rückgrat, als es von sich aus gehabt hätte. Immer war ja – auch noch später – eine seiner charakteristischen Schwächen und Stärken, keine ganz deutliche politische Position zu beziehen. Weitere Ausschläge nach links und rechts, also in Richtung Jakobinertum und Royalismus, fehlten auch nach 1794 nicht; sie waren nur kürzer, ausdrucks- und erfolgloser im Vergleich zu den bisherigen Kämpfen.

Charakteristisch schwach erscheint dieses reiche Bürgertum freilich auch in seiner Stellung zur Armee, vor allem zur siegreichen Armee, eine Stellung, die immer prekärer wurde. Vielleicht gehört politische Schwäche in gewissem Grade prinzipiell zu dieser Schicht: gegen ideologische Diktatur – wie sie sich ja in der Terreurzeit gezeigt hatte – ist sie aus wirtschaftlichem Liberalismus und Individualismus ebenso wie gegen die Herrschaft alter privilegierter Schichten oder gegen „reine" Demokratie. Aus diesem Grund bezeichnet man ja ihre Stellung gegen alle diese drei Dinge oft als „lau", indem sich das Bürgertum zeitweise opportunistisch einer dieser drei Formen annähert, aus Balancegründen, bei Übergewicht anderer Formen.

All dies läßt sich nicht nur für die Endzeit des Konvents feststellen, sondern auch für das folgende vierjährige Direktorium. Der Konvent machte die Verfassung für dieses Direktorium und – im Gegensatz zur Constituante, aufgrund ihrer schlechten Erfahrungen, aus Angst gegenüber rechts und links – in solcher Weise, daß zwei Drittel des Konvents in die neuen gesetzgebenden Körperschaften kommen sollten. Diese neue Verfassung von 1795, die Mignet die „beste, klügste, liberalste und umsichtigste" genannt hat, „die man bisher eingeführt oder entworfen hatte",[216] kehrte großenteils zu der von 1791 zurück. Das ist besonders an der Zurücknahme des allgemeinen Stimmrechts zu sehen. Egalité wurde überhaupt sorgfältiger eingeschränkt, als es die Menschenrechtserklärung für nötig gehalten hatte. Es sollten keine Zweifel darüber aufkommen, daß mit égalité nicht soziale Gleichheit gemeint war. Es hieß nun deutlich: „Die Gleichheit besteht darin, daß das Gesetz für alle dasselbe ist." Besitzesunterschiede bleiben und sie unterscheiden. Das Wahlrecht wurde davon wieder abhängig gemacht, und zwar jetzt offener als bei der Beratung in der Constituante. Der Begründungstenor war: „Ein von den Besitzenden regiertes Land befindet sich in einem geordneten gesellschaftlichen Zustand. Wo die Nichtbesitzenden herrschen, ist es im Naturzustand." Und: „Es ist klar, daß die Besitzenden, ohne deren Willen kein Mensch im Lande weder wohnen noch essen könnte, die Bürger par excellence sind. Sie sind souverän von Gnaden Gottes, der Natur, ihrer Arbeit und ihres Vorsprungs."[217]

Immer ist zu betonen, daß dies sowohl gegen die radikale Demokratie als auch gegen die staatliche Diktatur gerichtet war – man hatte beides in eins gesehen. Bei Sieyès zeigt sich das deutlich, in Wendung gegen die Volkssouveränität: „Wenn sich eine politische Gemeinschaft bildet, faßt man nicht alle Rechte, die der einzelne in die Gesellschaft einbringt,.. in einem Punkte zusammen.“ (Er hätte auch sagen können: man macht keine volonté générale.) „Nur das wenigste davon wird unter dem Namen öffentliche oder politische Gewalt zusammengefaßt, lediglich soviel, als nötig ist, um jeden in seinen Rechten und Pflichten zu erhalten. Dieser Teil der Macht hat gar keine Ähnlichkeit mit den übertriebenen Vorstellungen, mit denen man die sogenannte Souveränität zu bekleiden beliebt hat. Und merken Sie wohl, ich spreche hier von der Souveränität des Volkes; denn wenn es eine gibt, so ist es diese. Das Wort stellt sich nur deshalb der Einbildung so gewaltig dar, weil der französische Geist, noch ganz erfüllt vom Aberglauben des Königtums, sich bemüßigt glaubt, es mit dem ganzen Erbe pompöser Attribute und absoluter Gewalt zu beschenken, welche die usurpierten Souveränitäten mit ihrem Glanz umgeben haben.“[218] Das ist übrigens eine Einschränkung des Staates von seiten der liberalen Idee, wie man sie ähnlich beim jungen Wilhelm von Humboldt 1792 finden kann. Dazu paßt auch die Trennung von Staat und Kirche. Allerdings ging der Konvent in der Einschränkung des Staates nicht so weit wie Sieyès.

Es gab also Wahlrechtseinschränkung, es war der Nachweis eines bestimmten beweglichen oder unbeweglichen Eigentums nötig, das der direkten Besteuerung unterlag, wenn man das Wahlrecht beanspruchen wollte. Nur Soldaten bekamen es auch ohne diesen Steuernachweis. Das städtische und ländliche Proletariat wurde damit von den Urnen ferngehalten. Von den 7 Millionen, die bei allgemeinem männlichem Stimmrecht hätten wählen können, waren aber nun immerhin schon 5 Millionen im Besitze des Wahlrechts. Das zeigt, daß im Frankreich von 1795 das Eigentum schon in hohem Maße aufgeteilt war. Bei der Wählbarkeit allerdings bestanden so starke Einschränkungen, daß es praktisch auf wohlhabende Leute begrenzt blieb. Und de facto machten von ihrem Wahlrecht nur wenige Gebrauch: 1795 nur ein Fünftel – aus Desinteresse oder weil es zu kompliziert war oder weil die Pfarrer davon abrieten.

Die Legislative sollte aus zwei Kammern bestehen, nach amerikanischem Muster, wie es die Constituante abgelehnt hatte. Aber was für zwei Kammern? Weder Oberhaus noch Senat waren möglich, auch nicht Reichtumsabstufungen. Man nahm einen „Rat der Alten“ von 250 Mitgliedern, die mindestens 40 Jahre alt und entweder verheiratet oder verwitwet sein mußten. Außerdem nahm man einen Rat der 500 (Conseil de Cinq Cents), dessen Mitglieder mindestens 30 Jahre alt sein mußten und nicht verheiratet zu sein brauchten. Crane Brinton bemerkt dazu: „So wurde die biedere, aber höchstwahrscheinlich irrige Volksmeinung, daß Alter und Ehestand eine Bürgschaft für politische Besonnenheit darstellen, formell in die neue Verfassung eingebaut. Der Rat der Alten war als konservatives Gegengewicht gedacht.“[219] Ein Drittel der Mitglieder jeder Kammer waren jährlich zu erneuern.

Als Exekutivgewalt dachte man sich keinen einzelnen aus, also keinen Präsidenten wie in den USA, nicht einmal zwei, wie die beiden Konsuln in Rom, sondern fünf Direktoren, von den Alten auf Vorschlag der 500 gewählt. Sie sollten fünf Jahre im Amt sein, wobei jedes Jahr ein Direktor neu gewählt wurde. Jeder Direktor sollte drei Monate (im Wechsel) Vorsitzender sein.

Exekutive und Legislative wurden strikt getrennt. Auch das geschah nach amerikanischem Muster und damit eigentlich nach den Vorstellungen des alten Montesquieu. Insgesamt versuchte man eine ruhige, „normale" durchschnittliche Verfassung zu bilden, versuchte auch, ihre Würde äußerlich zu heben, indem die Mitglieder der beiden legislativen Räte und der Exekutive in unterschiedliche, meist der Antike nachempfundene Phantasiekostüme gesteckt wurden. Aber das nützte ihr im damaligen Zeitpunkt nur wenig. Mignet hat dazu festgestellt: „Die Weitsicht dieser Verfassung war überaus groß... Sie stellte die Regierungsgewalt wieder her, gab der Freiheit Raum und bot den verschiedenen Parteien (also der bürgerlichen Mitte, den Konservativen, die zum Royalismus neigten, und den Nachfolgern der Jakobiner) die Chance des Friedens, falls diese ohne Hintergedanken handelten und nicht nach der alleinigen Macht strebten... Aber sie war faktisch nicht von längerer Dauer als die anderen, weil sie die gesetzliche Ordnung nicht gegen den Willen der Parteien wieder einführen konnte... Wenn die Parteien eine Revolution nicht beenden wollen – und die, die nicht an die Macht gelangt sind, wollen das nie – vermag eine Verfassung nichts, so gut sie auch sei."[220]

Mignet spricht von Freiraum für verschiedene Parteien: das gilt vor allem für den Freiraum nach rechts. Man sieht das an der Modifikation der Departementsverfassung. Paris wurde dezentralisiert, es wurde in mehrere Stadverwaltungen aufgeteilt und verlor dadurch wie andere große Städte seine Selbständigkeit. Die Departements wurden gestärkt und in sich zentralisiert: der „Distrikt" verschwand, der nämlich der klassische Revolutionsbezirk war. Zum Freiraum nach rechts führten auch Verordnungen des sich auflösenden Konvents: im Mai 1795 kam es zur Restauration des religiösen Kultus. Die Gläubigen erhielten ihre Kirchen zurück, so daß nun nebeneinander der Dekadenkult, die konstitutionelle katholische Kirche und die römisch-katholische Kirche standen. Ebenfalls im Mai 1795 wurde das Revolutionstribunal aufgelöst. Und schließlich wurde äußerlich die „Einheit" proklamiert: im Oktober 1795 erließ der Konvent als letztes Dekret, die Place de la Révolution in „Place de la Concorde" umzunennen.

Dann folgte also die Zeit des Direktoriums. Ab Ende 1795 wurde Frankreich nach der neuen Verfassung regiert. Diese Verfassung war, wie gesagt, ruhig, „normal", durchschnittlich: ebenso waren es die Politiker. Es waren tüchtige, durchschnittliche Direktoren, gar keine Redner, gar nicht mitreißend. Beherrschend und in gewisser Weise untypisch war der Vicomte Paul de Barras, ein geschickter Ex-Adliger und Lebemann, eine Art Ersatz-

Mirabeau oder gar Ersatzkönig, vornehm über seinen Kollegen mittelbürgerlicher Herkunft schwebend. Daneben war nur Carnot bedeutend.

Barras hatte Autorität erlangt, als er den royalistischen Aufstand vom 13. Vendémiaire (5. Oktober 1795) niederschlug. Das war ein Protestaufstand vieler Pariser Sektionen gegen den Konvent oder gegen seine Verfassung, eine Anfechtung der Verfassungswahl, Mißtrauen gegen alte Konventsmitglieder, geschürt von Royalisten. Im Straßenkampf wurde gegen die Aufständischen mit Kanonen vorgegangen, es gab 2–3000 Tote. (Bonaparte befehligte die Artillerie.) Nach dieser gewalttätigen Einleitung, diesem klaren Bruch mit den Royalisten, konnte der Konvent Ende Oktober 1795 in Ruhe von der neuen Legislative und dem Direktorium abgelöst werden.

Um die Jahreswende 1795/96 ist das Ende des Bürgerkrieges anzusetzen. Erstmals seit 1789 gab es jetzt ruhigere Jahre in Frankreich, im Gegensatz zu den äußeren Kriegshandlungen: aber es waren nicht ungefährliche, es waren weiterhin ungesicherte Jahre, und die relative Ruhe war nicht so sehr eine Leistung der neuen Regierung als vielmehr ein Zeichen politischer Machtlosigkeit und wirtschaftlich-sozialen Elends der ärmeren Bevölkerungsschichten. Das Direktorium schaffte es allerdings, die Inflation zu stoppen. Die Druckplatten der Assignatenscheine ließ es im Februar 1796 öffentlich zerbrechen. Es gelang ihm, wieder auf Edelmetallwährung zurückzukommen, aber nur durch eine sozial rücksichtslose Deflation; und zwei eiskalte Winter 1794–96 – der zweite nach einer schlechten Ernte – waren besonders hart und führten in Stadt und Land zu Epidemien und langanhaltenden Verelendungen.

In dieser deprimierenden Zeit tauchte bei einer „prophetischen Minorität" die Idee des Kommunismus auf.[221] Es ist der einzige, letzte radikale Versuch einer Weiterentwicklung der Französischen Revolution, aber in hoffnungslos utopischer Weise, durch Gracchus Babeuf und seine Verschwörung der Gleichen, 1796. „Gleich" war gemeint im Sinne von wirtschaftlicher égalité. Babeuf, im Ancien Régime glücklos mit der Erneuerung von Feudalrechten befaßt, hatte sich dann für Kollektivgüter, für Arbeitsgemeinschaften von Bauern interessiert. Nach 1789 gab er sich römisch, legte sich deswegen auch den Vornamen Gracchus zu und kämpfte für ein „Ackergesetz" in Parallele zu dem alten römischen Kampf zwischen Patriziern und Plebejern. Jeder sollte einen gleichgroßen Grundbesitz bekommen. Nun, im November 1795, erklärte er, ein solcher Besitz könne niemals gleich bleiben, wenn das Privateigentum erhalten bliebe. Also war er nicht nur gegen die „Handelsaristokratie", die rücksichtslos herrschenden Geschäftemacher des Direktoriums, sondern überhaupt für die Abschaffung des Privateigentums. Lefebvre hat betont, wie stark Babeufs Kommunismus den Stempel seiner Zeit trug. Er bezog sich auf die Verteilung, nicht auf die Produktion, deren Individualismus damals noch nicht durch kapitalistische Zusammenballung zerstört war. Der Bauer sollte weiter seinen Acker bestellen, aber dieser Acker sollte Eigentum der Nation sein und die Ernte in öffentliche Vorratslager kommen. Babeuf dachte dabei nicht nur moralisch-asketisch bäuerlich wie die meisten früheren Utopisten (etwa die englischen Digger), sondern von der städtischen Arbeiterschaft her. Ganz optimistisch meinte er, daß Industrie, neue Erfindungen, Maschinen das Los der Menschen erleichtern, den Überfluß steigern und seine Verteilung vereinfachen würden. Babeuf hatte erbittert gesehen, wie die Politiker zu solcher Gleichmacherei standen, und mißtraute ihnen, einschließlich Robespierre, den er erst nach dessen Katastrophe achten lernte und nun gegen die allgemeine Meinung verteidigte. Er mißtraute aber ebenfalls dem versklavten Volk. Möglich erschien ihm die Neuerung nur durch gewaltsamen Umsturz, durch die Diktatur einer Minderheit. Lefebvre sagt deswegen: „Babeufs historische Bedeutung liegt zweifellos darin, daß er zu einer klaren Vorstellung von jener Volksdiktatur gelangt ist, von der Marat und die Hébertisten gesprochen hatten, ohne sie genau zu definieren. Durch Buonarotti (1828 publiziert) hat er diese Vorstellung weitergegeben an Blanqui und an Lenin, der dann aus ihr eine Realität machte.“[222]

Das ist Babeufs Bedeutung für die Geschichte des Sozialismus. Sie ist nicht zu verwechseln mit seiner damaligen politischen Bedeutung, zumal seine „Gleichen“ auch schon innerhalb der Verschwörer nur eine Minderheit bildeten, die bei einem Erfolg der Verschwörung wahrscheinlich hoffnungslos ins Hintertreffen geraten wäre. Erfolg hatte aber die Verschwörung gar nicht. Im Floréal (Mai 1796) wurde sie aufgedeckt, vor allem durch den früheren Jakobiner Carnot. Im nächsten Jahr wurden Babeuf und einige seiner Anhänger hingerichtet.

Hatte man sich so gegen „links“ abgesichert, so tat man es gegen die immer gefürchtete Rechtsreaktion in Antwort auf Verschwörungen am 18. Fructidor (4. September 1797) durch staatsstreichartige, vom Militär unterstützte Gewaltmaßnahmen. Bonaparte hatte für diesen militärischen Schutz den General Augereau aus Italien ausgeliehen. Es ist umstritten, wie groß die Gefahr war – übrigens war das auch bei Babeuf umstritten –, das Direktorium hat vielleicht, um sich moralische Unterstützung zu holen und dadurch an Macht zu gewinnen, die Bedrohung durch ein royalistisch-englisches Komplott übertrieben. Es ließ sich vom „gesäuberten“ Rat der Fünfhundert und den Alten mit harten Ausnahmegesetzen ausstatten und machte beinahe eine Erneuerung der Revolution von oben. Die Wahlen in 49 Departements wurde als republikfeindlich annulliert; 53 Mitglieder der legislativen Körperschaften und einige weitere Politiker zur Deportation nach Guayana verurteilt: man nannte das die „trockene Guillotine“. Die riesige Bürokratie, in der so viele Unterschlupf gefunden hatten, wurde ausgekämmt, die Pressezensur wieder eingeführt. Die inzwischen zurückgekehrten Emigranten hatten innerhalb von 15 Tagen das Land zu verlassen; wer dann noch vorgefunden wurde – es waren über hundert – war des

Todes. Alle Adligen wurden zu Ausländern erklärt. 1800 römisch-katholische Priester wurden deportiert und damit die stark entwickelte Rechristianisierung gestoppt.

Lefebvre ist der Meinung, daß damit schon das „Ende der Republik" gekommen sei: „Der 18. Fructidor besiegelte den Fehlschlag des konstitutionellen und liberalen Experiments... Die Republik war wieder zur Diktatur zurückgekehrt, und das Direktorium, das dabei vorangegangen war, zog den Hauptvorteil daraus. Die ohnehin geschwächte Autorität der Gesetzgebenden Körperschaft nahm noch weiter ab."[223] Es ist die Frage, ob das Polizeiregime nach dem Fructidor tatsächlich so effektiv war, daß man von Diktatur sprechen kann. Immerhin näherte sich das Direktorium dadurch dem Exekutivsystem und der Exekutivmacht, die dann das Konsulat haben wird. Ein Hauptgrund für seine Schwierigkeiten bestand darin, daß die Verfassung zu stark gesichert war; die Exekutive war zu sehr gebunden, eine Verfassungsänderung war so schwierig, daß eine solche Prozedur im Ganzen neun Jahre in Anspruch nahm. Man glaubte sich gar nicht anders als durch Staatsstreiche helfen zu können. So waren im Mai 1798 wieder Wahlmanipulationen, d.h. Annullierungen nötig, weil nun plötzlich die Jakobiner Stimmenmehrheit in den legislativen Körperschaften zu erringen drohten – offensichtlich unterstützt von royalistischen Kräften, die nicht mehr offen auftreten konnten und auf diese Weise anarchische Zustände herbeizuführen trachteten. Das Direktorium wehrte sich durch den „Staatsstreich" des Floréal, der in gar keinem sichtbaren Gewaltakt, sondern eben in dieser miesen politischen Manipulation gegenüber der Legislative bestand; „florealisieren" nannte man seither die Methode der Wahlannullierung.

In der neuen Form nach dem Fructidor hat das Direktorium noch fast zwei Jahre weitergearbeitet, und es läßt sich vorstellen, daß es bei weiterer Beruhigung auch unter Abmilderung der Sondervollmachten hätte noch weiterarbeiten und somit die Tradition einer bürgerlichen Republik bilden können. Beispielsweise finden wir von Frühjahr 1798 bis Frühjahr 1799 eine wirtschaftliche und finanzielle Neuorganisation, die deutlich die entsprechenden Leistungen der Konsulatszeit vorbereitet hat. Es wurde ein Steuersystem eingeführt, das großenteils bis heute gilt. Von „Abwirtschaft" kann jedenfalls nicht gesprochen werden.

Allerdings muß andererseits betont werden, wie stark dieses System von der kriegerischen Expansionspolitik lebte. 1798/99 beispielsweise machten die Steuern aus den eroberten Gebieten ein Viertel des Jahresbudgets aus. Aber noch weit höher als die wirtschaftliche ist die psychologisch-moralische Bedeutung einzuschätzen. In der öffentlichen Meinung war Nationalismus, Begeisterung für militärische Siege und Sieger *die* Leidenschaft geworden. Angesichts des Zurückgehens anderer politischer Ideale ließ sich das kaum einschränken. Insofern war das Direktorium auf ganz anormalem Fundament gebaut und war eine Normalisierung schlecht vorstellbar. Sie kam auch gar nicht. Allein die Tatsache, daß im Winter 1798/99 der Krieg für Frankreich erstmals seit 1793 wieder eine ungünstige Wendung nahm, genügte, um alles in Unsicherheit zu bringen.

An diesem Punkt müßte nun ausführlich auf die Außenpolitik des Direktoriums eingegangen werden, die ja, genau genommen, mehr das Heldenabenteuer Bonapartes war. Ich kann nur Andeutungen geben.

Zu Beginn des Direktoriums hatten die französischen Heere weit mehr als die ,,natürlichen Grenzen" erreicht, die feindliche Koalition war zerfallen, die ja niemals sehr stark gewesen war, etwa im Vergleich zu der Koalition gegen Ludwig XIV. oder später wieder gegen Napoleon. Es gab keine einheitliche Gegenideologie gegen die Französische Revolution, man reagierte dagegen wie in früheren Zeiten, d. h. nach speziellen Staatsinteressen. In Deutschland etwa wurde der Kampf überhaupt nicht als gesamtdeutsches Unternehmen gegen einen französischen Erbfeind angesehen. Preußen und Österreich blieben mißtrauisch gegeneinander, damit der andere nur ja nicht zu viele spezielle Vorteile von diesem Krieg hatte. Preußen empfand keine linksrheinische Verantwortung; die Finanzen sahen schlecht aus und außerdem fühlte es sich bei den Teilungen Polens übervorteilt. Es gab einen Geheimvertrag zwischen Österreich und Rußland vom 3. Januar 1795 über die endgültige Aufteilung Polens, wobei diese beiden Staaten viel umfangreichere Landerwerbungen bekamen als Preußen. Daraufhin schloß Preußen im Mai 1795 in Basel einen Sonderfrieden mit Frankreich. Bis zum Abschluß eines allgemeinen Friedens wurde den Franzosen das linke Rheinufer zugestanden. Geheim wurde außerdem erklärt, man sei bei entsprechender territorialer Entschädigung mit einer Annexion dieses linken Rheinufers durch die Franzosen einverstanden. Moralisch war das nicht besonders hervorragend, es verschaffte aber dem ganzen norddeutschen Raum praktisch eine zehnjährige Ruhe. Man hat das, nebenbei bemerkt, immer als eine wichtige Voraussetzung für die Periode der Weimarer Klassik und der Romantik angesehen. Danach traten auch Spanien, Toskana, Sachsen, Hannover, Hessen-Kassel und andere aus der Koalition aus. Zu Beginn des Direktoriums waren also nur noch Österreich und England im Spiel.

Das Direktorium glaubte nun, das Programm der natürlichen Grenzen durchsetzen zu können. Die Möglichkeit eines Friedens mit Österreich und England, den man eigentlich wünschte, wurde dadurch schwer belastet. Man hoffte aber auf eine kriegerisch günstige Entscheidung gegen Österreich. Darum zog Bonaparte 1796 nach Italien, das ursprünglich nur ein Nebenkriegsschauplatz war. Er trennte Österreicher und Sardinier, machte mit den letzteren Waffenstillstand und im übrigen eigenmächtige Politik wie seinerzeit Caesar in Gallien, also Friede mit dem Papst, große Aufrufe zur Bildung freier Republiken (Cisalpinische Republik) und dergleichen. 1797 zog er nordostwärts in Richtung Wien, schloß eigenmächtig den Vorfrieden von Leoben im April 1797 und sechs Monate später den

Frieden von Campoformio. Österreich anerkannte die italienische Neuordnung, gab die linksrheinischen Gebiete, vor allem Belgien, auf und erhielt dafür Venedig.

So blieb immer noch England. Bonaparte, nun zum ruhmreichsten französischen General emporgestiegen, glaubte zunächst, im Oktober 1797, eine Landung in England wagen zu können. Es wurde eine entsprechende „englische Armee" gebildet. Das gab er aber im Februar 1798 auf. Er glaubte nun, England am besten und profitabelsten und sensationellsten in Ägypten zu treffen, nämlich durch den Aufbau eines großen französischen Gegen-Empires. Im Mai 1798 begann dieses Abenteuer, das an der Vernichtung der französischen Flotte in der Bucht von Abukir schließlich scheiterte, außerdem auch daran, daß sich gegen diese Unternehmungen – zu denen noch die Besetzung des Kirchenstaates als „Römische Republik" und die der Schweiz als „Helvetische Republik" gekommen war – die zweite Koalition aufbaute: im Herbst 1798. Sie bestand aus England, Österreich, Rußland, Neapel, Portugal, der Türkei. Man ging in den Niederlanden vor, die Engländer landeten russische Korps in Den Helder, außerdem von Neapel aus in Richtung des Kirchenstaates, in der Schweiz und besonders erfolgreich in Norditalien. Im April 1799 wurde die Cisalpinische Republik zerstört. Die Lage war kritisch, aber nicht entfernt so gefährlich wie 1792/93. Noch vor Bonapartes Rückkehr aus Ägypten im Oktober 1799 war sie durch Masséna stabilisiert worden.

Trotzdem genügte diese Krise, um das Direktorium, die ganze Direktorialverfassung zu zerstören. Gegen die geschwächten Direktoren ergriffen die beiden legislativen Körperschaften, genauer: ihre jakobinischen Minderheiten, die Initiative. Sofort bei Beginn der verschlechterten Lage forderte man eine Rückkehr zur Jakobinerdiktatur, zur Terreur – denn damit hatte man seinerzeit gesiegt. Vier der fünf Direktoren wurden im Mai und Juni 1799 zum Rücktritt gezwungen und durch Sieyès und drei Jakobiner ersetzt. Das neue Direktorium arbeitete sehr streng mit Zwangsanleihen und Geiselgesetzen (für Verwandte der Emigranten) und rief damit das Entsetzen aller Terror-Gegner hervor.

Sieyès, der alte Verfassungskünstler, der hier seinen neuen Auftritt fand, hatte von vornherein gesehen, daß dies nicht die Lösung war, und arbeitete auf eine ganz andere hin. Angesichts der wachsenden öffentlichen Opposition gegen die teils gefürchtete, teils verachtete Regierungsgewalt war ein stärkerer Staatsstreich nötig, um eine wirkliche Verfassungsverbesserung durchzusetzen. Und außerdem bedurfte es einer festen Verbindung mit einem Armeeführer, nicht nur wegen der militärischen Macht, sondern noch mehr wegen der viel größeren öffentlichen Autorität, die die erfolgreichen Generäle in der Direktorialzeit inzwischen gewonnen hatten. Sieyès mußte einen „Caesar" oder „Cromwell" möglichst vermeiden, aber er brauchte, wie man es damals nannte, einen „Washington".

Das war die Situation am Ende der Direktorialzeit. Es wäre irreführend, die Sache so nachzuerzählen, wie sie sich der zeitgenössischen populären Meinung darstellte und wie sie die Napoleonlegende in die spätere Geschichtsauffassung brachte: daß nämlich in dem Schlamassel des Direktoriums der große Retter Napoleon Bonaparte auftrat, alles hinwegfegte und die Alleinherrschaft übernahm. Das würde nicht nur die Anfangssituation verfälschen, sondern auch unverständlich machen, wodurch er eigentlich getragen wurde und welche Rolle das an der Revolution interessierte Bürgertum spielte, das ihn dann immerhin überlebte und die weitere Entwicklung Frankreichs bestimmte. Es ist wichtig, sich klarzumachen, daß es keine reaktionären, auf eine staatliche Restauration hindrängenden Kräfte waren, die den Weg aus den Problemen der Direktorialzeit hinausfanden; auch keine außenpolitisch-militärischen Abenteurer, die von diesen Problemen ablenken wollten; auch nicht einfach sicherheitssüchtige, reichgewordene bürgerliche Geschäftemacher, die nun nach einem starken Staat, einem starken Mann riefen. Es waren die sogenannten Notabeln und damit eigentlich die Revolutionäre selber. Die konservativen unter den überlebenden Revolutionären. Diejenigen, die aus klarer Kritik am Ancien Régime die Revolution inganggesetzt oder mitgemacht hatten, verantwortliche Posten in Politik und Verwaltung der Revolutionsregierungen innegehabt hatten, durchaus auch dabei vermögend geworden waren – und nun in ernster Sorge um die konstruktive Erhaltung der staatlichen und gesellschaftlichen Neuerungen seit 1789 nach Mitteln und Wegen einer positiven Weiterentwicklung Frankreichs suchten. Natürlich war das mit Eigennutz verbunden, mit Selbsterhaltungstrieb in der erreichten Berufs- und Eliteposition, auch mit einer beachtlichen Flexibilität hinsichtlich der Anerkennung verschiedenartiger Staatsformen und Herrscher; aber es wäre zu kurz gesehen, wenn man allein diesen Eliten- bzw. Klassenegoismus oder das materielle Interesse ins Zentrum stellen würde. Es ist durchaus bemerkenswert, mit welchem politischen Gemeininteresse diese Revolutionäre nicht nur den Anfang der Revolution gemacht haben, sondern weiterzuwirken versuchten; also sich nicht deprimiert, desillusioniert zurückzogen oder der monarchischen Restauration in die Arme warfen. Die produktive Kraft der Veränderungsideen der Französischen Revolution wird daran deutlich. Sie war nicht nur ein Anfangsrausch wie manche anderen revolutionären Erscheinungen.

Schon bei den Ideologen des Institut de France, die der gesamten Direktorialzeit mit Rat und Kritik zur Seite standen, haben wir diese Haltung festgestellt. Man kann sie auch an den Schriften von Benjamin Constant erkennen, eines politischen Theoretikers, der in dieser Zeit begann und zum führenden Vertreter des französischen Frühliberalismus werden sollte. In der Schweiz geboren und in Deutschland ausgebildet, war er freilich ein gewisser Außenseiter, der durch Madame de Staël mit Sieyès und Talleyrand in Verbindung kam. Als glühender Bewunderer des Anfangs der

Revolution sah er 1795 in Paris mit Enttäuschung die ideallose Weiterentwicklung. Im „Cercle constitutionnel" wurde er darauf zum Parteigänger des Direktoriums und schrieb gegen diejenigen, die wegen der Terreur zur ganzen Revolution negativ standen; die Mirabeau und nun auch das Direktorium wegen Robespierre ablehnten. Erstmals wurde hier, wie es dann in der späteren liberalen Geschichtsschreibung seit Mignet und Thiers zu finden ist, zwischen guter Anfangsphase und zeitweise schlechter Weiterentwicklung der Revolution unterschieden: das Direktorium knüpfte, nach Constants Meinung, wieder an den guten Anfang, an die „Ideen von 1789" an; damit entsprach es dem Zeitgeist, während Monarchismus und Jakobinertum ihm widersprochen hatten und damit schädlich geworden waren und auch in Zukunft werden könnten.

Constant formulierte damit Grundideen der politischen Elite seiner Zeit: eben der Notabeln oder der manchmal sogenannten „brumairianischen Elite". Dieser letztere Name bezieht sich, genau genommen, auf das politische Spitzenpersonal in der Exekutive und Legislative der Konsulatszeit. In systematischer Untersuchung ist von Werner Giesselmann festgestellt worden, daß diese Personen nicht nur großenteils erstaunlich lange, wenn auch auf wechselnden Posten, im Staatsdienst tätig blieben – im Kaiserreich, in der Restaurationszeit, einige noch beim Übergang zum Bürgerkönigtum 1830 –, sondern alle auch schon vor dem Brumaire, vor 1799 entsprechend tätig waren.[224] Überwiegend waren sie schon im Ancien Régime ausgebildet worden, handelten also aus langer Erfahrung und waren nicht junge Emporkömmlinge der Revolutionszeit selber. Ebenso überwiegend kamen sie aus den Provinzstädten, nicht aus Paris, stammten aus der bürgerlichen Oberschicht – dem „Wartestand für Adel" – und waren meist nicht in der Wirtschaft, sondern als Juristen im öffentlichen Dienst oder in freien Berufen tätig gewesen. Sie waren selten Männer der „ersten Stunde" oder der ersten Garnitur. Die Mehrzahl wurde erst in der Direktorialzeit in die legislativen Körperschaften gewählt. Alle waren aber schon gleich nach 1789 aus ihren normalen Berufen in öffentliche Ämter übergewechselt und hatten mit dem dort verdienten Geld Nationalgüter erworben.

Daraus erklärt sich ihr Interesse an der staatlichen Stabilisierung der revolutionären Errungenschaften. Die Direktorialregierung schien das nicht mehr zu gewährleisten, wie man an den verfassungsmäßigen Schwächen sah, an den vielen Wahlen mit ihren gefährlichen, nur mühsam zu unterdrückenden Ergebnissen, – von allen anderen Unsicherheiten abgesehen. Man wünschte dagegen einen rettenden Staatsmann und Staatsstreich und vertraute dafür auf Sieyès, der nicht mit Massengewalt, sondern mit Militärgewalt arbeiten wollte, also mit Beistand eines siegreichen Generals als Vollzugsorgan. Sieyès dachte zunächst an Joubert, der aber im August 1799 in Italien fiel. Er verhandelte dann mit Moreau – während Bonaparte von Ägypten zurückkehrte und so begeistert empfangen wurde, daß man sein Prestige nicht übergehen konnte, sondern möglichst ausnutzen mußte.

Aber Bonaparte war eben mehr als ein gewöhnlicher militärischer Helfer: durch seinen persönlichen Ehrgeiz und noch mehr durch seinen Ruhm und seine Popularität. An den zwei Tagen des Staatsstreichs selber, am 18. und 19. Brumaire (9. und 10. November 1799), stellte er sich zwar nicht sehr geschickt an, aber das war ein täuschender Anfang. Die ganze Sache war eine regelrecht betrügerische, abgekartete Verschwörung. Drei eingeweihte Direktoren dankten ab, die zwei anderen wurden verhaftet. Die beiden Kammern wurden nach Saint-Cloud berufen, damit sie fern vom Pariser Volk tagen konnten. Als Begründung wurde angegeben, es drohe wieder ein jakobinischer Aufstand, das Vaterland sei also in Gefahr. Bonaparte mußte das dem Rat der Fünfhundert erklären und um Vollmachten zur Bildung einer neuen Regierung bitten. Die Deputierten verlangten aber nähere Angaben über die angeblich drohende Jakobinerverschwörung, und da wußte der General nichts zu sagen. Er wurde bleich und vorübergehend ohnmächtig, als man auf ihn eindrang. Sein jüngerer, 24jähriger Bruder Lucien, der Präsident der Fünfhundert, rettete ihn. Man verbreitete eine Dolchdrohungslegende. Nun war also offene Gewalt nötig. Soldaten jagten die Deputierten aus dem Saal, später traten die „Befreundeten" wieder zusammen und beschlossen, die Staatsmacht den temporären Konsuln Bonaparte, Sieyès und Roger Ducos anzuvertrauen.

Damit war denn doch Cromwell erschienen, vor dem man sich so lange gefürchtet hatte, – und ein weit aggressiverer, jüngerer und aktionsfähigerer Cromwell als der englische, der ja zur Machtanwendung immer ein gebrochenes Verhältnis behalten hatte.

Schlußbetrachtung

Mit dem Konsulat war die Revolution im engeren Sinne beendet, aber nur im engeren Sinne.

Im weiteren Sinne ist sie es noch heute nicht. Sie wurde eine „Pflanzschule künftiger Revolutionen". Der Ausdruck stammt von Burke und war von ihm negativ gemeint. Burke hatte an der englischen Glorreichen Revolution von 1688 gerühmt, sie sei die „Mutter einer festen Staatsverfassung" gewesen, nicht die „Pflanzschule künftiger Revolutionen".[225]

Positiv drückte es Kant aus, der nicht wie andere Deutsche der Französischen Revolution nur ein Anfangsinteresse, sondern ein dauerndes entgegenbrachte, – über ihre schlechten Zeiten hinweg. 1798, zu einem Zeitpunkt, als es unsicher schien, ob sie überhaupt noch „da war", erklärte Kant in seiner Schrift über den ‚Streit der Fakultäten': „Die Revolution eines geistreichen Volks, die wir in unseren Tagen haben vor sich gehen sehen, mag gelingen oder scheitern; sie mag mit Elend und Greueltaten dermaßen angefüllt sein, daß ein wohldenkender Mensch sie, wenn er sie, zum zweitenmale unternehmend, glücklich auszuführen hoffen könnte, doch das Experiment auf solche Kosten zu machen nie beschließen würde – diese Revolution, sage ich, findet doch in den Gemütern aller Zuschauer (die nicht selbst in diesem Spiele mit verwickelt sind) eine Teilnehmung dem Wunsche nach, die nahe an Enthusiasm grenzt... Ein solches Phänomen in der Menschengeschichte vergißt sich nicht mehr, weil es eine Anlage und ein Vermögen in der menschlichen Natur zum Besseren aufgedeckt hat, dergleichen kein Politiker aus dem bisherigen Laufe der Dinge herausgeklügelt hätte... Aber, wenn der bei dieser Begebenheit beabsichtigte Zweck auch jetzt nicht erreicht würde, wenn die Revolution, oder Reform, der Verfassung eines Volks gegen das Ende doch fehlschlüge, oder, nachdem diese einige Zeit gewähret hätte, doch wiederum alles ins vorige Gleis zurückgebracht würde (wie Politiker jetzt wahrsagern), so verliert jene philosophische Vorhersagung doch nichts von ihrer Kraft. – Denn jene Begebenheit ist zu groß, zu sehr mit dem Interesse der Menschheit verwebt, und, ihrem Einflusse nach, auf die Welt in allen ihren Teilen zu ausgebreitet, als daß sie nicht den Völkern, bei irgendeiner Veranlassung günstiger Umstände, in Erinnerung gebracht und zu Wiederholung neuer Versuche dieser Art erweckt werden sollte."[226]

Das, was Kant hier gesagt hat, gilt zunächst und am deutlichsten für Frankreich selbst. Da die Revolution zum Kaisertum Napoleons und dann, als sie in dieser Form endlich vom übrigen Europa überwältigt worden war, zur Restauration der Bourbonen-Monarchie führte, fand eine mehrmalige Wiederholung im Laufe des 19. Jahrhunderts statt, eine langsame, vorsichtige Durchführung der in der Großen Revolution so konzentriert und schnell erfahrenen Zustände. Die allzu reaktionär-aristokratische und klerikale Bourbonen-Monarchie wurde 1830 durch eine konstitutionelle ersetzt, also durch das Bürgerkönigtum Louis Philippes. Man verglich das schon damals mit der englischen Glorreichen Revolution und der Ablösung der Stuarts durch das Haus Oranien. Es war ein Zustand nach Art der Constituante, der Verfassung von 1791.

1848 fand der Versuch der Weiterentwicklung zur Republik nach Art der ersten von 1792 statt, – natürlich routinierter inszeniert und schneller zugelassen: man kannte ja die Geschichte schon, der König verzog sich also so rasch wie möglich. Aber der Vierte Stand, das Proletariat, wirkte in der gerade beginnenden Industrialisierung erstmals gefährlich stark und aktiv mit. Aus Furcht vor der Terreurzeit oder vor sozialem Umsturz wurde die Reprise hier abgebrochen, die Jahre 1793 bis 1799 wurden gewissermaßen übersprungen und man machte gleich Platz für Napoleon, den III., der erst Präsident und dann Kaiser wurde. Marx sagte damals, verärgert darüber, daß die proletarische Revolution nicht gesiegt hatte, die er vorher mit wissenschaftlicher Sicherheit vorausgesagt hatte: Alle großen weltgeschichtlichen Tatsachen und Personen ereigneten sich sozusagen zweimal, habe Hegel gemeint und vergessen hinzuzufügen: „das eine Mal als Tragödie, das andere Mal als Farce.“[227]

Nach dem Sturz des Kaisers durch den deutschen Krieg 1870 wurde eine bourbonische oder bonapartistische Restauration vermieden, aber auch eine sozialistische Revolution brutal unterdrückt, durch Erstickung des Commune-Aufstandes. Stattdessen etablierte sich die gemäßigte Dritte Republik, die ähnlich wie das Direktorium zwischen links und rechts lavieren mußte.

Seither gab es viele Verfassungsänderungen, schwere, vor allem von außen veranlaßte Krisen wie die zwei Weltkriege, – trotzdem ist Frankreich nun über hundert Jahre ohne revolutionäre Umbrüche „durchgekommen“. Das deutet darauf hin, daß auch schon vorher, trotz der vielen aufgeregten äußeren Umstürze, die ja einen Mann wie Taine an der ganzen Entwicklung irremachten, ein ziemlich festes politisches Fundament geschaffen worden war. Ein Fundament, demgegenüber sich die Revolutionen bis zu einem gewissen Grade als äußerlich, oberflächlich, machbar oder verhinderbar erwiesen. Die erste Große Revolution hat den wesentlichen Umbruch geleistet, und soweit er noch nicht dauerhaft war und Rückbildungen auftraten, hat sie dagegen das Revolutionsmachen als innenpolitisches Mittel verfügbar gemacht. Sie hat den funktionsunfähigen, gegen sich selber arbeitenden Staats- und Gesellschaftsapparat des Ancien Régime zerstört. Sie hat das neue Bewußtsein von politischer Demokratie in Frankreich geschaffen, mithilfe der Aufklärung und des englischen und amerikanischen Vorbildes. Crane Brinton drückt das in folgender Weise aus: „Seit 1789 beruht die Regierung Frankreichs auf dem Prinzip der Diskussion; das aber bedeutet: Parlamente, Parteien, Zeitungen, politische Schlagworte, militante Minoritäten, Massenpsychosen – kurz alle jene Erscheinungen, die uns heute so vertraut anmuten, aber den Franzosen von 1788 ganz unbekannt waren."[228]

Die Französische Revolution hat das, was schon der fortschrittliche Absolutismus wollte, aber nicht erreichte, geschaffen: nämlich den festen, einheitlichen zentralen Regierungsapparat, der alle Umstürze des 19. Jahrhunderts überlebte und der das eigentliche stabile, „konservative" Element des Staates war. Mit diesen beiden, nämlich mit der politischen Demokratie und der Zentralregierung, hängt zusammen der moderne Nationalismus, die allgemeine Schulpflicht, die allgemeine Wehrpflicht und dergleichen.

Für die Landwirtschaft – lange, in ziemlich auffallendem Grade auch noch heute das Rückgrat Frankreichs – bedeutete die Französische Revolution das Ende der feudalen Strukturen. Frankreich wurde, was sich in langer Entwicklung angebahnt hatte, ein Land von selbständigen bäuerlichen Kleinbesitzern oder freien Pächtern. Diese Stärkung des bäuerlichen Mittelstandes (denn es kam kaum zu großen Gütern, der Landerwerb durch das Bürgertum führte keineswegs zu kapitalistisch ausgenutztem Großgrundbesitz) ist kaum zu überschätzen in ihrer stabilisierenden, beruhigenden, konservativen Wirkung.

Die politisch bestimmende Gesellschaftsschicht war seither das Bürgertum in seinem schwer abzugrenzenden Umfang. Wenn man sagt, das „reiche Bürgertum" oder das „kapitalistische", ist das schon zu abgegrenzt. Sein bestimmtes Interesse, nämlich die Sicherung des Eigentums, die Freiheit für die wirtschaftliche Unternehmung und für den sozialen Aufstieg, ist aber seit 1789 zu erkennen. Es ist zu erkennen in der Abschaffung der Stände einerseits, in der Begrenzung des Weges zur radikalen Demokratisierung andererseits. Es würde zu weit gehen, in der Beendigung des Terrors, in der Unterstützung des Direktoriums und dann, als das Direktorium terroristisch zu werden drohte, des Konsulats von Bonaparte allein ein Klasseninteresse zu sehen. Eine weit über die Klasse hinausgehende allgemeinmenschliche Furcht hat solche radikalen Entwicklungen verhindert. Aber zugute gekommen ist diese Furcht dem Bürgertum sicherlich, dem Bürgertum als der größten Macht des 19. Jahrhunderts. In allen französischen Revolutionen dieses Jahrhunderts hat es sich deutlich durchgesetzt.

Soviel zu Frankreich. Was Kant meinte, galt natürlich weit über Frankreich hinaus. Das hätte schon bei der Entwicklung der Revolution seit 1792 gezeigt werden können, wenn ich, nach der nachträglich gebrachten Vorgeschichte, anschließend an die Außenpolitik und das europäische Echo, die Darstellung auf ganz Europa hätte erweitern können; denn damals begannen ja die Wirkungen und Gegenwirkungen, begann die Ausbreitung der Revolution über Frankreichs Grenzen. Ich kann nur noch einmal betonen: die französische Entwicklung des 19. Jahrhunderts wäre vielleicht nicht so sehr viel anders verlaufen, wenn die Revolution mit der ersten Phase beendet oder gegen die Koalition 1793 gescheitert wäre. Wohl aber die europäische. Das „Ancien Régime" wurde in den Niederlanden, in der Schweiz, in italienischen und deutschen Staaten, in Spanien und weniger stark oder mittelbar auch in allen übrigen Ländern durch die Heere der Französischen Revolution und dann Napoleons zerstört oder wenigstens in einer Weise geschwächt, wie das sonst nicht geschehen wäre. Allerdings, wie schon Robespierre wußte: bewaffnete Missionare liebt man nicht. Die Revolutionsideen wurden dadurch beeinträchtigt und degradiert. Der Aufruf von Gegenkräften war gegen das Militärkaisertum einfacher – jedenfalls moralisch, nicht militärisch – als gegen die Revolution.

Das europäische Bürgertum wollte liberal sein wie das französische, es wollte die Errungenschaften der ersten Phase der Französischen Revolution haben, also Verfassung, konstitutionelle Monarchie. Aber der Liberalismus war diskreditiert als gewaltsamer französischer Import. Der Nationalismus – auch er in Frankreich in der Gefahrenzeit in seinem modernen Sinne entstanden – war, als Gegenkraft gegen Napoleons Universalreich, weit stärker. Er wurde, ob für oder dann auch gegen die alten Gewalten (etwa in Österreich), zur wirkungsvollsten Ideologie des 19. Jahrhunderts. Er konnte sich verbinden mit dem Interesse an einer starken zentralen Regierung eines Großstaates, denn das Industriebürgertum hatte dieses Interesse schon aus wirtschaftlichen Gründen. Glücklich, wenn diese nationale Einheitsbildung gegen das Ancien Régime der bisher herrschenden Fürsten durchgesetzt werden konnte; wie es zum guten Teil in Italien geschah, wo man sie als Fremde verjagen konnte. Weniger glücklich, weniger im Sinne des Liberalismus und seiner Verfassungsidee, wenn es wie in Deutschland *mit* den alten Mächten geschah.

Das Bürgertum ist durch diese Modifizierungen, Brechungen der Revolutionsideen in den verschiedenen Staaten des 19. Jahrhunderts in ein Lavieren geraten, das es diskreditiert hat. Es wurde angreifbar von rechts und von links, weil sein Klasseninteresse dabei deutlich hervortrat. Die ernstgemeinte Idee, allgemeine Menschenrechte zu vertreten, ständelos zu sein, blieb allzusehr Idee angesichts der weiterbestehenden Aristokratie und angesichts der Vorsichtsmaßnahmen gegen das zunehmende Proletariat. Diese Idee konnte also als Ideologie angegriffen werden. Marx und Engels konnten im Kommunistischen Manifest 1848 feststellen, daß statt der bisherigen Stände eine wirtschaftlich noch weit kräftigere – politisch allerdings ungeschickt handelnde – Klasse die Herrschaft ergriffen habe, und da sie Klasse sei und alle Geschichte in Klassenkämpfen bestehe, müsse sich auch das Proletariat seiner Klasse bewußt werden und im revolutionären Kampf gegen die Bourgeoisie auftreten. Das hat das Proletariat weitgehend nicht getan, weil dieser Klassencharakter weniger sichtbar und wirksam war als der frühere Ständecharakter, weil also in den meisten Fällen durch evolutionären Kampf erreicht werden konnte, was Marx nur durch revolutionären Umsturz erreichbar glaubte.

Der Streit zwischen diesen beiden Formen der Weiterentwicklung ist aber auch heute noch nicht zuende. Er wird immer wieder aufflammen, wenn die Entwicklung faktisch allzusehr stagniert.

Hergeleitet werden muß dieser Streit aus der Großen Französischen Revolution. Und diese wenigen Schlußbemerkungen sollen auch nur unterstreichen, welche epochale Bedeutung sie gehabt hat. Sie ist die erste große, auf völlige Neuerung ausgehende Revolution gewesen – Vorbild für alle gescheiterten oder gelungenen, künstlichen oder echten Revolutionen der Folgezeit, aber auch für die Reformen der Folgezeit. Darin liegt ihre lebendige geschichtliche Wirkung bis heute.

Anhang

Anmerkungen

1. L. T. Spittler, Sämtl. Werke, Stuttgart 1827/28, XIV 388 und III S. V.
2. G. W. F. Hegel, Vorlesungen über die Philosophie der Weltgeschichte, hg. G. Lasson, Leipzig 1944, 926.
3. W. Markov, Die Jakobinerfrage heute, Oulu 1967, 3.
4. E. Rosenstock-Huessy, Die europäischen Revolutionen und der Charakter der Nationen, Stuttgart/Köln 1951, 324.
5. J. Burckhardt, Über das Studium der Geschichte, München 1982, 351 Anm. 40.
6. M. Erbe, Geschichte Frankreichs von der Großen Revolution bis zur Dritten Republik, Stuttgart 1982, 7.
7. I. A. Hartig (Hg.), Geburt der bürgerlichen Gesellschaft: 1789, Frankfurt 1979. F. Furet, 1789 – Vom Ereignis zum Gegenstand der Geschichtswissenschaft, Frankfurt/Berlin/Wien 1980, 15 u. 18.
8. H. Lübbe, Geschichtsbegriff und Geschichtsinteresse, Basel/Stuttgart 1977, 276.
9. Nach K. Griewank, Der neuzeitliche Revolutionsbegriff, Frankfurt 1973, 144.
10. J. J. Rousseau, Emile, Paris 1969, 468. Vgl. den Artikel „Revolution" in: Geschichtliche Grundbegriffe V 721.
11. H. Arendt, Über die Revolution, München o.J. (1966), 49.
12. Arendt 58f.
13. Griewank 21f.
14. A. de Tocqueville, Der alte Staat und die Revolution, 1. Buch 3. Kapitel.
15. Une leçon d'histoire de Fernand Braudel (Châteauvallon 1985), Paris 1986, 77.
16. H. Heimpel in einer Rezension in: Göttingische Gelehrte Anzeigen, 208. Jg., 1954, 210.
17. E. Schmitt, Einführung in die Geschichte der Französischen Revolution, München 1976, 11.
18. A. Fantin Desodoards, Histoire philosophique de la Révolution de France, Paris 1797, III 106. (Die Titel der bisherigen und aller folgenden Werke zur Französischen Revolution sind in der Auswahlbibliographie, Abschnitt „Historische Übersicht über die Revolutionsgeschichtsschreibung", aufgeführt.)
19. Nach P. Stadler, Geschichtsschreibung und historisches Denken in Frankreich 1789–1871, Zürich 1958, 119.
20. W. Dilthey, Der Aufbau der geschichtlichen Welt in den Geisteswissenschaften (Gesammelte Schriften VII), Leipzig/Berlin 1927, 104.
21. Ich folge der genauen Zusammenstellung von E. Schmitt u. M. Meyn, Ursprung und Charakter der Französischen Revolution bei Marx und Engels, in: E. Hinrichs, E. Schmitt, R. Vierhaus (Hg.), Vom Ancien Régime zur Französischen Revolution, Göttingen 1978, 588ff.

22. K. Marx, MEW XIII 9. F. Engels, MEW XXII 300f.
23. Zitiert nach E. Labrousse, Der Sozialismus und die Französische Revolution, in: I. A. Hartig 43.
24. Labrousse in: Hartig 54.
25. A. Soboul in: Annales historique de la Révolution française 54, 1982, S. 620.
26. Braudel 163f. Vgl. allgemein: U. A. J. Becher, Ist die Französische Revolution zu Ende? Politische Erfahrung und historisches Symbol im Frankreich des 20. Jahrhunderts. In: Geschichte und Gesellschaft 11, 1985.
27. F. Bluche, Septembre 1792, logiques d'un massacre, (préface de J. Tulard), Paris 1986, 246ff. Jüngstes Beispiel für eine populärwissenschaftliche Klage über die zu hohen „Kosten" der gesamten Revolution (wobei die Kosten der napoleonischen Zeit mitgerechnet werden): R. Sédillot, Le coût de la Révolution française, Paris 1987.
28. G. Landauer (Hg.), Briefe aus der Französischen Revolution, Berlin 1985, Vorwort, I 5.
29. Internationale Wiss. Korrespondenz zur Geschichte der deutschen Arbeiterbewegung 13, 598f.
30. G. Forster in einem Brief an Heyne, zitiert nach: W. Markov, Revolution im Zeugenstand, Frankfurt 1987, I 204.
31. A. Goodwin, Die Französische Revolution 1789–1795, Frankfurt 1964, 37.
32. E. Sieyès, Abhandlung über die Privilegien. Was ist der Dritte Stand? Frankfurt 1968, 55, 58, 66.
33. F. Furet u. D. Richet, Die Französische Revolution, Frankfurt 1968, 84.
34. G. Ziebura, Frankreich 1789–1870, in: Handbuch der Europäischen Geschichte V 196.
35. G. Lefebvre, La Révolution française, Paris 1963, 134.
36. Furet u. Richet 90.
37. Sieyès in: P. Fischer (Hg.), Reden der Französischen Revolution, München 1974, 65f.
38. E. Schmitt, Repräsentation und Revolution, München 1969, 281.
39. Nach M. Göhring, Geschichte der Großen Revolution, Tübingen 1950/51, I 322.
40. Nach Göhring I 365. Auch Markov II 72.
41. Babeuf, Brief vom 23. Juli 1789, in: Markov II 86. Über die Bedeutung der Bastille vor und nach 1789 vgl. den Artikel von R. Reichardt im Handbuch politisch-sozialer Grundbegriffe in Frankreich, Heft 9, München 1988.
42. Fischer, Reden 74.
43. Nach Göhring I 371.
44. Nach Furet u. Richet 108.
45. Nach A. Mathiez, Die Französische Revolution, Zürich 1940, 81.
46. Nach Göhring I 377f., Mathiez 81.
47. Nach Göhring I 379.
48. Göhring I 379.
49. Nach Furet u. Richet 112f.
50. A. Aulard, Politische Geschichte der Französischen Revolution, München/Leipzig 1924, I 34.
51. E. Ziegler, Jacob Burckhardts Vorlesung über die Geschichte des Revolutionszeitalters in den Nachschriften seiner Zuhörer, Basel/Stuttgart 1974, 195.

52. L. v. Stein, Geschichte der sozialen Bewegung in Frankreich von 1789 bis auf unsere Tage, Darmstadt 1959, I 209f., 214.
53. Mirabeau, Brief vom 27. August 1789, nach Göhring II 31.
54. L. S. Mercier, Mein Bild von Paris, Frankfurt 1979, 208.
55. J. Michelet, Die Frauen der Revolution, Frankfurt 1984, 24.
56. H. Bortfeldt, Die Unvergleichliche Revolution, Olten/Freiburg 1980, 171.
57. Nach Göhring II 34f.
58. Furet u. Richet 124 u. 126.
59. Furet u. Richet 128f.
60. Mathiez I 101.
61. J. Godechot, Les révolutions 1770–1799, Paris 1963, 130.
62. H. Taine, Die Entstehung des modernen Frankreich, Meersburg o.J., I 373.
63. Nach Taine I 375 u. 377.
64. Mathiez I 122.
65. Nach Mathiez I 117.
66. C. Brinton, Europa im Zeitalter der Französischen Revolution, deutsche Ausgabe von P.R. Rohden, Wien 1939, 68.
67. Brinton 69.
68. M. L. Kennedy, The Jacobin Clubs in the French Revolution. The First Years. Princeton 1982, 302.
69. In einer speziellen Untersuchung erst von G. Kates, The Cercle Social, the Girondins and the French Revolution, Princeton 1985.
70. Arendt 319.
71. Zitiert nach Göhring II 116.
72. Darüber G. Walter, La Révolution française vue par ses journeaux, Paris 1948. J. R. Censer, Prelude to Power, the Parisian Radical Press 1789–1791, Baltimore/London 1976. W. J. Murray, The Right-Wing Press in the French Revolution: 1789–92, Woodbridge 1986.
73. Dupont de Nemours, zitiert nach Göhring II 53.
74. Nach A. Soboul, Die Große Französische Revolution, Frankfurt 1973, 154f. und Göhring II 53.
75. Aulard I 78.
76. Nach Aulard I 79, auch Fischer, Reden 119f.
77. Nach Mathiez I 110f.
78. L. v. Ranke, Vorlesungen über Neueste Geschichte, Sommersemester 1834, ungedr. Nachschrift von S. Hirsch (im Ranke-Nachlaß Berlin), 79.
79. Nach Göhring II 89.
80. Nach Göhring II 98.
81. Nach K. D. Erdmann, Volkssouveränität und Kirche, Köln 1949.
82. Mathiez I 166.
83. Göhring II 136f.
84. Nach Aulard I 97.
85. Nach Mathiez I 190. Auch Fischer, Reden 137.
86. Nach Göhring II 150.
87. Nach Göhring II 176.
88. Nach Göhring II 185f. Brissots Rede auch bei Markov II 198ff.
89. Markov II 210–212.
90. Mathiez I 230.

91. K. E. Oelsner, Luzifer oder Gereinigte Beiträge zur Geschichte der Französischen Revolution, Leipzig 1987, 156.
92. Aulard I 141.
93. Nach Göhring II 224.
94. Landauer, Briefe II 37.
95. I. Kant, Der Streit der Fakultäten (1798), Werke in 12 Bd., Frankfurt 1964, XI 361.
96. Mercier 9, 130, 380, 103 und 308ff.
97. A. Barnave, Theorie der Französischen Revolution, München 1972, 37 (in dt. Übs.).
98. F. Crouzet, Croissances comparées de l'Angleterre et de la France au XVIIIe siècle, in: Annales 21, 1966. Einzelnes außerdem bei: B. F. Hoselitz, Unternehmertum und Kapitalbildung in Frankreich und England seit 1700, in: W. Fischer (Hg.), Wirtschafts- und sozialgeschichtliche Probleme der frühen Industrialisierung, Berlin 1968. J. Dupaquier, Révolution française et révolution démographique, in: E. Hinrichs u. a. (Hg.), Vom Ancien Régime zur Französischen Revolution. S. B. Clough, Retardierende Faktoren im französischen Wirtschaftswachstum am Ende des Ancien Régime und während der Revolutionszeit und der napoleonischen Ära, in: E. Schmitt (Hg.), Die Französische Revolution, Köln 1976.
99. H. Haussherr, Wirtschaftsgeschichte der Neuzeit, Weimar 1954, 340.
100. G. Lefebvre, Etudes sur la Révolution française, Paris 1963, 339.
101. A. Cobban, The Social Interpretation of the French Revolution, London 1964. G. W. Taylor, Noncapitalistic Wealth and the Origins of the French Revolution, in: American Historical Review 72, 1966. (Auch bei E. Schmitt [Hg.], Die Französische Revolution, Anlässe und langfristige Ursachen, Darmstadt 1973.)
102. E. Labrousse, Esquisse du mouvement des prix et des revenus en France au XVIIIe siècle, 2 Bde Paris 1933. Ders., La crise de l'économie française à la fin de l'ancien régime et au début de la Révolution, Paris 1944.
103. Das findet man besonders bei Furet, 1789 (gegen Soboul gerichtet), in den Aufsätzen von Le Roy Ladurie, Dupaquier und Hinrichs in dem genannten Sammelband von Hinrichs u. a. (Hg.), Ancien Régime, sowie in dem genannten Aufsatz von Clough. Außerdem: V. Hunecke, Antikapitalistische Strömungen in der Französischen Revolution, in: Geschichte und Gesellschaft 4, 1978.
104. Sie faßt damit das Ergebnis eines Kolloquiums zusammen: R. Robin, Der Charakter des Staates am Ende des Ancien Régime: Gesellschaftsformation, Staat und Übergang, in: Schmitt (Hg.), Die Französische Revolution, Köln 1976, 202f.
105. A. Soboul, La civilisation et la Révolution française, Paris 1970, 254.
106. P. de Saint Jacob, Les paysans de la Bourgogne du Nord au dernier siècle de l'Ancien Régime, Dijon 1960.
107. Taylor, in: Schmitt 1973, 144.
108. Hunecke 309.
109. Darüber E. Hinrichs, Die Ablösung von Eigentumsrechten, in: R. Vierhaus (Hg.), Eigentum und Verfassung, Göttingen 1972.
110. Lefebvre, Etudes 353, zitiert bei Hunecke 312.
111. Hinrichs 178.

112. Barrington Moore, Soziale Ursprünge von Diktatur und Demokratie, Frankfurt 1974.
113. Dupaquier in: Hinrichs u.a. (Hg.), Ancien Régime.
114. Hunecke 316.
115. Zum folgenden ausführlicher der gute Überblick nach den neuesten Forschungsergebnissen, den W. Doyle, Origins of the French Revolution, Oxford 1980, gibt.
116. G. Chaussinand-Nogaret, La noblesse au XVIIIe siècle, Paris 1976.
117. R. R. Palmer, Das Zeitalter der demokratischen Revolution, eine vergleichende Geschichte Europas und Amerikas von 1760 bis zur Französischen Revolution, Frankfurt 1970.
118. Nach M. Göhring, Die Ämterkäuflichkeit im Ancien Régime, Berlin 1938, 80.
119. Sully, Loyseau und der Bericht nach Göhring 149f., 291, 124. Dazu auch: K. Böse, Die Auseinandersetzung um die Ämterkäuflichkeit in Frankreich, in: K. Malettke (Hg.), Soziale und politische Konflikte im Frankreich des Ancien Régime, Berlin 1982.
120. Nach Göhring, Ämterkäuflichkeit 308.
121. Palmer 55.
122. Hierzu die Forschungen von J. Egret, La Prérévolution française 1787–1788, Paris 1962.
123. P. C. Hartmann, Die Steuersysteme in Frankreich und England am Vorabend der Französischen Revolution, ein Strukturvergleich, in: Hinrichs u.a. (Hg.), Ancien Régime.
124. Vgl. Palmer 103.
125. Nach Palmer 110.
126. Über diese neuen regionalgeschichtlichen Forschungen: R. Reichardt, Die revolutionäre Wirkung der Reform der Provinzialverwaltung in Frankreich 1787–1791, in: Hinrichs u.a. (Hg.), Ancien Régime.
127. Dazu S. T. McCloy, The Humanitarian Movement in 18th Century France, Lexington 1957.
128. Ph. Sagnac, La Rénovation politique de l'Europe au XVIIIe siècle, in: Mélanges d'histoire offerts à H. Pirenne, Paris 1926, 446.
129. Zitiert nach Taine I 154.
130. P. Hazard, Die Krise des europäischen Geistes 1680–1715, Hamburg 1939. Ders., Die Herrschaft der Vernunft. Das europäische Denken im 18. Jahrhundert von Montesquieu bis Lessing, Hamburg 1949.
131. D. Mornet, Les origines intellectuelles de la Révolution française, Paris [2]1947. Ph. Sagnac, La formation de la société française moderne, Bd. 2: La révolution des idées et des moeurs et le déclin de l'ancien régime, Paris 1946.
132. Ich verweise auf die Auswahlbibliographie. Dazu: R. Darnton, The Business of Enlightenment. A publishing history of the Encyclopédie 1775–1800, Cambridge 1979.
133. Tocqueville 182f.
134. Nach Göhring, Weg und Sieg der modernen Staatsidee in Frankreich, Tübingen 1947, 153.
135. Stadlter 43.
136. Palmer 469.

137. Nach W. u. A. Durant, Rousseau und die Revolution, Bern/München 1969, 1046.
138. Das folgende nach D. Roche, Die „Sociétés de pensée“ und die aufgeklärten Eliten des 18. Jahrhunderts in Frankreich, in: H. U. Gumbrecht, R. Reichardt u. T. Schleich (Hg.), Sozialgeschichte der Aufklärung in Frankreich, München/Wien 1981, I 77ff.
139. Roche 91 u. 107.
140. Darüber vor allem die Forschungen von R. Darnton, Literaten im Untergrund. Lesen, Schreiben und Publizieren im vorrevolutionären Frankreich, München 1985.
141. Palmer 269.
142. Das folgende nach J. Godechot, Nation, patrie, nationalisme et patriotisme en France, au XVIIIe siècle, in seinem Aufsatzband: Regards sur l'époque révolutionnaire, Toulouse 1980.
143. Schlözer zitiert bei A. Stern, Der Einfluß der Französischen Revolution auf das deutsche Geistesleben, Stuttgart/Berlin 1928, 4.
144. Nach R. Vierhaus, „Sie und nicht wir“, deutsche Urteile über den Ausbruch der Französischen Revolution, in: J. Voss (Hg.), Deutschland und die Französische Revolution, München/Zürich 1983, 8.
145. Klopstock, Kennet euch selbst (1789), zitiert bei Vierhaus 1.
146. Dazu G. Kaisers Analyse „Idylle und Revolution“, in: R. Brinkmann u.a., Deutsche Literatur und Französische Revolution, Göttingen 1974.
147. Fichte, Briefentwurf Frühjahr 1795, in: J. G. Fichte, Schriften zur Revolution, hg. B. Willms, Köln/Opladen 1967, 19.
148. Fr. Schlegel, Kritische Schriften, hg. W. Rasch, München [2]1964, 48.
149. Hölderlin, Brief vom 10. Januar 1797, in: Sämtliche Werke VI, Stuttgart 1954, 229.
150. G. Forster, Parisische Umrisse, in: ders., Über die Beziehung der Staatskunst auf das Glück der Menschheit und andere Schriften, hg. W. Rödel, Frankfurt 1966, 88f.
151. Darüber E. Schneider, Das Bild der französischen Revolutionsarmee (1792–1795) in der zeitgenössischen deutschen Publizistik, in: J. Voss (Hg.), Deutschland und die Französische Revolution, 202.
152. Oelsner 178.
153. Markov II 294.
154. Nach Brinton 197.
155. Göhring II 247.
156. Aulard II 720.
157. Markov I 338.
158. Markov II 141.
159. Markov II 255.
160. Göhring II 250.
161. Aulard I 340.
162. Nach Göhring II 257.
163. Göhring II 257f. (mit Robespierre-Zitat).
164. Nach Göhring II 257.
165. Nach Aulard I 329.
166. Mathiez I 300.

167. Markov II 371f.
168. S. Petersen, Lebensmittelfrage und revolutionäre Politik in Paris 1792–1793, München/Wien 1979, 149.
169. Furet u. Richet 270.
170. Nach Furet u. Richet 254.
171. Nach Göhring II 264.
172. Fischer, Reden 250ff.
173. Oelsner 268–271. Ludwig XVI. war, genau genommen, der Enkel Ludwigs XV.
174. Nach Göhring II 273.
175. Mathiez I 426.
176. Markov II 367.
177. Markov II 403.
178. Nach Furet u. Richet 263.
179. Furet u. Richet 265.
180. Forster in einem Brief vom 19. Juli 1793, nach Landauer II 167.
181. Nach Göhring II 313.
182. Nach Göhring II 314. Auch Markov II 481.
183. Nach Göhring II 322, Fortsetzung nach Markov II 520.
184. Markov I 362.
185. Nach Göhring II 330.
186. Madame Roland, Memoiren aus dem Kerker, Zürich/München 1987, 91f.
187. Markov II 527.
188. Nach A. Montagnon, Les Guerres de Vendée 1793–1832, Paris 1974, 377.
189. Nach R. Secher, Le génocide franco-français: La Vendée-Vengé, Paris 1986, 150.
190. General Turreau, zitiert bei Secher 158.
191. P. Chaunu im Vorwort zu Secher. Auch in seinem Buch L'historien dans tous les états, Paris 1984, 10.
192. D. Greer, The Incidence of the Terror during the French Revolution (erstmals 1935), Gloucester, Mass. 1966, 143 u. 163.
193. Secher 243 und 253.
194. Nach Göhring II 343.
195. Zitiert bei Aulard I 386.
196. Markov I 388. Eigentlich waren es seit Tacitus 17 Jahrhunderte, nicht 12.
197. Furet u. Richet 324f.
198. Markov I 416.
199. R. R. Palmer, Twelve who ruled: The Committee of Public Safety during the Terror, Princeton 1941.
200. Markov I 431.
201. Nach Göhring II 395f.
202. Landauer II 241.
203. J. Huizinga, Homo ludens, Basel 1944, 311.
204. Brinton 255f.
205. M. Carlson, The Theatre of the French Revolution, Ithaca 1966, 39.
206. Carlson 165. Informativ und weiterführend auch die folgenden Aufsätze: B. F. Hyslop, The Theater during a Crisis: The Parisian Theater during the Reign of Terror, in: The Journal of Modern History XVII, 1945. H.-J. Neuschäfer, Die

Evolution der Gesellschaftsstruktur im französischen Theater des 18. Jahrhunderts, in: Romanische Forschungen 82, 1970. H. U. Gumbrecht, „Ce sentiment de douloureux plaisir, qu'on recherche, quoiqu'on s'en plaigne", Skizze einer Funktionsgeschichte des Theaters in Paris zwischen Thermidor 1794 und Brumaire 1799. H. Krauss, Das Ende des Fortschritts. Zur Funktion der uchronischen Dramen während der Französischen Revolution. Beide in: Romanistische Zeitschrift für Literaturgeschichte 1979.

207. M. Vovelle, Die Französische Revolution, Soziale Bewegung und Umbruch der Mentalitäten, Frankfurt 1985, 127.
208. A. Coy, Die Musik der Französischen Revolution. Zur Funktionsbestimmung von Lied und Hymne, München/Salzburg 1978, 92.
209. Nach Furet u. Richet 577.
210. Nach Furet u. Richet 379.
211. F. A. Mignet, Geschichte der Französischen Revolution von 1789 bis 1814, Frankfurt 1975, 411.
212. Furet u. Richet 409.
213. Furet u. Richet 456.
214. Nach Soboul, Große Französische Revolution 411.
215. Lefebvre in: Mathiez II 787. (Lefebvre hat das Werk von Mathiez vollendet, indem er die Teile über die Thermidorianer und über das Direktorium anfügte.)
216. Mignet 395.
217. Nach Lefebvre in: Mathiez II 858.
218. Nach Lefebvre in: Mathiez II 830.
219. Brinton 351.
220. Mignet 397f.
221. D. Woronoff, La République bourgeoise de Thermidor à Brumaire, Paris 1972, 65.
222. Lefebvre in: Mathiez III 40.
223. Lefebvre in: Mathiez III 95.
224. W. Giesselmann, Die brumairianische Elite. Kontinuität und Wandel der französischen Führungsschicht zwischen Ancien Régime und Julimonarchie, Stuttgart 1977.
225. E. Burke, Betrachtungen über die Französische Revolution, Frankfurt 1967, 61.
226. I. Kant, Der Streit der Fakultäten (1798), Werke, Frankfurt 1964, XI 358 u. 361.
227. K. Marx, Der Achtzehnte Brumaire des Louis Bonaparte (1852), Berlin 1965, 15; nach einem Brief von Engels vom 3. Dezember 1851, angeblich nach Hegel.
228. Brinton 403.

Auswahlbibliographie

Deutschsprachige Einführungen, Handbücher, Quellen- und Aufsatzsammlungen.

E. Schmitt, Einführung in die Geschichte der Französischen Revolution, München 1976, ²1980.

G. Ziebura, Frankreich von der Großen Revolution bis zum Sturz Napoleons III. 1789–1870, in: Handbuch der Europäischen Geschichte (hg. v. Th. Schieder), Bd. 5, Stuttgart 1981. (Auch separat u.d.T. Frankreich 1789–1870, Frankfurt 1979.)

E. Fehrenbach, Vom Ancien Régime zum Wiener Kongreß, München 1981 ²1986.

W. Mager, Frankreich vom Ancien Régime zur Moderne. Wirtschafts-, Gesellschafts- und politische Institutionengeschichte 1630–1830, Stuttgart-Berlin-Köln 1980.

M. Erbe, Geschichte Frankreichs von der Großen Revolution bis zur Dritten Republik 1798–1884, Stuttgart-Berlin-Köln 1982.

J. Voss, Von der frühneuzeitlichen Monarchie zur Ersten Republik 1500–1800, München 1980.

Th. Schieder (Hg.), Revolution und Gesellschaft, Freiburg 1973.

M. Kossok (Hg.), Die Revolutionen der Neuzeit 1500–1917 – Studien zur Revolutionsgeschichte, Vaduz/Liechtenstein 1982.

R. Reichardt u. E. Schmittt (Hg.), Handbuch politisch-sozialer Grundbegriffe in Frankreich 1680–1820, München 1985 ff.

W. Markov, Revolution im Zeugenstand. Frankreich 1789–1799. Bd. 1: Aussagen und Analysen, Bd. 2: Gesprochenes und Geschriebenes, Frankfurt 1987.

W. Grab (Hg.), Die Französische Revolution. Eine Dokumentation. München 1973.

P. Fischer (Hg.), Reden der Französischen Revolution. München 1974.

G. Landauer (Hg.), Briefe aus der Französischen Revolution, 2 Bde., Berlin 1985.

G. Pernoud u. S. Flaissier (Hg.), Die Französische Revolution in Augenzeugenberichten, München 1976, ⁴1981.

J. H. Campe, Briefe aus Paris zur Zeit der Revolution geschrieben, Berlin 1961.

K. E. Oelsner, Luzifer oder Gereinigte Beiträge zur Geschichte der Französischen Revolution (1797–99), Auswahl. Leipzig 1987.

E. Schmitt (Hg.), Die Französische Revolution. Anlässe und langfristige Ursachen, Darmstadt 1973.

H. U. Gumbrecht, R. Reichardt, Th. Schleich (Hg.), Sozialgeschichte der Aufklärung in Frankreich. 12 Originalbeiträge. 2 Bde., München/Wien 1981.

E. Hinrichs, E. Schmitt, R. Vierhaus (Hg.), Vom Ancien Régime zur Französischen Revolution, Göttingen 1978.

W. Grab (Hg.), Die Debatte um die Französische Revolution, München 1975.

E. Schmitt (Hg.), Die Französische Revolution, Köln 1976.
E. Schmitt u. R. Reichardt (Hg.), Die Französische Revolution – zufälliges oder notwendiges Ereignis?, 3 Bde., München 1983.
I. A. Hartig (Hg.), Geburt der bürgerlichen Gesellschaft: 1789, Frankfurt 1979.
G. Ziebura u. H.-G. Haupt (Hg.), Wirtschaft und Gesellschaft in Frankreich seit 1789, Köln 1975.
R. Koselleck, R. Reichardt (Hg.), Die Französische Revolution als Bruch des gesellschaftlichen Bewußtseins, München 1988.

Weitere Hilfsmittel

P. Caron, Manuel pratique pour l'étude de la Révolution française, Paris ²1947.
A. Monglond, La France révolutionnaire et impériale (1789–1812), 9 Bde., Paris 1931–1963. (Bibliographie der zeitgenöss. Lit.)
Historical Dictionary of the French Revolution 1789–1799, hg. v. S. F. Scott und B. Rothaus, 2 Bde. 1985.
Histoire et dictionnaire de la Révolution française, 1789–1799, hg. v. J. Tulard, J.-F. Fayard u. A. Fierro, Paris 1987.
Zeitschrift: Annales historiques de la Révolution française (ab 1924).

Historische Übersicht über die Revolutionsgeschichtsschreibung

E. Burke, Reflections on the Revolution in France (1790/93). Dt.: Betrachtungen über die Französische Revolution, Frankfurt 1967.
A. Barnave, Introduction à la Révolution française (1791–92). Dt.: Theorie der Französischen Revolution, hg. v. E. Schmitt, München 1972.
A. M. de Condorcet, Esquisse d'un tableau historique des progrès de l'esprit humain (1795). Dt.: Entwurf einer historischen Darstellung der Fortschritte des menschlichen Geistes, hg. v. W. Alff, Frankfurt 1963.
J. de Maistre, Considérations sur la France, London 1796.
F. R. de Chateaubriand, Essai sur les révolutions, London 1797.
Abbé A. Barruel, Mémoires pour servir à l'histoire du Jacobinisme, Hamburg 1798. (Neue Ausgabe in 3 Bdn. 1975).
J. P. Rabaut Saint-Etienne, Almanach historique de la Révolution française pour l'année 1792, Paris 1792.
[F.-M. Kerversan u. G. Clavelin], Histoire de la Révolution de 1789 et de l'établissement d'une Constitution en France, par deux amis de la liberté. 20 Bde., 1791–1803.
A. Fantin Desodoards, Histoire philosophique de la Révolution de France, 4 Bde., Paris 1796 u. 1797.
F. E. de Toulongeon, Histoire de France depuis la révolution de 1789, 4 Bde., Paris 1801–10.
D. de Lacretelle, Histoire de la France pendant le XVIIIIᵉ siècle, 14 Bde., Paris 1808–1826.
H. de Jomini, Histoire critique et militaire des guerres de la Révolution, 15. Bde., Paris 1820–24.

A. L. G. de Staël, Considérations sur les principaux événements de la Révolution française, 3. Bde., Paris 1818. Dt. Heidelberg 1818.

A. Thiers, Histoire de la Révolution française, 10 Bde., Paris 1823–1827. Dt. Ausgabe Mannheim 1844/45.

F. Mignet, Histoire de la Révolution, 2 Bde., Paris 1824. Dt.: Frankfurt/M. 1975.

Ph. Buchez et P.-C. Roux, Histoire parlementaire de la Révolution française, 40 Bde., Paris 1834–38.

J. Michelet, Histoire de la Révolution française, 7 Bde., Paris 1847–53. Dt. Ausgabe Hamburg 1929/30.

A. de Lamartine, Histoire des Girondins, 8 Bde., Paris 1847–48. Dt. Ausgabe Stuttgart 1850/51.

E. Quinet, La Révolution, 2 Bde., Paris 1865.

L. Blanc, Histoire de la Révolution française, 12 Bde., Paris 1847–62. Dt. Ausgabe Leipzig 1847/53.

Th. Carlyle, The French Revolution, a History, London 1837. Dt. Ausgabe Leipzig 1844.

H. v. Sybel, Geschichte der Revolutionszeit, [1]3 Bde., Düsseldorf 1853–58. [4](fortgeführt bis 1800) 5 Bde., Frankfurt 1872–79. Volksausgabe 10 Bde., Stuttgart 1897–1900.

A. de Tocqueville, L'Ancien Régime et la Revolution, Paris 1856. Dt.: Der alte Staat und die Revolution, Reinbek 1969.

H. Taine, Les Origines de la France contemporaine, 6 Bde., Paris 1875–94. Dt. Ausgabe Leipzig 1877–93.

A. Sorel, L'Europe et la Révolution française, 8 Bde., Paris 1885–1904.

A. Aulard, Histoire politique de la Révolution française, Paris 1901. Dt. Ausgabe München 1924.

J. Jaurès, Histoire socialiste 1789–1900, 5 Bde. (über die Zeit 1789–99), Paris 1901–1904, Edition révue (u.d.T. Histoire socialiste de la Révolution française) par A. Mathiez, 8 Bde., Paris 1922ff., édition révue par A. Soboul, 7 Bde., Paris 1968–73.

P. Kropotkin, La Grande Révolution, Paris 1909. Dt. Ausgabe u.d.T. Die Französische Revolution 1789–1794, Leipzig 1909. Neuausg. Leipzig-Weimar 1982.

A. Mathiez, Contributions à l'histoire religieuse de la Révolution, Paris 1909–1911.

Ders., La Révolution française, 3 Bde., Paris 1922–1927. Dt.: Die Französische Revolution, 3 Bde. (mit der Ergänzung von G. Lefebvre), Zürich 1940/1950.

Ders., La vie chère et le mouvement social sous la Terreur, 2 Bde., Paris 1927.

A. Cochin, Les sociétés de pensée et la démocratie, Paris 1921, (Neuausgabe u.d.T. L'esprit du jacobinisme, Paris 1979.)

Ders., La Révolution et la libre pensée, Paris 1924.

P. Gaxotte, La Révolution française, Paris 1928, dt.: München 1949.

G. Lefebvre, Les paysans du Nord pendant la Révolution française, Paris 1924, nouv. éd. Bari 1959.

Ders., La Grande Peur du 1789, Paris 1932 (nouv. éd., Turin 1953).

Ders., Etudes sur la Révolution française, Paris 1954.

Ders., La Révolution française, (Peuples et civilisations, Histoire générale publiée sous la direction de Louis Halphen et Philippe Sagnac, Bd. XIII), Paris 1930, Neuaufl. 1951 u. 1963.

C. Brinton, A Decade of Revolution, 1789–1799, New York 1934, dt.: Europa im Zeitalter der Französischen Revolution, Wien 1939.
A. Manfred, Die französische bürgerliche Revolution am Ende des 18. Jahrhunderts (1789–94), Berlin (DDR) 1952 (russisch Moskau 1940).
L. Gottschalk, The Place of the American Revolution in the causal Pattern of the French Revolution, 1948.
M. Göhring, Geschichte der Großen Revolution, 2 Bde., Tübingen 1950–51.
A. Cobban, The Myth of the French Revolution, London 1955.
Ders., The Social Interpretation of the French Revolution, Cambridge 1964.
B. Fay, La Grande Révolution 1715–1815, Paris 1959 (dt.: München 1960).
J. Godechot, La Grande Nation. L'expansion révolutionnaire de la France dans le monde 1789–1799, 2 Bde., Paris 1956, Neuauflage 1983.
Ders., La Contre-Révolution. Doctrine et Action, 1789–1804, Paris 1961.
Ders., Les révolutions 1770–1799, Paris 1965.
A. Soboul, Les sans-culottes parisiens en l'an II, Paris 1958, dt. bearb. von W. Markov, Berlin 1962.
Ders., Précis d'histoire de la Révolution française, Paris 1962. Dt.: Die Große Französische Revolution, Frankfurt 1973.
Ders., La civilisation et la révolution française, 3 Bde., Paris 1970–1983.
R. R. Palmer, The Age of Democratic Revolution. A political history of Europe and America, 1760–1800, 2 Bde., Princeton 1959–1964 (dte. Übs. des 1. Bds., Frankfurt 1970).
V. M. Dalin, Babeuf-Studien, Berlin 1961.
G. E. Rudé, The Crowd in the French Revolution, Oxford 1959. Dt.: München 1961.
R. Cobb, Les armées revolutionnaires: Instruments de la terreur dans les departements, 2 Bde., Paris 1961–63.
Ders., The Police and the People. French popular protest 1789–1820, Oxford 1970.
F. Furet u. D. Richet, La Révolution, 2 Bde., Paris 1965–66. (Dt.: Die Französische Revolution, Frankfurt 1968).
F. Furet, Penser la Révolution Française, Paris 1978 (dt.: 1789 – Vom Ereignis zum Gegenstand der Geschichtswissenschaft, Frankfurt 1980.).
M. Vovelle, La chute de la monarchie 1787–1792, Paris 1972.
M. Bouloiseau, La République jacobine, 10 août 1792 – 9 thermidor an II, Paris 1972.
D. Woronoff, La République bourgeoise de Thermidor à Brumaire 1794–1799, Paris 1972.
M. Vovelle, Die Französische Revolution. Soziale Bewegung und Umbruch der Mentalitäten. Frankfurt 1985.
Ders., La mentalité revolutionnaire. Société et mentalités sous la Révolution française, Paris 1985.
L. Hunt, Politics, Culture and Class in the French Revolution, Berkeley/Los Angeles/London 1984.
J. Tulard, Les révolutions de 1789 à 1851, Paris 1985.

Zur Geschichte der Revolutionsgeschichtsschreibung

J. Godechot, Un jury pour la Révolution, Paris 1974.
A. Gérard, La Révolution française, mythes et interprétations 1789–1790, Paris 1970.
P. Geyl, Encounters in History, London 1963.
A. Cobban, Historians and the Causes of the French Revolution, London 1946, revised 1958.
G. Rudé, Interpretations of the French Revolution, London 1961.
J.-R. Suratteau, La Révolution française, certitudes et controverses, Paris 1973.
J. Solé, La Révolution en questions, Paris 1988.
P. Stadler, Geschichtsschreibung und historisches Denken in Frankreich 1789–1871, Zürich 1958.
S. Mellon, The Political Uses of History. A Study of Historians in the French Restoration, Stanford 1958.
H. Krieser, Die Abschaffung des „Feudalismus" in der Französischen Revolution. Revolutionärer Begriff und begriffene Realitäten in der Geschichtsschreibung Frankreichs 1815–1914, Frankfurt/Bern 1984.
M. Madörin, Die Septembermassaker von 1792 im Urteil der französischen Revolutionshistoriographie 1792–1840, Frankfurt 1976.
F. Furet, La Gauche et la Révolution française. Edgar Quinet et la question du jacobinisme, 1865–1870, Paris 1986.
H. Ben-Israel, English Historians on the French Revolution, Cambridge 1968.
D. Malik, Die Französische Revolution im Diskurs des 19. Jahrhunderts: Untersuchungen zur englischen Revolutionsgeschichtsschreibung, Diss. Bochum 1983.
A. M. Moreno, La Revolución francesa en la historiografia española del siglo XIX, Sevilla 1979.
M. Neumüller, Liberalismus und Revolution. Das Problem der Revolution in der deutschen liberalen Geschichtsschreibung des 19. Jahrhunderts, Düsseldorf 1973.
E. Schmitt u. M. Meyn, Ursprung und Charakter der Französischen Revolution bei Marx und Engels, Bochum 1976.
H.-P. Jaeck, Die französische bürgerliche Revolution von 1789 im Frühwerk von Karl Marx, 1843–1846, Berlin 1979.
F. Furet, Marx et la Révolution française, Paris 1986.

Weitere Gesamtdarstellungen und -deutungen

J. M. Thompson, The French Revolution, Oxford 1943, new ed. 1959.
A. Goodwin, Die Französische Revolution, 1789–1795, Frankfurt 1964.
K. Griewank, Die französische Revolution 1789–1799, Köln 1973.
H. Bortfeldt, Die Unvergleichliche Revolution, Freiburg 1980.
D. M. G. Sutherland, France 1789–1815. Revolution and Counterrevolution, London 1985.
M. J. Sydenham, The First French Republic 1792–1804, London 1974.
N. Hampson, A Social History of the French Revolution, London 1963, new ed. 1970.

F. Braudel u. E. Labrousse (Hg.), Wirtschaft und Gesellschaft in Frankreich im Zeitalter der Industrialisierung 1789–1880, Bd. 1, Frankfurt 1986.
E. Naujoks, Die Französische Revolution und Europa, 1789–1799, Stuttgart/Berlin/Köln/Mainz 1969.
G. Rudé, Europa im Umbruch, München 1981.
M. Vovelle, La Révolution française, images et récits, 5 Bde., Paris 1986.
Voies nouvelles pour l'histoire de la Révolution française, Préface A. Soboul, Colloque A. Mathiez-G. Lefebvre, Paris 1978.
A. Soboul, Portraits des Révolutionnaires, Paris 1986.
Ders., Comprendre la Révolution, Paris 1981.
J. Godechot, Regards sur l'époque révolutionnaire, Toulouse 1980.
C. Mazauric, Sur la Révolution française, Paris 1970.
Ders., Jacobinisme et révolution. Autour du bicentenaire, Paris 1984.
A. Cobban, Aspects of the French Revolution, London 1968.
C. Brinton, Die Revolution und ihre Gesetze, Frankfurt 1959.
H. Arendt, Über die Revolution, München 1966.
Fr. Jonas, Soziologische Betrachtungen zur französischen Revolution, Stuttgart 1982.

Vorgeschichte der Französischen Revolution

P. Goubert u. D. Roche, Les Français et l'Ancien Régime, Bd. 1.2, Paris 1984.
W. Doyle, The Origins of the French Revolution, Oxford 1980.
D. Johnson (Hg.), French Society and the Revolution, Cambridge 1976.
G. Chaussinand-Nogaret, La noblesse au XVIIIe siècle, Paris 1976.
R. Forster, The nobility of Toulouse in the 18th Century, Baltimore 1960.
J. Meyer, La noblesse bretonne au XVIIIe siècle, 2 Bde., Paris 1966.
E. Pelzer, Der elsässische Adel im Spätfeudalismus (1648–1790), München 1988.
E. Barber, The bourgeoisie in 18th century France, London 1974.
R. W. Greenlaw (Hg.), The social origins of the French revolution. The debate on the role of the middle classes, Lexington, Mass. 1975.
E. Labrousse, La crise de l'économie française à la fin de l'Ancien Régime et au début de la Révolution, Paris 1944.
G. van der Heuvel, Grundprobleme der französischen Bauernschaft 1730–1794, München, Wien 1982.
P. de Saint-Jacob, Les paysans de la Bourgogne du Nord au dernier siècle de l'ancien régime, Paris 1960.
O. Hufton, The Poor of 18th Century France, London 1974.
K. Malettke (Hg.), Soziale und politische Konflikte im Frankreich des Ancien Régime, Berlin 1982.
M. Göhring, Die Ämterkäuflichkeit im Ancien Régime, Berlin 1938.
K. Malettke (Hg.), Ämterkäuflichkeit: Aspekte sozialer Mobilität im europäischen Vergleich (17. u. 18. Jh.), Berlin 1980.
J. Egret, Louis XV et l'opposition parlementaire 1715–1774, Paris 1970.
Ders., La Pré-Révolution française (1787–1788), Paris 1962.
M. Göhring, Weg und Sieg der modernen Staatsidee in Frankreich, Tübingen 1947.
E. Schmitt, Repräsentation und Revolution. Eine Untersuchung zur Genesis

der kontinentalen Theorie und Praxis parlamentarischer Repräsentation aus der Herrschaftspraxis des Ancien Régime in Frankreich (1760–1789), München 1969.
D. Mornet, Les origines intellectuelles de la Révolution française, Paris 1933.
P. Sagnac, La formation de la société française moderne, 2 Bde., Paris 1945/46.
P. Hazard, Die Herrschaft der Vernunft. Das europäische Denken im 18. Jh., von Montesquieu bis Lessing, Hamburg 1949.
P. Gay, The Enlightenment. An Interpretation, 2 Bde., London 1966/69.
Livre et société dans la France du XVIIIe siècle. (Sous la direction de F. Furet), Paris 1965–70.
H. Chisick, The limits of reform in the Enlightenment. Attitudes towards the education of the lower classes in the 18th-century France, Princeton 1981.
R. Darnton, Literaten im Untergrund. Lesen, Schreiben und Publizieren im vorrevolutionären Frankreich. München 1985.
D. Roche, Le siècle des lumières en province. Académie et académiciens provinciaux, 1680–1789, 2 Bde., Paris 1978.
B. Groethuysen, Die Entstehung der bürgerlichen Welt- und Lebensanschauung in Frankreich, 2 Bde., Halle/Saale 1927. Neudruck Frankfurt 1978.
M. Vovelle, Piété baroque et déchristianisation en Provence au XVIIIe siècle. Les attitudes devant la mort d'après les clauses des testaments, Paris 1973.
K. Baker (Hg.), The Political Culture of the Old Regime (The French Revolution and the Creation of Modern Political Culture, Bd. 1), Oxford 1987.

Einzeluntersuchungen zur Revolution

J. Godechot, La Prise de la Bastille, 14 juillet 1789, Paris 1974.
P. Higonnet, Class ideology and the rights of nobles during the French Revolution, Oxford 1981.
M. Bruguière, Gestionnaires et profiteurs de la Révolution. L'administration des finances françaises de Louis XVI à Bonaparte, Paris 1986.
K. D. Erdmann, Volkssouveränität und Kirche, Köln 1949.
A. Moser, Gleichheitsgedanke und bürgerliche Emanzipation von Minderheiten in den Anfängen der Französischen Revolution 1785–1791, Göppingen 1973.
M. L. Kennedy, The Jacobin Clubs in the French Revolution. The first Years, Princeton 1982.
G. Kates, The cercle social, the Girondins, and the French Revolution, Princeton 1985
M. J. Sydenham, The Girondins, London 1961.
F. Bluche, Septembre 1792, logiques d'un massacre, Paris 1986.
Actes du Colloque: Girondins et montagnards. Sorbonne 14 décembre 1975. Sous la direction de A. Soboul, Paris 1980.
M. Slavin, The French Revolution in miniature. Section Droits de l'Homme, 1789–1795, Princeton 1984.
S. Petersen, Lebensmittelfrage und revolutionäre Politik in Paris, 1792–1793, München, Wien 1979.
R. R. Palmer, Twelve Who Ruled. The Year of the Terror in the French Revolution, Princeton 1941, new ed. 1970.

J. L. Talmon, The origins of totalitarian democracy, London 1952 (dt.: Die Ursprünge der totalitären Demokratie, Köln 1961).
H. Kessler, Terreur. Ideologie und Nomenklatur der revolutionären Gewaltanwendung in Frankreich von 1770 bis 1794, München 1973.
D. Guerin, Klassenkampf in Frankreich. Bourgeois und „bras nus" 1793–1795, Frankfurt 1979.
J.-P. Bertaud, La Révolution armée. Les soldats-citoyens et la Révolution française, Paris 1979.
D. Greer, The incidence of the terror during the French Revolution, a statistical interpretation, Cambridge, Mass. 1935, [2]1967.
Ders., The incidence of the emigration during the French Revolution, a statistical interpretation, Cambridge, Mass. 1951.
G. Walter, La conjuration du Neuf Thermidor, 27 juillet 1794, Paris 1974.
C. Mazauric, Babeuf et la conspiration pour l'Egalité, Paris 1962.
E. Tarlé, Germinal und Prairial, Berlin 1953.
Fr. Gendron, La Jeunesse dorée. Episodes de la Révolution française, Québec 1979.
G. Lefebvre, La France sous la Directoire, 1795–1799, Paris 1977.
I. Woloch, The democratic movement under the directory, Princeton 1970.
M. Poniatowski, Talleyrand et le directoire, Paris 1982.
W. Giesselmann, Die brumairianische Elite. Kontinuität und Wandel der französischen Führungsschicht zwischen Ancien Régime und Julimonarchie, Stuttgart 1977.

Regionalgeschichte

Ph. Dawson, Provincial Magistrates and revolutionary politics in France 1789–1795, Cambridge, Mass. 1972.
G. Lewis u. C. Lucas (Hg.), Beyond the Terror. Essays in French regional and social history, 1794–1815, Cambridge 1983.
H. C. Johnson, The Midi in revolution. A study of regional political diversity, 1789–1793, Princeton 1986.
M. Lyons, Revolution in Toulouse. An essay on provincial terrorism, Bern, Frankfurt/Main 1978.
J. Godechot, La Révolution dans le Midi toulousain, Paris 1986.
J.-N. Luc, Paysans et droits féodaux en Charentes-inférieure pendant la Révolution française, Paris 1984.
C. A. Hunt, Revolution and urban politics in provincial France. Troyes and Reims, 1786–1790, Stanford 1978.
M. Reinhard, La Révolution 1789–1799. (Innerhalb der Nouvelle Histoire de Paris), Paris 1971.
Fl. Gauthier, La voie paysanne dans la Révolution française. L'Exemple de la Picardie, Paris 1977.
J. Martray, La Bretagne dans la Révolution française, Paris 1985.
Ch. Tilly, The Vendée, London 1964.
A. Montagnon, Les guerres de Vendée, 1793–1832, Paris 1974.
Ch.-L. Chassin, Etudes documentaires sur la Révolution française: les guerres de Vendée et la chouannerie, Nantes 1973.

R. Secher, Le génocide franco-français: La Vendée-Vengé, Paris 1986.
G. Lewis, The second Vendée. The continuity of counterrevolution in the department of the Gard, 1789–1815, Oxford 1978.

Kulturgeschichte

J.-P. Bertaud, La Vie quotidienne en France au temps de la révolution 1789–1795, Paris 1983.
J. Godechot, La Vie quotidienne en France sous le Directoire, Paris 1977.
R. R. Palmer, The Improvement of Humanity. Education and French Revolution, Princeton 1985.
R. Sanson, Les 14 juillet, fête et conscience nationale, 1789–1795, Paris 1976.
M. Ozouf, La fête révolutionnaire, 1789–1799, Paris 1976.
S. Bianchi, La Révolution de l'an II. Elites et peuples 1789–1799, Paris 1982.
J. Ehrard u. P. Villaneix (Hg.), Les Fêtes de la Révolution. Colloques. Clermont-Ferrand 1974, Paris 1977.
M.-L. Biver, Les fêtes révolutionnaires à Paris, Paris 1979.
M. Agulhon, Marianne au combat, l'imagerie et la symbolique républicaine de 1789 à 1880, Paris 1979.
M. Vovelle, Les métamorphoses de la fête en Provence, 1750–1820, Paris 1976.
Ders., Religion et révolution. La déchristianisation de l'an II, Paris 1976.
Ders., La Mentalité révolutionnaire. Société et mentalités sous la Révolution française, Paris 1985.
M. Carlson, The Theatre of the French Revolution, Ithaca 1966.
A. Coy, Die Musik der Französischen Revolution. Zur Funktionsbestimmung von Lied und Hymne, München, Salzburg 1978.

Deutschland und die Französische Revolution

J. Voss (Hg.), Deutschland und die Französische Revolution, München u. Zürich 1983.
A. Stern, Der Einfluß der Französischen Revolution auf das deutsche Geistesleben, Stuttgart 1928.
J. Droz, L'Allemagne et la Révolution française, Paris 1949.
K. Epstein, Die Ursprünge des Konservativismus in Deutschland, Frankfurt 1973.
O. Büsch u. W. Grab (Hg.), Die demokratische Bewegung in Mitteleuropa im ausgehenden 18. und frühen 19. Jahrhundert, Berlin 1980.
H. Reinalter (Hg.), Jakobiner in Mitteleuropa, Innsbruck 1977.
J. H. Schoeps u. I. Geiss (Hg.), Revolution und Demokratie in Geschichte und Literatur (Festschrift W. Grab), Duisburg 1979.
K. Julku, Die revolutionäre Bewegung im Rheinland am Ende des 18. Jahrhunderts, 2 Bde., Helsinki 1965/1969.
H. Scheel, Süddeutsche Jakobiner, Berlin-Ost 1962, ^{2}1971.
W. Grab, Demokratische Strömungen in Hamburg und Schleswig-Holstein zur Zeit der 1. französischen Republik, Hamburg 1966.
Ders., Norddeutsche Jakobiner, Frankfurt 1967.

A. Kuhn, Jakobiner im Rheinland, Stuttgart 1976.
Cl. Träger (Hg.), Mainz zwischen Rot und Schwarz. Die Mainzer Revolution 1792–1793 in Schriften, Reden und Briefen, Berlin-Ost 1963.
Ders. (Hg.), Die Französische Revolution im Spiegel der deutschen Literatur, Frankfurt/Main 1975.
R. Brinkmann u.a., Deutsche Literatur und Französische Revolution, Göttingen 1974.
P. Bertaux, Hölderlin und die Französische Revolution, Frankfurt 1968.
J. Ritter, Hegel und die Französische Revolution, Frankfurt 1965.

Zeittafel

1788

8. August	Beschluß des Staatsrats über die Einberufung der Generalstände für den 1. Mai 1789
27. Dezember	Entscheidung des Staatsrats über die Verdoppelung des Dritten Standes

1789

24. Januar	Beginn der Wahlen zu den Generalständen
Februar–Mai	Brotunruhen. Zusammenstellung der Beschwerdehefte
5. Mai	Eröffnung der Generalstände in Versailles
17. Juni	Der Dritte Stand erklärt sich zur verfassungsgebenden Nationalversammlung und fordert die anderen Stände zur Teilnahme auf
20. Juni	Schwur im Ballspielhaus
27. Juni	Auf Veranlassung des Königs schließen sich Adel und Klerus der Nationalversammlung an
14. Juli	Sturm auf die Bastille
20. Juli	„Grande Peur" und Beginn der Bauernaufstände
Juli–August	Munizipale Revolution in zahlreichen Städten
4. August	Abschaffung der Feudalrechte und Privilegien
26. August	Erklärung der Menschen- und Bürgerrechte
5./6. Oktober	Zug der Frauen nach Versailles. Hof und Nationalversammlung nach Paris verlegt
2. November	Verstaatlichung der Kirchengüter
19. Dezember	Gesetz über die Ausgabe von Assignaten zur Deckung der Staatsschuld
22. Dezember	Erlaß über die Neueinteilung Frankreichs in 83 Departements

1790

13. Februar	Aufhebung der Klöster
27. April	Erste Nennung des Klubs der Cordeliers
19. Juni	Abschaffung des Adels
12. Juli	Zivilverfassung des Klerus
14. Juli	Föderationsfest
16. August	Abschaffung der Feudalgerichte
6. September	Abschaffung der Parlamente

1791

2. März	Abschaffung der Zünfte und Korporationen
2. April	Tod Mirabeaus
14. Juni	Gesetz Le Chapelier gegen Arbeiterkoalitionen und Streiks
20./21. Juni	Fluchtversuch der königlichen Familie scheitert in Varennes
16. Juli	Spaltung des Jakobinerklubs. Gründung des Klubs der Feuillants
17. Juli	Blutige Vertreibung einer antimonarchischen Volksversammlung auf dem Marsfeld durch die Nationalgarde
27. August	Österreichisch-preußische gegenrevolutionäre Erklärung in Pillnitz
3. September	Verabschiedung der Verfassung der konstitutionellen Monarchie
14. September	Eidesleistung des Königs auf die Verfassung
1. Oktober	Eröffnungssitzung der Legislative

1792

Januar–März	Unruhen in Paris und auf dem Land wegen Versorgungsschwierigkeiten und Teuerung
15. März	Berufung von girondistischen Ministern (Roland, Dumouriez) durch den König
20. April	Kriegserklärung Frankreichs an Österreich
Mai	Rückschläge der französischen Truppen in Belgien
12. Juni	Entlassung der girondistischen Minister
20. Juni	Massendemonstration gegen den König in den Tuilerien
5. Juli	Die Legislative erklärt: „Das Vaterland ist in Gefahr!"
25. Juli	Manifest des Herzogs von Braunschweig
10. August	Erstürmung der Tuilerien. Suspendierung des Königtums. Die königliche Familie im Temple gefangengesetzt
11. August	Bildung eines provisorischen Vollzugsrates. Danton Justizminister. Einberufung eines Nationalkonventes
2.–6. September	Septembermorde in den Pariser Gefängnissen
20. September	Auflösung der Legislative. Kanonade von Valmy
21. September	Zusammentritt des Konvents. Abschaffung des Königtums und Errichtung der einen und unteilbaren Republik
22. September	Beginn des Jahres I der Französischen Republik
27. September	Sieg der Revolutionsarmee in Savoyen
10. Oktober	Brissot aus dem Jakobinerklub ausgeschlossen. Trennung der Girondisten von den übrigen Jakobinern
21. Oktober	Mainz erobert
6. November	Sieg bei Jemappes, danach Eroberung Belgiens
11. Dezember	Beginn des Prozesses gegen Ludwig XVI.

1793

21. Januar	Hinrichtung Ludwigs XVI.
1. Februar	Kriegserklärung Frankreichs an England und die Niederlande
24. Februar	Erlaß über die Aushebung von 300000 Freiwilligen
25./26. Februar	Ladensturm in Paris
10. März	Errichtung des Pariser Revolutionstribunals
11. März	Beginn des gegenrevolutionären Aufstands in der Vendée
18. März	Französische Niederlage in Belgien
6. April	Errichtung des Wohlfahrtsausschusses
4. Mai	Erlaß über das „kleine" Maximum (Höchstpreisfestsetzung)
31. Mai–2. Juni	Aufstand der Pariser Sansculotten. Verhaftung führender Girondisten
6. Juni	Antijakobinische Aufstände in Marseille, Nîmes, danach in Bordeaux und anderen Städten
10. Juli	Danton scheidet aus dem Wohlfahrtsausschuß aus
13. Juli	Ermordung Marats
17. Juli	Entschädigungslose Abschaffung aller restlichen feudalen und grundherrlichen Rechte
23. Juli	Kapitulation von Mainz
26. Juli	Einführung der Todesstrafe für Warenhortung
27. Juli	Zuwahl Robespierres in den Wohlfahrtsausschuß
10. August	Verkündung der (nicht in Kraft tretenden) republikanischen Verfassung
23. August	Einführung der Wehrpflicht für alle ledigen Männer zwischen 18 und 25 Jahren (Levée en masse)
25. August	Das aufständische Marseille durch die Truppen des Konvents erobert
27. August	Toulon von den Engländern besetzt
4./5. September	Aufstandsversuch der Sansculotten gegen den Konvent. Durchsetzung scharfer, revolutionssichernder Maßnahmen.
17. September	Gesetz gegen die „Verdächtigen". Beginn der Terreur
29. September	Einführung des „großen" Maximums
5. Oktober	Einführung des republikanischen Kalenders
9. Oktober	Das aufständische Lyon durch die Truppen des Konvents erobert
16. Oktober	Sieg über die Österreicher bei Wattignies. Hinrichtung von Marie Antoinette
31. Oktober	Hinrichtung führender Girondisten
8. November	Hinrichtung von Manon Roland und Barnave
10. November	„Fest der Freiheit und der Vernunft" in Notre Dame
19. Dezember	Eroberung von Toulon durch die Truppen des Konvents
23. Dezember	Sieg über die aufständischen Truppen der Vendée. Massenhinrichtung in Nantes

1794

4. Februar	Abschaffung der Sklaverei in den Kolonien
24. März	Hinrichtung Héberts und seiner Anhänger
5. April	Hinrichtung Dantons und seiner Anhänger
8. Juni	„Fest des Höchsten Wesens“ unter Leitung von Robespierre
10. Juni	Verschärftes Terrorgesetz. „La Grande Terreur“
26. Juni	Sieg über die Österreicher bei Fleurus. Neue Eroberung Belgiens
27./28. Juli	Sturz und Hinrichtung Robespierres und seiner Anhänger. Beginn der Herrschaft der Thermidorianer
September–Oktober	Eroberung des Rheinlandes. Beginn des „Weißen Terrors“ gegen Sansculotten und Jakobiner in ganz Frankreich
11. November	Schließung des Pariser Jakobinerklubs
8. Dezember	Rückkehr der Girondisten in den Konvent
24. Dezember	Abschaffung der Maximum-Gesetze

1795

Januar	Eroberung der Niederlande
1. April	Germinal-Aufstand der Sansculotten gegen den Konvent wird niedergeschlagen
5. April	Friedensschluß mit Preußen in Basel
16. Mai	Gründung der Batavischen Republik (Niederlande)
20.–23. Mai	Prairial-Aufstand der Sansculotten wird niedergeschlagen
21. Juli	Kapitulation der bei Quiberon gelandeten Royalisten
23. September	Verkündung der Direktorialverfassung
5. Oktober	Royalistischer Vendemiaire-Aufstand in Paris von Bonapartes Truppen niedergeschlagen
25. Oktober	Gründung des Institut de France
26. Oktober	Letzte Sitzung des Konvents
31. Oktober	Bildung des ersten Direktoriums

1796

19. Februar	Abschaffung der Assignaten
März–April	Siegreicher Feldzug Bonapartes in Norditalien
10. Mai	Verhaftung Babeufs und seiner Anhänger
16. Oktober	Proklamation der Cispadanischen Republik in Italien

1797

4. Februar	Ende der Assignatenwährung
18. April	Waffenstillstand von Leoben mit Österreich
27. Mai	Hinrichtung Babeufs

6. Juni	Gründung der Ligurischen Republik
9. Juli	Verschmelzung der Ligurischen und Cispadanischen zur Cisalpinischen Republik
4. September	Fructidor-Staatsstreich des Direktoriums
17. Oktober	Friede von Campo Formio mit Österreich

1798

9. Februar	Gründung der Helvetischen Republik
15. Februar	Gründung der Römischen Republik. Floréal-Staatsstreich des Direktoriums
19. Mai	Beginn der Expedition Bonapartes nach Ägypten
16. November	Bildung der 2. Koalition gegen Frankreich

1799

23. Januar	Gründung der Parthenopeischen Republik (Neapel)
27. April	Österreichische und russische Truppen erobern Mailand. Auflösung der Cisalpinischen Republik
18. Juni	Prairial-Staatsstreich der Legislative gegen das Direktorium
Juli	Auflösung der Römischen und der Parthenopeischen Republik
8. Oktober	Bonaparte kehrt nach Frankreich zurück
9./10. November	Brumaire-Staatsstreich Bonapartes. Auflösung des Direktoriums, Errichtung des Konsulats

Personenregister

Sachregister